公共外交译丛

主编 周汉民　　副主编 王凌宇 祝伟敏 温泽远 刘芹

外交

DIPLOMATIC
GIFTS

礼物

A History *in* Fifty Presents

50 件 礼 物 中 的 历 史

Paul Brummell

[英] 保罗·布鲁梅尔 —— 著

朱洪达 —— 译

上海人民出版社

献给琼和鲍勃，我的父亲和母亲

总　序

　　人文交流一直是习近平新时代中国特色社会主义外交思想的重要组成部分，是中国外交的重要支柱。党的十八大报告首次明确了我国公共外交的新目标，即"扎实推进公共外交和人文交流，维护我国海外合法权益"。党的十九大报告则进一步指出，要"加强中外人文交流，以我为主、兼收并蓄。推进国际传播能力建设，讲好中国故事，展现真实、立体、全面的中国，提高国家文化软实力"。

　　"公共外交"这一术语起源于 1965 年的美国，各国对它的界定大同小异。综合国内外的不同表述，我曾将公共外交定义为：政府和公众（包括社会组织、企业、媒体和个人等）从各自角度，向外国公众（也包括公职人员）表达本国国情，说明本国政策，回答关于本国的问题，同时了解对方观点的国际交流活动。公共外交的目的是增进外国公众对本国的了解，改善对本国的民意，形成更为友好的国际舆论环境；进而影响外国政府对本国的政策。[1] 外国把中国的公众作为公共外交的对象，我特别强调了中国的公众也是公共外

1

交的重要承担者，中国文化的家国观赋予了中国公众这种使命感。

西方国家的公共外交和我国的公共外交的一项重要区别，是他们在公共外交活动中，在巧妙宣扬本国的体制和文化时会贬低别国的文化和粗暴干涉别国的内政，甚至挑拨其他国家之间的关系。这是我们研究西方公共外交理论时一个不可忽视的着眼点。

政府外交是外交战线的主渠道，公共外交则是国家总体外交的重要组成部分。在某些特定的历史时期，公共外交因其多元性、广泛性、丰富性和灵活性，在影响外国民意方面显得更有成效。如今，世界正经历百年未有之大变局，中华民族正处于伟大复兴的战略全局，这既带来了前所未有的机遇，也带来了诸多风险和挑战。通过公共外交更好地向世界讲好中国故事，说明中国的真实情况、争取世界各国对中国梦的理解和支持，成为了实现中华民族伟大复兴的基础工程。加强和促进公共外交要以服务国家改革发展和对外战略为根本，以促进中外民心相通和文明互鉴为宗旨。

如何做好公共外交是一门严肃的学问和生动的实践，我们需要用心跨越文化藩篱，需要表达方式的国际化和艺术性，也就是要做到"中国立场，国际表达"，站在中国的立场上，用国际社会能够理解的方式，真实地对外表达自己。与此同时，还应做到在世界舆论战中熟悉西方媒体的游戏规则，加强国际交往中的话语力。这一切的前提是能真正做到知彼知己，能深入了解国外的社情民情，尤其是要能洞悉欧美世界的公共外交实践及其背后的理论支撑。但非常遗憾的是，我国对海外公共外交著述的翻译和研究存在较大的不足，除了日本北野充主编的《公共外交："舆论时代"的外交战略》和英国詹姆斯·帕门特（James Pamment）的《21 世纪公共外交：政策和事件的比较研究》等之外，我们鲜少能够读到用中文译介的域外公共外交著作。

在这样的形势之下，我欣喜地看到上海公共外交研究院开始有计划、系统性地遴选、翻译具有一定代表性的图书，试图多维度、多层面地展示国外公共外交的最新研究成果。当前，中国已经进入公共外交新阶段，但相比于政府外交，我国的公共外交尚处在起步阶段。而西方国家的公共外交研究起步较早，理论思考相对比较成熟。翻译引进国外经典和前沿的研究著述可为我国蓬勃发展的公共外交研究和实践提供一定的理论参照。我相信，"公共外交译丛"的出版，对于理论界和外交界拓展理论和战略思维都会产生积极的影响。

上海公共外交研究院专家咨询委员会主席

2022 年 4 月

注释

1. 赵启正：《公共外交与跨文化交流》，中国人民大学出版社 2011 年版。

目　录

致　谢

　　首先，我要感谢赫斯特出版社的出版人兼董事总经理迈克尔·德怀尔（Michael Dwyer），感谢他对我撰写本书的慷慨鼓励，以及他对本书表现出的信心。感谢赫斯特出版社了不起的团队成员戴西·莱奇（Daisy Leitch）、凯萨琳·梅（Kathleen May）和劳拉·魏斯韦勒·吴（Lara Weisweiller Wu）。感谢蒂姆·佩奇（Tim Page），感谢他出色的编辑技巧。感谢内阁办公室战略主任（Strategy Director at the Cabinet Office）亚历山大·伊万斯（Alexander Evans），感谢他把我介绍给出版人迈克尔，他的介绍才让我走上了本书的写作之路。感谢简·梅利森（Jan Melissen）、荣格·库斯特曼斯（Jorg Kustermans）和《海牙外交杂志》（*Hague Journal of Diplomacy*）论坛的所有参与者提供了一个很好的机会，让我可以倾听他人探索外交礼物迷人世界的故事。感谢马克·威廉姆斯（Mark McWilliams）、凯西·考夫曼（Cathy Kaufman）和所有组织参与牛津食品研讨会的人士，感谢他们制作食物并分享了一些关于将食品和饮料作为外交礼物的故事。感谢马耳

1

他遗产博物馆海事和军事收藏资深馆长埃曼努埃尔·玛格罗·孔蒂（Emmanuel Magro Conti），感谢他向我介绍了凯瑟琳大帝马耳他肖像背后的故事。此外，我还要感谢阿德里安娜（Adriana），感谢她的支持、热情和理解，感谢乔治（George），他是最可爱的消遣之源。最后，虽然我无意感谢新冠肺炎的大流行，但新冠大流行导致没有其他娱乐活动可做确实鼓励我更加专注于本书的研究与写作。

前　言

　　糟糕，确实很尴尬。在此之前，一切进展都非常顺利。法国总统弗朗索瓦·奥朗德（François Hollande）在法国国防部长和外交部长的陪同下，于 2013 年 2 月 2 日抵达马里共和国的廷巴克图（Timbuktu），他们受到了英雄般的欢迎。在法国军队的支持下，该城市刚刚从叛军的占领下获得解放。马里当局赠送给法国总统一头可爱的小骆驼作为礼物。但小骆驼痛苦嘶叫个不停，这或许预示着即将要发生的一切。由于小骆驼无法轻易地被装进总统专机，因此在安排运输之前，它被交由廷巴克图的一户人家照料。

　　两个月后，全世界的媒体都兴奋地关注着一则路透社的报道，报道称，驻马里的法国士兵发现负责照料骆驼的那户人家并未被充分告知他们的监护职责。不幸的是，这头骆驼已经成为一道美味的塔吉锅炖肉的主要食材。羞愧难当的当地政府立马表示，要再送法国总统一头更大、更好看的骆驼。[1]

　　众所周知，赠予和收受礼物是国家元首和政府首脑在外交会面中的一个常见现象，但如今外交礼物只在以下三种情况中才会引起媒体和公众的兴趣：当礼物带来特殊挑战时，通常是当礼物是动物时；当礼物弥漫着腐败的气息时；或者当礼物凸显了赠予方和收受方的文化差异时。后者常见于《最怪异的外交礼物……》之类标题的媒体文章。[2] 在这

1

些文章中你可以读到，爱丁堡公爵殿下（His Royal Highness the Duke of Edinburgh）曾收到由太平洋岛国瓦努阿图的塔纳岛[3]的卡斯托姆人（Kastom people of the Pacific island of Tanna in Vanuatu）赠送的一个稻草编织的阴茎护套，或者阿根廷总统内斯托尔·基歇尔（Nestor Kircher）曾在 2003 年送给美国总统 300 磅羊肉。[4]

如果只把这些当作国际关系的戏剧性注脚，则低估了外交礼物的重要意义，它可以追溯至史前时期，是横跨所有时代和大陆的外交往来的特征。外交礼物运用得当，则可以成为两个国家持久友谊的象征。自由女神像是一份外交礼物，华盛顿特区那昭示春光的樱花树亦是如此。礼物可以缔结协议，商定婚约，而错误的礼物也可招致倾覆之祸。一个来路不正的礼物可能会断送一段前途无量的事业。特洛伊人之所以被屠杀，就是因为他们没有检查作为礼物送来的木马的嘴巴。跨文化送礼充满了误解的风险。礼物对于赠予方和收受方而言经常有不同的含义，既会达成理解，也会招致误解。正是这样，礼物参与并塑造了我们的世界。

理解外交礼物重要性的一大挑战在于"礼物"这个词本身。它暗示着愉悦，让人以为外交礼物只是一种礼节，配上微笑和握手，只是实质性交往的序曲。的确，大多当今领导人和外交家大部分时间都是如此认为的，不过我们很快就会看到，他们的前辈们并不这样认为。有些人付出代价后才明白，礼物是相当棘手的。

奥利弗·弗兰克斯（Oliver Franks）似乎是"实权人物"的典型代表。他曾任英国军需部（Ministry of Supply）常务部长，在战争时期厥功至伟；曾任英国驻美大使、欧洲经济合作组织主席［该组织是经济合作与发展组织（OECD）的前身］，以及劳埃德银行（Lloyds Bank）董事长。1954 年，他在英国广播公司（BBC）的里斯讲座（Reith Lecture）上发表了题为《英国和世界事务趋势》的演讲。1960 年，他在竞选牛津大学名誉校长时以微弱劣势惜败于哈罗德·麦克米伦（Harold Macmillan）。他身材修长，知识渊博，举止庄重，有道德权威。同时他还有些清教徒般的冷峻。

然而，当今天人们回忆起他的名字时，除了可能是因为他事业上的辉煌成就外，还有可能是因为他的一桩关于圣诞礼物的轶事。这则传闻流传于许多英国外交官的晚宴致辞，按照这种传闻的惯例，在不同人的讲述中细节会有所改变。有时候奥利弗·弗兰克斯这个名字会彻底从故事中消失，故事的设定也会根据场合的不同被搬到世界各地。故事的标准版本大致如下。1948 年圣诞将至，工作中的驻华盛顿英国大使奥利弗·弗兰克斯爵士被秘书打断，秘书告诉他，当地广播电台致电，询问他想要什么圣诞礼物。生性节俭的弗兰克斯认真思考良久后才作答。到了圣诞夜，广播电台推出了节日特别节目，公布各国驻美大使想要的圣诞礼物。法国大使想要世界和平，苏联大使想要那些被帝国主义奴役的人们获得自由，英国大使想要的则是一小盒蜜饯。[5]

在本书中我们将看到从远古时期到当今社会的 50 件外交礼物。一些礼物跻身人类历史上最负盛名的礼物之列，是文学和艺术创作的灵感来源。另一些礼物则鲜为人知，但揭示了外交礼物赠予过程中的一个侧面。在开启我们的历史旅途之前，有必要先讲一讲有关礼物和外交的一些事儿。

礼 物

法国社会学家马塞尔·莫斯（Marcel Mauss）如幽灵般跟踪研究礼物。作为埃米尔·涂尔干（Émile Durkheim）的侄子，他 1925 年的学科奠基之作《礼物》(Essai sur le Don)[6]关注特定社会中的礼物交换是如何构建秩序的。莫斯研究了布罗尼斯拉夫·马林诺夫斯基（Bronisław Malinowski）在新几内亚东部特罗布里恩群岛所做的人类学调查。马林诺夫斯基在他 1922 年影响深远的著作《西太平洋上的航海者》(*Argonauts of the Western Pacific*)[7]中，阐述了他对岛上居民生活的细致观察和实际参与的结果。这种田野调查的方法对人类学学科的发展影响深远。

马林诺夫斯基描述了一种部落间非常特别的交换系统，他称为"库拉圈"(Kula Ring)，这一系统涉及美拉尼西亚西部(western Melanesia)一大圈岛屿上的居民。拿来交换的物品只有两种，一种是红贝壳项链，另一种是白贝壳臂镯。这两种物品在周密的公共仪式上进行交换，在被持有一段时间后，就会在另一个仪式中被再次传递。马林诺夫斯基发现，项链在"库拉圈"内按顺时针方向交换，而臂镯按逆时针方向交换。[8]

莫斯意识到了"库拉圈"的一些重要特征。"库拉圈"是一套复杂的礼物交换系统，其主体是群体，而非个人，实际进行交换的酋长是群体的代表。某次仪式性交换中的赠予者可能是下一次交换中的收受者。赠予者在送出礼物时会故作客气，礼物一般会先被扔在地上，然后再由对方收下。物品本身价值不菲，拥有宝物可以得到宽心和抚慰。[9]然而，库拉宝物不能被长期持有，而是在"库拉圈"内继续交换。最重要的是，接受礼物的人有义务在将来回赠礼物。"库拉圈"这种礼物交换系统只用来交换贵重物品，本质上是贵族行为。它和其他更为常见的交换系统并存，例如"金瓦利"(gimwali)，即以物易物，后者主要通过讨价还价交换有用的物品，这种庸俗的程序是不会在库拉交换仪式上出现的。[10]

莫斯认为，特罗布里恩群岛(Trobriand)的库拉交换和美洲西北海岸土著居民以礼物为中心的宴会，即炫富宴(potlatch)，有相似之处。炫富宴在外来观察者看来相当浪费，经年精心积攒的物品被大肆挥霍，作为十分贵重的礼物被赠送，甚至被刻意销毁。[11]莫斯指出，在这些民族的礼物交换系统中，这种看似铺张浪费的行为实际上完全是合理的。显而易见的慷慨大方会赢得名望和随之而来的权力。这一过程竞争激烈，首领们都想要在礼物和宴会的规模上互相攀比，胜过对方。

在炫富宴中，礼物必须连本带利偿还。莫斯认为，这里利息的概念并不是市场经济中旨在补偿原捐赠者随时间流逝而带来的损失，而是一种羞辱的手段。[12] 无力偿还炫富宴的人有可能丧失地位，甚至自由。[13] 炫富宴就是莫斯所说的"总体呈现"（total prestation）的一个例子，它集合了宗教、经济、社会和法律各方面的因素。

在一项对古罗马、印度和日耳曼礼物交换系统的研究中，莫斯指出，特罗布里恩群岛和美洲西北海岸的礼物交换系统不仅是太平洋特定土著社群的特征，也是更为广泛的人类历史的一部分。他认为，当代市场经济缺乏这些礼物经济的"总体呈现"所带来的社会稳定的重要因素。不过，在社会福利体系等方面仍能找到其踪影。

要理解礼物在外交中所扮演的角色，就必须详细讨论莫斯所描述的、被后来无数评论家细致研究的礼物交换系统的三个主要特点。第一，礼物背后的目的。第二，物品的性质为何会因其是礼物而改变，以及它是如何被赠予者和收受者以不同的方式理解的。第三，互赠礼物的重要性。

礼物背后的目的

在莫斯看来，礼物经济具有社会功能。礼物不仅建立社会关系，也维持社会关系。[14] 莫斯区分了两种不同的交换形式。在礼物交换中，赠予行为建立社会关系，将赠予者和收受者联系起来。在商品交换中，交易并不建立持久的联结。[15] 购买行为的完成就是买方和卖方关系的终结。我们接下来会看到，外交其实就是不同地域族群之间的一门生意。这门生意通过两个族群之间的持久社会关系得以实现。外交礼物作为一种建立和维持社会关系的手段，其重要性就在于此。

当然，各种社会关系不尽相同。这一领域的研究已经表明，那些认为礼物交换主要是一种团结的做法的人，与那些认为礼物交换主要是为了行使权威的人，[16] 二者之间存在意见分歧。美国人类学家艾伦·菲斯克（Alan Fiske）在其《社会生活的结构》（*Structures of Social Life*）一书中对人类社会关系进行了分类，这为我们理解提供和选择礼物背后的各种目的提供了一个行之有效的模式。

菲斯克提出了社会关系的四种基本模式。[17] 第一种关系是社群共享（Communal Sharing）。在社群共享模式下，交换基于与他者的联结或者认同。作为爱、友谊或感谢的标志而赠送的礼物就属于这一模式。同样，赠予者出于对双方关系的不安全感而送出的礼物也属于这一模式，这时礼物就成了巩固这段关系的工具。[18]

第二种关系是权威序列（Authority Ranking）。此时送礼的目的是强调个人地位或权力。这种关系通常是不对等的，一方慷慨给予，另一方则敬畏或依赖对方的慷慨。在这一模式下，礼物时常夹杂着赠予方的轻蔑。

第三种关系是平等互惠（Equality Matching）。此时交换是平等的。赠予方送出礼物，期待着对方回赠同等价值的礼物。

第四种关系是市场定价（Market Pricing）。此时送礼的目的是从礼物中获取物质利益，期望从收受者那里获得更大的回报。[19]

本书故事中提到的外交礼物的赠予方和收受方也属于不同关系模式。因而，中国清朝乾隆皇帝对藩属国的慷慨赏赐就属于权威序列这一关系模式，为了行贿而送出的礼物则属于市场定价这一关系模式。平等互惠模式是菲斯克提出的第三种关系模式，其核心是互惠，这也是理解外交礼物的关键，接下来我们会详细探讨这一模式。

赠予方和收受方可能对礼物背后的目的有不同的理解。我们已经提到赠送礼物有不同的动机，有些可能不怀好意。其结果就是，赠送礼物的动机往往被混淆模糊。例如在外交礼物这一领域，当两个国家都认为自己比对方优越，赠予方为了炫耀其科技或文化优势而赠送的礼物，可能会被对方认为是一种进贡。

瑞士历史学家克里斯蒂安·温克勒（Christian Windler）曾研究18世纪基督教法国与伊斯兰教突尼斯贝伊*之间的关系，研究表明，前者眼中的自愿赠予是如何被后者视为进贡的。温克勒认为，双方可以用各自的方式理解交换，这促成了富有成效的交换。[20]具有不同文化预设的双方因此得以互相适应。[21]

值得强调的是，礼物符合的是赠予方的目的。这一点很明显，但人们通常把挑选礼物与费心思索收受方的喜好这两者联系在一起，因而忽略这一点。实际上，想要送礼送到他人心坎儿里不一定都是利他的行为。

成为礼物的物品

作为礼物的物品与其他看起来一样的物品不同。在商品交换系统中，一件商品一旦被购买，就脱离销售者，不再与其有持久关系。商品是可以被其他同样的商品替换的，没有特殊属性。而在礼物交换系统中，被赠予的物品与赠予方不可分割，它与赠予方维持联结，使得其兼具独特性和故事性，因而是独一无二的。[22]莫斯认为，礼物承载了赠予方的精神内核。他以毛利人的礼物赠予为例，认为礼物被赋予了灵力，即"豪"（hao），通过这种灵力，赠予方可以操控收受方。[23]

下面这个例子可以说明礼物和商品的不同特征。2001年7月在意大利热那亚举行的八国集团首脑会议给人留下最深刻印象的就是会场外的反全球化抗议。美国总统乔治·W.布什在会后访问罗马，与意大利总理西尔维奥·贝卢斯科尼（Silvio Berlusconi）举行双边会谈。在贝卢斯科尼送给布什总统的礼物中，有三条海军蓝斜纹丝绸领带，出自著名的奢侈品男装品牌巴蒂斯托尼（Battistoni）。[24]

根据美国1966年《外国礼物与勋章法案》和随后的修订案对美

---

* 贝伊（bey），突厥语中"首领"或"酋长"之意，亦译"贝格""巴依""伯克"。在突尼斯，1705年突尼斯王朝统治者称"贝伊"，贝伊成为君主及其家族的头衔。

国总统收受礼物的规定，如果礼物的价值超过法定的"最低价值"，[25]
布什总统就不得将贝卢斯科尼赠予的礼物作为私人礼物据为己有。他
是代表美国接受礼物，按照惯例应当由美国国家档案和记录管理局
管理。

领带通常被认为是系在衬衫领子下面、打结后悬挂在前襟的轻薄
配饰。基于这一定义，意大利总理赠送的领带虽有其形，却并无其
实。这些领带注定不会被人穿戴，而是作为美意两国友谊的象征被保
留下来。作为礼物的物品保留着其独特个性，而同样的物品若作为商
品被买卖，就不会具有这种独特个性。

这一点就是人类学家阿尔君·阿帕杜莱（Arjun Appadurai）在
《物的社会生命》（*The Social Life of Things*）一书的序言部分提出的核
心思想。这本书是宾夕法尼亚大学召开的一次会议的论文集，在序言
部分，阿帕杜莱指出社会生活并不为人所特有，物也有社会生活。[26]
然而，物的社会生活并不是持久不变的。如果人们忘记了一件物品被
当成礼物赠送出去的情形，那么它就失去了其独特身份，沦为普通的
商品。这个商品进而可能被淘汰，成为一废弃物，并随着时间的流
逝，废弃物可能又变成了古董。[27] 我们知道许多拜占庭丝绸被当作外
交礼物送到西欧，然而除了极少数例外，我们并不清楚西欧教堂和皇
室收藏里现存的拜占庭丝绸中哪些是赠送的礼物。虽然它们仍是珍贵
的艺术品，但已经失去了作为礼物的独特属性。

相较之下，一些被赠予的物品只能维持较弱的联结。上文提到领
带有别于其他相同的领带，因为它们是礼物，携带了赠予关系的记
忆。这些领带如果不是被当作礼物送出，就与作为商品的领带别无二
致，也更容易沦为毫无联结的商品。相较之下，赠予者的自画像就不
容易变成商品，更难在有意或无意的情况下消除赠予关系的记忆，因
为这件物品本身就带有那段关系的印记。

美国人类学家安妮特·韦纳（Annette Weiner）提出了"既赠予同

时又保留的悖论"（the paradox of keeping-while-giving），[28] 她提出一些物品是不可让渡的财产，拥有可以定义所有者地位的力量，充当把过去带到当下的载体，并唤起祖先的历史。[29] 她认为，鉴于这类物品在维护所有者的等级地位方面的重要作用，物品所有者不会将其作为礼物送出，而是会努力保留这些物品，并将其遗赠给子孙后代。她举例说，澳大利亚中部的原住民阿兰达人（Aranda），他们的圣物"储灵珈"（churinga）* 必须隐秘存放，不得离开部落。[30]

　　韦纳认为，礼物交换的特征是要努力避免放弃这些珍贵的、可以定义的所有者地位的不可让渡的财产，[31] 因而通常会赠送更容易让渡的物品。这一策略并非适用所有情况。因而，在毛利人的葬礼上，最珍贵的礼物，亦称为"塔翁加"（taonga），会被当作礼物送出，包括软玉或绿石（greenstone）装饰、羽毛斗篷和精美的亚麻毯子。在这些例子中，虽然这些礼物可能会被保管多年，但它们最终会在类似的场合被归还给最初的赠予人或其后代。这些物品被视为由受赠者托管。[32]

　　肖像之类的礼物很少被纳入珍贵的、可以定义所有者地位的不可让渡的财产范畴。例如，18 世纪欧洲君主们通常会大量绘制他们的肖像画，目的就是要把肖像画当作外交礼物。这种特别难以让渡的礼物的优势在于，受赠者很难从物品中抹去礼物的记忆。如果受赠者想要将这类物品拿去卖钱，他们通常面临更大的困难，或者至少是更大的风险。出于这个原因，用来贿赂的礼物经常选用更容易让渡的物品，例如现金。

互惠的重要性

　　莫斯定义了礼物交换的三个核心义务，即赠予的义务、收受的义

---

* "储灵珈"是澳洲原住民部落的圣物，由木头或石头制成，一般呈椭圆形或长方形，上面刻有图腾，有些一端有孔，穿着头发或负鼠毛制成的绳子。

务和回报的义务。[33] 拒绝这些义务，就是拒绝与对方的社会关系。[34] 因而，互惠对于系统的稳定至关重要。

莫斯认为，礼物包含了赠予方的精神内核，这进一步强化了互惠的必要性。他观察到，在毛利人社会中，如果一个人把收到的礼物再次传递出去，那么这个人因此收到的任何回礼都应赠送给原赠送者，因为这份回礼保留了最初礼物的"豪"。[35]

莫斯对礼物灵力的强调向来是他的研究中备受争议的部分。克洛德·列维-斯特劳斯（Claude Levi-Strauss）承认他是受到莫斯的影响才发展出结构主义人类学。[36] 然而，他认为莫斯对"豪"这一概念的依赖并无必要，因为之所以需要"豪"这个神秘的概念，只是因为莫斯将礼物视为建立互惠系统的工具，而不是互惠系统的组成部分。[37]

莫斯引用印度古典法规《檀施》（danadharma），即宗教礼物法，来支持他关于礼物灵力的论点。例如，送牛人在把牛送出去之前会和牛一起睡在地上，吃它们的食物，这个例子生动地证明了礼物成为赠予者的化身。[38]《檀施》中的礼物更具体地承载了赠予者的罪恶：一种转嫁给收受者的负担。[39] 因此，礼物可能是危险的，甚至可能是有毒的。虽然德语中的"Gift"一词曾一度保留了与英语单词相近的含义，如复合词"Mitgift"意为"嫁妆"，但如今它却是"毒药"的意思。

1985 年，人类学家乔纳森·帕里（Jonathan Parry）在伦敦经济学院发表马林诺夫斯基纪念演讲（Malinowski Memorial Lecture）时指出，《檀施》中的例子并不足以支持莫斯提出的"回礼是一种义务"这一论点。因为这个例子里的礼物承载了赠予者的罪孽，赠予者不可能想要礼物再回到他手上。因此，尽管莫斯曾援引"礼物的灵魂"来解释礼物必须回到赠予者手上，因为二者之间存在着割不断的联结，但在这个例子里，礼物绝不能再回到赠予者手上，否则罪恶也会一同回去。[40]

帕里认为，这种不期待互惠的"纯粹礼物"更多地出现在具有大规模市场的经济体中，不同于美拉尼西亚和美洲西北海岸等社会，这种经济体可以把礼物和其经济意义分离开来。"纯粹礼物"还常常与一种特定的信仰体系相关联，这种信仰体系承诺的回报不是今生的，而是来世的，且今生的行为决定了来世的回报。这样一来，非互惠性的礼物就成为赎罪和救赎的手段。[41]

但从收礼者的角度来看，互惠是最安全的策略。在特罗布里恩群岛或美洲西北海岸社会中，不回礼就意味着羞辱。在其他语境下，则可能意味着臣服或依赖。在本书接下来的故事中，一些让人倍感温暖的外交礼物是为了表达感谢，例如奥斯陆每年送给伦敦的圣诞树，以及法国在 1949 年送给美国的"感恩号列车"（Merci Train）。这些礼物也是互惠：前者是为了感谢在第二次世界大战期间获得的支持，后者是为了感谢《马歇尔计划》提供的战后重建援助。这些礼物有助于避免陷入亏欠和依赖他人的状态，进而保持一种持续积极的社会关系。

非互惠的外交礼物可能表明它虽然从表面上看是礼物，但其实更应被视为进贡或贿赂。这些交易之间的界限可能很模糊，[42] 而且正如我们将会看到的，赠予者和收受者可能会对它们有不同的解读。

在这一问题上，时间是一个重要的考虑因素。如果一个礼物让收受者陷入对赠予者的亏欠，那么尽快回礼就能将风险降到最低。现代外交会晤经常出现同时交换礼物的情况，这是最安全的策略。然而，法国社会学家布尔迪厄（Pierre Bourdieu）认为，这种及时的互惠破坏了礼物交换的功能，因为赠予者无法使收受者产生某种义务，也因而失去了对收受者施加控制的能力。[43] 在布尔迪厄看来，即时互惠意味着拒绝最初的礼物，暗示着忘恩负义。同样，拖延太久的互惠代表漠不关心。[44] 礼物之间的时间间隔有助于维持持久的社会关系，[45] 而这种关系正是礼物交换的宗旨，因此也有助于维持外交接触，但这个时间间隔也不应过长，以免显得无心维持持久关系。

外　交

当两个群体分居两地，但又需要开展业务时，就需要建立外交和交换关系。负责双方沟通交流的人需要某种形式的豁免权，以便他们开展工作。要了解外交礼物这一实践的长期演变，我们需要了解更广义的外交实践的演变。虽然现代意义上的"外交"一词直到 18 世纪末才出现，[46] 但外交实践比有文字记载的历史还要悠久。

外交实践的诞生和发展

前外交官哈罗德·尼科尔森（Harold Nicolson）在第二次世界大战前夕撰文指出，虽然天使曾被认为是最早的外交官，是天堂与人间的信使，但对于现实语境中的现代社会来说，外交的起源却是克鲁马农人（Cro-Magnon）或尼安德特人（Neanderthal）。不同的社会群体都会意识到，有必要赋予使者在他们之间不受干扰地传递信息的能力。[47] 七十多年后，另一位英国外交官出身的作家汤姆·弗莱彻（Tom Fletcher）也提出了同样的观点，不过他还给第一位外交官起了个名字：乌格（Ug）。[48] 这只不过是他的猜测。

另一位文采斐然的外交家、20 世纪 40 年代末芬兰驻布鲁塞尔外交公使拉格纳·努梅林（Ragnar Numelin）梳理了人类学资料，证明许多部落社会已经建立了保障部落之间的信使能在一个受保护的环境中讨论贸易、缔结和约的体系，来使的吃住都由主人提供。[49] 公元前三千年的美索不达米亚就有关于互派使节的历史记载。[50] 我们第一个故事会讲到的公元前 14 世纪的阿玛尔纳文书（Amarna Letters）展示了当时大国之间通过外交信使建立的完善的关系体系，并以阿卡德语（Akkadian）作为外交通用语言。

《圣经》中记载了许多外交交流的内容。例如身陷囹圄的希西家（Hezekiah），他是推行改革、崇敬耶和华的犹大国国王，他目睹了建都撒玛利亚的北方王国以色列落入亚述人之手。如今亚述人的势力也在威胁犹大国。亚述国王辛那赫里布（Sennacherib）已经攻占了离耶路撒冷仅 30 英里的要塞城市拉吉（Lachish）。希西家为了保住王位想尽了办法，包括把从耶和华殿中刮下的金银献给辛那赫里布，[51] 以及与埃及结盟。辛那赫里布派遣有武装护送的使节团前往耶路撒冷，他们在城外安营扎寨，希西家的三位使节出城相见。亚述使节团首领的头衔是拉伯沙基（Rabshakeh），* 他敦促希西家放弃与埃及这个"伤痕累累的芦苇"结盟，[52] 改向辛那赫里布效忠。

希西家的使节们要求拉伯沙基不要说希伯来语，而是说当时的外交通用语亚兰语（Aramaic），这样耶路撒冷城墙上的民众就听不到他们的对话了。拉伯沙基完全无视这一请示，他直接用希伯来语向民众喊话，呼吁他们投降，与其被困在城里被迫"吃自己的粪、喝自己的尿"，[53] 不如被流放至另一片土地，那里每个人都可以享用自己的无花果树、葡萄树和水井。然而，民众不为所动，仍效忠于希西家。耶路撒冷也成功守住了。

古希腊为外交实践的发展提供了肥沃的土壤。尼科尔森强调，从荷马时代起，传令官（kerykes）就被赋予外交特权，以便向敌对势力传达信息，并履行一系列其他职责，包括服务王室、维持集会秩序等。传令官的守护神是赫尔墨斯（Hermes），众神的使者，他魅力十足，也狡猾奸诈。[54] 不少人会说，这些特质也常见于当代外交官身上。

古希腊存在着许多小城邦，这些城邦都认为自己与其他城邦地位平等，并且使用共同的语言，这为外交实践的发展提供了理想环境。尼科尔森指出，各城邦挑选自己最优秀的雄辩家作为外交使节，他们的任务是在出使城邦的民众集会上发表气势磅礴且有说服力的演说。[55] 伯里克利（Pericles）和狄摩西尼（Demosthenes）就曾是被指派执行外交任务的人员。[56]

---

* 拉伯沙基，亚述的高级官员，原是酒政或侍从，但后来成了有势力的王宫官员。

在历史学家修昔底德（Thucydides）的描述中我们可以看到，古希腊外交已相当成熟。根据修昔底德的描述，公元前 432 年伯罗奔尼撒同盟会议在斯巴达召开，会议听取了科林斯（Corinth）等同盟成员的申诉，他们认为雅典违反了条约义务，应该通过战争予以惩罚。雅典在斯巴达派驻了外交使团，也获准参加辩论。不出所料，雅典代表团不赞成同盟对雅典宣战。那天他们的论战未能成功，战争还是如期而至，但即便如此，雅典代表团仍被允许在斯巴达不受干扰地完成任务。[57]

在公元前一千年，中国和印度也都出现了复杂的外交交流模式，发生在许多规模大致相当的独立政治实体之间，以相似的语言和文化为基础，尽管这些外交体系仍在追思一个理想化的帝国。[58]公元前 4 世纪的印度政治论述《利论》（Arthaśāstra）历来被认为是孔雀王朝开国皇帝的大臣考底利耶（Kautilya）所著，该书以严谨的现实主义语言为外交行为提供了许多建议，并将情报收集置于外交工作的核心。

与古希腊不同，古罗马的环境不利于外交实践的发展。罗马帝国建立在一个无可匹敌的军事扩张基础之上，[59]并无发展复杂外交技巧的必要。直到罗马帝国日渐式微，外交技巧才有用武之地。

拜占庭帝国精通外交实践，亟须外交实践来弥补其日益衰落的军事实力。[60]拜占庭外交手段包括仪式性的自我彰显、吹捧奉承、情报收集和贿赂等手段。这些外交技巧向西传播，例如通过与威尼斯的密切往来而传播。[61]借由奢华的仪式展示强大实力、震慑外国使团，是拜占庭的外交准则之一：10 世纪，博学的"生于紫室者"（Porphyrogenitus）君士坦丁七世撰写或者至少委托他人撰写了一本《典仪论》（*Book of Ceremonies*），此书规定了宫廷仪式的礼仪规范，以供后人效仿。拜占庭外交有注重情报搜集、广泛使用假情报的特点，使得外交大使被冠上间谍这一挥之不去的名声。[62]

这种模式在后来几个世纪的外交实践中得以延续和发展，这种模式主要发生在由规模大体相当的彼此竞争的国家组成的相互依存的关系网络中，或是发生在声称占主导地位但政治军事实力较弱的国家之间。如果有一个强国不承认其他国家平等的存在，外交就相对没那么重要。中国的历朝历代在大部分时间就属于这种情况。[63]

常驻大使制度的确立

我们上文提到的外交都是临时性的出使：统治者出于特定目的向另一个王国或国家派遣使节，可能是为了建立贸易关系、商议婚约或求和谈判。在几乎所有此类出使中，外交礼物都扮演了重要角色，事实上，从某种意义上说，出使本身就是一种礼物。使节是流动的，其所到之处皆以盛会相迎。根据来访政体的重要性，外国使团的到来也可能为其到访国带来声望和骄傲。

在文艺复兴时期的意大利，外交出现了关键进展，它改变了外交与地点之间的关系，标志着外交成为一门专业，那就是常驻大使制度的确立。这一进展发生在意大利并非偶然。同样，该地区的环境有利于外交实践的重大发展：城邦众多，无一称霸，每个城邦都依赖与其他城邦结盟来维护自身福祉，这意味着每个城邦都需要不断维持与其他城邦的关系，并需要尽可能多地收集关于其他城邦实力和计划的准确信息。

第一位常驻大使的身份一直是学术界争论不休的主题，也确实难以回答。一个临时使团要出访多久，才能被认为是常驻使团？例如，1375 年，巴托利诺·迪·科德鲁皮（Bartolino di Codelupi）被派往米兰的贝尔纳波·维斯孔蒂（Bernabò Visconti）家族，代表曼图亚（Mantua）的多维科·贡扎加（Lodovico Gonzaga）安排两个家族之间的婚约。此后他仍留在米兰宫廷以促进曼图亚和米兰之间更广泛的合作，直至 1379 年。[64]

1446 年，尼科德莫·特兰切迪尼·达·蓬特雷莫利（Nicodemo Tranchedini da Pontremoli）被一位名叫弗朗切斯科·斯福尔扎

（Francesco Sforza）的意大利雇佣兵首领派往佛罗伦萨，负责与斯福尔扎的盟友科西莫·美第奇（Cosimo de Medici）保持密切联系。科西莫·美第奇是一名银行家兼佛罗伦萨的实际统治者，他在 1450 年帮助斯福尔扎取得米兰公爵之位。尼科德莫在佛罗伦萨的职位得到稳固，并在那里待了 17 年。[65]

1454 年，《洛迪和约》(Peace of Lodi) 结束了米兰和威尼斯之间的长期冲突，承认斯福尔扎为米兰统治者，并将意大利北部的一些领土归还给威尼斯。为了维护和平，"意大利联盟"(Lega Italica) 成立，大部分意大利城邦都加入了这一联盟。《洛迪和约》在意大利各城邦之间建立了一种不稳定的平衡，也让常驻大使有了用武之地，他们的工作需要关注常驻国的意图，搜集情报并快速干预。互换常驻大使也自然成为欢迎新成员加入联盟的方式。[66]15 世纪晚期的罗马成为外交实践的重要孵化器，意大利各城邦都会向罗马派遣他们最有能力的大使，教皇召集所有大使的做法即外交使团（diplomatic corps）的前身。[67]外交实践由此从意大利传到欧洲各地。

《威斯特伐利亚和约》

两个多世纪后在欧洲达成的另一项和约，即《威斯特伐利亚和约》(The Peace Treaty of Westphalia)，通常被认为是现代国际秩序指导原则的起源：所有国家一律平等，国家对其领土和内政拥有主权，国家不得干涉他国内政。这些原则已被载入《联合国宪章》，在国际关系理论中常被称为"威斯特伐利亚体系"，以纪念 1648 年的这个和约。不过，在《威斯特伐利亚和约》的条文中，这些概念几乎没有被明确提及。

《威斯特伐利亚和约》结束了三十年战争，这场战争由神圣罗马帝国内部新教国家和天主教国家之间的冲突引发，波及欧洲许多大国。《威斯特伐利亚和约》并非一个泛大陆的宏大和约。相反，1648 年 10 月签订了两个独立的、基本上是双边性质的条约：神圣罗马帝国与法国签订的《明斯特条约》（Treaty of Münster），以及神圣罗马帝国与瑞典签订的《奥斯纳布吕克条约》（Treaty of Osnabrück）。[68]《威斯特伐利亚和约》并没有停止欧洲的所有冲突：法国和西班牙之间的战争一直持续到1659年。和约中没有涉及任何有关主权或权力平衡的议题，涉及的是更实际的问题。[69]

　　然而，《威斯特伐利亚和约》的确反映了一个重要的变化，这一变化对基于国家主权的国际秩序的发展意义重大。那就是教皇或神圣罗马帝国皇帝不再被认为是上帝意志在人间的体现，因而不再具有至高无上的权威。这就解释了教皇英诺森十世（Pope Innocent X）为何在其训令《热情为神府》（Zelo Domus Dei）中谴责《威斯特伐利亚和约》。神圣罗马帝国皇帝在签订和约时，也觉得是和其名义上的下级签订了一份不利的和约。[70]然而，教皇和神圣罗马帝国皇帝并非因为《威斯特伐利亚和约》就在一夜之间丧失了对其他国家的控制，实际上，其权威在几个世纪以来已相对衰落。这一变化也并非在1648年就完成了，神圣罗马帝国一直延续到1806年。

　　《威斯特伐利亚和约》常被视为领土主权原则的起源，证据之一是该和约认可"教随国定"（cuius regio，eius religio）的原则，即统治者应有权决定其臣民的宗教信仰。[71]但这一原则可以追溯至更早的1555年《奥格斯堡和约》（Peace of Augsburg），《威斯特伐利亚和约》在一些重要方面对其条款进行了调整，包括赋予所有公民移居国外的权利和保障信仰自由。因此，《威斯特伐利亚和约》限制而非强化了国家在这些方面的主权。[72]

　　我们现在所熟知的"威斯特伐利亚体系"原则实际上是逐渐形成的，并不是在1648年一蹴而就的，和约标志着以国家主权为基础的特殊主义概念取代了基督教统一的普遍主义概念。[73]这些原则之间的张力是欧洲外交在位次问题上争论不休的根源之一。教皇朱利叶斯二世（Pope Julius II）在1504年制定了一份仅在教宗国（Papal

States）具有约束力的位次表，将法国置于西班牙之上。两国的相对地位问题是法国和西班牙两国在欧洲各地的使节针锋相对的根源。1661 年，在欢迎新任瑞典大使抵达伦敦的外交马车游行中，法国和西班牙的马车为争夺位置导致一名法国马车夫死亡，险些导致两国兵戎相见。[74]

外交的专业化

外交作为一种职业逐渐兴起，其特征是秘密谈判和繁琐礼仪，[75]其从业者都是贵族。有一些手册可以指导他们的工作，如唐·璜·安东尼奥·德贝拉-苏尼加（Don Juan Antonio de Vera y Zúñiga）于 1620年撰写的《大使》（El embajador），法文译名为《完美的大使》（Le parfait ambassadeur）。欧洲贵族之间的盘根错节的联系使这一职业具有某种兄弟般的性质。[76]然而，外交的专业化是一个缓慢的过程：英国直到 1782 年才任命了第一位外交大臣。

"外交"（diplomacy）一词起源于古希腊语里的动词"diploun"，意为对折，[77]以及相关的名词"diploma"，指折叠起来赋予持有者一系列特权的官方文件。[78]18 世纪初，"diplomatica"一词被用来指对特权文书的研究，以确定其合法性。"Corps diplomatique"一词最初是指此类文书的档案，后来逐渐成为派驻特定宫廷的所有使节的统称[79]。随着法国大革命的爆发，制宪会议成立了外交委员会（comité diplomatique），该词的含义和委员会的职权范围从狭义的条约研究扩展到更广泛的外交事务。现代意义上的外交（diplomatic）就此诞生。

然而，"外交"一词的最初用法是负面的，反映出人们认为外交是权贵阶层的、遮遮掩掩的。对大革命时期的法国来说，外交是旧政权的勾当。[80]人们呼吁建立一种更加注重贸易、更加开放的"新外交"。[81]然而"新外交"出现的时机尚未成熟。

1814—1815 年的维也纳会议（The Congress of Vienna）旨在为拿破仑下台后的欧洲奠定和平基础，在某种意义上，这次会议是旧外交的巅峰，尚未被共和或革命的潮流所侵袭。这次会议以及 1818 年的亚琛会议（The Congress of Aix-la-chapelle）解决了棘手的位次问题，外交使团设立四个等级，同一等级内位次不是由国家或其统治者的重要性决定的，而是由其递交到任国书的日期决定的。维也纳会议确立的框架使欧洲度过了相对和平的一个世纪，但它在第一次世界大战中的戏剧性崩溃引发了对基于公开谈判而非秘密条约的"新外交"的再次呼吁："签订公开和约"因而成为美国总统伍德罗·威尔逊 1918 年 1 月提出的"十四点"原则中的第一点。

新外交

这种对公开性的强调是在有意识地回应拜占庭和文艺复兴时期欧洲外交的秘密性，在此之后，秘密性成为欧洲外交的常态。常驻大使通常使用秘密代码来传达公开信函。尽管外交活动的秘密性这一特点至今仍然存在，但当今外交活动更加注重"公共外交"，外交官成为公开辩论的缔造者。[82] 外交更注重宫廷或外交部门狭小范围之外的联系，这反映了民主时代的来临、大众传播的发展以及政府内外参与制定外交政策的参与者的增多。然而纵观历史，新外交并不像人们通常描述的那样"新"：在某些意义上，它可以追溯到古典希腊的外交沟通，当时的外交也具有公共性质，使节在公共集会上宣扬政治理念。

正如之后会看到的，外交工作范围的拓展，包括广泛参与和公开辩论，对外交礼物产生了极大影响：从公众加强对外交礼物的监督，到公众参与重大外交礼物的选择。

此外还有一些其他变化。一是使节享有特权和豁免权的依据。长期以来，外交使节一直被认为是个人代表，即外交官代表派遣他们的君主，因而他们要求得到君主应有的尊重。这影响了外交使节的角色和行为，助长了他们对华服、娱乐和礼物的奢华追求，阻碍了他们信息搜集的能力，因为外交使节不愿意被人看到出现在尊贵的皇家社交圈之外，否则会被认为有辱皇室。[83] 随着绝对王权的衰落和民主国家的兴起，豁免权的依据可以追溯至史前时代的初衷，即功能需要。特权和豁免权之所以必要，是因为如果没有特权和豁免权，外交官就无法履行其职责。这是 1961 年《维也纳外交关系公约》的基本原则。

本书将要探讨的外交礼物也产生了相应的变化。外交礼物不再是君主个人的私人礼物，而是逐渐演变成两个国家之间的礼物，并受到越来越严格的监管，以免被指控腐败。

技术一直是外交实践变革的重要推动因素。外交的核心是国家间的沟通交流，因而交通和通信技术的创新不断改变着外交实践的方式。19 世纪初，美国总统托马斯·杰斐逊曾向他的国务卿抱怨："我们已经有三年没有收到我们驻西班牙大使的消息了。如果今年还没有消息，我们就给他写封信吧。"[84]19 世纪的技术进步，从铁路、汽船到电报，改变了这一状况。一方面，这使得政府能更加强有力地指导大使的活动，减少了使团团长未经协商就做出重要政策决定的情形。正因如此，据说英国外交大臣帕默斯顿勋爵（Lord Palmerston）在 19 世纪 40 年代收到第一封电报时说："这是外交的终结。"[85]另一方面，频繁的沟通交流提高了驻外大使为国内政策辩论献计献策的能力。

从飞机、电话到推特，交通和通信领域的进一步革新促进了政治领导人之间的直接沟通，而无需外交使节的介入。统治者之间的直接会晤已有数百年的历史，特别是为了完成重要的谈判。921 年，东法兰克国王"捕鸟者"亨利一世（Henry the Fowler）和西法兰克国王"糊涂王"查理三世（Charles the Simple）在莱茵河中的一艘船上签署了友好互认的《波恩条约》（Treaty of Bonn）。莱茵河作为两国边界的标志，被视为中立领土。但长久以来，这样的会晤都是例外情况，安排起来困难重重，危机四伏。科技进步使得这样的会晤成为常态。随着第二次世界大战后外交峰会的发展，有影响力的国家领导人经常能够共聚一堂，共商世界面临的重大挑战。领导人之间可以直接赠送外交礼物，不需要外交使节作为中间人。

全球外交

传统观点认为，欧洲宫廷中发展出的外交体系和实践是通过欧洲帝国主义散播到世界其他地区的。[86] 第二次世界大战后的去殖民化浪潮导致一批新兴主权国家纷纷涌现，这些国家也采纳了这一外交体系，并将驻外外交代表视为来之不易的独立的标志。[87] 因此，联合国的外交，或者说二战后世界秩序下的外交，是基于欧洲几个世纪以来形成的原则和惯例。这一外交的核心组织原则是领土国家的主权，尽管这一原则不断受到当今全球化世界中越来越多的非国家主体（non-state actors）的挑战，如市民社会组织、跨国公司和欧盟等超国家组织。长期以来，美国一直对欧洲主导的外交体系心存疑虑，迟迟不愿参与其中。直到 1906 年，西奥多·罗斯福视察巴拿马运河建设工地时，美国在任总统才第一次正式出国访问。[88] 然而，当美国决定全面参与时，它也采纳了这一外交体系。

大约从 11 世纪开始，拉丁语基督教世界的各领土开始采取一种排他性的外交观念，视彼此同属一个俱乐部，而非基督教政体都无法加入。[89] 当欧洲探险家抵达美洲时，他们遇到了一些非基督教社会，但不同于他们长期打交道的伊斯兰社会，这些社会甚至不知道什么是基督教。在他们排他性的外交模式下，欧洲政体根本不承认美洲印第安人社会是适合外交交往的对象。[90]

但是，欧洲社会在世界各地交往的政体都有各自的外交体系和实践，这些体系和实践在塑造现代外交秩序方面发挥了比传统观点更重要的作用。[91] 例如，奥斯曼帝国的外交实践借鉴了伊斯兰教的原则，区分了伊斯兰世界（Dâr al-Islam）和非伊斯兰世界（Dâr al-Harb），[92] 当非穆斯林势力需要纳贡时，可以通过停战之地（Dâr al-Sulh）与其建立联系。[93]

在本书的故事中，有几个国家之间利用不同的外交体系和实践赠送礼物的例子。从 18 世纪末西欧列强与中国交往的例子中我们可以看到，这么做的风险在于双方互不承认，都不认为对方和自己地位相当。[94] 在发展水平、政府形式和外交惯例大相径庭的政治实体之间赠送外交礼物，风险最大，极有可能造成误解。但它们也会促使技术和思想得到最大范围的拓展，因为这些技术和思想对于接受国来说可能是闻所未闻的。这种外交实践可以改变世界。

注释：

1. Reuters 2013.
2. 例如，参见 Hogan 2015, Gramer 2017。
3. Hogan 2015.
4. Gramer 2017.
5. 例如，参见 Parris and Bryson 2012, pp. 9—10，以及 Renwick 2016。
6. Mauss 1966.
7. Malinowski 1922.
8. Ibid., p. 81.
9. Mauss 1966, p. 22.
10. Ibid., p. 20.
11. Ibid., p. 72.
12. Ibid., p. 73.
13. Ibid., p. 41.
14. Mawdsley 2012, p. 258.
15. Carrier 1991, p. 121.
16. Ceulemans 2021, p. 134.
17. Fiske 1993, p. 3.
18. Komter 2007, p. 99.
19. Ibid., p. 100.
20. 引自 Tremml-Werner, Hellman and van Meersbergen 2020, p. 194。
21. Windler 2001, p. 79.
22. Carrier 1991, pp. 125—127.
23. Mauss 1966, p. 9.
24. Office of the Chief of Protocol, US State Department 2002.
25. Brummell 2021, p. 146.
26. Appadurai 1988, p. 3.
27. Appadurai 2006, p. 15.
28. Weiner 1992.
29. Weiner 1985, p. 210.
30. Ibid., p. 211.

31. Mosko 2000, p. 379.
32. Weiner 1985, p. 223.
33. Mauss 1966, p. 10.
34. Carrier 1991, p. 123.
35. Mauss 1966, p. 9.
36. Clarke 1981, p. 42.
37. Ibid., p. 44.
38. Mauss 1966, p. 57.
39. Parry 1986, p. 459.
40. Ibid., p. 461.
41. Ibid., p. 468.
42. Biedermann, Gerritsen and Riello 2019, p. 1.
43. Lane 2000, p. 104.
44. Ssorin-Chaikov 2006, p. 362.
45. Jönsson and Hall 2005, p. 51.
46. Leira 2016, p. 28.
47. Nicolson 1942, p. 17.
48. Fletcher 2016, p. 25.
49. Numelin 1950.
50. Jönsson and Hall 2005, p. 10.
51. 2 Kings 18:15–16, Holy Bible: King James Version.
52. Ibid., 18:21.
53. Ibid., 18:27.
54. Nicolson 1942, p. 19.
55. Ibid., p. 20.
56. Jönsson and Hall 2005, p. 88.
57. Nicolson 1942, p. 22.
58. Jönsson and Hall 2005, p. 11.
59. McClanahan 1989, p. 22.
60. Nicolson 1942, p. 24.
61. Jönsson and Hall 2005, p. 11.
62. Ibid., p. 74.
63. McClanahan 1989, p. 24.
64. Mattingly 1937, p. 427.
65. Ibid., p. 431.
66. Ibid., p. 432.
67. Jönsson and Hall 2005, p. 40.
68. Croxton 1999, p. 582.
69. Osiander 2001, p. 266.
70. Croxton 1999, p. 575.
71. Ibid., p. 574.

72. Ibid., p. 575.

73. Jönsson and Hall 2005, p. 36.

74. Rienow 1961, p. 207.

75. Jönsson and Hall 2005, p. 11.

76. Ibid., p. 41.

77. Nicolson 1942, p. 26.

78. Leira 2016, p. 31.

79. Ibid.

80. Frey and Frey 2011, p. 3.

81. Leira 2016, p. 34.

82. Jönsson and Hall 2005, p. 90.

83. Nicolson 1942, pp. 31—32.

84. 引自 Eban 1985, p. 11. Jönsson and Hall 2005, p. 91，给出了两年的数字。

85. 引自 Jönsson and Hall 2005, p. 91。

86. Tremml-Werner, Hellman and van Meersbergen 2020, p. 188.

87. Jönsson and Hall 2005, p. 132.

88. Nix 2018.

89. Jönsson and Hall 2005, p. 124.

90. Ibid.

91. Tremml-Werner, Hellman and van Meersbergen 2020, p. 188.

92. Müderrisoğlu 2014, p. 270.

93. Ocak 2016, p. 29.

94. Jonsson and Hall 2005, p. 127.

1. 公元前 1353 年：两尊镀金木雕

埃及法老阿肯那顿送给米塔尼国王图什拉塔的礼物

代码为 EA16 的阿玛纳文书。

　　1887 年，一位当地妇女在埃及艾尔提尔（el Till）村附近的废墟中进行挖掘。她正在挖取塞巴赫（sebakh，阿拉伯语"肥料"的意思），这是源自遗址腐烂的泥砖中富含磷酸盐的一种材料。挖取肥料时，她也顺便寻找古董。她撞到了什么东西，是一块小陶板，下面还有一大堆。她把它们卖了几个皮雅斯特（Piastres，埃及货币名称）。

　　因此，至少根据对这个故事的二手描述，我们发现了一套公元前 14 世纪陶片上的外交信件，即阿玛纳文书（Amarna Letters），目前已出土 382 片。发现陶片的废墟是现在被称为阿尔马奈城（el Amarna）的废墟，这是阿赫塔滕（Akhetaten）古城，是法老阿肯那顿（Akhenaten）专门建造的首都。这些陶片出土前被保存在一座被考古学家认定为"法老通信室"的建筑中，可谓当时的外交部。[1] 信件的时间跨度长达 30 年。最古老的信件可以追溯到阿肯那顿的父亲阿蒙诺菲斯三世（Amenophis Ⅲ）的统治时期，因此这些信件一定是从前首都的档案馆被带到阿赫塔滕的，可能是因为其中包含需要核实或参考的咨讯。这些文书的结束时间是阿肯那顿之子图坦卡蒙（Tutankhamun）法老统治下的阿赫那坦被遗弃之时。

有些陶片似乎是用来学习楔形文字的残片，内容是神话文本的摘录。[2] 然而，绝大多数陶片分为两大类。第一类数量最多的是封臣信函，由埃及控制的黎凡特（Levant）地区各城市的统治者撰写，他们是法老的封臣。信函的语气是恭敬的，涉及的问题包括奉献贡品和提供劳动力，在埃及军队穿越其领地时提供必需的协助与增援的义务，以及他们与当地敌对统治者恩怨的细节。大约 60 封信来自比布鲁斯（Byblos）国王里布·阿达（Rib-Adda），他在信函里极力寻求法老的帮助以解决与邻国阿姆鲁（Amurru）统治者的争端。法老似乎不为所动，里布·阿达因为写信过于频繁而受到训诫。

我们将重点讨论第二类信件，即法老与强大的独立国家统治者之间的信件。信件包含了与五大强国的通信：安纳托利亚的赫梯帝国（Hittite Empire）；位于赫梯人的土地和黎凡特的埃及领土之间的米坦尼王国（Mitanni）；在米坦尼国的南边和东边的亚述（Assyria）和巴比伦（Babylonia）；以及埃及本身。由于图特摩斯三世（Thutmose Ⅲ）在上个世纪的征服，埃及帝国仍然强大，但新法老阿肯那顿激进的改革措施使国家陷入了不确定性。他放弃了多神教，转而信奉以太阳盘阿滕（Aten）为中心的宗教，将首都迁至阿赫塔滕，以摆脱旧神的污染。虽然在艺术上倾向更自然主义的表达风格，他的政权也更接近现代西方的品位，但他的改革打破了现有的有效管理结构，逐渐陷入了宗教和经济冲突。[3] 古埃及人似乎肯定认为他的统治是一种失常：他的儿子图坦卡蒙放弃了阿滕，恢复了多神教，并迁都。阿赫塔滕和支撑它的宗教都被抛弃了。

这类"一国之君"的通信揭示了一个发达的国际关系体系。这些陶片大多用阿卡德楔形文字书写，这是古代美索不达米亚的书写系统，而不是埃及的象形文字。传递石碑的信使是重要的外交代表，通常似乎都是与皇家[4]关系密切的人，这让他们被奉为上宾。因此，米坦尼国王图什拉塔（Tushratta）向法老阿蒙诺菲斯三世回复说，他赠送了他的信使和翻译"许多礼物，……让他们非常高兴，让他们执行任务的过程变得很愉快"。[5] 外交信使的工作并非没有挑战，几位国王向法老抱怨他们的信使被长期扣留，其中一个信使被扣留了长达六年。外国领导人转而将扣留埃及信使作为讨价还价的筹码，阿拉希亚（Alashiya）（现塞浦路斯）国王将其中一些埃及信使扣留了三年。[6]

外交礼物是阿玛纳文书所揭示的国际关系体系的核心。当时的统治者毫不犹豫地说出了他们想要的东西，有时也会指定所需的数量。从信件中可以清楚地看出，互惠是默认的事。因此，巴比伦卡斯特王朝国王布尔纳布里亚什二世（Burna Buriaš II）在给阿肯那顿的一封信中抱怨说，埃及信使已经来了三次，却没有给他带来一份漂亮的问候礼物；[7] 因此，他也没有给法老送任何漂亮的礼物。这里提到了象牙雕像、家具、战车、珠宝、石油、马和牛。据了解，布尔纳布里亚什二世特别青睐的是当时埃及的名产——栩栩如生的动物标本。他更进一步表明，对于标本选择陆地生物还是水生生物，他都不在乎。

然而，最重要的是，其他国王想要从埃及得到的是黄金，很多很多的黄金。他们在信件中流露出对黄金的渴望。他们认为埃及盛产黄金，而他们的黄金资源却十分贫瘠。正如图什拉塔在给法老的一封信函中抱怨道，"埃及的黄金多如粪土"。[8] 一位名叫齐塔（Zita）的人，据信是赫梯国王苏庇留玛一世（Suppiluliuma Ⅰ）的兄弟，在寄出的陶片中尊称法老为"父亲"。因此我们可以确定这封信的发件人并不是国王本人。齐塔写道，他要送"16 个人作为给法老的问候礼"。[9] 他想要的是金子作为回礼。他恳求法老送他一些，并恳求法老告诉他想要什么作为回礼。[10]

当国王们收到埃及的黄金时，他们经常抱怨礼物的大小和质量。布尔纳布里亚什二世哀叹收到的黄金礼物甚至没有承诺数量的四分之一。最强烈、最锲而不舍的抱怨出现在米坦尼国王的两尊金像上。

这个悲伤的故事通过一系列的信件展开，因为图什拉塔（Tushrata）对显然严重伤害了他的事件到处写信倾诉。阿蒙诺菲斯三世曾向图什拉塔许诺过两尊纯金雕像，一尊描绘了图什拉达本人，另一尊则描绘了他的女儿塔杜·赫帕（Tadu-Hepa）。这两尊雕像似乎是为了换取塔杜·赫帕作为阿蒙诺菲斯三世的新娘而承诺的礼物。这位法老不幸去世，但图什拉塔希望他的继任者阿肯那顿履行这份承诺的礼物，把两尊金像送往米坦尼。然而，图什拉塔沮丧地发现，他收到的不是承诺的纯金雕像，而是两尊覆盖着金箔的木制雕像。阿肯那顿赠送的其他礼物也不符合承诺的质量。[11]

图什拉塔声称，他很清楚阿蒙诺菲斯三世已经预备好了承诺的纯金雕像，因为他的信使在埃及时看到了纯金雕像的成品，[12] 这似乎证实了情报收集是国王信使的核心功能。他显然相信阿肯那顿已经把纯金雕像换成了木质雕像。图什拉塔甚至试图在雕像的事情上争取阿肯那顿的母亲蒂耶（Tiye）的支持，写信请她向阿肯那顿确认阿蒙诺菲斯三世向米坦尼承诺的礼物的内容。[13] 当米坦尼受到西方赫梯人和东方亚述人日益强大的力量的威胁时，他女儿与阿蒙诺菲斯三世的婚姻是试图与埃及建立联盟的一部分。阿肯那顿明目张胆地用便宜货来欺骗他，这将是一个巨大的隐忧，并不只因为图什拉塔没有得到这些纯金雕像，而是因为这表明埃及不再将米坦尼视为一个值得尊敬的大国。[14] 情况也的确如此，图什拉塔被他的一个儿子所暗杀，米坦尼王国成为赫梯人的傀儡国，最终被亚述所吞并。

塔杜·赫帕的命运呢？在阿蒙诺菲斯三世去世后，她很可能成为阿肯那顿的小妾。由于婚后她几乎肯定会取一个埃及名字，所以很难明确知晓她的命运。她可能就是那位名叫基亚（Kiya）的妃子，曾一度很受恩宠。然而，恩宠应该没有持续太久，因为基亚的名字被人从纪念碑上抹去了，她也从记录中消失了，她也许是埃及和米坦尼两国关系恶化的受害者。[15] 没有证据表明图什拉塔确实得到过两座朝思暮想的纯金雕像。

注释：

1. Reeves 2019, p. 57.
2. Campbell 1960, p. 4.
3. 参见 Reeves 2019。
4. Holmes 1975, p. 376.
5. Amarna Letter EA 21（数字指的是标准分类），引自 Holmes 1975, p. 377。
6. Holmes 1975, p. 380.
7. EA 10, cited in Holmes 1975, p. 379.
8. EA 19, quoted in Scoville 2018, p. 72.
9. EA 44, quoted in Hoffner 2009, p. 280.
10. Ibid., p. 281.
11. Podany 2010, p. 240.
12. EA 27, quoted in Scoville 2018, p. 75.
13. Scoville 2018, p. 76.
14. Podany 2010, p. 241.
15. Ibid., p. 242.

2. 公元前 1250 年：特洛伊木马

希腊人送给特洛伊人的礼物

考古现场后人根据想象构造的特洛伊木马。

作为最闻名遐迩的外交礼物之一，特洛伊木马是一个非常典型的例子，它向我们展示了外交礼物的核心要义——礼物的选择旨在为赠送方的利益服务。[1] 诚然，这些利益的获得通常通过讨好接受方，以期将来获得商业方面的好处或政治方面的优势，而非确保立即夺得对方的财富。古罗马诗人维吉尔（Vigil）在《埃涅阿斯纪》中曾有这样一段著名描述：特洛伊祭司拉奥孔（Laocoön）警告特洛伊人但无人理会，他说，"即使希腊人带着礼物来，我也害怕他们"。这则故事给我们提供了一种明智的视角，即面对外交礼物时更多时候要保持谨慎。

特洛伊木马是西方流行文化中不可或缺的一部分，用以描写糖衣炮弹。荷兰女子组合 Luv 于 1978 年推出过一张名叫《特洛伊木马》的热门唱片，讲述了一则故事，一个准恋人通过诡计处心积虑地试图攻破女主人公的心墙。然而，他中意的对象并未向他打开心扉，因此，我们只能对故事的结局进行遐想。英国乐队曼弗雷德·曼（Manfred Mann）于 1964 年发行的唱片《5-4-3-2-1》比前者更贴近经典叙事。只不过从特洛伊木马中下来的不是希腊人，而是曼弗雷德乐队。

在计算技术领域，特洛伊木马是一种恶意软件，该软件通过误导用户从而达到诈骗的目的。木马已然成为我们语言中不可或缺的一部分。1949 年，有人问英国外交大臣欧内斯特·贝文（Ernest Bevin）超国家的欧洲机构前景如何。据说，这位大臣是这样回答的："如果你打开潘多拉魔盒，你永远不知道里面会飞出什么样的特洛伊木马来。"[2]

特洛伊战争的故事在古希腊文学中处于核心地位。通过荷马史诗《伊利亚特》和《奥德赛》，这则故事成为后世艺术家、作家和音乐家的创作源泉。不过，令人惊讶的是，特洛伊木马的故事却在这些作品中处于次要地位。《伊利亚特》以特洛伊城被长时间围困的第十年为背景，[3]完全没有明确提到木马。书中对希腊人要实施的诡计仅有三处简短的暗示。其中一篇是特洛伊国王普里亚姆（Priam）在为儿子赫克托尔（Hector）准备火葬柴堆时的演讲。他在讲话中敦促特洛伊人将木材运入城市，并告诉他们不用担心希腊人的任何偷袭。在这部史诗的最后一句话中，死去的赫克托尔被称为"木马的破坏者"。[4]言下之意，听众早已对特洛伊木马的故事耳熟能详，而通过这些间接的暗示，他们能领会到血雨腥风即将到来。

特洛伊木马确实出现在《奥德赛》文本之中。故事讲述了奥德修斯（Odysseus）如何在战争中发挥了决定性作用之后长达十年的回家之旅。相关引证意在凸显奥德修斯运筹帷幄的智慧与狡黠。[5] 对于特洛伊木马更为详细的记录则出现在罗马诗人维吉尔的《埃涅阿斯纪》（Aeneid）之中。[6] 故事讲述了特洛伊英雄埃涅阿斯（Aeneas）如何成为罗马人的祖先。对维吉尔来说，希腊的木马阴谋与他要创作的以特洛伊为中心的叙事内容非常适配，因此，在他笔下特洛伊木马的故事写得最多也就不足为奇了。

特别值得注意的是，荷马，尤其是与维吉尔，他们作品在时间上与他们所要描述的事件相距甚远。人们对荷马知之甚少。比如，荷马这个人是否真的存在？荷马的名字是否只是一种用作指代诗歌传统的标签？《伊利亚特》和《奥德赛》可能创作于公元前 800 年至前 600 年之间，比其中记录的历史事件晚了几个世纪。维吉尔的《埃涅阿斯纪》写于公元前 29 年至 19 年之间，也就是特洛伊城被攻陷一千多年之后。这些故事可能是通过口述传统代代相传，最后由荷马加工而成的。作为一名诗人，荷马以适合自己讲述故事的方式从中拣选。于是，在《奥德赛》中，他就写出了一个关于奥德修斯的故事。

在特洛伊木马故事的后人复述，其他作家作品，或是花瓶等其他艺术作品的形象中，奥德修斯经常扮演一个并不起眼的角色，有时甚至完全缺席，而木马的建造者埃佩奥斯（Epeios）和女神雅典娜（Athena）则占据了舞台中心。[7]

现世所知的特洛伊木马的故事在很大程度上是由荷马和维吉尔创作的史诗共同合成的。故事梗概如下：特洛伊战争的起因源于众神之间反复无常的竞争。宙斯（Zeus）召唤人间特洛伊国王普里亚姆的儿子帕里斯（Paris）裁判三位女神（天后赫拉［Helen］、智慧女神雅典娜与爱神阿佛洛狄忒［Aphrodite]）谁最美丽，帕里斯最终选择了阿佛洛狄忒。作为回报，阿佛洛狄忒让斯巴达国王墨涅劳斯的美丽妻子海伦（Helen）爱上了他。后来，帕里斯把海伦带回了特洛伊，希腊人则带着一支由一千艘船组成的舰队穷追其后。通过十年的战争，出现了像阿喀琉斯（Achilles）这样了不起的战士，他们付出的许多努力，或英勇无比，或残忍不堪，但最终都未能打破希腊与特洛伊之间的僵局。

最后，让这场战争迎来终结的并不是战场上任何伟大的军事壮举，而是一场阴谋诡计。奥德修斯出谋划策，指示埃佩奥斯建造一匹非常大的木马，足以装下一支由希腊士兵组成的精锐部队。不久，埃佩奥斯就在女神雅典娜的帮助下完成了这项任务。希腊军队随后佯装离开了特洛伊城，而其中一位名叫西农（Sinon）的希腊士兵则自愿留下来躲藏着木马下面。根据某一个经典的流传说法，木马上还有一块青铜牌匾，上面写着："希腊人为了回家，将此祭品献给雅典娜。"[8]这种作风在古往今来的外交礼物中引起共鸣，直到现代的贺卡。

西农让特洛伊人相信，木马是一件祭品，是为了弥补希腊人早些时候盗窃城市保护神雅典娜木雕像帕拉斯神像（Palladium）的罪行，也是为了确保希腊官兵安全回家，于是特洛伊人把木马拉进了特洛伊城。祭司拉奥孔料到这是一场阴谋，但在国人留意他的警告之前，他和他的两个儿子就被海神波塞冬派来的海蟒活活缠死了。这场战争之中，波塞冬和雅典娜一样，是站在希腊一方的神明之一。另一个怀疑木马有诈的特洛伊人是普里亚姆国王的女儿卡珊德拉（Cassandra）。卡珊德拉曾遭到阿波罗 * 诅咒。她虽然有预言的能力但永远无法得到他人的信任。因此，她发出的警告同样也被特洛伊人忽视。特洛伊人将木马拉进城门之后便开始庆祝希腊人的离去。夜幕降临，希腊士兵从木马中爬出，为城外的希腊大军打开城门。就这样，特洛伊人遭到了惨绝人寰的屠杀。

尽管战争以希腊的胜利告终，但希腊人在战争中实施的各种暴行

---

* 阿波罗喜欢卡珊德拉，并给予了她语言的能力。但她接受了阿波罗的礼物，却拒绝了阿波罗的爱。于是阿波罗降下神谴，诅咒她永远无法得到他人的信任。

（比如破坏了许多神庙），引发了诸神之怒。于是，为了惩罚希腊人的罪行，诸神在希腊船队返回时发动了一场猛烈的风暴。一部分希腊人也因此丧生于海难。就这样，奥德修斯在经历了十年史诗般的冒险之旅后才得以到达故土。希腊人用木马作为糖衣炮弹虽然是攻陷敌城的绝妙计策，但这场胜利来得并不光彩，其卑鄙和残酷本质也意味着在这场战争中没有任何一方是赢家。

不过，历史上是否确有其事？现代早期的许多人质疑这个叫特洛伊的城市是否真实存在过。考古学或许能解答我们的疑惑。19 世纪，有一位名叫弗兰克·卡尔弗特（Frank Calvert）的英国侨民。他家有一座土丘，这片土丘位于安纳托利亚（Anatolia，即小亚细亚半岛）的希萨利克（Hisarlik），离达达尼尔海峡 *（Dardanelles，今土耳其境内）很近。卡尔弗特坚信自己家族拥有的这片土地就是特洛伊古城遗址所在地。于是，他说服了一位名叫海因里希·施利曼（Heinrich Schliemann）的德国考古学家前去考古。富有的施利曼当时正一心搜寻荷马所说的古城考古证据。在卡尔弗特的邀请之下，施利曼前往希萨利克进行了勘探。考察队确实找到了特洛伊古城，但施利曼找到的特洛伊遗址与史料不符。施利曼认为荷马所描述的城市位于考古层的最底层之一，于是在遗址中挖掘了一条巨大的沟槽。然而，施利曼挖掘出来的城市遗址属于青铜时代 ** 早期。青铜时代早期要比特洛伊战争发生的时间早约一千年，因此，不可能与特洛伊战争有关联。[9] 希萨利克遗址错综复杂，由 9 个主要地层和各种各样的次级地层所构成。随后的考古研究表明：符合希腊人所摧毁的特洛伊城遗址主要有两个地点，一个是

---

* Dardanelles：达达尼尔海峡，位于土耳其，是连接爱琴海和马尔马拉海的要冲，也是亚洲与欧洲大陆的分界线。Anatolia：安纳托利亚，一般指小亚细亚半岛。Hisarlik：希萨利克，位于爱琴海海角边缘，达达尼尔海峡和埃德雷姆湾之间。

** 欧洲的青铜时代自公元前 2300 年起，延续了约 1 000 年。特洛伊战争的时间大概发生在公元前 1250 年。

"特洛伊Ⅵ h"，另一个是"特洛伊Ⅶ a"。由于施利曼在挖掘过程中因不审慎所导致的失误使后人对遗址的解读变得扑朔迷离。

不过，史料与考古记录相辅相成。瑞士学者埃米尔·弗利尔（Emil Forrer）认为，赫梯文本*（Hittite texts）中提到的地名"特鲁伊萨"（Taruisa）和"维鲁萨"（Wilusa）分别对应荷马史诗（古希腊语）中的"特洛伊亚"（Troia）和"伊利奥斯"（Ilios），而从《伊利亚特》和《奥德赛》文中的韵律来看，"伊利奥斯"最初的表述是"维利奥斯"（Wilios）。[10] 如果像大多数学者认为的那样，赫梯文本中提到的"阿希亚瓦"（Ahhiyawa）和荷马经常称呼的"阿凯亚人"（Achaeans）指的都是希腊人，那么这些文本中浮出这样一个情形：特洛伊，或维鲁萨（Wilusa）是赫梯帝国的一个附属国。希腊人很狡诈。比如，他们曾为攻打维鲁萨的叛变者皮亚马杜拉（Piyamaradu）提供支持。有史料显示，赫梯国王和阿希亚瓦国王确实曾因维鲁萨问题而开战。[11]

在特洛伊发现的迈锡尼陶器（Mycenaean pottery）进一步证明，特洛伊人和希腊人之间存在联系。[12] 赫梯人和迈锡尼希腊人这两个帝国之间的冲突时有发生，这可能为特洛伊战争提供了背景。虽然考古证据存在争议，但"特洛伊Ⅵ"和"特洛伊Ⅶ a"两大遗址似乎都是突然结束的，前者是因为地震，后者可能是遭到了猛烈的破坏。此后不久，赫梯帝国和迈锡尼帝国都走向了衰落。

但是，如果特洛伊古城真的存在，即便更大胆地推测，如果特洛伊战争也曾真的发生，并且导致希腊人后来洗劫了这座城市，那么特洛伊木马本身一定是虚构的吗？特洛伊人把木马带进城市时居然没有发现希腊军队藏在里面，这个故事不免让人觉得有些异想天开。

---

* 赫梯，是位于安纳托利亚的亚洲古国、小亚细亚的奴隶制国家。讲赫梯语的赫梯人和前 20 世纪迁来的讲印欧语系涅西特语的涅西特人共同创造了赫梯帝国。特洛伊地处安纳托利亚西北海岸，紧邻达达尼尔海峡，地理位置十分重要，它所在的地区被称作维鲁萨，一直以来是赫梯帝国的附属国。

　　然而，木马计并不是历史上第一个在军事上通过外交礼物这样的手段进入敌国围城的故事。在特洛伊沦陷的几百年前，有一本纸莎草书记载了这样一个故事：法老图特摩斯三世（Pharaoh Thutmose Ⅲ）手下有一位将军指挥 200 名战士躲藏在礼物篮中，通过佯装向敌国进贡的方式，最后成功占领了约帕城（Joppa）*。[13]

　　从外交礼物的角度来看，希腊人选择马这种动物来实施其诡计是有一定逻辑的。显然，马对于特洛伊人来说非常重要。《伊利亚特》中大量提到的特洛伊人都是以马贩子的形象出现，而特洛伊人的名字中也经常带有 "hippo-"（马）这一前缀。[14] 在赫梯王室档案中，也有提及训练马的碑文记载。[15] 因此，希腊人认为，与马有关的礼物也许能取悦特洛伊人。此外，一个马形的物体也会让特洛伊人想到这很有可能是献给雅典娜的祭品。毕竟，雅典娜是教会人们驯马的女神。[16]

　　古典作家和现代作家都试图让木马故事变得合理化，将一种异想天开的行动解读为一种更平淡无奇的构想。木马被视为一种攻城锤。公元前 2 世纪的希腊地理学家保萨尼亚斯（Pausanias）将希腊士兵埃佩奥斯的发明创造描述为一种 "旨在突破特洛伊城墙的装置"。[17] 从一些刻有相关图画的浮雕来看，亚述人的攻城装置可能看起来非常像马。尤其是当这种装置车上还覆盖着湿漉漉的兽皮以抵御敌人的火攻的时候，那就更像了。

　　又或者，特洛伊木马也许是一艘船？有人猜想木马可能是一种腓尼基船（Phoenician ship），船上有一个马头用于装饰，希腊人称之为 "河马船"（hippos）。荷马甚至一度将这样的船称为 "海马"（seahorses）。有人认为，这艘叫 "特洛伊木马" 的船可能是作为贡品献给对方的，而希腊士兵就藏在船体之中。

---

* 约帕是以色列中部的一个古代良港，希腊名称约帕，希伯来名称雅法，有 "美丽可爱之城" 的意思。

第三种理论认为特洛伊木马其实是地震的隐喻。地震在特洛伊地区很常见，这一点也得到了史料的印证。经考古发现，"特洛伊Ⅵ"遗址被毁的原因很可能是因为地震。此外，波塞冬是战争期间最积极支持希腊方面的神明之一，他虽然以海神而闻名，但其实他也是掌管马和地震的神。

如果说雅典娜代表的是马的驯化，那么波塞冬则彰显了马的野性。[18] 因此，木马计可能是一种文学手段，用来指涉一种毁灭性地震。正是波塞冬引发的这场地震，才导致特洛伊的城墙倒塌，而让希腊人乘虚而入。

这种试图合理化的解释与木马计产生的结果存在冲突。虽然木马计让特洛伊人即刻溃败，结束了这场漫长的战争，因此算得上是一个非常成功的诡计，但这并不英勇。在希腊人通过这种残酷手段取得胜利后，众神转而站在了希腊人的对立面。在《奥德赛》中，当诗人狄奥多科斯（Demodocus）唱起特洛伊木马和特洛伊的失败时，奥德修斯并不满意于自己的狡黠智慧，而是情不自禁地哭了起来。可以说，特洛伊木马使得希腊人被羞耻感所笼罩，[19] 而如果他们使用的是攻城锤或地震来摧毁这座城市，应该不会有这样的耻辱感。我们永远不知道特洛伊木马是否真的存在，但它确实存在于荷马和维吉尔的诗歌中，并激励了一代又一代人。

事实上，这种让人们又惊又恼的外交礼物不仅仅存在于神话和古代历史之中。1945 年 8 月，苏联少先队员代表团曾赠送给美国驻莫斯科大使威廉·埃夫里尔·哈里曼 * 一块精美绝伦的木质美国国徽，用

---

* 威廉·埃夫里尔·哈里曼（William Averell Harriman，1891 年 11 月 15 日—1986 年 7 月 26 日），美国富豪，银行家、船王、外交官，曾在富兰克林·罗斯福政府中任职，二战时主持发放了约 500 亿美元的租借物资，战后成为商务部长，主持《马歇尔计划》，1955 年成为纽约州州长，作为苏联问题专家，主持签订 1963 年《美苏禁止核试验条约》，并活跃在世界各地的外交舞台上。

以象征两个战时盟友之间的友谊。[20] 这块国徽堂而皇之地挂在大使的书房里，一挂就是好几年。

结果，有人发现这块木质国徽中竟藏有一个窃听器。在没有电池也没有任何电路的情况下，里面的窃听器就是一个无源腔谐振器，可以由外部无线电信号激活。通过无线电信号，对话产生的声波会作为音频信号弹回，从而被收听者接收到。直到 1951 年，一名英国技术人员在无意中听到了苏联广播频道上美国人的对话，惊讶无比，由此东窗事发。这台监听设备是苏联发明家里昂·特雷门（Léon Theremin）的作品，他以发明电子乐器而闻名。[21] 这个装有窃听器的国徽被人戏称为"那件东西"，这就是 20 世纪的特洛伊木马。

注释：

1. Nagy 1981, p. 191.
2. 引自 Bogdanor 2020, p. 43。
3. Alexander 2009, p. 2.
4. Franko 2005/6, p. 123.
5. Murphy 2017, p. 19.
6. Bryce 2002, p. 188.
7. Murphy 2017, pp. 22—25.
8. 阿波罗多罗斯的缩影。引自 Murphy 2017, p. 25。
9. Bryce 2002, p. 185.
10. Ibid., p. 190.
11. Ibid., p. 192.
12. Alexander 2009, p. 5.
13. Murphy 2017, p. 25.
14. Ibid., p. 21.
15. Rouman and Held 1972, p. 328.
16. Murphy 2017, p. 21.
17. Ibid., p. 31.
18. Ibid., p. 21.
19. Finglass 2020.
20. Harford 2019.
21. Ibid.

3. 公元前 332 年：一根皮鞭、一个球和一箱金子

大流士三世送给马其顿国王亚历山大大帝的礼物

意大利庞贝古城农牧神之家的马赛克镶嵌画《亚历山大》，画作描绘了大流士三世和
亚历山大大帝之间的伊苏斯战役。

接下来要讲的是一个使用外交礼物嘲讽他人但没有成功的故事。礼物以一种特别的方式呈现。1700 多年后，人们按照这种特别的送礼方式又复制了另外一份不同的礼物。故事讲述了一位有权有势的国家领导人遭到了邻国的军事威胁，而邻国的统治者是一个初出茅庐但野心勃勃的毛头小子。为了嘲讽这小子乳臭未干，少不更事，这位领导人送给他一份礼物，建议他放弃征服计划。而年轻统治者却对此不

予理会，重新解读了礼物的内涵。在他看来，这礼物是一个好兆头，预示着他会成功击败这位显赫一时的领导人。后来，这位雄心万丈的年轻统治者还真的赢得了胜利。

这个故事在一部关于亚历山大大帝事迹的奇幻小说《亚历山大传奇》（Alexander Romance）中出现过。这本书有时候会被人误以为是希腊历史学家、亚历山大大帝的同伴卡利斯提尼斯（Callisthenes）写的。但事实上，卡利斯提尼斯先于亚历山大离世，其死亡时间可以追溯到公元前 3 世纪。由于不知道作者是谁，后世的人们只好不太友善地将这本书的作者署名为"伪卡利斯提尼斯"（Pseudo-Callisthenes）。

虽然这本书的希腊语原始版本早已失传，但亚历山大的丰功伟绩在中世纪对人们有着持久吸引力。不同传记版本就此大量涌现。截至 17 世纪，由 24 种不同语言写成的版本数量已达 80 多种。[1] 其中，《亚历山大传奇》中记录的故事最多。随着越来越多不同版本的讲述，亚历山大的故事也逐渐变得让人难以判断其真假了。[2]

不同版本的《亚历山大传奇》对波斯帝国阿契美尼德王朝的统治者大流士三世送给亚历山大的礼物有着不同说法：人们认为，公元 5 世纪的亚美尼亚语（Armenian）译本是与丢失的原版最接近的译本之一。[3] 礼物的故事如下：亚历山大长年通过各种战役，想要推翻大流士三世统治下的那个不稳定的庞大帝国。在一次战役中，亚历山大洗劫了古推罗城（此历史事件可追溯到公元前 332 年）。不久，大流士三世便派信使带着礼物拜访了亚历山大。礼物包括一根皮鞭、一个球和一箱金子，其中还附有一封信。在信中，大流士对亚历山大进行了一系列侮辱。他建议亚历山大撤军，回到母亲身边，嘲讽他这个年纪还需要母乳喂养。皮鞭意在暗讽亚历山大仍然需要纪律，而球则揶揄他太过年轻，让他可以和同龄孩子一起玩耍。一箱金子的寓意则是让亚历山大付钱给他雇用的那些搞偷袭活动的"窃贼"，好让他们告老还乡。要是亚历山大没有留意到这些礼物的潜在含义，他或许早就被大流士抓获并钉死在了十字架上。[4]

　　亚历山大在他的军队面前宣读了这封信，士兵们对此感到惊恐。不过，亚历山大却把这位波斯领导人的强硬话语解读为是其身体孱弱的表现。在亚历山大看来，大流士缺乏行动力，所以才会通过写信来恐吓。于是，亚历山大给大流士回了一封信。他在信中重新阐释了这些礼物的内涵，从利于自身的角度出发，表达了自己对礼物的见解。亚历山大表示，他拿起皮鞭意味着他将会把大流士的军队痛打一顿，让他们成为自己的手下败将，使其俯首为奴。而那只球——一个圆球体则标志着他将主宰整个世界。而那些黄金正说明了大流士已经臣服于亚历山大，是在向他表达自己的敬意。[5]这封回信也预示着大流士将会被亚历山大领导的大军打得一败涂地。

　　大流士的三件礼物有一个有趣之处，那就是它们在本质上迥然不同。皮鞭和球具有讽喻性，意在嘲笑亚历山大年少轻狂，不谙世事。相比之下，黄金则是一份完全实用的礼物：为亚历山大提供资金，让他的部队返回马其顿，离开大流士的地盘。[6]

　　随着时间和空间的流转，不同版本的《亚历山大传奇》对大流士送给亚历山大的礼物有着不同讲述。比如，在叙利亚语版本中，除了一根皮鞭、一个球和一箱黄金，还多了另一份礼物——十份芝麻籽。大流士在信中写道，如果亚历山大能数出芝麻籽的数量，他就能知道自己拥有多少军队。亚历山大对此十分淡定，他把芝麻籽放进了嘴里，认为这些芝麻籽虽然数量多，但食之无味。作为回礼，亚历山大送了一些芥末籽给大流士。大流士则心有余悸地评论道，这些芥末籽虽然数量少，但辣劲十足。[7]有关种子的情节在其他故事版本中也反复出现，虽然不同版本中提到的植物种子的名称不同。比如，在某一个德语版本中，大流士送了亚历山大罂粟籽，而亚历山大则回了他胡椒籽。[8]

　　但是，目前似乎没有任何历史证据能表明大流士向亚历山大送过这样的礼物。其他独立于《亚历山大传奇》的资料中也没有任何关于这个故事的蛛丝马迹。[9]因此，这个故事或许与《亚历山大传奇》中的其他内容一样，并非从有据可查的历史中提取的，而是作者编造出来的。

不过，在古希腊历史学家希罗多德（Herodotus）的讲述中，倒是有一个与之雷同的故事。约 200 年前，大流士一世与斯基泰人（Scythians）交战，进入了斯基泰人的国土。传说斯基泰人的首领向大流士送去了一份礼物，其中包括一只鸟、一只老鼠、一只青蛙和五支箭，但并没有做任何解释（这听起来很像一只猫会送你的外交礼物）。大流士将这些礼物解读为斯基泰人对自己权力的臣服，而波斯贵族戈布里亚斯（Gobryas）则解读出了另一番含义。在他看来，这些礼物是在传达一种威胁：波斯人要将自己变成鸟、老鼠或青蛙才能躲避斯基泰人射来的箭。在与斯基泰人的交战中，大流士带领的军队节节溃败。他发现很难与这些不用保卫城市的游牧民族打交道。由此观之，戈布里亚斯的解读可能更为准确。[10]

在希罗多德的讲述中，礼物的收受方并没有做出任何回击来扭转局面，因此其故事结构比大流士三世送给亚历山大礼物的故事更为简单。虽然简单，但这个故事同样展示了外交礼物在送出时具有的潜在内涵和作用。多年以后，世界的另一个地方出现了一个在结构上与大流士三世礼物的情节几乎相同的故事——那就是莎士比亚作品《亨利五世》（Henry V）的第一幕。

在英法百年战争的短暂休战期间，法国王子向英国的亨利国王派遣了一些使者。第一位大使向亨利五世转达了法国王子的话，其内容与大流士给亚历山大的信一样毫不得体，嘲讽亨利五世年少轻狂。法国王子：

> 说您太过年少不更事，
> 请您务必听我一声劝。

要取法国之物非易事，

怎可凭一场轻歌曼舞。[11]

大使解释道，法国王子送了一份适合国王性格的礼物，并敦促他放弃对法国领土的主张。这份礼物是一些网球，讽刺年轻的亨利国王更适合在无聊的青春时光中消磨时间，而不是对法国人发动战争。

与大流士送给亚历山大的礼物一样，此举激怒了收礼物的人，并且导致对方想要通过反击来扳回局面。于是，法国王子赠送的网球被亨利五世变成了炮弹：

告诉那位日子过得潇洒快活的王子，

这番嘲弄已将他的网球变成了炮弹。

他的灵魂将在我的复仇中备受煎熬。

仇恨与炮火齐飞，成千上万的妇女，

将在这场战火中失去丈夫而成寡妇。

母亲没了儿子，城堡也将轰然崩塌。[12]

人们很容易认为莎士比亚借鉴了《亚历山大传奇》中大流士的故事是为了将亨利五世与亚历山大这两位在军事上年少有为的统治者相提并论。但与大流士礼物的故事有所不同的是，法国王子赠送给亨利五世网球的故事在历史中是有迹可循的。这个故事曾出现在拉斐尔·霍林谢德（Raphael Holinshed）的《英格兰、苏格兰和爱尔兰编年史》（*Chronicles of England, Scotland and Ireland*）中。该书 1587 年的第二版是莎士比亚历史剧参照的重要来源。霍林谢德似乎借鉴了早期的一些说法，尤其是托马斯（Thomas）和奥特伯恩（Otterbourne）的《编年史》（*Chronicle*）以及托马斯·埃尔姆汉姆（Thomas Elmham）的《音律书》（*Liber metricus*）中的相关内容。根据记载，事件都发生在亨利五世喜欢的凯尼尔沃斯城堡（Kenilworth）中。[13]

不过，这个故事肯定不可能是真的吧？这样一份意在嘲讽的礼物造就了优秀的文学作品，但导致了糟糕的外交。法国王子送出的礼物激怒了亨利五世，刺激他更加想要攻击法国人，从而引发一系列事件，最终爆发阿金库尔战役（Agincourt）。尽管《亨利五世》中的这一段话重在强调法国王子不适合统治，但无论法国的外交技巧多么拙劣，肯定没有人会认为送去一份充满挑衅和讽刺的礼物就能够劝阻英国国王发动战争吧？

另一位当代编年史家约翰·斯特雷奇（John Strecche）在其著作中对此有更为详细的描述，其中揭示了故事可能发生的历史起源。斯特雷奇是凯尼尔沃思修道院的咏礼司铎（天主教神职人员）。他对事件的叙述集中于亨利五世对凯尼尔沃思城堡的访问上。[14]斯特雷奇报道称，亨利五世派遣大使前去拜见法国王子，商谈与法国国王的女儿凯瑟琳（Catherine of Valois）缔结婚姻之事。谈判异常激烈，双方剑拔弩张，最后婚事不了了之。斯特雷奇记录说，法国人在这场让人拱火的谈判中辱骂英国大使，并且表示他们会给亨利赠送网球让他玩耍，也会送他柔软的枕头好让他回去睡觉。回到英国后，大使们向亨利汇报了这些言语，亨利非常愤怒，威胁说他会在法国街头拿他的炮弹玩游戏。而柔软的枕头对法国人来说毫无用处，因为他将在黎明时猛击他们的房屋。[15]困难重重而又失败的谈判会让人火冒三丈，这在外交中很常见。斯特雷奇对该故事起源的描述要比实际送网球的故事更加可信。不过，我们永远不知道这个故事是真是假，因为这个故事在法国编年史中也似乎找不到任何参考。[16]

并不是所有的统治者都会想着要在外交上保持婉转的态度。历史上也有使用礼物去嘲讽或侮辱接受者的记录。比如，在15世纪30年代，白羊王朝（Aq Qoyunlu）土库曼（Turkmen）部落联盟的领导人乌特曼·贝格（Uthman Beg）向马木留克王朝（Mamluk）统治者苏尔丹·巴尔斯拜（Sultan Barsbay）送去了一份礼物，其中包括一面镜子、一只绵羊和一件荣誉长袍。但巴尔斯拜收到后并不满意。镜子暗讽了巴尔斯拜像个女人，而绵羊则表示乖顺。此外，正如我们会在接下来的故事中看到的那样，荣誉长袍是由上级送给下级的礼物。[17] 不过，巴尔斯拜并未对此做出任何回应来进行反击。

注释：

1. Wolohojian 1969, p. 1.
2. Perkins and Woolsey 1854, p. 360.
3. Wolohojian 1969, p. 2.
4. Ibid., pp. 58–59.
5. Ibid., p. 61.
6. Konstantakos 2015, p. 137.
7. Perkins and Woolsey 1854, pp. 375–376.
8. Ibid., p. 376.
9. Konstantakos 2015, p. 134.
10. Ibid., p. 138.
11. Shakespeare, *Henry V* Act 1, Scene 2.
12. Ibid.
13. Jackson 2016.
14. Hilton 2015.
15. Ibid.
16. Taylor 1932, p. 146.
17. Behrens-Abouseif 2016, p. 25.

4. 公元前 4 年：黄金、乳香和没药

东方贤者送给耶稣基督的礼物

意大利拉文纳（Ravenna）新阿波利奈尔圣殿（Basilica Sant'Apollinare Nuovo）的一幅马赛克镶嵌画，描绘了来自东方的三位携带礼物的贤者。

　　来自东方的三位贤者（也称"三位智者""三位博士"或"三位国王"）给刚刚诞生的耶稣送去黄金、乳香和没药，这或许是人类历史上最有名气的礼物。这则故事不仅是无数耶稣诞生剧的灵感源泉，而且也是圣诞节赠送礼物的主题。是否可以将此看作一份外交礼物，取决于对以下两个问题的回答。这三位贤者是谁？他们眼中的婴儿耶稣又是谁？

　　来自东方的三位国王在当代关于耶稣基督诞生的故事中地位十分

突出，但福音书（Gospels）中关于这则故事的细节描写却少之又少，这令人非常意外。耶稣诞生的故事本身记载于《路加福音》（*St. Luke's Gospel*）中：玛丽和约瑟夫按照凯撒·奥古斯都"人人都必须纳税"的要求前往伯利恒。由于晚上要在旅馆过夜，而旅馆却没有房间，因此才会在马槽里诞下新生儿基督耶稣。牧羊人在夜里看着自己的羊群，主的天使告诉他们这则喜讯。

然而，来自东方的贤者并没有在这则故事中扮演任何角色。他们唯一一次出场是在《圣马太福音》（*St Matthew's Gospel*）中。他们对伯利恒的访问时间似乎与基督的降生时间不吻合：当时他已经被描述为一个"幼童"（young child）。[1] 因此，人们习以为常的将贤者置于耶稣诞生地，但这一说法并非出自《圣经》。

《圣马太福音》告诉我们，"东方的贤者"[2] 来到耶路撒冷，询问"生来就是犹太人之王"（born King of the Jews）的下落。[3] 他们在东方看到了他的星象，于是前来敬拜他。这一要求令当地的统治者希律王（Herod）感到不安，希律王认为"犹太人之王"这一称号属于自己。向当地的祭司和文士征求意见之后，希律王得知先知们曾预言未来的统治者将诞生在伯利恒，并将贤者引向该城。星象再次出现，并将贤者们引向那名幼童。他们跪下来敬拜他，并向他献上黄金、乳香和没药这些礼物。

希律王试图利用贤者来实现自己的邪恶计划，请他们在找到孩子的时候通知自己一声，称自己也可以去敬拜他。当然，希律王的实际计划截然相反：他随后便下令杀光伯利恒所有两岁以下的小孩就证明了这一点。幸运的是，上帝先托梦警告贤者们不要回去见希律王，所以贤者们敬拜过耶稣之后，便直接返回了东方，避开了耶路撒冷。就这样，他们就从《圣经》的叙述中消失了。然后，贤者们在寻找一个生来就是"犹太人之王"的孩子，这种说法表明他们在寻找一个他们认为注定要担任未来政治领袖角色的孩子。这当然不是耶稣基督的命运，⁴ 他从未对任何人进行过政治统治。但这确实表明，贤者们将他们的旅程理解为对国王的敬意，并支持了礼物具有外交属性的说法。

这"三位来自东方的贤者"到底是谁?《马太福音》对贤者的两大特点没有提及，而这两大特点已经成为今天向我们介绍贤者的核心原则。《马太福音》没有说他们的贤者是国王，也没有说他们有三个人。不过，在《马太福音》中用来描述来访者的希腊语词"magoi"中，有一条关于他们身份的重要线索，其确切含义其实并不等于英文中常见的"贤者"（wise men）。

"magoi"一词的拉丁语复数"magi"更广为人知。希罗多德（Herodotus）考证"magoi"为现代伊朗西北部米底亚人（the Median people）六部落之一。这个部落学识丰富，为其他米底亚部落和波斯人提供祭司。⁵ "magi"一词后来更广泛地用于指祆教（Zoroastrian religion，俗称"拜火教"）和其他伊朗宗教的祭司。希腊罗马作家将这些祭司与魔法和占卜的做法画上等号，认为他们会释梦和占星术。⁶ 英文里"magic"（魔法、魔术）一词的确源于希腊语中的"magos"。

虽然占星术由于带有宿命论色彩，曾在基督教传统里形象不佳，⁷ 但在《马太福音》里，"magi"并不含有贬义，尽管他们占星师的身份被这样的评论所强调：他们是通过"他的东方的星象"来敬拜犹太人之王的。⁸ 东方三贤的情节和《旧约·民数记》（*The Old Testament Book of Numbers*）中的巴兰（Balaam）的故事极为相似：跟东方三贤一样，巴兰也是个外国人，他从"东方的山区"来到圣经的叙事之中。⁹ 双方都是某个邪恶人物试图利用的对象：试图利用东方三贤的是希律，试图利用巴兰的是摩押王（king of Moab）巴拉克（Balak）。不过，二者的诡计都没有得逞。摩押王怂恿巴兰诅咒以色列，但巴兰却只做出了四次正向的预言，包括"有星要出于雅各"（Star out of Jacob），¹⁰ 似乎预示着东方三贤的伯利恒之旅。

早期的基督教作家不仅认为巴兰预言的雅各星象与东方三贤口中

的伯利恒星象有关联，[11] 而且认为巴兰与东方三贤有关联。3 世纪学者亚历山大的奥利金（Origen of Alexandria）认为，"活跃在东方各地的魔法师族"便是巴兰的后裔。[12] 因此，基督降生时，东方三贤能够认出那颗星星及其重要意义，而以色列人却无法做到。《马太福音》中所描述的贤者的故事表明：基督教的信息具有普遍性，否则就不会把非犹太人从异国他乡带到这里来敬拜圣婴。这也可以说明，东方三贤是把婴儿当作犹太人未来之王来敬拜的，而非上帝之子，因此他自然有资格接受盛大的外交礼物。如果这样解读《圣经》，那么东方三贤解读那颗星星传递的意义就没错，但他们只是误读了那颗星星的信息。[13]

东方三贤与祆教的关系在一部被称为《阿拉伯婴儿福音》（*Arabic Infancy Gospel*）的虚构文本中得到了明确表述，该虚构文本很可能源于某个叙利亚原本，据信创作于 5、6 世纪。这份记录沿用了《马太福音》中贤者故事的主线，但做了两处重要的润色。该书称，贤者们在前往耶路撒冷的途中遵循了"拜火教之祖琐罗亚斯德（Zoroaster）的预言"。[14] 东方三贤也收到了一份回礼：圣母玛丽亚将圣婴的一块包布（swaddling band）送给了他们。回去之后，东方贤者将这块布扔到东方的圣火之中，但这块布在火焰中却完好无损。于是，他们便将这块布视为珍宝。有一个较长的修订版本将琐罗亚斯德视作巴兰。[15]

东方三贤的故事在早期基督教的各种著作中得到了演绎和润色，故事的发展方向各不相同。其中最详尽的版本是一份被称为《贤者启示录》（*Revelation of the Magi*）的文献，保存在 8 世纪后期的叙利亚语手稿中，被称为《祖克宁编年史》（*Chronicle of Zuqnin*），祖克宁是出版这本书的土耳其修道院的名字。[16] 这则故事是从 12 位贤者的视角写的。这 12 位贤者生活在希尔国（Shir），大致位于今天的中国境内。他们既是贤者也是国王，由于他们有默默祈祷的习惯而被称为"magi"。[17] 他们是亚当的儿子塞特（Seth）的后裔，塞特把他父亲的启示写在世界上最早的一系列书里。他们把这些东西放在"胜利之山"（the Mountain of Victories）的一个"秘密藏宝洞"（Cave of Treasures of Hidden Mysteries）里，这也是贤者们每月举行一次祈祷仪式的场所。他们世世代代都在等待一颗星星出现在"胜利之山"上空，因为这将预示着上帝以肉身降生于世。

神圣的日子终于到来了，一颗星星来到胜利之山上，化身为人。这个新诞生的生命要求贤者们把他们特地为了这天到来而存放于洞穴里的礼物带到其以人形降生之地，至于什么礼物并未说明。接着，它又变回了星星，奇迹般地引导贤者们来到耶路撒冷，而耶路撒冷的居民却看不到这颗星星。在这一版本的故事中，星星本身告诉贤者们不要听从希律王告诉他弥赛亚（the Messiah）在哪里的请求。在伯利恒，贤者们在一个山洞里找到了这个孩子，摘下各自的王冠并放在其脚边，并献上各自带来的珍宝。完成使命之后，星星引导他们返回故里；后来，12 使徒之一犹大·托马斯（Judas Thomas）随后赶来，替贤者们施洗，然后贤者们将福音传遍世界。[18]

然而，人们逐渐形成了一种普遍的"magi"形象，即将他们描绘成三位国王。他们的身份为国王是为了实现《旧约》中与弥赛亚有关的预言，如诗篇第 72 篇（Psalm 72）中的"诸王都要在他面前俯伏于地"。[19] 之所以认为贤者有 3 个人，是因为他们带来的礼物的数量，刚好每位国王一份礼物。

第一部确定国王姓名的文献是《蛮族拉丁文摘录》（*Excerpta Latina Barbari*），这是一部失传的希腊编年史的拉丁文译本。该译本完成于 6、7 世纪在墨洛温加王朝的高卢时期（Merovingian Gaul），译者对两种语言的掌握并不完美，因此，有"蹩脚的拉丁文"之称。希腊原文可能来自 5 世纪的亚历山大。[20] 该译本将"magi"称为"Bithisarea""Melichior"和"Gathaspa"，现在更多的译法是"Balthasar""Melchior"和"Caspar"。8 世纪有一篇名为《文集与花卉》（*Collectanea et flores*）的文章，被错误地认为是圣贝德（the

Venerable Bede）所写，对每一位"magi"都写了不同的年龄：[21] 一位是白胡子长者梅尔基奥（Melchior），一位是黑胡子中年人巴尔塔萨（Balthasar），还有一位是胡子刮干净的青年卡斯帕（Caspar）。

"magi"不仅被赋予了不同的年龄，而且还被赋予了不同的地理来源，文艺复兴时期的艺术作品中，巴尔塔萨经常被描绘成黑人。[22] 虽然在基督教艺术的最早描述中，"magi"的形象大同小异，他们戴着弗里吉亚帽，表明他们来自波斯，[23] 但他们的区别有助于强调基督教教义的普遍吸引力。

马可·波罗在 13 世纪下半叶沿丝绸之路旅行时，在其《游记》中以一点不假口吻叙述了在波斯城市萨巴（Saba）看到的"壮丽的纪念碑，那是东方三贤之墓"。[24] 被称为亚斯帕尔（Jaspar）、梅尔基奥尔（Melchior）和巴尔塔萨（Balthazar）的三贤遗体清晰可见，他们的头发和胡须依然保存完好。

马可·波罗没能打听到更多关于萨巴人的消息，但在三天路程之外，在一个名叫卡拉阿塔佩里斯坦（Cala Ataperistan），即"拜火教的城堡"的村庄里，他得知该地区的三个国王带着黄金、乳香和没药等礼物，前去朝拜过一位刚降生的先知。神婴给了他们一个小盒子作为回礼，然后他们就离开了。返程途中，他们打开盒子，却发现里面只有一块石头。这份礼物的意义在于，他们正在形成的信仰应该坚如磐石，但由于没有理解这份礼物的意义，他们失望地把它扔进了最近的一口井里。就在这时，一团天火降到了井里。"magi"立即意识到自己的错误以及这份礼物的神圣力量，立即取了一些火，小心翼翼地把它带回自己的故土，在那里他们把它供奉在一个美丽的教堂里。从那一天起，他们就让火燃烧不息。该地区的人因此成为拜火者。[25]

20 世纪 90 年代，作家保罗·威廉·罗伯茨（Paul William Roberts）来到伊朗的城市萨维赫（Saveh），发现一座古清真寺同时具有基督教和祆教早期特征，因此，罗伯茨认为这可能是马可·波罗所看到的坟墓所在地，但令人困惑的是，陵墓建筑中只有两具石棺而非三具。在萨维赫一名身兼牙医且是崭露头角的历史学家的帮助下，罗伯茨追踪到附近一座废墟城堡，并得出结论，自己已经到达了卡拉阿塔佩里斯坦村。[26]

然而，存放东方三王遗骨最著名的地点既不在伊朗，也不在伯利恒以东的任何地方，而是在科隆大教堂（Cologne Cathedral）。三王神殿是一座闪闪发光的三层石棺，由 12 世纪尼古劳斯·冯·凡尔登（Nikolaus von Verdun）及其助手们共同打造。如今的科隆大教堂是北欧最大的哥特式教堂，当初建造的目的就是专门为了存放东方三王。据说，"magi"的遗骨最初由圣·赫勒拿（Saint Helena）发现并送到君士坦丁堡（Constantinople）。由于当时尤斯托吉奥一世（Eustorgio I）去了君士坦丁堡并确认其当选为主教，皇帝便将这些遗骨托付给米兰主教，这些遗骨于 344 年被送往米兰。据说，尤斯托吉奥一世用牛拉着一个大理石石棺把这些遗骨带到了米兰。有的故事说，进入米兰城之后，牛突然倒下了，或者马车陷入泥泞中纹丝不动，因此，尤斯托吉奥认为这是一个信号，于是在那个地方建造了一座教堂来存放三王遗骨。1162 年神圣罗马帝国皇帝红胡子腓特烈一世（Friedrich I Barbarossa）突袭米兰时，抢走了三王遗骨，并赠送给了科隆大主教。如今，科隆大教堂是德国参观人数最多的地标，证明了东方三贤的吸引力经久不衰。

那么，东方三贤赠送的礼物都是些什么呢？作为当时的外交礼物，这些礼物似乎是完全可信的：所有礼物在当时都是价格不菲的、求之不得的物品，是典型的前现代时代赠送给达官贵人的礼物。[27]《旧约·以赛亚书》（The Old Testament Book of Isaiah）在描绘耶路撒冷辉煌的未来愿景时，描绘了馈赠的黄金和乳香。[28] 三贤的三份礼物经常被赋予象征意义。因此，《文集与花卉》（Collectanea et flores）认为，梅尔基奥尔献上的黄金象征着基督的王权，卡斯帕尔献上的乳香代表着基督的神性，而巴尔塔萨献上的没药则象征着基督的凡人性，因为没药与尸体防腐有关。这也是小约翰·亨利·霍普金斯（John Henry Hopkins Jr.）于 1857

年创作的流行圣诞颂歌《我们三个东方国王》(We Three Kings of Orient Are) 所暗示的象征意义。根据马可·波罗提供的故事，不同的礼物是东方三王试图确定这个孩子是人间的国王、天上的神，还是一名医生。如果婴儿拿了黄金，他就是人间的国王；如果他拿了乳香，他就是天上的神；如果拿了没药，他就是一名医生。由于圣婴将三份礼物都拿了，他们得出结论：婴儿集人王、天神和医生于一体。[29]

注释：

1. Matthew 2:9, Holy Bible: King James Version.
2. Ibid., 2:1.
3. Ibid., 2:2.
4. Mobbs 2006, p. 601.
5. Boyce 2001, p. 48.
6. Hegedus 2003, pp. 82—83.
7. Ibid., p. 82.
8. Matthew 2:2, Holy Bible: King James Version.
9. Numbers 23:7, Holy Bible: King James Version.
10. Ibid., 24:17.
11. Hannah 2015, p. 434.
12. Quoted in ibid., p. 438.
13. Mobbs 2006, p. 601.
14. Quoted in Hone 1890, p. 40.
15. Hannah 2015, p. 450.
16. Landau 2016, p.20.
17. Hannah 2015, p. 446.
18. Landau 2016, pp. 30—38.
19. Psalm 72:11, Holy Bible: King James Version.
20. Garstad 2011, p. 3.
21. Duchesne-Guillemin 1973, p. 97.
22. Jones 2020.
23. Duchesne-Guillemin 1973, p. 96.
24. Polo 1871, p. 73.
25. Ibid., pp. 74—75.
26. Roberts 2007, pp. 31—43.
27. Behrens-Abouseif 2016, p. 122.
28. Isaiah 60:6, Holy Bible: King James Version.
29. Polo 1871, pp. 74—75.

5. 公元 757 年：一台管风琴
拜占庭皇帝君士坦丁五世送给法兰克国王 丕平三世的礼物

现代利比亚的兹利坦港市发现的一幅公元 2 世纪的罗马赛克贴画上描绘的一台水压式管风琴。

外交礼物经常包含炫耀的成分。送一份以受礼国的技术生产不出来的礼物对送礼国有双重好处：其一，作为一种全新的东西，礼物很可能会受到赞赏；其二，它可以传递出一个隐含的信息，即送礼国技术上占优势。这种礼物可以让对方心生敬畏，还可以为这一先进产品打开新市场，尽管这并非在所有情况下都是相关的考虑因素。然而，在某些情况下，赠与国会担心赠与可能会使其先进技术被研究、复制，从而有丧失相对优势的风险。在这一研究和复制的过程中，外交礼物可能会成为不同文化间思想和技术转化的渠道。

一些历史学家认为，公元 757 年，拜占庭皇帝君士坦丁五世（Constantine V）赠送给法兰克国王丕平三世（Pépin III）的管风琴是一件开创性的礼物，为管风琴重新引入西欧提供了契机；[1] 这一事件为管风琴与教堂音乐之间的密切联系铺平了道路。甚至有人认为，皇帝的礼物可能是一台双管风琴，由两名管风琴师同时演奏，可以演奏双声部音乐，是整个西方复调音乐传统的源头，这种风格随后从管风琴转入声乐领域。[2]

然而，这些学者把大量的观点都加在了一件礼物之上，而实际上人们对这件礼物知之甚少。法兰克国王的功绩都记录在《法兰克皇家编年史》（*Royal Frankish Annals*）中，虽然这部编年史都是宣传性的，但却是了解当时政治的重要资料。拜占庭皇帝送来的管风琴显然是一件大事，在编年史中约有 20 处提及，[3] 但提供的细节并不多，时间是 757 年。管风琴作为一份礼物，与其他礼物一同送达。法兰克国王丕平当时正在贡比涅（Compiegne）。这台管风琴以前在该国并不为人所知。这份礼物是拜占庭皇帝努力与法兰克人[4]建立和平关系的一部分。赠与方也有可能提到了这台管风琴，12 世纪，一位名叫穆里斯托斯（Muristos）的工程师用阿拉伯语撰写了早期管风琴的制作方法，其中提到为法兰克国王建造了一台水力汽笛管风琴（hydraulic siren organ），但未提及这位国王名字。[5] 如果这是指送给丕平的管风琴，那么这表明它可能更像是一种制造噪音的装置，而不是乐器。

在考虑拜占庭皇帝赠送的管风琴是否真的使该乐器重新引入西欧的制作方法这一问题之前，还有一个问题：拜占庭皇帝向法兰克国王赠送如此精美礼物的动机是什么？丕平三世，也称矮子丕平（Pépin le Bref），是法兰克王子查理·马特（Charles Martel）之子，也是查理曼（即查理大帝）（Charlemagne）的父亲，因此，由于不幸夹在家谱中两位更著名的历史人物之间，矮子丕平的成就显得黯然失色，尽管他的成就也相当可观，包括获得教皇的支持，于 751 年废黜墨洛温家族统治者（Merovingian ruler）希尔德里奇三世（Childeric Ⅲ），并将其囚禁于修道院。之后，丕平成为法兰克国王，开创了加洛林王朝。

如果说丕平的绰号显得有些刺耳，那么与拜占庭皇帝君士坦丁五世的绰号相比，这就不算什么了，君士坦丁五世被人们称为"臭虫"君士坦丁（Constantine Copronymus），或"便便"君士坦丁（Constantine the Poo）。这个绰号与一个传说有关，传说君士坦丁五世还是个婴儿时，在洗礼池中排泄，而当时牧师正在喊他的名字。这个绰号之所以刺耳，是因为他倡导的圣像破坏运动引起了反对，这一运动谴责虔诚地使用图像和崇拜圣物。君士坦丁还是一位能干的行政长官和军事领袖，他加强了拜占庭的东部边境和对巴尔干半岛的控制。

由于君士坦丁专注于拜占庭的近邻，因而相对忽视了拜占庭帝国在意大利的领土。拉文纳（Ravenna）主教辖区落入日耳曼伦巴第人（Lombards）之手，后来支持教皇的丕平击败伦巴第人，并将所征服的土地献给了教皇，这标志着政教合一的君主制国家教皇国（Papal States）的建立。公元 800 年圣诞节，教皇利奥三世（Pope Leo Ⅲ）为查理曼（Charlemagne）加冕为"罗马人的皇帝"（emperor of the Romans），教皇与加洛林国王之间的联盟达到了顶峰。这一切给人的印象是，罗马帝国的东欧和西欧之间距离越来越远，渐渐成了两个独立的世界：一边是讲希腊语的东方拜占庭，信奉基督教，另一边是讲拉丁语的西方罗马教皇和加洛林国王之间的联盟，也信奉基督教。[6]

然而，不应过分夸大这两个基督教世界之间的分离程度。双方之间仍有大量的贸易和外交往来。[7]东罗马帝国君士坦丁五世希望恢复其在意大利中部的领土，他似乎已经想出了一个策略，那就是向西罗马帝国法兰克国王示好，从而打破法兰克与教皇的联盟。君士坦丁就是在这种背景下向丕平三世赠送了精美的外交礼物：一台管风琴。编年史中多次提到这份礼物，这表明丕平三世对这份礼物的确很满意，但无论如何，突出这份礼物是国际社会接受其统治的证据符合丕平的利益，毕竟他废黜墨洛温家族登上王位时间不久。

君士坦丁向法兰克国王示好不只是送一台管风琴，他还主动提出让法兰克国王的儿子利奥（即未来的利奥四世）与自己的女儿吉塞拉（Gisela）结为夫妻，只是这一提议后来没有实现。有证据表明，这些提议产生了效果，在丕平统治末期法兰克王国对教皇的支持明显减少，不过这种眉来眼去的关系（dalliance）在丕平于公元 768 年去世之后便终止了。[8]

丕平死了之后，拜占庭的皇帝们继续向丕平的儿子查理曼示好。拜占庭摄政女皇（empress-regent）伊琳娜（Irene）开始与查理曼斡旋，希望自己的儿子君士坦丁六世与查理曼的女儿罗特鲁德（Rotrude）能够结为连理，但没有成功。罗特鲁德最终成了一名修女，跟着姑妈吉塞拉来到了切莱修道院（Chelles Abbey）。君士坦丁六世的命运更糟：他被母亲伊琳娜的支持者刺瞎了双眼，以便为伊琳娜称帝扫清道路。

公元 780 年代末，查理曼（即查理大帝）和伊琳娜在意大利南部对峙，结盟的想法荡然无存。查理曼统治的后期，即 812 年，管风琴外交再次出现：据说，拜占庭皇帝"结巴"米海尔一世（Michael I Rangabe）的特使们带了一台管风琴抵达查理曼在艾克斯拉沙佩勒（Aix-la-Chapelle）的宫廷。[9]目前尚不清楚这台管风琴当时是否算外交礼物。有一种说法认为，查理曼的工匠们曾偷偷研究过这台管风琴，这反而说明使者们在完成使命后会将其再次带走。一些历史学家质疑这台管风琴是否存在过，因为这段记载并非出现在当代资料中，而是出现在 9 世纪末叙咏大师"结巴"诺特克·巴尔布鲁斯（Notker Balbulus）（这一时期流行贬义绰号）的作品之中，而且这则故事可能跟丕平收到的管风琴或其他礼物搞混了。[10]

那么，向丕平三世赠送一台管风琴，是否将管风琴重新引入西欧并将其引入教堂音乐的关键环节呢？人们通常认为，第一台水力管风琴是克特西比乌斯（Ctesibius）发明制造的，克特西比乌斯是公元前3世纪亚历山大城（当时的科技重镇）的一位希腊发明家。[11] 水力管风琴的使用遍及整个罗马帝国。1931 年，位于今天布达佩斯的阿昆库姆（Aquincum）古罗马遗址中便出土了一台管风琴。铭文显示：这台管风琴是一位名叫维克多里努斯（Victorinus）的地方行政官赠送给某个行会的礼物，而他本人担任该行会的会长。[12] 包括尼禄（Nero）在内的几位罗马皇帝都对水力管风琴情有独钟。[13] 婚礼仪式、角斗士比赛和马戏表演都能看到管风琴，不过管风琴与早期基督教会并无关联。[14]

4 世纪时，罗马皇帝狄奥多西一世（Theodosius I）在君士坦丁堡重新建造了一座图特摩斯三世（Thutmose III）时期的埃及方尖碑，碑座上的浮雕绘着竞技场上的两台管风琴。[15] 在拜占庭帝国，管风琴似乎一直与世俗环境有关，包括大型公共表演场面，而非宗教环境。使用风箱的气动管风琴（the pneumatic organ）技术也研究了出来。然而，在西欧，管风琴制造技术似乎在不断的民族大迁徙过程中失传了。[16] 因此，到了 8 世纪，拜占庭掌握了一项法兰克人失传的技术。

然而，由于历史记录太少，我们无法清楚地了解向丕平三世赠送的礼物在管风琴与西欧教堂结缘过程中的重要性。虽然君士坦丁五世赠送的管风琴显然很特别，但这台管风琴是什么类型的管风琴？这方面线索很少，正如我们所看到的，其中至少有一个线索暗示：这台管风琴可能更像是一个汽笛（siren），而非乐器。[17] 通过早期文献以寻找管风琴在西欧传播的证据十分不容易，尤其是因为拉丁文中"organum"一词的用法含糊不清：既可能泛指"管风琴音乐"，也可指特定的乐器。[18]

公元 826 年，查理曼（即查理大帝）的儿子"虔诚者"（the Pious）路易一世（Louis I）将一位名叫格奥基乌斯（Georgius）的威尼斯教会牧师带到亚琛（Aachen），并在那里建造了一架拜占庭风格的水力管风琴。[19]9 世纪的《乌得勒支诗篇》（*Utrecht Psalter*）中有一幅双水力风琴的插图，图中的两位演奏者分别敦促各自的抽水助手加油。[20] 体型巨大似乎是早期管风琴的一种趋势：10 世纪温彻斯特大教堂（Winchester Cathedral）建造的一台管风琴有 400 个音管，两个演奏者，需要 70 人操作。

虽然我们无法确定赠送给丕平三世的管风琴在其重新引入西欧的过程中发挥了多么重要的作用，但这台管风琴显然是一份令人瞩目的礼物，也得到了受赠者的赞赏。两代人之后，作为一种乐器，管风琴依然受到追捧，以至于丕平三世的孙子从威尼斯请来了一名专家型工匠来制作一台管风琴，从而证明法兰克王国已经掌握了拜占庭的技术。

注释：

1. Williams 2005, p. 137.
2. This is the argument of Apel 1948, p. 212.
3. Williams 2005, p. 137.
4. Ibid.
5. Ibid., p. 140.
6. Emerick 2017, p. 144.
7. Ibid., p. 146.
8. Ibid.
9. Apel 1948, p. 204.
10. Williams 2005, p. 142.
11. Apel 1948, p. 192.
12. Hyde 1938, p. 394.
13. Ibid., p. 405.
14. Leverett 1996, p. 776.
15. Hyde 1938, p. 407.
16. Ibid., p. 409.
17. Williams 2005, p. 140.
18. Leverett 1996, p. 777.
19. Williams 2005, p. 144.
20. Apel 1948, p. 210.

6. 公元 802 年：一头大象

阿拔斯王朝哈里发哈伦·拉希德送给卡洛琳王朝
皇帝查理曼的礼物

12 世纪的一幅壁画：描绘一头大象驮着一座城堡，出自圣鲍德里奥·德·贝兰加修道院
（the Hermitage of San Baudelio de Berlanga）。

本书的故事中各种野生动物应有尽有，包括两头大象在内，不过皆事出有因。以珍禽异兽为礼物，保证能给人留下深刻的印象。早期，陌生的动物似乎让人感觉有魔力。在大众传播时代之前，人们若第一次看到犀牛或长颈鹿，会感觉十分神奇。赠送大象这样力大无穷而且从未见过的野兽，意味着赠与者的权力。对于收受方来说，拥有这样的动物反过来也是他们地位重要的标志，可以拿出去展示，让自己的臣民惊叹不已。

在历史上许多时期和世界各地，拥有珍禽异兽都是统治精英的专利；这些珍禽异兽往往集中在皇家园林的动物园之中。赠送野兽有很大难度，但这确保了这只野兽只有某个人才有，因而提升了这只野兽的名气。运送赠送的野兽往往是一项浩大的工程，有时甚至是一项危险的任务：异兽在运输之中出现水土不服时，往往会死亡。此外，饲养异兽的费用可能非常昂贵。英文中"白象"一词源于收到东南亚君主们送的神兽：接受一头这样的神兽既是莫大的荣耀，也是一笔不小的财政负担。有许多君主将收到的异兽作为礼物重新赠送出去的例子，也许是在最初对这种动物产生的新鲜感开始逐渐退去，花费开始变得受不了之后。

9 世纪初，一头名叫阿布儿·阿巴斯（Abu'l Abbas）的大象被送给了当时的两位大帝：哈伦·拉希德（Harun al-Rashid）和查理曼（即查理大帝）（Charlemagne）。哈伦·拉希德是阿拔斯王朝第五任哈里发，他主政的时代是哈里发王朝的黄金时代，令巴格达成为世界上最富裕的城市之一。公元 800 年，教皇在圣彼得大教堂（St. Peters Basilica）为查理曼加冕称"罗马人的皇帝"：查理曼不再仅仅只是法兰克国王，而是西罗马帝国灭亡之后西欧的第一位皇帝。

虽然哈伦的帝都巴格达和查理曼的帝都亚琛（Aachen）两地相距遥远，但这两位君主有充分的理由愿意合作。他们都担心另外两大势力的野心：东方的拜占庭帝国和西班牙的倭马亚人（Umayyads）。倭马亚人曾在公元 7 世纪入侵高卢，对法兰克人构成了重大威胁，但在 732 年的图尔战役中（Battle of Tours）被查理曼的祖父查理·马特击败，此后才停止了入侵。公元 750 年，倭马亚王朝的东部政权被阿巴斯人（Abbasids）推翻，但在阿卜杜勒·拉赫曼一世（Abd al-Rahman）的统治下，倭马亚王朝依然坚守在西班牙南部，仍然是法兰克人和阿巴斯人的眼中钉。

出于宗教和地缘战略的考虑，与哈伦·拉希德的良好关系对查理曼来说非常重要。耶路撒冷属于阿拔斯王朝的领土，查理曼对巴勒斯坦基督徒的福祉表现出浓厚的兴趣。[1] 耶路撒冷牧首（patriarch）的外交活动激发了这种兴趣：799 年，牧首派遣一名修道士前往亚琛的查理曼宫廷，并带着一些圣物和牧首的祝福作为礼物。[2] 牧首派遣这样一个使团的动机不太可能与任何宏大的政治意图有关，因为这方面他不敢僭越哈里发哈伦·拉希德的地位，因而更可能是想了解支持其教会的查理曼的支持力度到底能有多大。

如果这确实是牧首的目的，那么牧首似乎成功了：查理曼派遣了自己的特使，一位名叫撒迦利亚（Zachariah）的牧师，他陪同这名修道士一同返回耶路撒冷，并为圣地带去了很多礼物。[3] 到公元800 年 12 月，查理曼在罗马接受加冕时，撒迦利亚赶了回来，这次随行的还有牧首派来的两名修道士，他们带来了耶路撒冷圣墓（Holy Sepulchre）和加略山（Calvary）的钥匙以及一面旗帜作为外交礼物。[4] 后来，一位名叫智者伯纳德（Bernard the Wise）的布雷顿（Breton）修道士在 9 世纪 60 年代访问巴勒斯坦时，描述了查理曼在耶路撒冷的慷慨大方：他为西方朝圣者盖了一个旅舍，在圣玛丽教堂建了一座图书馆，伯纳德还暗示教堂本身和其他一些相关资产也可能来源于查理曼的慷慨。[5]

法兰克人和阿拔斯王朝之间已经打过多次交道。765 年，查理曼的父亲丕平三世向当时的阿拔斯王朝哈里发曼苏尔（Al-Mansur）派遣了一个外交使团。三年后，使团在若干哈里发使者的陪同下带着外交礼物返回。[6] 使者们离开时，丕平亲自送至马赛。[7]

797 年，查理曼向哈伦·拉希德派出了一个外交使团。据《法兰克皇家编年史》（*Royal Frankish Annals*）记载，外交使团由三位使者组成：兰特弗里德（Lantfrid）、西吉蒙德（Sigimund）和一位名叫犹太人艾萨克（Isaac the Jew）的商人。[8]4 年后，即 801 年，两位使者抵达了意大利，当时查理曼正在意大利旅行，一位是哈伦·拉希德派来的，另一位可能是北非的总督易卜拉欣·伊本·阿格拉布（Ibrahim ibn al-Aghlab）派来的。他们带来了一则不幸的消息：兰特弗里德和西吉蒙德在出使期间双双去世；但有一则消息令人高兴：艾萨克正在从巴格达返回的途中，还带来了哈里发送的众多礼物，其中包括一头大象。[9]

查理曼委托他的公证人埃尔坎巴尔德（Ercanbald）安排一艘船，从北非把艾萨克、大象和其他各种礼物运回，艾萨克和这些礼物于 801 年秋天抵达利古里亚（Liguria）。[10]由于冬季来临，他们将翻越阿尔卑斯山的行程时间推迟到了第二年。艾萨克于 802 年夏天抵达亚琛，成功地将大象交付给朝廷，我们从《法兰克皇家编年史》中得知，大象的名字叫阿布尔·阿巴斯。

由于西欧人世世代代都没有见过大象，阿布尔·阿巴斯很可能会令人感到惊叹不已，但令人失望的是，《法兰克皇家编年史》对此事只字未提。再一次提到大象的时间是 810 年，这一年查理曼得知丹麦国王古德弗雷德（Gudfred）入侵。在出征途中，查理曼曾在一个名叫利珀汉姆（Lippeham）的地方停留，这个地方可能位于利珀河和莱茵河的交汇处。据说，大象就死于此。[11]查理曼的战斗准备中曾提到这头大象，可能意味着加洛林王朝的皇帝把这头大象当作战象使用，但《法兰克皇家编年史》中没有提供这方面的信息。

据查理曼的忠臣、同时也是查理曼传记《查理大帝传》（*Vita Karoli Magni*）的作者艾因哈德（Einhard）所说，查理曼曾专门向哈伦·拉希德索要一头大象。[12]虽然这种说法可能表明这是一份主动索取的外交礼物，而且获得一头大象可能是 797 年查理曼出使的部分动机，但艾因哈德说的可能并不十分可靠：艾因哈德致力于重新整理事实，尽可能以最有利的角度来呈现这位加洛林王朝的皇帝。艾因哈德还声称，这头大象是哈里发拥有的唯一一头大象。[13] 艾因哈德在这里的宣传实质上是试图改变礼物传递的意义。据推测，哈伦·拉希德本打算用这个礼物来展示哈里发的权威，但艾因哈德对这则故事进行了重新编排，其结果不是突出哈伦的王威，而是突出了查理曼的王威：查理曼实力非常强大，查理曼一张口，阿拔斯王朝的哈里发便心甘情愿地将自己唯一的大象献上。[14]

亚琛和巴格达之间此后还互相派遣了更多的外交使团。查理曼于 802 年派出了第二支外交使团，该外交使团在大约四年后返回。其中一位名叫罗德伯特斯（Rodbertus）的使节在回国期间或回国后不久就去世了，延续了查理曼派往阿拔斯宫廷的使节寿命出奇的短这一事实。艾因哈德认为，这支外交使团首先访问了耶路撒冷，为圣墓教堂带去了礼物，然后前往巴格达。按照艾因哈德的说法，哈里发主动将位于耶路撒冷的各圣地的管辖权献给查理曼，让查理曼享有"那片神圣之地"。[15]807 年，哈伦·拉希德的特使阿卜杜拉抵达亚琛。耶路撒冷新任牧首的两名代表，即乔治（George）和菲利克斯（Felix）修士也在那里，但《法兰克皇家编年史》并没有完全说清楚这是否哈里发和牧首的共同使命。[16] 阿卜杜拉带来了更多奢华的礼物，虽然这次没有大象，但《法兰克皇家编年史》的编纂者对一个非凡的水钟特别感到惊讶：这座水钟除了各种复杂的机关之外，还通过铜球落在铙钹上来报时。[17]

因此，友好的外交使团接踵而至，带来了令人瞩目的礼物。但这些外交使团取得了什么成果呢？艾因哈德提到哈伦将耶路撒冷圣地的管辖权让渡给查理曼，这一点引起了很多争论。[18] 在更为严谨可信的《法兰克皇家编年史》中，并没有提及这样一份大礼。艾因哈德很可能是为了扭曲事实，使查理曼处于最有利的地位，而把原本一件鸡毛蒜皮的小事改头换面，变成了听起来震天撼地的特许权。牧首赠送圣墓和加略山的钥匙很可能纯粹只是一种象征性举动，但这一行为或许被过分夸大了。[19] 还有一些学者认为，哈伦可能向查理曼做出了一点让步，比如把耶路撒冷的拉丁圣玛丽教堂（Church of St. Mary the Latin in Jerusalem）让与加洛林皇帝，毕竟圣玛丽教堂的图书馆本来就是查理曼捐建的。[20]

如果说艾因哈德夸大了查理曼在耶路撒冷所获得的赠品的重要性的话，那么"结巴"诺特克·巴尔布鲁斯（Notker Balbulus，"the Stammerer"）在 9 世纪末创作的作品则将这一切进一步添油加醋。在诺特克的书中，哈伦·拉希德将诸圣地交给了查理曼，不过，由于加洛林皇帝的领地离这些地方非常遥远，哈伦主动提议由自己担任这些土地的管家。[21] 随着时间的推移，查理曼的神话越来越多，故事也越来越神乎其神：10 世纪一位名叫本尼迪克特（Benedict）的修道士记载了查理曼本人前往耶路撒冷的故事，他在东方的功绩可不是用和平的方式让当地统治者归顺。[22] 这些作品试图以越来越玄乎的方式证明：作为古罗马皇帝的真正继承者，查理曼的影响力已经遍及整个已知世界。然而，当西方的记载越来越热衷美化查理曼与巴格达的外交成就时，阿拔斯王朝这边的记载根本未提及此事。

事实上，亚琛和巴格达之间的这些交往所取得的成果似乎并不显著。然而，人们对大象阿布尔·阿巴斯的记忆却一直保留了下来。2018 年，印第安纳州圣母大学（the University of Notre Dame）一位名叫卡伦·内斯（Karen Neis）的从事中世纪研究专业的学生出版了一本儿童绘本，讲述了大象从巴格达到亚琛的旅程。[23] 这本儿童绘本突出描绘了一名基督徒、一名穆斯林和一名犹太教徒如何通力合作将大象运送数千英里，旨在让那些担心大象不得不再搬家的孩子们放下心来。这么看来，大象的故事永远不会被忘记。

注释：

1. Runciman 1935, pp. 618—619.

2. Ibid., p. 609.

3. Gil 1997, p. 286.

4. Runciman 1935, p. 610.

5. Gil 1997, p. 285.

6. Khadduri 2006, p. 247.

7. Gil 1997, p. 285.

8. Ibid., p. 286.

9. Ibid.

10. Subramaniam 2018, p. 208.

11. Ibid.

12. Latowsky 2005, p. 25.

13. Ibid.

14. See Brubaker 2004, p. 176.

15. Quoted in Runciman 1935, p. 611.

16. Runciman 1935, p. 613.

17. Butt 2002, p. 146.

18. Latowsky 2005, p. 27.

19. Khadduri 2006, p. 249.

20. See Runciman 1935, p. 612.

21. Latowsky 2005, p. 51.

22. Ibid.

23. Neis 2018.

7. 公元 950 年：一件丝绸斗篷和一袋金币
拜占庭帝国皇帝君士坦丁七世送给贝伦加尔特使、
伊夫雷亚侯爵柳德普兰德的礼物

克雷莫纳的柳德普兰德（Liudprand of Cremona）将拜占庭皇帝尼基弗鲁斯二世·福卡斯（Nikephoros II Phokas）描述为"一个畸形人：侏儒、肥头，外加长着一双小鼹鼠眼"。

历史上许多时期都有一种特色，即各国都与标志性外交礼物相联系，比如从古埃及的黄金到现代古巴的雪茄。这种标志性礼物应该是人们极其想得到的物品，而且出了赠与国便不容易得到，或至少达不到赠与国产品的质量，因而与赠与国密切相关，从而能够充当赠与国的一张名片。

在长达数百年的实践中，拜占庭帝国的丝绸礼品是外交礼物史上最著名的标志性产品之一。从 4 世纪到 12 世纪，丝绸都是拜占庭宫廷仪式不可或缺的一部分。[1] 丝绸在宫廷的帷幔和覆盖物中占有重要地位。精心制作的丝绸服装穿在皇帝身上能让臣民们心生敬畏。[2] 朝堂上，不同类型的官员穿着不同的服饰，这也是等级分明的标志。[3]

丝绸很昂贵。丝绸成本高的部分原因是生产技术复杂，原材料成本高。织出复杂的图案需要特殊的机器、熟练的劳动力和漫长的时日。用于制作最贵重丝绸的染料生产成本高昂，尤其是最令人垂涎的颜色——帝王紫：帝王紫的染料是从"骨螺"科海螺的腺体中提取出来的。[4] 拜占庭帝国在管理丝绸生产方面的政策，包括帝国对"骨螺"紫丝绸的垄断和对交易的严格限制，对丝绸的昂贵价格和稀有性起到了推波助澜的作用。[5]

10 世纪之前，西欧基督教国家并不生产丝绸。该地区依赖的是来自拜占庭和东方伊斯兰各国的丝绸，从 8 世纪起还依赖西班牙的丝绸。[6] 丝绸是西欧各国宫廷所钟爱的产品。与拜占庭和东方伊斯兰各国一样，丝绸在西欧被用于制作礼服、窗帘和壁挂。西方宫廷希望复制拜占庭帝国的盛大仪式，这或许也是丝绸吸引他们的原因之一。在基督教的西欧，丝绸还有两种功能，而这两种功能的使用在基督教的东方似乎不那么明显。这两种功能都出现在宗教背景之下：用来包裹已故统治者或圣人的遗物，以及用于衬垫或保护宗教书籍的内页。[7]

因此，丝绸是一种西欧各国统治者不易获得、但非常渴望获得的产品。丝绸体现了拜占庭帝国的权威和奢华，使其具有标志性产品的特质。丝绸价值不菲，但体积小巧，便于携带。简而言之，丝绸是完美的外交礼物。

然而，正如外交礼物经常出现的情况一样，从送礼者和受礼者的角度来看，礼物往往具有截然不同的意义。对于拜占庭而言，皇帝乃上帝在凡间的代表，拜占庭可以通过赋予帝国境外存在的基督教王国统治者为帝国的朝臣来与这一模式相调和。[8] 拜占庭历代皇帝赠送丝绸的目的都是将受赠者置于象征性的臣服地位。拜占庭会根据帝国境外统治者的重要性赋予外部统治者相应的等级。西欧流传下来的众多拜占庭丝绸中，大部分带有拜占庭帝国图案，如拜占庭皇帝肖像、狮子或鹰，且都是在中世纪法兰西王国和神圣罗马帝国疆域内发现的。这似乎反映了拜占庭的观点，即只有这两位统治者才可称国王；其他西方统治者则地位较低，因此，受赠的丝绸礼物品质次之。[9]

西方基督教统治者将丝绸同时用于宗教场合和世俗场合，标志着他们有可能试图改变礼物的含义，[10] 去除其臣服于拜占庭皇帝的联想。其中有一块赠送给神圣罗马帝国皇帝亨利二世的布料就是这种过程的一个例子：布料上刺绣着各种图案，描绘的是一位登基的皇帝。刺绣肖像上的铭文似乎是"亨利"，因此，有人认为这些肖像是亨利二世本人的肖像；但从风格上看，这些肖像似乎描绘的是一位拜占庭皇帝。美国学者沃伦·伍德芬（Warren Woodfin）认为，这些肖像描绘的确实是一位拜占庭皇帝，而且礼物上印有拜占庭皇帝的肖像象征着神圣罗马帝国对拜占庭的臣服，但肖像旁加上"亨利"两字，仿佛就是亨利二世本人的肖像，从而巧妙地避免了礼物本身可能引起的尴尬。亨利死后，这块丝绸被放置于其陵墓上；不过，后来又从丝绸吊饰变成了宗教礼服，这可能与亨利二世的配偶康妮甘达（Cunegunda）有关：康妮甘达于 1200 年被封为圣徒。[11]

意大利克雷莫纳的柳德普兰德是 10 世纪一名顾问、牧师兼外交官，他的文章生动有趣，很好地说明了丝绸作为拜占庭外交礼物的吸引力。柳德普兰德还描写了代表两位不同的统治者出使拜占庭首都君士坦丁堡的两个截然不同的使团。

柳德普兰德约 920 年出生于意大利北部帕维亚（Pavia）的一个富裕家庭。其父亲曾于 927 年代表意大利国王阿尔勒的休（Hugh of

Arles）率领一支外交使团前往君士坦丁堡。外交礼物既阻碍了这次出使，也确保了出使的成功。意大利国王休送给拜占庭皇帝罗曼努斯一世·利卡潘努斯（Romanos I Lekapenos）两份礼物：一份礼物是两条狗，而这两条狗差点咬伤受礼者；幸运的是，休还加上了一份厚礼：两名斯拉夫部落酋长，这两名酋长当时正造拜占庭皇帝的反，在欲出手袭击休派遣出使君士坦丁堡的车队时被抓住。[12] 柳德普兰德的父亲在其回国后不久不幸去世，其母亲则改嫁，而随后历史重演：其继父于 942 年代表休也率领使团出使君士坦丁堡。与此同时，柳德普兰德踏入王室之门，起初只是一名献唱的侍从。

阿尔勒的休于 948 年去世，意大利的权力落入了伊夫雷亚总督（margrave of Ivrea）贝伦加尔（Berengar）的手中，但国王的头衔形式上落到休之子洛泰尔（Lothair）手中，直至洛泰尔于 950 年去世（洛泰尔可能是被贝伦加尔毒死的）。柳德普兰德成为贝伦加尔的私人秘书，而贝伦加尔在收到"生于紫室者"君士坦丁七世（Constantine VII Porphyrogenitus）皇帝邀请派遣使团的信函之后，便决定于 949 年派遣一支使团前往君士坦丁堡。[13] 柳德普兰德在其作品中对其主人表现出了明显的敌意：他记录说，贝伦加尔选择特使的主要动机是找到一个可以自己承担旅途费用而不用他花钱的人。贝伦加尔说服柳德普兰德的继父承担派遣其继子作为他特使的费用，理由是这将为这位年轻人提供一次学习希腊语的好机会。[14]

柳德普兰德第一次见到拜占庭皇帝时感到非常震撼，他写到铜狮子发出的吼声，写到高高在上触及天花板的皇帝。谈话变得困难。由于吝啬的贝伦加尔并没有为拜占庭皇帝准备任何精美的外交礼物，这让柳德普兰德感到非常尴尬。柳德普兰德只有一封信，不得不用自己事先购买的礼物充作主人的礼物送给拜占庭皇帝；而他原本打算以自己的名义献上这些礼物的。这些礼物包括各种武器装备，以及一份拜占庭皇帝特别珍视的礼物——四个小太监。凡尔登（Verdun）的商人显然是当时欧洲太监交易的核心。[15]

　　赠送的太监似乎起到了作用：三天后，柳德普兰德收到了皇帝的晚宴邀请。柳德普兰德一到现场又一次大开眼界：他写到用一只只盛着水果的金碗，重到不得不用绳子从天花板的开口处吊起才能放到餐桌上。晚宴结束时，柳德普兰德收到了一份"大礼"，但他没有透露具体是什么。[16]

　　柳德普兰德在君士坦丁堡逗留的时间似乎超过了计划，因为他还出席了棕榈宴（Feast of Palms），目睹了一场冗长的仪式，典礼上拜占庭皇帝给宫廷官员分发各种礼品。皇帝分发的礼物都经过仔细核对，以匹配受赠者的等级，礼物包括一袋袋金币和丝绸斗篷等。第一个被传唤去领礼物的是皇宫的典礼官，典礼官肩上扛着一袋分量明显不轻的金币，还有四件丝绸斗篷。皇帝派宰相去询问柳德普兰德是否喜欢这种典礼，而这位特使则肆无忌惮地向皇帝索要礼物，于是回答说："要让我喜欢的话，就要让我得到点什么好处……。"[17]虽然这不是最巧妙的说法，但显然达到了目的。柳德普兰德得到了一件大丝绸斗篷和一磅金币："这是皇帝欣然送出去的礼物，而我更欣然地接受了。"[18]

　　柳德普兰德对贝伦加尔越来越失望，于是前往德国，并设法加入了德意志国王奥托大帝（Otto the Great）的宫廷。此后，柳德普兰德的事业蒸蒸日上：他代表奥托大帝率外交使团出访，显然在支持奥托大帝完成其对意大利的雄心并为自己获得克雷莫纳主教头衔方面发挥了作用。968 年，柳德普兰德再次出使君士坦丁堡，其作品《君士坦丁堡公使馆关系史》（*Relatio de legatione Constantinopolitana*）就是以此为主题。这次出使给柳德普兰德的印象与其 949 年出使时的印象形成了更强烈的反差，因为明显没有外交策略的柳德普兰德似乎从头到尾都对一切深恶痛绝。

　　柳德普兰德此行的目的是为其主公之子奥托（未来的奥托二

世）与前拜占庭皇帝的女儿缔结婚约。这一目的很可能从一开始就注定要失败：由于拜占庭皇帝、军事战略家尼基弗鲁斯二世·福卡斯（Nikephoros Ⅱ Phokas）对奥托大帝在意大利的野心心存芥蒂，而且当柳德普兰德在君士坦丁堡时，教皇约翰十三世（Pope John ⅩⅢ）派遣的一个外交使团刚好也抵达君士坦丁堡，而正是教皇使团的到来彻底破坏了奥托大帝的计划。教皇原本试图支持这桩婚事，但他写给拜占庭皇帝的信似乎恰恰惹毛了拜占庭人：因为教皇信中把尼基弗鲁斯等同于"希腊人的皇帝"，而把奥托大帝等同于"罗马人的皇帝"。[19] 教皇的信致使其特使最终被关入拜占庭大牢。[20]

柳德普兰德对其在君士坦丁堡受到的待遇和逗留期间的方方面面都牢骚满腹，从住宿的条件到官方宴席上对他的座位安排。柳德普兰德将拜占庭皇帝尼基弗鲁斯二世·福卡斯描述为"一个畸形人：侏儒、肥头，外加长着一双小鼹鼠眼"。[21] 类似的刻薄说法还有很多。根据柳德普兰德的描述，使节和皇帝之间的交流大部分只是相互羞辱和谁占上风而已。漫长的几个月熬过去了，而且婚约明显没有希望，但拜占庭人仍然不允许柳德普兰德离开拜占庭城，这让柳德普兰德越来越焦虑。

最终获准离开拜占庭时，柳德普兰德与拜占庭东道主们的最后一次争论涉及了各种丝绸，这清楚地证明了这些丝绸在西欧的魔力。东道主们指控柳德普兰德试图用行李将丝绸偷运出君士坦丁堡，并要求他交出在逗留期间购买的所有丝绸，只允许他保留质量较差的丝绸。东道主们拿走了所有珍贵的紫色丝绸。

柳德普兰德愤愤不平地致函奥托大帝父子，抱怨道："这些软弱的娘们、骗子，又是长袖，又是兜帽（hoods），又是邦呢软帽（bonnets），不男不女，游手好闲，竟然穿着紫衣到处晃悠，而像你们这等英雄，英勇善战、信仰坚定、充满爱心、顺从上帝、美德满满者，却不能享有这样的资格！"[22] 对于柳德普兰德的抱怨，拜占庭的回应实质上不外是：拜占庭帝国的财富和智慧的优势都显而易见，服饰高人一等理所当然。

柳德普兰德接着抱怨拜占庭帝国没收自己购买的丝绸一事，声称自己家乡的妓女和江湖术士都穿过从意大利威尼斯和阿马尔菲（Amalfi）商人那里买的各种拜占庭丝绸。东道主们听了气愤不已，并承诺以后要好好收拾这样的走私者：狠狠地打他们一顿，而且要"剪掉他们的头发"。[23] 柳德普兰德又使出最后一招，他指出：他早先出使君士坦丁七世时购买过的丝绸数量大得多，但离开时根本没遇到这样的麻烦。东道主们暗示，这反映出君士坦丁七世对奥托大帝的尊敬程度。就这样，受到了侮辱之后，柳德普兰德才得以离开，但购买的各种紫色丝绸却都没了。柳德普兰德在住处的墙上潦草地写了一首诗，作为临别感言，这显然相当于当时的猫途鹰（Tripadvisor）的一篇差评。

通过限制购买到他们最好的丝绸，拜占庭皇帝可以确保这些丝绸仍然是最受欢迎的外交礼物之一。

注释：

1. Muthesius 1992, p. 99.
2. Muthesius 2015, p. 352.
3. Ibid., p. 353.
4. Muthesius 1992, p. 99.
5. Brubaker 2004, p. 193.
6. Ibid., p. 190.
7. Ibid., p. 193.
8. Woodfin 2008, p. 33.
9. Ibid., p. 44.
10. Brubaker 2004, p. 194.
11. Woodfin 2008, p. 45.
12. Wright 1930, p. 1.
13. Liudprand 1930, p. 206.
14. Ibid., p. 207.
15. Ibid., p. 209.

16. Ibid.
17. 引自 Liudprand 1930, p. 212。
18. Ibid.
19. Ibid., p. 263.
20. Ibid., p. 264.
21. Ibid., p. 236.
22. Ibid., p. 267.
23. Ibid., p. 268.

8. 公元 1028 年：一块真十字架残片

拜占庭帝国皇帝送给多瑙沃斯伯爵马内戈尔德的礼物

手捧荆棘王冠的国王路易九世。

宗教圣物是外交礼品中一种独特的类别。产生这种独特性的主要原因有两个：其一，宗教圣物是同宗教信仰的受礼者心目中梦寐以求的礼物，但对于非同宗教信仰的受礼者而言，宗教圣物的价值就大打折扣了；其二，宗教圣物的价值不易量化，比如，宗教圣物的价值不同于黄金等礼物。这意味着，对于这种礼物的接受者来说，很难确定如何回礼。我们将探讨这种内在不平衡招致的后果。

圣物崇拜是某些宗教的特色，但并非所有宗教都如此。例如，在

51

基督教中，圣物崇拜很早就成为对圣人和殉道者崇拜的重要组成部分之一。[1] 由于人们相信圣人可以保佑信徒，因此，信徒们便崇拜圣人的遗骨和遗物。这些圣人的遗骨和遗物便被赋予具有治愈疾病、赢得战争和改变生活的力量。圣人的陵墓成为朝圣者的目的地。对于基督教统治者来说，拥有圣物既是对其权威的肯定，也是权力的象征。787 年尼西亚第二次大公会议（Seventh Canon of the Second Council of Nicaea）通过的第七条教规（Seventh Canon）颠覆了拜占庭皇帝在 8 世纪早期推行的圣像破坏运动（iconoclasm）规定，没有圣物的教堂不得举行封圣仪式。这彻底刺激了人们对圣物的需求。

马克·吐温在《傻子出国记》(The Innocents Abroad) 一书中记录了他 1867 年游历欧洲和圣地的经历，这也是整个基督教世界对圣物渴望的长期结果。在热那亚的圣洛伦索大教堂（Cathedral of San Lorenzo），马克·吐温被带去瞻仰装有施洗者圣约翰（St. John the Baptist）骨灰的盒子。马克·吐温抱怨说，他参观过的欧洲大陆怎么每座教堂里都有圣物？"至于圣德尼（Saint Denis）的遗骨，我确信：我们看到圣德尼的遗骨已经够多了，必要的话，都可以复制。"[2]

至少从 7 世纪起，直到 1453 年君士坦丁堡落入奥斯曼人（Ottomans）之手之前，拜占庭帝国在保护基督教世界最珍贵的圣物方面发挥了至关重要的作用。[3] 君士坦丁堡收集的圣物种类繁多，意义重大，使这座城市成为基督教朝圣的重要中心。1200 年，作为朝圣者，诺夫哥罗德（Novgorod）未来的大主教多布里尼亚·伊亚德雷科维奇（Dobrinia Iadreikovich）参观了君士坦丁堡，他忠实地记录了自己参观的市内 76 座圣殿以及郊区另外 21 座圣殿的经历，其中仅圣索菲亚大教堂（Great Church of St. Sophia）圣物的数量就有 46 件。[4] 最受人尊敬的圣物是那些与基督受难（Christs Passion）有关的圣物，其中包括真十字架（True Cross）、荆棘王冠（Crown of Thorns）、圣枪（Holy Lance）和基督穿过的凉鞋（sandals of Christ）。拥有这些圣物赋予了拜占庭皇帝精神上的权威，从而也赋予了其政治上的权威。

拜占庭帝国也是西欧基督教国家圣物的重要来源。随着帝国国运的兴衰，西方基督教统治者们获取这些文物的主要方式也发生了变化：从外交礼物到掠夺，再到买卖。

拜占庭帝国鼎盛时期，曾将圣物用作极其珍贵的外交礼物。我们研究了拜占庭使用刺绣丝绸作为礼物的情况，刺绣丝绸能够彰显皇帝的财富和高人一等的感觉。馈赠圣物同样是为了彰显财富，这种情况下彰显的是精神方面的财富，也包括优越感。圣物之所以特别适合发挥后一种功能，是因为圣物很难找到相应的回礼。无论回礼多么华丽，都无法与圣物的精神意义和分量相提并论。因此，拜占庭皇帝得以炫耀其至尊的统治地位。

在拜占庭皇帝赠送的真十字架圣物中，有一块残片是在 6 世纪末由皇帝查士丁二世（Emperor Justin II）送给法兰克国王墨洛温家族克洛泰尔一世（Chlothar I）的遗孀拉黛贡德（Radegund）的。拉黛贡德如今被尊称为圣拉黛贡德。拉黛贡德委托意大利贵族、诗人和未来的普瓦捷主教（future bishop of Poitiers）维南迪乌斯·福图内特斯（Venantius Fortunatus）创作一系列作品，以恭迎送到她在普瓦捷附近庄园建立的修道院中的圣物。[5] 为纪念这一新获得的圣物，该修道院更名为圣十字修道院（Abbey of the Holy Cross）。直到今天，福图内特斯所创作的赞美诗《君王旗帜前行》（*Vexilla regis prodeunt*）仍然备受推崇。

我们的故事始于 1027 年，当时康拉德二世（Conrad II）在罗马加冕为神圣罗马帝国皇帝。康拉德很快向拜占庭宫廷派出了使节团，一方面是为了建立关系，但更具体的则是为了替他的儿子（未来的亨利三世）在拜占庭皇室中找一位新娘子。这次出使的严肃性体现在被选中率领这一使节团的是一位名流——斯特拉斯堡主教维尔纳一世（Bishop Werner I of Strasbourg）。维尔纳一世是康拉德二世的亲信，曾陪同康拉德二世首次远征意大利。[6] 使团中的高级世俗成员是斯瓦比亚（Swabia）的多瑙沃思伯爵马内戈尔德。1027 年秋天，使团启程前往君士坦丁堡，但由于匈牙利国王斯蒂芬一世（Stephen I）的拒绝，他们前往拜占庭首都的旅程变得更加艰难。可能感到两位皇帝之间关系若更加密切会对自己构成威胁，斯蒂芬一世不允许使团穿越其统治的疆域，迫使使团不得不改道走更危险的海路。[7]

我们并不清楚亨利三世的新娘是谁。拜占庭皇帝君士坦丁八世（Constantine VIII Porphyrogenitus）共有三个女儿，但都已步入中年，明显与年仅十岁的亨利并不相配。后来又出现了两个相当严重的问题：其一，维尔纳主教于 1028 年 10 月离世；其二，君士坦丁八世两星期之后也跟去了。君士坦丁弥留之际成功指定其女儿佐伊（Zoë）为女皇，并安排她迅速与她的堂兄罗曼努斯三世·阿吉罗斯（Romanos III Argyros，968—1034）完婚，而罗曼努斯三世被逼休了时任妻子海伦娜，他被威胁说如不休了海伦娜，眼睛就会被刺瞎。[8] 最终，马内戈尔德没有为亨利搞定新娘，只好返回故土。

然而，这次出使并没有失败。罗曼努斯三世承认了康拉德二世的帝国地位，并派遣一支使团随信确认了这一事实，同时还带来了各种圣物，其中包括一块真十字架碎片。对于马内戈尔德个人而言，这次出使也是一次成功，尤其是因为他本人在君士坦丁堡时又得到了一枚真十字架圣物。回到多瑙沃斯后，马内戈尔德建造圣十字大修道院兼女修道院，以保护珍贵的圣物。12 世纪初，马内戈尔德三世将女修道院改建为男修道院（monastery）。[9]

关于马内戈尔德如何获得圣物的故事，见于 12 世纪关于一位名叫贝特霍尔德（Berthold）的修道士访问君士坦丁堡的叙述。受多瑙沃斯修道院院长的派遣，贝特霍尔德前往修道院中心收集圣物的详细资料。不难理解，贝特霍尔德的叙述中对马内戈尔德给予了好评。贝特霍尔德记录了马内戈尔德与君士坦丁八世建立了友谊：君士坦丁八世一时心软主动要赠送给他任何一件他想要的任何礼物。马内戈尔德立马抓住了机会，向君士坦丁八世索要了他之前看到的一块真十字架圣物。君士坦丁有些割舍不下加冕仪式上自己使用的圣物。不过，他还是遵守了诺言照办了。君士坦丁八世死后，在罗曼努斯加冕礼准备过程中，人们发现圣物箱不见了。有人怀疑是马内戈尔德偷窃的，于是他的住处遭到搜查。由于马内戈尔德采取了预防措施，将圣物箱提前送到了多瑙沃斯，因此，什么也没有找到。宣布自己的使命结束之后，马内戈尔德返回了家乡。[10]

当然，这种说法并不可靠。利奥九世（Leo IX）于 1049 年在多瑙沃斯的圣十字大修道院兼女修道院举行教皇祝圣仪式时发布的教皇诏书指出：圣物捐赠者是罗曼努斯三世，而非君士坦丁，因此，该圣物可能更直接地说是罗曼努斯三世在马内戈尔德离开君士坦丁堡时赠送的临别礼物。[11]

1204 年，在第四次"十字军"东征（Fourth Crusade）的混乱高潮中，鲍德温一世（Baldwin I）率"十字军"攻陷了君士坦丁堡，建立了拉丁帝国，乘机洗劫了君士坦丁堡，戏剧性地改变了圣物到达基督教西欧的方式：拜占庭皇帝精挑细选一些小型圣物当作外交礼物，以彰显其高高在上的地位，这种赠礼方式就此结束。取而代之的是草率的赠予（主要送给第四次"十字军"东征将领的朋友）和赤裸裸的掠夺。[12]

无论在军事上还是经济上，拉丁帝国的生存都越来越岌岌可危。1237 年，布里埃纳的约翰皇帝（Emperor John of Brienne）去世后，圣物越来越多地被视为货币化物品，以拼命支撑摇摇欲坠的政权。最有名的例子涉及最珍贵的圣物之一：耶稣被钉死在十字架上之前戴在头上的荆棘王冠。1236 年，拉丁帝国的王位继承人鲍德温二世被派往西方，去拜见教皇和虔诚者法国国王路易九世（亲戚），目的是为陷入困境的拜占庭帝国争取西方基督教的支持。鲍德温二世出使期间，布里埃纳的约翰去世了，君士坦丁堡的贵族们用荆棘王冠作为担保与掌管拉丁帝国威尼斯财产的执政官以及其他威尼斯和热那亚商人谈成一笔贷款。[13] 到了 1238 年，钱已经花光了，一位名叫尼科洛·基里诺（Nicolo Quirino）的威尼斯银行家同意再提供一笔条件更严格的贷款，再次以荆棘王冠为担保。

身在巴黎且急于得到法国支持的鲍德温二世也决定用荆棘王冠做筹码来诱惑路易九世，希望热衷圣物收藏的路易九世能够为增加圣物藏品而支持自己。鲍德温二世暗示这可能是一份大礼。[14] 实质上，商业交易被改头换面成了外交礼物，令其看起来不那么俗气。路易派了两名多米尼克修士前往君士坦丁堡完成交易，但他们到达时却发现荆棘王冠已经被典当出去，并即将被用船运往威尼斯。多米尼克修士获准随行，后来其中一人留在威尼斯，在圣马可大教堂的库房看管，另一人则返回法国。得知圣物的下落后，国王路易九世立即派遣使者前往威尼斯，付清贷款并取得了荆棘王冠。[15] 路易九世在巴黎建造了圣礼拜堂（Sainte Chapelle）来安放这一珍贵的圣物，这是他努力将巴黎打造为中世纪基督教中心最引人注目的圣物。[16] 可悲的是，拜占庭穷困潦倒的鲍德温二世不得不采取更加极端的措施来获得资金：他将自己的儿子兼继承人菲利普·德·考特奈（Philip de Courtenay）抵押给威尼斯商人们，作为贷款抵押。[17]

拜占庭于 1261 年夺回君士坦丁堡后，特别是在 1453 年君士坦丁堡被奥斯曼帝国攻陷前的最后一个世纪，出于经济的需要，经常需要打着"捐赠"圣物或将圣物用作外交礼物的名义出让圣物。然而，这时的赠送外交礼物场面完全不同于帝国全盛时期的赠送外交礼物场面。此时的这些礼物不再是拜占庭皇帝高高在上的象征，而是其无奈之举。由于君士坦丁堡遭到奥斯曼帝国的围攻，曼努埃尔二世·帕里奥洛格斯（Manuel II Palaiologos）皇帝长途跋涉前往西欧，试图争取从西欧各国宫廷获得援助。曼努埃尔派往欧洲大陆各地的使者经常随身携带圣物礼物。就这样，他给阿拉贡国王马丁一世（King Martin I of Aragon）送去了一片基督用于治愈流血妇女的外衣布片，以及一块基督受难的海绵。纳瓦拉国王查理三世（King Charles III of Navarre）收到了一块真十字架碎片以及上面同一件外衣的另一片碎片。[18]

虽然这些圣物作为礼物仍然备受推崇，但在变化了的环境中，这些圣物一定失去了一些光环。随着君士坦丁堡失去权力和许多珍宝，圣物的神秘感也随之减弱。对拜占庭来说，为了确保自己的生存而将最珍贵的文物商品化，最终损害了自己作为宗教遗产神圣守护者的角色。[19]

注释：

1. Wycherley 2019, p. 48.
2. Twain 1869, p. 165.
3. Klein 2004, p. 284.
4. Majeska 2002, pp. 93—94.
5. Messenger 1947, p. 208.
6. Wolfram 2006, p. 197.
7. Ibid., p. 199.
8. Ibid., p. 201.
9. Klein 2004, p. 296.
10. Ibid., p. 297.
11. Ibid., p. 298.
12. Ibid., pp. 301—302.
13. Nicol 1992, p. 168.
14. Ibid., p. 169.
15. Ibid., p. 170.
16. Wycherley 2019, p. 49.
17. Wolff 1954, p. 45.
18. Klein 2004, pp. 310—311.
19. Toth 2011, p. 107.

9. 公元 1261 年：一块刺绣丝绸

尼西亚共治皇帝米哈伊尔八世·巴列奥略送给
热那亚共和国的一份礼物

圣劳伦斯的圣劳伦大披肩。

我们研究了几个世纪以来丝绸作为拜占庭帝国颇受青睐的外交礼品的特殊地位。然而，虽然许多种拜占庭丝绸流传于基督教西欧，通常与教会有关，如用作圣徒的寿衣和包裹圣人的遗物，但很少有可能将这些丝绸与特定的外交礼物联系起来，或以其他方式追溯这些丝绸是如何到达西欧的。[1]

然而，有一件丝绸品是一个重要的例外：这件丝绸品来自意大利北部热那亚市，名为圣劳伦大披肩（Pallium of St Lawrence），这块丝绸很大：长约 3.76 米，宽约 1.28 米，绣工精美，并染上了备受欢迎的紫色染料。[2] 这件丝绸大披肩上面描绘的是未来的拜占庭皇帝米哈伊尔八世·巴列奥略（Michael Ⅷ Palaiologos）在大天使圣米迦勒（St. Michael）的陪同下，由圣劳伦斯引领进入热那亚大教堂（Cathedral of Genoa）。这还包括一系列场景，展示了圣劳伦斯以及相关殉教者圣西克斯图斯（St. Sixtus）和圣希波吕托斯（St. Hippolytus）的生平和殉教经历。演说家曼努埃尔·赫罗博洛斯（Manuel Holobolos）向巴列奥略致了一篇颂词，表明这块丝绸是巴列奥略送给热那亚的外交礼物，与 1261 年签署的《尼姆法昂条约》(*Treaty of Nymphaion*) 有关。现存的物证——外交礼品本身——让我们得以深入了解当时的背景。

对拜占庭来说，13 世纪是一个充满挑战的时代：1204 年，君士坦丁堡在第四次"十字军"东征中被洗劫一空之后，接下来由君士坦丁堡拉丁帝国统治；君士坦丁堡的拜占庭难民重新集结，形成三个对立的继承国（successor states），即小亚细亚西岸的尼西亚帝国（Nicaea）、希腊的伊庇鲁斯公国（Epirus）和黑海的特拉比松帝国（Trebizond）。[3] 每个继承国都声称自己是拜占庭帝国和拜占庭宗教方面的继承者，而收复君士坦丁堡是决定谁才是正统的实际步骤。尼西亚帝国的统治者米哈伊尔八世·巴列奥略也更需要证明由自己继承拜占庭大统的合法性。米哈伊尔八世是通过对约翰皇帝的前监护人发动政变，才与年轻的约翰四世·道卡斯·拉斯卡里斯（John Ⅳ Doukas Laskaris）一道称帝共治拜占庭帝国的。

热那亚也经历了一段艰难的时期。君士坦丁堡的拉丁帝国支持其宿敌威尼斯，这两个海上共和国之间的紧张关系导致了 1258 年的阿克里海战（naval Battle of Acre）以及威尼斯的全面胜利，热那亚只好另想办法重获其在地中海东部的地位。

解决尼西亚和热那亚双方难处的办法是结盟。尼西亚希望得到军事支持，以确保君士坦丁堡的安全；热那亚则希望在地中海东部获得商业利益。向意大利的一个城邦国家寻求军事支持时，米哈伊尔八世·巴列奥略遵循了拜占庭的既定模式。1155 年，当时的拜占庭皇帝曼努埃尔一世·科穆宁（Emperor Manuel I Komnenos）与热那亚结过盟，热那亚承诺保卫君士坦丁堡，以换取贸易特权，每年收取一定的金币和两种丝绸，外加再支付给热那亚大主教一些金子和另一种丝绸。[4] 这一联盟从未兑现，但其架构形成了一个多世纪后米哈伊尔八世·巴列奥略与热那亚达成联盟的模式。

《尼姆法昂条约》于 1261 年 3 月签订，地点在尼西亚两位皇帝最喜欢的冬季居所，即今天土耳其伊兹密尔省的凯末尔帕亚（Kemalpaşa）。条约的条款对热那亚非常有利，这表明米哈伊尔八世迫切希望得到热那亚的军事支持以攻下君士坦丁堡。热那亚承诺提供 50 艘船只，费用由米哈伊尔八世承担。此外，《尼姆法昂条约》还规定热那亚向尼西亚出口武器和马匹，并允许热那亚公民在尼西亚服役。作为回报，热那亚将获得相当大的贸易优惠，包括在君士坦丁堡和其他主要城市设立商人区。该条约与 1155 年的条约如出一辙，规定尼西亚每年向热那亚支付金币和两种丝绸，并另向热那亚大主教支付一些金子和另一种丝绸。[5] 对热那亚来说，与尼西亚结盟有其不利之处，尤其是将自己置于与拉丁帝国的对立面，热那亚有可能被教皇逐出教会，但条约中的有利条款给了充分的好处。有点讽刺的是，在条约墨迹未干的情况下，米哈伊尔八世在光靠自己而没有热那亚人支持的情况下便拿下了君士坦丁堡。米哈伊尔八世手下的大将阿莱克修斯·斯特拉特哥普洛斯（Alexios Strategopoulos，这个姓有"军事战略家"的意思，军官姓这个姓再好不过了）得知：守军和威尼斯舰队不在君士坦丁堡，便率领小股部队发动突袭并拿下了君士坦丁堡。拉丁皇帝鲍德温二世（Baldwin II）弃城而逃，而米海尔八世则于 1261 年 8 月 15 日胜利进入君士坦丁堡，并加冕为皇帝。

雄辩家曼努埃尔·霍洛博洛斯（Manuel Holobolos）的颂词可能发表于 1265 年圣诞节，[6] 其中描述了签署《尼姆法昂条约》的情形，当然用词都完全站在米哈伊尔八世的立场上。霍洛博洛斯描述了热那亚使节与拜占庭皇帝之间的一次会见。会见中，米哈伊尔八世博学而优雅地向他们致辞，而他们则非常恭敬地回应，称米哈伊尔八世为自己的父辈。热那亚使节转达了热那亚人希望成为拜占庭子民的愿望，由米哈伊尔八世做热那亚人的领袖，并要求得到一块印有拜占庭皇帝头像的装饰性丝绸，让热那亚城邦引以为荣。据霍洛博洛斯记载，米哈伊尔八世向使节们赠送了两件精美的丝绸。霍洛博洛斯对第二件丝绸的描述与热那亚流传下来的丝绸非常吻合，包括圣劳伦斯及其同伴的生平和殉教场景。[7]

遵循拜占庭悠久的外交传统，米哈伊尔八世向热那亚赠送一块精美的刺绣丝绸，但这份礼物显然特别重要，因为这份礼物是预先专门为这一特定场合制作的。题字是用拉丁文书写的，这是一种受众熟悉的语言，而不是用拜占庭刺绣原先惯用的语言写就。米哈伊尔八世进入热那亚圣洛伦索大教堂的画面当然是指两国之间的联盟，而丝织品设计中的传记部分选择了同一位圣徒的生平和殉教事迹，也是在向热那亚表示致意。

虽然丝绸上的图案表示尼西亚和热那亚之间的联盟，但刺绣的目的也是为了赞美米哈伊尔八世。圣劳伦斯将米哈伊尔八世皇帝领入热那亚圣洛伦索大教堂的帝王场景被置于圣人生平和殉教的传记故事之中。通过刺绣丝织品讲述这则故事，突出了劳伦斯出售教堂的器皿，并将所得收益分给穷人的故事。这幅丝织品将故事的重点放在了"施予和慷慨"上，意在突出米哈伊尔八世本人的慷慨。这以后证明有点讽刺意味，因为后来拜占庭的舆论批评米哈伊尔八世向热那亚人提供的条件过于优厚，给拜占庭造成了巨大的商业损失。[8]

米哈伊尔八世会重复馈赠策略，即绣上名贵丝织品以纪念特定事件。1274 年，米哈伊尔八世向教皇格里高利十世（Pope Gregory X）赠送了一件刺绣丝织品，以纪念里昂第二次会议（Second Council of

Lyon）和米哈伊尔八世对东西方教会统一的赞同。虽然这件丝织品没有留存下来，但梵蒂冈1295年的一份清单中的描述表明，这件丝织品在结构上与热那亚丝那件织品有许多相似之处。据说这是用紫色丝绸刺绣而成，上面有希腊文和拉丁文的题字，还有教皇格里高利十世将米哈伊尔八世介绍给圣彼得的场景，以及基督教使徒们的生活场景。[9]

　　米哈伊尔八世的丝绸礼物并非都很成功。据当代拜占庭历史学家乔治·帕奇梅里埃斯（George Pachymeres）说，蒙古统治者诺盖汗（Nogai Khan）对赠送的丝绸毫无好感，抱怨说这些丝绸一点不实用，不能抵御风雨。[10] 然而，丝绸长期以来一直是拜占庭青睐的外交礼物，仍然是米哈伊尔八世最重要的礼物。作为一个统治者，米哈伊尔八世致力于收复拜占庭首都君士坦丁堡，继而重建和复兴这座城市，以及巩固其个人的合法性：不再是从尼西亚来的拜占庭篡夺者，而是大家公认的皇帝，因此，他渴望恢复昔日丝绸外交的荣光就不足为奇了。然而，随着米哈伊尔八世驾崩，拜占庭丝绸作为高贵的外交礼品的地位也很快随风而去。尼西亚的丝绸生产中心落入了奥斯曼土耳其人之手以及西欧丝绸生产的发展分别破坏了供与求。因此，正如我们前面所介绍，圣像和圣物便成了拜占庭帝国末期更具特色的外交礼物。[11]

　　在热那亚，我们从一份清单中得知：米哈伊尔八世的刺绣丝绸于1386年出现在大教堂的库房中。然后，这块刺绣丝绸似乎于17世纪被从大教堂运走了。一块日期为1663年的石碑表明，运走的原因是为了让这块刺绣丝绸地位更加突出，将置于热那亚市政中心而非教会权力机构中心。[12] 这块刺绣丝绸是热那亚辉煌历史的见证，也是热那亚城市的骄傲。作为数世纪以来一直受青睐的外交礼品，拜占庭的丝绸成就辉煌。

注释：

1. Woodfin 2008, p. 33.
2. Toth 2011, p. 92.
3. Hilsdale 2010, p. 155.
4. Ibid., p. 158.
5. Ibid., p. 160.
6. Ibid.
7. Toth 2011, pp. 95—96.
8. Ibid., p. 105.
9. Ibid., pp. 106—107.
10. Ibid., p. 106.
11. Ibid., p. 107.
12. Hilsdale 2010, p. 199.

10. 公元 1353 年：六十个奴隶

也门苏丹送给埃及苏丹的一份礼物

《马穆鲁克》，16 世纪初期丹尼尔·霍普弗（Daniel Hopfer）的蚀刻版画。

马穆鲁克人（Mamluks）的字面意思是"被拥有者"，他们是奴隶兵，自 9 世纪起就是叙利亚和埃及军事机构的重要组成部分，在 12 世纪和 13 世纪的阿尤布王朝（Ayyubid dynasty）时期尤为重要。1249 年，阿尤布苏丹为击退进攻埃及港口达米埃塔（Damietta）的法兰克十字军在战斗中战死，马穆鲁克人谋杀了阿尤布苏丹的继承人，并控制了埃及。马穆鲁克人建立的苏丹国一直持续到 1517 年才被奥斯曼人推翻。马穆鲁克人的苏丹国疆域以开罗为中心，包括埃及历史上大部分时期的领土、叙利亚以及延伸到安纳托利亚（Anatolia）、美索不达米亚（Mesopotamia）和阿拉伯半岛西部赫贾兹地区（Hejaz region）的领土。

马穆鲁克人取得了军事上的成功，并赢得了伊斯兰世界的感激：他们不仅将"十字军"赶出了黎凡特（Levant），而且击败了摧毁巴格达阿拔斯哈里发政权（Abbasid caliphate）的蒙古人。通过对耶路撒冷、麦地那和麦加等基督教和伊斯兰教圣地的控制，他们的苏丹国成为许多国家不同民族朝圣的重要场所。马穆鲁克人统治下的埃及成为从印度到地中海的香料贸易路线的枢纽。他们在其首都开罗建立了影子阿拔斯哈里发政权，因此，开罗成了伊斯兰世界的主要城市。[1]14 世纪末曾在开罗生活过的历史学家伊本·赫勒敦（Ibn Khaldun，1332—1406）写道，马穆鲁克人治下的开罗"超越了人的一切想象"。[2]

马穆鲁克人并非其所控制的土地上的原住民。他们主要是来自中亚的突厥草原民族，以及 1382 年后来自高加索地区的切尔克斯人（Circassians）。头衔和财产不是继承来的（至少理论上如此），而且马穆鲁克军团通过不断抓新兵得到补充兵源。王位继承往往以暴力方式解决，很少有苏丹死于自然原因，但苏丹国本身因香料贸易的利润而富裕起来，几个世纪以来一直是一个大国，以其建筑的华丽和金属器皿及玻璃器皿的质量闻名于世。

伦敦大学亚非学院荣休教授、伊斯兰艺术和建筑专家多丽丝·贝伦斯-阿布西夫（Doris Behrens-Abouseif）研究了马穆鲁克苏丹国赠送和接受的礼物，对中世纪伊斯兰世界对待外交礼物的态度进行了有价值的分析。[3]外交礼仪是马穆鲁克人与外国交往的重要组成部分。来访的使节受到精心款待，确保他们带着马穆鲁克宫廷的财富和奢华的见闻回国。赠送和接受礼物是这些外交活动的核心内容。赠送礼物是外交使团礼仪不可或缺的一部分，礼物通常会展示给苏丹和朝臣过目。送给马穆鲁克人的外交礼物不被视为送给苏丹的个人礼物，而是国家财产，通常会与苏丹的埃米尔们（emirs，即各地诸侯）分享，这些礼物被视为自己的回报不可或缺的一部分。[4]

马穆鲁克人喜欢的外交礼物种类繁多，包括纺织品、马匹和其他动物、奴隶、香料、黄金和珠宝。不过，贝伦斯-阿布西夫指出：马穆鲁克人很少选择其苏丹国最著名的典型出口商品作为外交礼物，例如地毯、珐琅玻璃或银质镶嵌金属制品。[5]相反，选择礼物的第一要素似乎在于这种礼物是否"奇特"或"奇巧"[6]，即礼物能够产生惊奇或兴奋的感觉。

从遥远的国度进口的物品，包括转送的物品，不仅不会遭到讨厌，反而会受到青睐，因为这些礼物更有可能通过异国情调激发人们的惊叹。使用这些进口物品作为礼物有其附带的好处，可以强调送礼者的国际联系和世界主义：马穆鲁克苏丹把中国瓷器和香料当礼品赠送，凸显自己控制着前往东方的贸易路线。从外国运来的各种富有异国情调的珍稀动物是很好的礼物，富含"奇特"元素，例如，我们在后面的故事将讲到的长颈鹿，就是 1487 年由苏丹凯特贝（Qaytbay）赠送给佛罗伦萨统治者洛伦佐·德·美第奇（Lorenzo de Medici，1449—1492）的礼物。[7]

人们十分在意礼物能否引起惊叹，这意味着二手礼物也经常受到青睐。礼物转手的过程为礼物增添了掌故。[8]这不禁让人想起法国人类学家、社会学家、民族学家马塞尔·莫斯（Marcel Mauss，1872—1950）对礼物的意义的强调。[9]与苏丹个人有关的物品，包括苏丹穿过的衣物，会被视为喜欢的一种特殊标志。正如我们将在后面的章节中看到的那样，在后来的时代里，欧洲各国君主都喜欢将自己的肖像作为外交礼物送人。

马穆鲁克苏丹也喜欢能反映其政权特征的礼物，其核心是军事精英。[10]

武器和盔甲是马穆鲁克外交礼物中的重要组成部分，马匹也是如此，马匹还配送精致的鞍具，包括珠光宝气的马鞍。王室在亚历山大港市制造的礼仪用纺织品是一种常见的礼物。我们将在后面的故事中进一步探讨荣誉长袍（robes of honour）的情况，这些荣誉长袍意味着接受者之间的从属关系，通常会赠送给来访的使节或臣子。若向马穆鲁克苏丹赠送荣誉长袍则会被视为一种侮辱。当帖木儿帝国（Timurid Empire）统治者沙赫·鲁赫（Shah Rukh，1377—1447）将这样一件衣服送给马穆鲁克苏丹巴尔斯拜（Al-Ashraf Al-Barsbay，1422—1438）时，巴尔斯拜勃然大怒，下令对这位不幸的帖木儿使节施以水刑（waterboarding）。[11]

马穆鲁克人交换礼物的内容也取决于具体的政治背景。例如，奴隶和武器是马穆鲁克人送给穆斯林统治者的常见礼物，但却不是送给基督徒的礼物。[12]1229 年至 1454 年统治也门的拉苏里苏丹国（Rasulid sultanate）的礼物交换模式说明了两个大国之间关系的性质如何影响礼物的交换模式。

拉苏里王朝在也门的掌权与马穆鲁克苏丹国的诞生有一些相似之处。一名突厥裔军官加入 12 世纪攻占也门的阿尤布王朝军队，阿尤布王朝总督离任时，将也门交给他掌管，这名军官便能转而控制也门。[13] 在拉苏里王朝统治下，也门成为地区的重要角色，这主要是因为也门位于香料贸易路线的战略要地，是印度洋和红海的交汇点。通过亚丁进行的转口贸易是拉苏里王朝财富的主要来源。[14]

马穆鲁克人与拉苏里王朝之间的关系错综复杂。两个苏丹国在控制红海和希贾兹伊斯兰圣地方面存在竞争。同时，它们在利润丰厚的香料贸易方面相互依赖：拉苏里王朝在香料贸易中确立了自己不可或缺的中介地位，而且在面对十字军和蒙古人的外部威胁时，马穆鲁克人与拉苏里王朝则是伊斯兰阵营里的盟友。[15] 外交礼物是维持两个苏丹国之间大体稳定关系的重要组成部分，但由于马穆鲁克人的实力远远超过拉苏里王朝，外交礼物采取了不平等交换的形式。马穆鲁克人将拉苏里王朝视为附属国，拉苏里王朝向马穆鲁克苏丹赠送的礼物是一种贡品，是拉苏里王朝从红海贸易中获得的利益分给马穆鲁克人的好处费。[16] 这些礼物被视为是拉苏里为整个伊斯兰教事业对马穆鲁克军事行动的一份贡献。[17] 因此，马穆鲁克人对拉苏里苏丹的赠礼寄予厚望，并在开罗热切等待。

拉苏里王朝的外交使团带来了大量的物品，在开罗长期停留，马穆鲁克人不得不费心招待。来到开罗的拉苏里使节除了要向苏丹呈递外交大礼包外，还要完成一系列任务。这些活动包括为自己的主子购买物品，招募工匠和士兵替也门服务，并承诺在也门给予他们丰厚的报酬。[18] 拉苏里王朝的苏丹们对要准备精心礼物这一负担早就不满，时不时地扣留这些礼物，但马穆鲁克苏丹的威胁和斥责通常会起到效果，逼得对方不得不继续送礼。

1353 年，当时的拉苏里苏丹阿尔-穆贾希德·阿里（Al-Mujahid Ali）赠送给马穆鲁克苏丹阿尔-萨利赫·萨利赫（Al-Salih Salih）的礼物，就是这些也门大礼包内容的一个很好的例子。根据马穆鲁克时代的历史学家阿尔-麦格里齐（Al-Maqrizi，1364—1442）的记载，除了其他东西之外，这些物品包括 60 名奴隶、4000 件瓷器、150 袋麝香、一只灵猫角、各种服装、胡椒、生姜、香料和一头大象。这些物品在很多方面都反映了马穆鲁克王朝外交礼物的选择，包括强调能够引起惊奇的礼物，如大象和来自遥远国度的瓷器。马穆鲁克人经常将这些异国情调的礼物作为礼物转送给外国宫廷。[19]

阿尔-麦格里齐明确指出，作为礼物的 60 名奴隶是从最初的 300 名奴隶中幸存下来的。这是一个残酷的统计数字，但奴隶在途中的死亡是预料之中的，这有助于提高那些在旅途中幸存下来的奴隶的价值。马穆鲁克苏丹在四个月后随也门使团返程时赠送的回礼中也包括人。其中包括一些魔术师和杂技演员，这些魔术师和杂技演员是马穆鲁克人统治下埃及的特产。[20] 在某些情况下，用人作为外交礼物具有特殊的优势，特别是当这些人有可能在接受国社会中崛起或取得受人信任的地位时，因为从某种意义上说，他们可以扮演代表赠送国的大使角色，而无生命的礼物则无法做到这一点。在马穆鲁克人的外交礼物往来中，马穆鲁克人自己的礼物也是如此，被招募去当兵的年轻人最终很可能成为长官甚至统治者。作为礼物赠送的熟练工匠和演员、可能会进入皇室后宫的女奴以及太监也可能是如此。

拉苏里苏丹特别要求的回礼体现了两国之间关系的不平等性质。在 1267 年和 1281 年，拉苏里苏丹都向马穆鲁克苏丹索要了一件马穆鲁克苏丹穿过的衬衫，象征着代表和平与保护的 "阿曼"（aman）。1267 年，马穆鲁克苏丹阿尔-扎希尔·拜巴尔斯（Sultan al-Zahir Baybars）的回应是外加了一副铠甲，提醒对方别忘了他的军事实力。[21] 因此，礼物交换的构成可以充分说明两位统治者之间的权力关系。

注释：

1. Behrens-Abouseif 2008, p. 295.
2. 引自 AlSayyad 2011, p. 93。
3. Behrens-Abouseif 2016.
4. Ibid., p. 30.
5. Ibid., p. 169.
6. Ibid., p. 17.
7. Ibid., p. 113.
8. Ibid., p. 31.
9. Mauss 1966, p. 8.
10. Behrens-Abouseif 2016, p. 176.
11. Ibid., p. 24.
12. Ibid., p. 150.
13. Sadek 2006, p. 668.
14. Ibid., p. 669.
15. Vallet 2019, pp. 582—583.
16. Behrens-Abouseif 2016, p. 37.
17. Ibid., p. 41.
18. Vallet 2019, p. 592.
19. Behrens-Abouseif 2016, p. 38.
20. Ibid., p. 43.
21. Ibid., p. 32.

11. 公元 1489 年：七只海狸

雷瓦尔市议会送给丹麦和挪威国王汉斯的一份礼物

12 世纪《阿伯丁动物寓言》（*Aberdeen Bestiary*）中描绘的海狸。

　　13 世纪初，基督教军事组织条顿骑士团发动了利沃尼亚十字军东征（the Livonian Crusade），对今天爱沙尼亚（Estonia）和拉脱维亚（Latvia）的异教徒进行征服和基督教化。教皇英诺森三世（Pope Innocent Ⅲ）宣布该地区为"玛利亚之地"（Terra Mariana，the Land of St Mary）。利沃尼亚（Livonia）的领土被胜利的"十字军"各方瓜分：天主教主教团、丹麦人和利沃尼亚剑兄弟会（the Livonian Brothers of the Sword，日耳曼武修士团，后来演变为条顿骑士团旗下的利沃尼亚骑士团）。14 世纪中叶的一次起义之后，丹麦人将其在爱沙尼亚的殖民地卖给了条顿骑士团，而后者又将其转给了利沃尼亚骑士团。1419年，成立了利沃尼亚议会，以调解利沃尼亚教团与各主教区之间的争端，这些主教区共同组成了结构相当松散的利沃尼亚天主教日耳曼国家联盟（Livonian Confederation of Catholic Germanic states），日益警惕俄罗斯扩张的风险。

该地区政治经济体中的另一个重要角色是汉萨同盟（Hanseatic League），汉萨同盟是波罗的海周边日耳曼集镇的商业和防御联盟。爱沙尼亚北岸芬兰湾畔的雷瓦尔镇（今塔林）在丹麦控制时期曾获得以《吕贝克法》（Lubeck Law）为蓝本的特许状。[1]特许状规定了一个由最成功的商人代表组成的市议会。雷瓦尔的社会结构包括德国统治阶级和爱沙尼亚农民阶级。

雷瓦尔成了一个繁荣的港口，在通往汉萨同盟的俄罗斯集镇（尤其是诺夫哥罗德）的关键过境路线上，雷瓦尔的地位日益重要。[2]然而，随着 15 世纪即将结束，汉萨同盟面临着来自领地国家日益增长的野心和实力的压力。

1481 年，约翰内斯（又名汉斯）在其父克里斯蒂安一世（Christian I）去世后成为丹麦国王。汉斯希望恢复卡尔马联盟（Kalmar Union），该联盟曾将丹麦、挪威和瑞典三国联合在一个君主之下，其根源在于试图对抗日耳曼国家联盟和汉萨同盟在该地区的影响。汉斯于 1483 年被确认为挪威国王，但瑞典的王权一直掌握在分离派摄政者手中，汉斯实际统治瑞典仅仅四年。

汉斯希望缩小汉萨同盟的规模，鼓励与之竞争的英国和荷兰商人，与俄国谈判以削弱汉萨同盟的影响，并坚持每年要重申汉萨同盟的特权。就在一次这样的年度审查续约讨论期间，雷瓦尔议会于 1489年 8 月决定向汉斯赠送一份外交礼物，希望这份礼物能让汉斯支持他们。他们选择的礼物是七只海狸。[3]

我们已经看到，集好奇心和稀有性于一身的外来动物作为外交礼物发挥了重要作用。献给汉斯国王的海狸，也许除了在献给国王的那一刻，就注定不会被当作活物来欣赏了。将海狸作为外交礼物，与其说是为了展现海狸的魅力，不如说是为了利用海狸，因为海狸在丹麦已经绝迹了五个世纪，所以从接受者的角度来看，海狸具有稀有价值，这也增强了海狸的吸引力。[4]

在 15 世纪的欧洲，海狸的毛皮和肉都很珍贵。在四旬斋期间，海狸的尾巴可以免受吃肉禁令的限制，这更增强了海狸肉的吸引力。在这方面，当时人们将海狸与鲸鱼、海豚和鼠海豚（porpoise）等海洋哺乳动物一样视为鱼类。[5] 此外，还有藤壶鹅（the barnacle goose，有些人认为藤壶鹅是从藤壶中孵化出来的）[6] 和海鹦（据说也有类似鱼类的特征，但遗憾的是，据说味道也很糟糕）。[7] 海狸的尾巴之所以不受斋戒期限制似乎是因为海狸尾巴的外观有点鱼鳞状，加之有些地方的人相信海狸的尾巴从未离开过水。[8] 因此，1525 年四旬斋期间在雷瓦尔举行的庆祝利沃尼教团团长来访的宴会上，三条海狸尾巴成了全餐的亮点。食用数量之少说明人们确实视海狸尾巴为奢侈食品。[9]

然而，1489 年赠送给丹麦国王的海狸是在 8 月，这表明海狸尾巴上的肉对四旬斋的吸引力并不是主要的考量。海狸提供了另一种非常珍贵的资源：海狸香（castoreum）。位于海狸生殖器和肛门之间的囊会分泌这种油性分泌物，海狸用它来为毛皮防水和标记领地。由于据称它具有类似香草的香气，如今仍被用于香水工业和食品生产。当然，今天人们不必再为提取这种物质而杀死海狸，但另一种方法需要对海狸先进行麻醉，然后挤牛奶一样挤海狸的香囊，但这似乎足以让人类嫌麻烦不再继续大规模采集海狸香。不过，海狸香确实还出现在一种名为 BVR HJT 的瑞典杜松子酒之中，这种杜松子酒的名字读作"Baverhojt"或"Beaver Shout"。

在中世纪的欧洲，海狸香因其药用价值而备受推崇，这似乎源于海狸香含有水杨酸，而水杨酸是阿司匹林的重要成分。12 世纪的本笃会女修道院院长希尔德加德·冯·宾根（Hildegard von Bingen）写道，海狸的睾丸可以放在温葡萄酒中饮用，用于退烧。[10] 希尔德加德将海狸香的来源认定为海狸的睾丸，是沿袭了自古以来一直存在的一种误解：将连接海狸香囊的外部凸起部位误认为是睾丸。

　　这种误解是被猎杀的海狸故事的根源，这则故事出自古希腊奴隶和寓言家伊索之手。据说，当海狸被猎杀时，它会敏锐地意识到猎人对它感兴趣的原因，咬下自己的睾丸扔给猎人。猎人会放弃猎杀，拿走珍贵的海狸香。如果同一只海狸第二次被猎杀，它就会挺起胸膛，向猎人展示自己没有性器官，而猎人也会放弃追捕。也许不出所料，这则故事如今很少被收录到《伊索寓言集》（Aesop's Fables）之中，尤其是因为所配的插图很可能会让年轻读者感到恐慌，但它确实出现在各种中世纪动物志中，包括 12 世纪被称为《阿伯丁动物志》（Aberdeen Bestiary）的彩绘手稿中。这给故事增添了基督教的寓意：那些希望听从上帝的旨意，过贞洁生活的人应该抛弃自己的罪孽，把自己的罪孽往魔鬼的脸上丢。魔鬼看到人类没有留下任何属于自己的东西，便败下阵来。[11]

　　这个广为流传的故事进一步说明了为什么海狸在 15 世纪晚期的基督教欧洲是特别合适的外交礼物。海狸面对魔鬼时的贞洁和勇敢，使其成为虔诚基督徒的象征。[12] 正如我们前面讲过，外交礼物的选择往往也是为了突出送礼国的文化。海狸在中世纪的利沃尼亚仍然很普遍，而在丹麦却被灭绝。然而，有记录显示：在送给汉斯国王的外交礼物中，有三只海狸根本不是从雷瓦尔带来的，而是在吕贝克买的，其中原因尚不清楚。也许，有三只海狸在波罗的海海上航行时死去，因此，他们只好在吕贝克重新买三只海狸顶替。也许，送礼者在送礼的最后一刻才慌了神，觉得自己的礼物不够隆重，所以添加了三只：每只海狸的价格大致相当于一匹好马的价格，[13] 这显示了雷瓦尔议会讨好国王的渴望。

关于海狸作为外交礼物的最新例子，我们可以去大西洋彼岸的北美看看。欧亚海狸因其皮毛和海狸香而遭到猎杀，几近灭绝，但随着欧洲供应的减少，新世界出现了。到 17 世纪，海狸主要指北美的海狸而非欧洲的海狸。[14] 为了满足新兴的海狸帽时尚，北美就成了海狸帽的来源。

1670 年，英国国王查尔斯二世（历史书通常又译作"查理二世"）向"在哈德逊湾从事贸易的英国总督和探险家公司"颁发了皇家特许状，授予莱茵河的鲁珀特王子（Prince Rupert of the Rhine）及其合伙人在所有河流汇入哈德逊湾的土地上（约占现代加拿大领土的40%）的贸易垄断权。哈德逊湾公司（Hudsons Bay Company）由此诞生，从最初专注于捕捉海狸，到后来向多个方向发展，最终成为今天的大型零售集团。

不过，1670 年的皇家特许证还是附带了一个条件，即规定一旦英国君主访问该特许证所覆盖的土地（即鲁珀特领地），哈德逊湾公司必须缴纳两只黑海狸和两头马鹿作为租金。这对公司来说是一笔相当不错的交易，因为这样的租金总共只付过四次：第一次是在 1927 年，未来的国王爱德华八世代表他的父亲接受了两个马鹿头和两张黑海狸皮；[15] 第四次，也是最后一次缴租仪式于 1970 年举办；值得注意的是，租金中的海狸部分是用活物而非皮毛支付的。这是在英国王室访问加拿大期间举行的，也是哈德逊湾公司成立 300 周年庆典的一部分。同年，哈德逊湾公司转成加拿大公司，总部也从伦敦迁至多伦多，租金义务也随之取消。英国女王伊丽莎白二世接受水箱中的海狸作为租金。据报道，海狸在整个仪式过程中都不听话。

注释：

1. Kivimäe 1996, p. 10.

2. Ibid., p. 11.
3. Mänd 2016, p. 9.
4. Ibid., p.10
5. Ketcham Wheaton 1983, p. 12.
6. Albala 2017, p. 39.
7. Albala 2003, p. 71.
8. Mänd 2016, p. 13.
9. Ibid.
10. Hildegard von Bingen 1998, p. 219.
11. Acheson 2009, p. 34.
12. Mänd 2016, p. 10.
13. Ibid.
14. Acheson 2009, p. 38.
15. HBC Heritage n.d.

12. 公元1512年：五十块奶酪

威尼斯共和国送给埃及苏丹坎苏·古里的礼物

乔凡尼·贝利尼（Giovanni Bellini）作品，1511年威尼斯代表团在大马士革受到接待。

食物和饮料在外交礼物的故事中占有独特地位，因为它们在日常生活与外交实践中都是不可或缺的。让来访使节吃饱喝足也是东道主的应尽之谊。与礼堂或谈判桌相比，餐厅和招待会这种非正式环境提供了更好的讨论机会，宾主也可以通过分享食物加深友谊。[1] 因此，接待方通常乐于为外交使团准备食物和酒水，以供餐饮和娱乐，至少也要满足来访使团可能的需求。

食物和酒水作为外交礼物必不可少，这些物品较之其他礼物还具有一些特定的优势。奢侈和奇异的食物和酒水堪属"神奇"（tuha）。正如前文所言，它是马穆鲁克苏丹赠送外交礼物的战略核心。据说这些礼物充满神奇，也是展示赠送国烹饪文化和农产品的极好方式。如今，许多国家都强调美食外交，将烹饪艺术视为一种软实力手段。[2] 民以食为天，美食往往寄寓着与家庭、友谊和欢乐有关的联想，将此作为礼物呈现着外交关系中的温情。

这也是一个挑战：作为食用品，接受它们需要一定程度的信任。这种风险并不总是存在的。据联邦登记册（federal registers）现代赠送给美国总统的礼品记录，食品和酒水类礼品是"由美国特勤局根据政策[3]处理"，换句话说，总统本人并不会食用。在 16 世纪威尼斯共和国，食物和饮料在两种情况下被用作外交礼物：对来访的外交使团表明好客和提供食物，以及作为奢侈品送给外国统治者。我们将具体看看奶酪的例子。

如同许多国家，16 世纪的威尼斯政府视接待来访的外交使团为己任。安排舒适住宿的同时，举办高雅晚宴款待使节，宴会上的珍馐美酒和精彩纷呈的节目以及富丽堂皇的装饰让来访者无时无刻不感受着威尼斯的雄厚财富和坚实国力。1582 年夏天，莫斯科公国使团在前往罗马的途中对威尼斯进行了为期 23 天的访问。为该使团举办的宴会特设在兵工厂内，大量武器和船只出产于此，因而这是威尼斯海上力量的象征。[4]

使节们在抵达时还会收到一份礼包，被称为"茶点"。内装精美食物，不乏威尼斯特色产品，通常包括糖、各种坚果、香草和香料、新鲜水果、优质鱼类或肉类以及一桶莫斯卡托葡萄酒，还有各种甜点，如糖衣坚果。[5] 威尼斯人为莫斯科公国使团提供了所有的食物供应，甚至动用了总督御用厨师。这可不是一项小任务：三十多人的外交使团在逗留期间仅甜瓜就食用了 500 个。[6] 据威尼斯文献记载，食品中包括四种奶酪：马苏里拉奶酪、马佐利诺奶酪（一种用春季羊奶制成的奶酪）、软质的吉恩卡塔奶酪和佩科里诺奶酪。[7]

威尼斯共和国的奶酪不仅招待来访使节，它们还被用作贵重礼物赠送给外国统治者。长期以来，它甚至增进了威尼斯与马穆鲁克苏丹国的固有关系。

这段以香料贸易为基础的两国关系曾饱受干扰，例如马穆鲁克官员一度对威尼斯商人进行骚扰和驱赶，以及苏丹巴尔斯拜（Barsbay）曾在 14 世纪 20 年代推出的政策，要求威尼斯人以人为高价从苏丹的仓库购买部分胡椒，胡椒在彼时是一种核心的贸易品。[8] 虽然有磕磕碰碰的小插曲，但贸易使双方都能分享丰厚利润，因此友好的主旋律持续了几个世纪。

然而，随着 16 世纪的到来，这种贸易面临着前所未有的压力。1498 年葡萄牙探险家瓦斯科·达·伽马（Vasco da Gama）登陆印度，这使香料贸易发生了无法逆转的变化，因为葡萄牙人现在可以通过海路将香料和其他东方商品运往里斯本。马穆鲁克人和威尼斯人面临的问题，还有诸如来自奥斯曼帝国的威胁。虽然威尼斯人不惜与之一战，但是这些外部压力还是对两国关系提出挑战。为了应对香料贸易收入的下降，苏丹提高了威尼斯商人必须从其仓库购入香料的价格和数量，并于 1505 年下令没收威尼斯商人在亚历山大港的财产，因为他们在此期间未经苏丹许可就擅自终止了在该港口的贸易。[9]

两个大国通过互派外交使团的方式尝试着对外部威胁做出共同回应，并对双边摩擦加以主动解决。1502 年，威尼斯派遣了由前驻大马士革领事贝内德托·萨努多（Benedetto Sanudo）率领的使团拜见马穆鲁克苏丹坎苏·古里（Qansuh al-Ghawri），目的是让苏丹意识到葡萄牙威胁的严重性。[10] 萨努多不但鼓动苏丹降低从印度进口的香料和其他商品的关税，以使威尼斯的价格较之葡萄牙更具竞争力，并且暗示他应该对葡萄牙人采取直接行动。后一要求提得较为含蓄委婉，这样威尼斯就不会被视为与穆斯林势力合流来图谋天主教同胞。[11]

威尼斯与奥斯曼帝国发生持续冲突，因此前往开罗的旅程充满挑战，在科孚岛（Corfu）被羁留，直到 1503 年春天萨努多才抵达开罗。他向坎苏·古里苏丹赠送的礼物包括纺织品、毛皮和奶酪，而他在途中已经向亚历山大港的埃米尔赠送了精美的布匹和更多的奶酪。坎苏·古里苏丹送给总督的回礼，则包括瓷器、熏香、麝香和糖。[12] 作为此次外交成果，坎苏·古里苏丹组建了一支联合舰队，但在 1509 年的迪乌（Diu）海战中，马穆鲁克及其盟友被全面击败，这场以少胜多的海战使葡萄牙人掌握了印度洋的制海权。[13]

1512 年，多梅尼科·特雷维桑（Domenico Trevisan）率领威尼斯使团抵达了局势日益恶化的开罗。特雷维桑的任务之一是解决胡椒价格的争端。其二是确保因涉嫌与萨法维王朝接触而被马穆鲁克苏丹扣留的威尼斯驻大马士革领事皮埃特罗·泽恩（Pietro Zen）获释，并解决进入圣地的通道问题。[14] 特雷维桑的任务圆满完成：马穆鲁克签订了最后一个与威尼斯的商业条约，泽恩也被放还，甚至在临别时，他还收到了马穆鲁克苏丹赠送的荣誉长袍。[15]

在整个访问过程中，双方都盼望给对方留下深刻印象。特雷维桑把一批来自亚历山大港威尼斯殖民地的乐师加入使团，在前往开罗的航程中，每经过一个村庄，他们都会用当地陌生的乐器演奏，演奏时号角齐鸣。[16] 抵达之后，马穆鲁克苏丹用优渥的住宿环境招待了威尼斯使团，并送上 20 只鹅、44 块糖条和 5 瓶印度蜜。[17]

特雷维桑为马穆鲁克苏丹带来约 150 件各式礼服，有天鹅绒的，有缎子的，还有镶金的，以及大量的毛皮，包括紫貂皮、白貂皮和多达 4 500 件松鼠毛皮。甚至还有 50 块干酪块。[18] 然而马穆鲁克苏丹只有五年时间来享用这份礼物，因为马穆鲁克苏丹国在 1517 年被奥斯曼帝国推翻。

奶酪是 16 世纪早期威尼斯赠送给马穆鲁克苏丹的重要礼物之一。究竟是什么奶酪能发挥如此之大的作用呢？据美国历史学家杰西·海塞尔（Jesse Hysell）考证，萨努多赠送的奶酪是一种产自西西里的奶酪——皮亚森蒂诺奶酪（piacentinu），它的名字源于其美妙的口感。[19] 它具有藏红花的风味，所以将它作为赠送给贵宾的礼物实至名归。我们很容易将奶酪中添加的整粒花椒视为两国关系中胡椒贸易重要性的象征。不过，这种奶酪也可能是佩科里诺奶酪（piacentino），即产自意大利皮亚琴察（Piacenza）地区的奶酪。历史学家肯尼思·迈耶·塞顿（Kenneth Meyer Setton）证实特雷维桑 1512 年赠送的奶酪为"皮亚琴察奶酪"，[20]1582 年向来访的莫斯科使团赠送的奶酪中就有这一品种。它也是威尼斯向奥斯曼帝国赠礼的首选。[21] 此种奶酪可能是一种坚硬、易碎、类似帕尔马干酪的食品，类似于现代的哥瑞纳·帕达诺奶酪。

帕尔马干酪作为意大利宫廷的外交礼物一直备受欢迎，这也支持了肯尼思的观点。教皇尤利乌斯二世为感谢年轻的英国国王亨利八世支持反法"神圣同盟"赠送给他金玫瑰（教皇通常授予受宠君主的著名信物）之外，还包括 100 块帕尔马干酪。[22] 帕尔马干酪在英国深受好评，1666 年，当日记作家塞缪尔·皮普斯（Samuel Pepys）发现伦敦大火危及自己的房屋、办公室文件、葡萄酒和其他贵重物品时，为保全他的帕尔马干酪，他特意将之转移到邻近花园的一个坑里。[23]

因此，奶酪既是款待外交使团的日常美食，也是赠予他国政要的贵重礼物。

注释：

1. Brummell 2020, p. 68.

2. Ibid., p. 67.

3. 例如，引自 Office of the Chief of Protocol, US State Department 2018.

4. Mesotten 2017, p. 143.

5. Ibid., pp. 136—137.

6. Ibid., p. 141.

7. Ibid. p. 142.

8. Arbel 2004, pp. 37—38.
9. Wansbrough 1963, p. 514.
10. Ciocîltan 2012, p. 17.
11. Diffie and Winius 1977, p. 231.
12. Hysell 2016.
13. Diffie and Winius 1977, p. 240.
14. Howard 2007 B, p. 84.
15. Setton 1984, p. 33.
16. Howard 2007 B, p. 84.
17. Setton 1984, p. 30.
18. Behrens-Abouseif 2016, p. 110.
19. Hysell 2016.
20. Setton 1984, p. 31.
21. Dursteler 2013, p. 169.
22. Wills 2003, p. 170.
23. Moote and Moote 2004, p. 264.

13. 公元 1514 年：一头大象

葡萄牙国王曼努埃尔一世送给教皇利奥十世的礼物

朱利奥·罗马诺创作的四幅大象绘作描述了送给教皇利奥十世的礼物。

　　本篇礼物让收礼者心花怒放，也让送礼者得偿所愿，又激发了艺术家和作家的灵感。同时这份礼物也让那些教廷权力的批判者抓到把柄，为新教改革铺平了道路。

　　1513 年，乔凡尼·德·美第奇（Giovanni de Medici）也就是利奥十世加冕为新教皇，作为佛罗伦萨共和国实际统治者兼意大利文艺复兴主要赞助人洛伦佐大帝（Lorenzo the Magnificent）的次子，他追随父亲支持艺术，慷慨赞助了众多艺术家，其中包括拉斐尔（Raphael）

和米开朗基罗（Michelangelo）。他博学多才，喜欢与作家和诗人为伴。他年纪轻轻，37 岁就当上教皇，但身体年龄并不年轻，他身材肥胖，据说需要两个仆人才能把他从床上抬起来。[1] 且他身患各种疾病，包括令人痛苦的肛瘘，并对死亡感到焦虑不安。也许是为了应对这些疾病，他热衷于狂欢和滑稽戏表演。据说他曾对其弟弟说："上帝赐予了我们教廷。让我们尽情享受它吧！"[2]

1495 年，葡萄牙国王曼努埃尔一世（Manuel I）继位。这标志着葡萄牙海上大扩张时期的到来。正如我们在上一个故事中看到的，葡萄牙航海家帮助葡萄牙控制了香料贸易，从而重塑了全球力量平衡。每逢新教皇当选，欧洲统治者依照传统，都会向罗马派遣一个"臣服使团"，旨在正式承认教皇为圣彼得的继承人。[3] 这是盛大的活动。统治者们力图在使团的规模和礼物的贵重程度上超越同侪。

向梵蒂冈派遣"臣服使团"是曼努埃尔一世的绝佳机会，他可以借此向新教皇展示葡萄牙扩张的成就，[4] 并强调殖民扩张可为天主教带来更多教徒。他还有一些更具体的目标：要求教皇免除一些什一税，以资助他的远征活动；要求教皇同意香料群岛（Spice Islands）属于葡萄牙而非西班牙。[5]

众所周知，教皇利奥十世在梵蒂冈饲养了很多奇珍异兽，因此曼努埃尔认为，从自己的苑囿中挑选一些来自新世界的动物送给新教皇，可以很好地展示葡萄牙在印度和其他大洲远征的成就。这些动物包括两只豹子、一只猎豹、一匹波斯马和一只鹦鹉。[6] 最瞩目的是新近从印度带来的一头四岁大的白象。由于场合的特殊性，也为突出教皇作为教会领袖的角色，还选择了一些更具有教会性质的礼物：金圣杯、祭坛饰罩和教会法衣。自罗马帝国建立以来，罗马从未出现过大象，因此曼努埃尔知道他的礼物会引起轰动。

1510 年至 1514 年间，印度总督阿方索·德·阿尔布克尔克（Afonso de Albuquerque）把四头大象从科钦（Cochin）运往里斯本，尚不清楚其中哪一头被曼努埃尔赠送给了教皇。最有可能是阿尔布克尔克专门为国王购买的受到了格外精心照料的那头。[7]

著名航海家特里斯坦·达库尼亚（Tristão da Cunha）被选为使团领队。此次前往罗马的旅程充满挑战。这头大象不得不用锁链固定在船的甲板上。从里斯本到意大利奥尔贝泰洛的航程中，一旦停靠港口，人群就会将大象围住，大家都急切地想一睹风采。从奥尔贝泰洛到罗马约 70 英里的陆路旅程中，好奇的围观者队伍处处阻碍着使团的行进。当使团在罗马郊外一位红衣主教的别墅暂住时，来观看大象的人群踩踏了葡萄园和果园，迫使他们暂避到教皇的大炮厂。[8]

教皇择定 1514 年 3 月 19 日让葡萄牙使团进入圣城。使团成员盛装出席，大象尤其引人注目。它由阿拉伯看守牵引，背上安放一座银塔，里面是进献教会的礼物。印度驯象师骑在它脖子上。[9] 当游行队伍经过圣天使城堡（Castel Sant Angelo）时，大象在教皇面前停留下跪，恭敬地低下头，用鼻子吹响号角，还从水槽吸水，轻轻地喷洒在教皇和随从的身上，教皇极为高兴。[10]

使团的行程之一是参加 3 月 20 日在使徒宫（Apostolic Palace）公开举行的宗教仪式，葡萄牙使节在仪式上激情发表了"臣服演说"。次日，教皇检阅了礼物，他对大象尤其满意。6 月，当使团离开罗马时，一系列简报和诏书涵盖了葡萄牙的大部分要求，他们的目标得以实现。同年利奥十世决定授予曼努埃尔黄金玫瑰，这是教皇所能给予的重要的恩惠之一。由于曼努埃尔已经在 1506 年从教皇尤里乌斯二世那里获得过黄金玫瑰，利奥教皇决定额外授予他"教宗之剑和皇冠"（Gladius et pileus），这是葡萄牙国王从未获得过的荣誉。[11] 教皇还送给曼努埃尔其他的礼物，包括一本精美的书和一座据传是由米开朗基罗雕刻的壁炉。

大象迅速获得了教皇的欢心。大象的屈膝礼、吹号和洒水技艺取悦了利奥教皇，也走进了罗马人民的心中，它被取名为安诺内

（Annone）（英语通常译为汉诺［Hanno］）。这个名字可能源于单词"aana"，在喀拉拉邦马拉雅拉姆语（Malayalam language of Kerala）中表示"大象"的意思，驯象师会说这个单词。[12]安诺内有时会在城市中游行，或被带到广场上，以便更多的罗马人见到它。然而有次游行以悲剧收场：在戴克里先浴场展出时，大象吸引了过多观众，据资料报道，约有 13 人因相互踩踏死亡。[13]

大象安诺内最著名的一次公开露面也以意想不到的方式收场。在教皇最喜欢的宗教节日，即为纪念圣人科斯莫（Cosmo）和达米亚诺（Damiano）而举行的庆典上。为了取悦这位沉迷于狂欢和滑稽戏表演的教皇，弄臣贾科莫·巴拉巴洛（Giacomo Baraballo）被推举为大诗人。这场典礼的流程如下：巴拉巴洛费尽周折骑上大象。然后，坐上象背的宝座绕罗马游行。结果不幸的是，这头可怜的大象被人群和喧闹声吓坏了，它把诗人和宝座都甩了出去，把可怜的巴拉巴洛扔到了河岸上。[14]

1516 年，这位爱好寻欢作乐的教皇开始诸事不顺。一位名叫弗拉·博纳文图拉（Fra Bonaventura）的巡回传教士，自称是天使教皇，于 5 月抵达梵蒂冈，抨击了梵蒂冈的铺张浪费，并预言教皇、有名有姓的五位红衣主教、大象及其饲养员都将在次年 9 月之前死去[15]。对于一位患病的教皇来说，这话确实很不中听，他下令将弗拉·博纳文图拉监禁在圣天使城堡。

后来，大象病倒了。教皇召集了罗马最好的医生为它治疗。他们确诊大象患了便秘，并开具了一种含有大量黄金的泻药，但这于事无补。1516 年 6 月，大象还是死了。这似乎是一个可怕的预兆。[16]更诡异的是，如博纳文图拉预言，大象的一位看守人也在这个时候离世，塞尼加利亚（Senigaglia）和桑塞韦里诺（Sanseverino）教区的两位红衣大主教也在同年夏天相继去世。

惶惶不安的教皇委托拉斐尔在梵蒂冈入口处的墙上绘制了一幅大

象安诺内的等身壁画。令人遗憾的是，这幅壁画现已不复存在。教
皇亲自为安诺内撰写了墓志铭。这头大象的身影也出现在许多艺术
家的作品中，至今仍能在罗马见到。例如，在梵蒂冈使徒宫的签字
厅（Stanza della Segnatura）和博尔戈火灾厅（Stanza del Incendio del
Borgo）之间的一扇门上，就镶嵌着一幅描绘诗人巴拉巴洛骑象的木
制拼贴图。[17] 乔凡尼·达·乌迪内（Giovanni da Udine）为红衣主教
朱利奥·德·美第奇设计的喷泉位于马达马别墅的花园中，喷泉中的
白色大理石雕刻着大象的头像，喷水口则是大象的鼻子。[18]

　　一篇可能是讽刺作家阿雷蒂诺（Pietro Aretino）所撰，名为《大
象遗言与证词》的文章，细数了利奥十世教廷的腐败和丑闻，且将
其共计二十九笔劣迹，一一对应于被切分成遗产的大象身体，借此
突出每一名受赠者污点。例如，红衣主教迪桑蒂-夸特罗（Di Santi
Quattro）分到了大象的下颚骨，这样涉嫌贪腐的他就能更好地用上下
颚来"吞食整个基督共和国的所有钱财"。[19]

　　1517 年，马丁·路德的《九十五条信纲》点燃了宗教改革的火
种。对路德来说，教皇大象事件是宫廷奢侈和不负责任的象征。利
奥十世死于 1521 年，留下空空的国库。他的继任者阿德里安六世
（Adrian Ⅵ）一反其道极力抵制对艺术赞助。世异时移，到 1527 年，
神圣罗马帝国查理五世的军队将洗劫罗马。

　　1962 年，梵蒂冈图书馆的工人发现了一些骨头碎片，经鉴定是大
象的骨头。[20] 大象安诺内的长眠之地重见天日。

注释：

1. Bedini 2000, p. 23.
2. 引自 ibid., p. 20。
3. Bedini, 1981, p. 75.
4. Ibid., p. 76.
5. Bedini 2000, pp. 25—26.
6. Ibid., p. 28.

7. Ibid., p. 31.

8. Bedini 1981, p. 77.

9. Ibid.

10. Bedini 2000, pp. 51—52.

11. Ibid., p. 72.

12. 这一观点参见 Bedini 2000, p. 80。

13. Ibid., p. 109.

14. Ibid., p. 98.

15. Ibid., p. 139.

16. Pimentel 2017.

17. Farrar 2020.

18. Bedini 2000, p. 170.

19. 引自 ibid., p. 159。

20. Ibid., p. 233.

14. 公元 1514 年: 一头犀牛

古吉拉特邦苏丹姆惹化沙二世送给葡萄牙印度总督阿方索·德·阿尔布克尔克的礼物

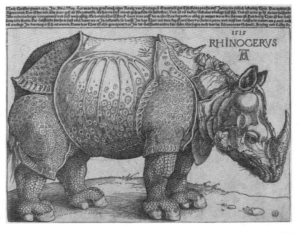

丢勒的《犀牛》, 木刻作品, 取材于葡萄牙国王曼努埃尔一世赠送给教皇利奥十世的那头犀牛。

下面这则故事是关于 1514 年的另一只厚皮动物, 这次的礼物不是大象, 而是犀牛。这头犀牛一而再、再而三地被送出, 但在运送给最终受赠者的途中不幸身亡。随后, 它的填充标本成了聊胜于无的礼物。这头犀牛是艺术史上著名的动物形象之一, 虽然对犀牛的艺术刻画不尽准确, 但相关的绘画作品却在长达几个世纪里影响了整个欧洲对犀牛的看法。

　　故事始于一位伟大的海军指挥官——果阿（Goa）的征服者兼葡萄牙的印度总督阿方索·德·阿尔布克尔克。在一段时期的快速扩张后，彼时的葡萄牙开始专注于保持新获得的香料贸易控制权。[1]阿尔布克尔克认为，在古吉拉特邦（Gujarat）南部海岸外的迪乌岛（Diu）上建立堡垒将有助于保护葡萄牙的海上航道。经由葡萄牙国王曼努埃尔一世的授权，他着手派遣使团去征得古吉拉特苏丹姆惹化沙（Muzaffar）二世的许可，从而在迪乌岛上实践他的战略构想。

　　1514 年 2 月，使团带着精挑细选的礼物离开果阿，送给古吉拉特苏丹的礼物包括一把红宝石镶嵌的匕首、华丽的锦缎和一盏小吊灯。[2]古吉拉特苏丹的回赠同样精美，包括送给曼努埃尔国王的一把镶有象牙的椅子和送给阿尔布克尔克的一头活犀牛。礼品规格都恰如其分。唯一的问题是谈判未果。古吉拉特苏丹无意让葡萄牙人在迪乌岛修建堡垒，他的担忧也合情合理，他担心葡萄牙人在某天会利用堡垒攻击他。[3]

　　使团返回印度果阿之后，愤怒的阿尔布克尔克曾考虑对古吉拉特苏丹发动进攻，用武力夺取迪乌岛，但他最终还是放弃实施。然而，古吉拉特苏丹赠礼还是个问题。阿尔布克尔克不想大费周章地豢养这头活犀牛，他心生一计：把犀牛运往里斯本送给葡萄牙国王，如我们所知，曼努埃尔一世和其他欧洲君主一样，也有个奇珍异兽园。

　　1515 年 1 月，这头犀牛被装船，离开科钦前往里斯本。此趟航程为期 120 天，犀牛被喂食熟米饭为生，但并无大碍。[4]犀牛抵达里斯本后引起了轰动，这是自公元 3 世纪以来欧洲出现的第一头活犀牛。两千年前老普林尼（Pliny the Elder）在《博物志》中描述过犀牛，那时罗马帝国的皇帝也在动物园里养过犀牛。因此在 16 世纪的葡萄牙出现这样的动物似乎将古代世界带入了现代。据说葡萄牙国王对礼物十分满意。[5]

　　古典时代的历史学家们讲述有关犀牛的故事之一，就是传说犀牛与大象不和。曼努埃尔国王决定验证这一点。动物园里最年轻的大象被选为犀牛的对手，两只动物分别被带入特别布置的竞技场。决斗于 1515 年 6 月 3 日举行。[6] 小象一看到前进中的犀牛就慌不择路，冲向围墙，撞开铁栅栏后穿过里斯本的街道逃往安全地带。而犀牛则在围栏边悠闲地巡视着，庆祝自己兵不血刃的胜利。

犀牛在艺术史上的杰出地位源于一封从里斯本寄给纽伦堡商人社区成员的信，信中描述了犀牛并附有一幅犀牛的素描。这封信和草图被纽伦堡著名艺术家阿尔布雷特·丢勒（Albrecht Dürer）收藏。丢勒据此二次创作的木刻作品被广泛复制，并在几个世纪里成为整个欧洲的犀牛标准形象。

通过直接观察绘制植物和动物，丢勒以其画作的细致入微而闻名。[7] 他著名的水彩画《野兔》（Young Hare）和《草地》（Great Piece of Turf）就是鲜明的例子。即便他从未真正见过活生生的犀牛，仅是根据描述和素描来创作，他的木刻版画所呈现出的犀牛细节之丰富仍令人惊讶。[8] 诚然，其中一些是推想和揣测的结果。在作品中，犀牛有着盔甲一样的皮肤，头顶上还有一个较小的角，这与独角兽的形象颇为相似。这头不朽的犀牛至少有部分是出自想象。

虽然丢勒笔下的犀牛不朽，但真正的犀牛却不久于人世。正如之前故事中所见，国王曼努埃尔对 1514 年他向教皇利奥十世派出的"臣服使团"所获结果非常满意。葡萄牙在东方的发现源源不断，需要得到教皇进一步的认可，因此曼努埃尔决定再次遣团出使，以确保得到利奥十世持续的青睐。既然大象的赠送非常成功，因此犀牛将作为此次出使的重要礼物。犀牛的项圈上点缀有绿色天鹅绒流苏，使它看起来更加聪明。其他包括大量香料（以凸显东部新领土的富饶）和从王室宝库中精挑细选的银器。[9] 这确实是一份很贵重的礼物，但还是比前一年"臣服使团"时的奢华略微逊色。

1515 年 12 月，装运犀牛的船只启航，并于次月抵达马赛。正巧法国国王弗朗索瓦一世（François I）在马赛视察。得知海湾里有一艘载有犀牛的葡萄牙船只后，这位法国国王要求一睹犀牛的风采。这促成了一场美好的外交活动，并激起了弗朗索瓦一世对收集珍奇动物的兴趣，因为不久之后他就派使团前往里斯本，为其购买大象。[10]

在余下的航程中，这艘葡萄牙船在拉斯佩齐亚（La Spezia）附近遭遇了狂风暴雨。船沉了，船员全部丧生，犀牛也淹死了。它被绑在甲板上，因此没有机会游向岸边。有人猜测，被镣铐锁住的犀牛在甲板上惊恐挣扎可能是导致事故的因素之一。[11]

犀牛尸体在维勒弗朗什（Villefranche）附近的海岸被打捞上来。曼努埃尔吩咐用稻草填塞其中制成标本。它被装在另一艘船上送往罗马。[12] 对教皇来说，也许犀牛标本要比活物逊色得多，因而这件礼物从此就失去了下落。唯一的线索是 1892 年一份独立的学术参考文献提及（或者援引的转载的报道），称一只保存完好的 16 世纪犀牛标本被佛罗伦萨皇家脊椎动物博物馆（Royal Museum of Vertebrates）收藏，[13] 这对于曾给丢勒带来灵感的犀牛来说，是一个模糊又平淡的结局，但丢勒想象中的犀牛形态成为整个欧洲对这种生物认知的样本。

20 世纪末，英国小说家劳伦斯·诺福克（Lawrence Norfolk）将这个故事改编成《教皇的犀牛》(*The Pope's Rhinoceros*)，[14] 故事里教皇利奥十世对他的大象非常满意，继而渴望得到一头犀牛。葡萄牙和西班牙都希望教皇能对他们在新开拓土地上的权益作出利己的裁决，因此他们都想方设法为教皇弄到犀牛：葡萄牙从印度获取，西班牙从非洲求得。这个故事长达 750 多页，情节错综复杂，内容还包括一群乌泽多姆岛（Usedom）的修道士，岛上的修道院正逐渐坍塌掉入波罗的海，因此他们决心寻求教皇的指引。这是一部虚构作品，但核心是一份真实的外交礼物。

注释：

1. Bedini 2000, p. 111.

2. Ibid., p. 112.

3. Ibid., p. 112.

4. Ibid., p. 114.

5. Bedini 1981, p. 80.

6. Bedini 2000, p. 119.

7. Feiman 2012, p. 23.

8. Ibid., pp. 22—23.

9. Bedini 2000, p. 126.

10. Ibid., p. 128.

11. Ibid., p. 129.

12. Ibid., p. 129.

13. Ibid., p. 133.

14. Norfolk 1998.

15. 公元 1520 年：一匹骏马

法国国王弗朗索瓦一世送给英国国王亨利八世的礼物

英国学院派 1545 年的作品《金缕地》(The Field of the Cloth of Gold)。法国国王弗朗索瓦一世
和英国国王亨利八世之间竞相赠礼的场所。

在作为外交礼物的动物中，无论何时何地，马的地位尤为重要。马几乎对每个人都有用，因此是广受欢迎的礼物。马不仅是日常交通工具，更是贵族生活重要的组成部分，用于狩猎、比赛和盛会。[1] 与剑和盔甲一样，马是骑士精神的象征，因此特别适合送给统治者。与众不同或具有异国情调的马能激发人们的好奇心。兼由精美的马鞍和其他饰品精心包装后，作为礼物的确奢华。[2]

我们这则关于马的故事发生于 1520 年夏天一次壮观的活动中，地点是法国北部的加来海峡（Pas de Calais）地区，自此之后这里就被称为"金缕地"。这场活动为期 18 天，内容包含比赛、盛宴和各种娱乐，两位长期敌对国家的年轻国王，试图向对方展示自己是有才能、健硕且有教养的领袖。

这场盛会体现着欧洲基督教统治者对和平的呼吁。文艺复兴时期的人文主义者伊拉斯谟（Erasmus）和托马斯·莫尔（Thomas More）等认为，国王可以通过和平而不是战争或征服获得荣耀。当时奥斯曼帝国日益增长的威胁引起了人们的警惕，因此教皇利奥十世极力推动欧洲统治者们和平共处，期待他们可以联合对抗基督教共同的敌人。

亨利八世的大法官——红衣主教托马斯·沃尔西（Thomas Wolsey），不仅制定了休战协议，以便欧洲统治者团结起来对抗奥斯曼人，更制定了一个雄心勃勃的世界和平条约，该条约于 1518 年在伦敦签署。条约要求英法国王亲自会面，以确认他们对和平的承诺。[3] 会面本身并不是为了和平谈判，条约早已签署。相反，这是一场盛会，让两位君主以一种高高在上的方式亮相，彰显他们作为年轻而强有力的统治者的地位，他们完全有能力领导军队，但却为了和平与兄弟情谊选择放弃战争。[4]

英国国王亨利八世和法国国王弗朗索瓦一世是宿敌。亨利八世非常钦佩在阿金库尔战役（battle of Agincourt）中（击败法国）一战成名先祖亨利五世。亨利八世在登基之初就已经与法国开过一战。但两位国王惺惺相惜，这种又恨又爱的关系，充分展现在被历史学家格伦·理查森（Glenn Richardson）所描述的"展示男子气概"[5] 的"金缕地"盛会中。

外交礼物在"金缕地"上扮演了重要角色，不仅巩固了两位国王之间的联盟关系，还成为攀比的工具。[6] 他们彼此向对方的皇室赠送大量的礼物。珠宝和盘子往来最多，这也为两位君主聘请的金匠提供了展示技艺的机会。一次最具价值的交换是亨利送出的珠宝项链，而弗朗索瓦回赠了镶有珠宝的手镯。[7]

有些大礼显然是临时起意。6 月 17 日，弗朗索瓦骑马来到亨利在吉讷镇（Guînes）的下榻处，敲响了英王房间的门，宣布自己是亨利的囚徒。从某种意义上说，他把自己当成了礼物。他协助亨利穿上了衬衫，亨利随后送给法王一个珠宝项圈，法王也立即回礼。虽然帮助英王穿衣看起来是谦逊之举，但弗朗索瓦的行为却让人感觉充满自信，向众人展示他敢于跟亨利八世称兄道弟。在整个"金缕地"期间，两位国王都非常注重互惠互利，因此亨利不得不礼尚往来，两天后一早就跑去弗朗索瓦在阿德尔（Andres）的住所。[8]

话说我们的主角，马匹也是一时兴起的礼物。它在"金缕地"期间很早就被送出。当时两位国王正骑马参加比武，亨利非常欣赏法王的坐骑，这匹名为"斑驳公爵"（Dappled Duke）的良驹来自曼图亚（Mantuan）公爵费德里科二世·贡扎加（Federico II Gonzaga）的种马场。弗朗索瓦立即将马相赠。亨利国王也回赠了自己的坐骑，那是一匹那不勒斯马。据曼图亚驻法国大使索阿尔迪诺（Soardino）所言，亨利的马要逊色很多，[9] 但他是在给曼图恩宫廷的回信中做出这一评论的，而"斑驳公爵"就是由曼图亚提供。所以，他的评论很难说是中立的。[10] 实际上那不勒斯王国饲养的赛马强壮而英勇，非常符合比赛和骑兵作战的要求，因此也深受欢迎。[11]

"斑驳公爵"是在"金缕地"赠出的众多马匹之一。亨利对法国贵族马匹的公开盛赞，让他又得到了波旁公爵查理（Charles，duc de Bourbon）和莱斯孔元帅（Marshal Lescun）的坐骑。弗朗索瓦后来又向亨利赠送了六匹马，其中四匹来自曼图亚，作为之前被赠珠宝的回礼，法王还有点担心这份礼物比他收到的珠宝项圈轻了。[12] 亨利的妻子，来自阿拉贡的凯瑟琳王后（Queen Catherine of Aragon）向法国的克劳德王后（Queen Claude）赠送了一匹精选的帕尔弗雷马

（palfreys），这品种的马因其缓慢的步态而给人平稳的骑行体验。克劳德王后（Queen Claude）则回赠了一匹金布、骡子和王室侍从。[13]

"斑驳公爵"这份外交礼物背后，曼图亚的贡扎加家族（Gonzagas）通过马匹的一送一收，既提高了种群的质量，又获得了切实的利益。自 1328 年以来，贡扎加家族一直统治着意大利北部的曼图亚，该家族对马匹的热情在历代统治者中不断升温，并在 1484 年至 1519 年间的弗朗切斯科二世·贡扎加统治时期达到顶峰。贡扎加家族在自己的马场饲养了一系列适合出席不同场合的马匹。但他们最重要的目标是培育出有持续耐力与速度的马匹。[14] 目的是为了在意大利许多城市的守护神节或其他节日的赛马比赛中获胜，从而确保弗朗切斯科二世·贡扎加的个人声誉。这种赛马节有个特殊的名字，被称为"Palio"，源于冠军所获华丽而昂贵的旗帜。锡耶纳（Siena）赛马节的比赛规则是在贝壳状的坎波广场（Piazza del Campo）上绕三圈，该比赛至今仍在举办。[15]

为了确保参赛马匹具有在比赛中取得成功所需的品质，贡扎加人从北非和奥斯曼帝国寻找既有速度又有耐力的马种。他们与奥斯曼帝国和北非哈菲德伊斯兰王朝（Hafsid dynasty）的马匹贸易是在奥斯曼帝国与欧洲基督教之间既存在宗教分歧又长期交战的背景下进行的。[16] 柏布马（Berber horses）是突尼斯哈夫西德王朝（the Hafsids of Tunis）的标准外交礼物。[17] 贡扎加家族为之不遗余力，甚至想方设法克服了哈夫西德王朝统治者理论上禁止出售母马的禁令。[18]

弗朗切斯科二世·贡扎加与奥斯曼帝国苏丹巴耶济德二世（Bayezid Ⅱ）良好的私交也是他们与奥斯曼帝国交往的基础。一方面是因为他们都喜欢养马，[19] 但更重要的则是因为弗朗切斯科曾帮助过一位苏丹大使，这位使节在安科纳（Ancona）赎买在苏丹被囚禁兄弟的途中遭到抢劫。弗朗切斯科帮助这位可怜的使节完成了任务，并护送他安全返回君士坦丁堡。巴耶济德赠送了一船土耳其马匹作为谢礼，而弗朗切斯科则回赠了本国奶酪作为回礼（这进一步证明了我们已经探讨过的食品作为意大利城邦外交礼物的重要性）。[20] 两位君主的友谊使弗朗切斯科能突破奥斯曼帝国对出售马匹的严格规定。例如，他在 1491 年购入了八匹母马和一匹种马。[21]

来自奥斯曼帝国的马匹有时也是贡扎加人在不同的政治背景下获得的战利品。16 世纪初，贡扎加家族作为雇佣兵与奥斯曼帝国的反政府武装作战。弗朗切斯科之子费德里科二世·贡扎加（Federico II Gonzaga）的一名军事主官在 1525 年写给他的长官的信中，说他从反政府武装那里抢来打算送给侯爵的一匹马和他前一年送去的一匹是同一母马所生。[22]

曼图亚种马的质量，加上其血统中来自北非和奥斯曼帝国马匹的耐力与速度，使之成为其他欧洲宫廷渴望得到的马匹。贡扎加家族将它们作为外交礼物，以发展他们在欧洲的联盟。法国宫廷也不例外。1504 年，曼图亚驻法国的大使写道，路易十二迫不及待地想要得到弗朗切斯科二世·贡扎加许诺的两匹骏马。[23]

在获得"斑驳公爵"前，亨利八世就已经得到过曼图亚马。弗朗切斯科二世·贡扎加起初对英王颇有顾忌，他担心亨利的骑术不够精湛，无法消受这样的礼物，但他后来显然不再有此顾虑，于 1514 年向亨利赠送了四匹骏马。[24] 作为回报，亨利回赠给弗朗切斯科一些猎犬和爱尔兰马种——霍比马（hobby），贡扎加家族对这马种非常感兴趣，因为霍比马具有出色的冲刺速度。[25] 贡扎加家族在 1511 年的一次马匹贸易中已经购买过八匹霍比马。[26] 虽然现在这种马已经灭绝了，但通过霍比马的传说和过去富家子弟游乐场里的实物霍比马，它便成为现代"爱好"（hobby）一词的来源。

英王亨利一直对曼图亚赛马很感兴趣。驻罗马教皇宫廷的英国大使几年来一直试图从弗朗切斯科二世·贡扎加那里获得柏布马（Berber horses），直至 1532 年终于得到了渴望已久的母马。这些母

马被安置在亨利在格林威治（Greenwich）赛马场的马厩中促进育种，
这项计划能帮助英王为他的马匹获得耐力与速度。[27] 贡扎加家族的育
种政策和马匹选择，加上他们将马匹作为外交礼物广赠欧洲各国宫
廷，以上种种都为后来英国纯种马的发展和世界领先的赛马制度奠定
了基础。[28]

注释：

1. Syndram and von Bloh 2007, p. 53.
2. Mänd 2016, p. 4.
3. Richardson 2013, p. 6.
4. Ibid., p. 9.
5. Ibid., p. 8.
6. Richardson 2016.
7. Ibid.
8. Ibid.
9. Tonni 2012, p. 270.
10. Bolland 2011, p. 95.
11. Richardson 2016.
12. Bolland 2011, p. 95.
13. Ibid.
14. Tonni 2012, p. 276.
15. Tobey 2005, pp. 64—65.
16. Ibid., p. 71.
17. Behrens-Abouseif 2016, p. 53.
18. Tobey 2005, pp. 71—72.
19. Tonni 2012, p. 268.
20. Tobey 2005, p. 72.
21. Ibid., p. 73.
22. Ibid.
23. Tonni 2012, p. 270.
24. Ibid., p. 271.
25. Tobey 2005, p. 70.
26. Tonni 2012, p. 274.
27. Ibid., pp. 275—276.
28. Ibid., p. 276.

16. 公元 1527 年：一套盔甲

英国国王亨利八世送给蒂雷纳子爵弗朗索瓦二世德·拉图尔·德韦涅的礼物

神圣罗马帝国皇帝马克西米利安一世（Maximilian I）赐予英国国王亨利八世的角盔。

　　我们在上一个故事中探讨了马匹作为外交礼物的重要性，这些动物与骑士精神以及战场上的领导能力相关，因此特别适合作为国王和王子的礼物。出于类似的原因，盔甲也是中世纪和文艺复兴时期重要的外交礼物。盔甲既能彰显受礼者的骑士风范，又能使受礼者与盔甲的原主人相提并论。作为外交礼物，盔甲还有其他优点。它可以展示赠送国的技术和制造工艺，还可以通过雕刻和其他装饰来展示精美的艺术。欧洲各地的王室军械库也因而从简单地储藏统治者的盔甲和武器发展成为宏伟的建筑。在此处君主通过展示武器和盔甲讲述自己王朝的故事，并展示从其他统治者那里收到的礼物。[1]

在探讨 8 世纪拜占庭皇帝赠送给法兰克国王的一架管风琴时，我们分析了外交礼物推动技术变革所发挥的作用。我们当前的故事，从 1527 年亨利八世赠送给法国驻伦敦外交使团团长杜伦尼（Vicomte de Turenne）的一套盔甲开始。它不仅使法国也生产出了类似的盔甲，而且使法国国产盔甲也能当作精美的外交礼物。

我们的故事要从神圣罗马帝国皇帝马克西米利安一世说起，这位统治者通过战争和婚姻（他自己和他儿子的婚姻）大大扩展了哈布斯堡（Habsburg）的领地。为了塑造了一个以勇气和骑士精神著称的军事帝王形象，马克西米利安对盔甲的狂热也作为宣传的一部分。[2] 他将因斯布鲁克（Innsbruck）的军械库发展成为欧洲最著名的军械生产中心之一，[3] 并以自己的名字命名了一种精美的盔甲。[4] 这也是马克西米利安赠送给亨利八世的外交礼物，亨利这位年轻的国王同样希望自己成为一名伟大的军事统帅。出于对法国野心的共同担忧，两位统治者在神圣同盟（Holy League）中结盟。

马克西米利安赠送给亨利的外交盔甲可能是利兹皇家军械博物馆收藏的最奇特的物品，也是博物馆徽标的灵感来源。它是一个头盔，是一种包住整个头部的头盔。不过，它可不是普通的头盔。头盔上刻有栩栩如生的面部细节，包括胡茬和滴水的鼻子。它还戴着一副特殊的护目镜。哦，它还有一对用铁板制成的公羊角。这个头盔由马克西米利安手下的首席盔甲师康拉德·佐森霍夫（Konrad Seusenhofer）制作，于 1514 年赠送给亨利八世。[5] 它是整套盔甲的一部分，但其余部分现已遗失。学者们长期以来一直担心这件奇怪的盔甲作为国王的礼物会有失体统，尤其是它的角，在当时通常被认为是戴绿帽子的象征。这套盔甲在伦敦塔展出，很长一段时间内被认为是亨利的弄臣威尔·萨默斯（Will Somers）的物品，事实是在收到这套盔甲十多年后，他才加入宫廷。[6]

马克西米利安还赠送了亨利其他更传统的盔甲，包括一件精美的战马盔甲。这套战马盔甲被称为"勃艮第马用盔甲"（Burgundian Bard），因为它的蚀刻表面装饰着代表勃艮第金羊毛骑士团的符号，以及马克西米利安的个人徽章——石榴。这套盔甲可能是为马克西米利安或他的儿子打造的，后来由马克西米利安赠送给了亨利。它现在也是利兹皇家军械博物馆的馆藏之一。

1509 年亨利八世即位时，英格兰并不是一个特别出名的盔甲生产中心。虽然在亨利登基之前，盔甲制造业的弱势被人们夸大了，[7]但英格兰确实没法与米兰、奥格斯堡（Augsburg）和纽伦堡这样的欧洲盔甲制造中心相媲美，而且在亨利八世之前的统治者们一般都是从海外订购盔甲。[8]在登基后不久，[9]亨利就在格林威治营建工坊，决心成立一个皇家盔甲生产基地。马克西米利安赠送的盔甲应该是促使亨利下定决心的因素之一，[10]尤其是激发了英王能够将本国制造的精美铠甲作为赠礼的愿望。[11]

格林威治军械库是以马克西米利安在因斯布鲁克的宫廷作坊为蓝本建造的。国王支付工匠的工资，他们只为国王工作。国王还拥有厂房，并出资购买原材料。[12]这与米兰等城市的做法大相径庭，米兰的公司是根据委托制造盔甲的。[13]为了发展格林威治的盔甲制造，亨利从欧洲大陆引进了熟练的工匠，特别是意大利人、佛兰芒人（Flemings）和德国人。负责装饰盔甲的"勃艮第吟游诗人"佛兰芒金匠保罗·范·弗里兰特（Paul van Vrelant）是被引进的工匠之一，被任命为御用马具鎏金师。[14]

我们本章最主要的外交礼物，是生产于 1527 年的一套装饰华丽的盔甲，附有马甲，现在是纽约大都会艺术博物馆的藏品。这套盔甲一直被称为加里奥·德·热努拉克（Galiot de Genouillac）之甲，加里奥·德·热努拉克是 16 世纪初法国国王的炮兵团长和大侍从武官。该套盔甲由德·克鲁索尔（de Crussol）家族的乌泽斯公爵（ducs dUzès）传承。根据家族序列，它曾属于加里奥，又成为加里奥女儿的嫁妆。后来这套盔甲被卖给了一位收藏家，最终纽约大都会艺术为博物馆所藏。[15]

现在的看法是这套盔甲是格林威治军械库的作品，是亨利八世在 1527 年法国外交使团访问伦敦期间赠送给蒂雷纳子爵（Vicomte de Turenne）弗朗索瓦二世德·拉图尔·德韦涅（François II de la Tour d'Auvergne）的。该使团身负两个相互关联的重要任务：一是促成玛丽公主与奥尔良公爵亨利（未来的法王亨利二世）的联姻，二是促成英法结盟对抗神圣罗马帝国。[16]据相关记载，亨利将蒂雷纳子爵带到格林威治，并下令以自己的盔甲为蓝本为他制作一套盔甲。[17]

铠甲的整个表面都有华丽的蚀刻和镀金，这显然是为了塑造壮丽形象。有些装饰暗示着力量，尤其是对大力神赫拉克勒斯（Hercules）劳作的描绘，但也有明显与战争无关的。包括美人鱼和人鱼骑士、背着城堡的大象、醉醺醺的酒神巴克斯（Bacchus）、鸽子、野兔、孔雀，以及如战神玛尔斯、爱神母子维纳斯和丘比特等众神，以及大量的裸童形象的小天使。小天使们与拴着绳子的鹦鹉在玩耍，并围着一个裸体女孩表演着莫里斯舞，女孩手里拿着戒指和苹果作为礼物。这些装饰大多隐喻着爱情和订婚，也许是为了突出这次任务的中心目标。大象背上的城堡也暗示受赠者的名字：德·拉图尔。[18]有人认为这些装饰画面是出自小汉斯·荷尔拜因（Hans Holbein the Younger）[19]之手，他此间刚好在英格兰工作。蒂雷纳子爵在出使英国五年后就去世了。这副盔甲可能是他本人在生前或由其家人在他亡故后赠送给热努拉克的。[20]

亨利八世赠送的这套盔甲不仅雕刻精美、镀金华丽，而且在技术上也具有创新性。胸甲下绑着一块与众不同的腹板，有助于减轻肩部所承受的重量。在 1540 年为亨利八世制作的一套格林威治盔甲上也发现了这种腹板。

不过，有一个耐人寻味的迹象表明，格林威治的军械师可能是通过另一份外交礼物学习到腹板的创新之处。我们必须回溯到 1520 年，回到"金缕地"的筹备会议上。那年 3 月，亨利八世的驻法大使理查德·温菲尔德爵士（Sir Richard Wingfield）赠送了弗朗索瓦一世一份外交礼物：一把特别重的双手剑。这位法国国王在挥舞这把剑时十分吃力，他得知了亨利借助一种特殊的臂铠就能驾驭这把剑。于是很想得到这样的臂铠，并提出用一副新型胸甲进行交换，这种胸甲的设计可以减轻肩上盔甲的重量。[21] 这听起来很像亨利赠送给蒂雷纳子爵的盔甲中的腹板，这表明弗朗索瓦提出的交换可能真的发生了，格林威治的军械师从中学习到了创新之处。[22]

由此可见，法王赠送给英王的礼物中包含的技术被英王的军械师研究并改进，并最终体现在此后的外交礼物中，穿越英吉利海峡又被送回法国。这再次证明了外交礼物在促进技术变革中发挥了作用。弗朗索瓦一世的轶事也表明了统治者会指定受赠物品，那可能是他们兴趣所在。

注释：

1. Syndram and von Bloh 2007, p. 51.
2. Farago 2019.
3. Grancsay 1928, pp. 100—101.
4. Ibid., p. 100.
5. Kendall 2020, p. 61.
6. Ibid.
7. Mercer 2014, p. 2.
8. Mann 1951, p. 380.
9. Mercer 2014, p. 1.
10. Mann 1951, p. 380.
11. Bolland 2011, p. 94.
12. Terjanian 2009.

13. Mann 1951, p. 380.

14. Terjanian 2009.

15. Nickel 1972, pp. 75—79.

16. Ibid., pp. 115–120.

17. Ibid., p. 80.

18. Ibid., p. 115.

19. Ibid., p. 110.

20. Ibid., p. 124.

21. Richardson 2016.

22. Ibid.

17. 公元1571年：二十五件荣誉长袍

奥斯曼帝国苏丹塞利姆二世送给特兰西瓦尼亚省首脑伊斯特万·巴托里的礼物

公元1000年，加兹那维统治者加兹尼的马哈茂德（Mahmud of Ghazni）从阿拔斯王朝哈里发卡迪尔手中接过一件荣誉长袍。

我们已经探讨过拜占庭皇帝赠送昂贵丝绸的事情，其用意不是平等互惠，而是暗示受赠者的顺从。从许多伊斯兰国家统治者赠送荣誉长袍的做法中，我们可以看到如何通过外交礼物来展示等级关系。

这种做法起源于伊斯兰教诞生之前，[1]但也借鉴了先知穆罕默德向诗人卡布·伊本·祖海尔（Kabibn Zuhayr）赠送自己所穿袍服的行为，[2] 也借鉴了上述拜占庭赠送典礼用丝绸的传统。与阿拔斯王朝、法蒂玛王朝（Fatimids）和马穆鲁克（Mamluks）王朝一样，荣誉长袍是奥斯曼帝国苏丹送礼战略的核心部分。在前面的故事中我们可以看到，马穆鲁克苏丹在收到另一位统治者赠送的荣誉长袍时非常愤怒，认为这无疑是一种严重的侮辱。

赠予荣誉长袍是统治者信任和保护这个人的象征。接受这份礼物意味着对苏丹表示忠诚。荣誉长袍在奥斯曼土耳其语中被称为西拉特（hil'at），适用于内政外交的各种重要场合，可用于宫廷庆典、宗教节日、嘉奖、晋升，或由苏丹主持的接风或饯行。[3] 作为外交礼物，它们的用途与奥斯曼帝国外交的基本理念有关，这种基本理念又源自伊斯兰戒律。伊斯兰教世界和异教徒[4] 世界泾渭分明，通常通过条约进行调解。在条约的基础上，奥斯曼帝国通过非伊斯兰国家进贡的状况来调节他们与异教徒的关系。[5]

这种关系的礼制化是通过一种名为"效忠誓言"（ahdname）的规章正式确定下来的，英文通常称其为"投降书"。在这套规章下，收礼国大使和领事保护下的公民可以获得商业上的特权和一些其他重要权利。[6] 而奥斯曼帝国方面则无意要求对方互惠。部分原因是奥斯曼人并不寻求在欧洲基督教区建立贸易渠道，所以没有商业上的必要性。更为根本的原因在于奥斯曼帝国外交的单边性，他们原本就不想参与当时欧洲正在逐步确立的外交体系，不想遵守国家之间互惠且平等的规则。随着奥斯曼帝国的强大和扩张，其单边外交政策对欧洲外交模式嗤之以鼻。[7] 相反，奥斯曼苏丹将"效忠誓言"本身视为一份外交礼物，其目的是让他国通过这些条约与之建立邦谊。[8]

这种友谊通过礼物来表达，但礼物在性质上并不平等。苏丹赠送的礼物主要是一套体现苏丹地位和权威的标志物品，荣誉长袍是其核心。与此相反，苏丹将收到的礼物视为贡品。这种明确体现从属关系的做法对其他统治者来说当然是难以接受的，他们会试图以不同的方式来确立外交礼物之间的关系。因此，1641 年奥斯曼土耳其与英国签订的"投降书"文本中用"贡品"（tributary gifts）一词指代礼物，而英译本用的却是"礼物"[9]一词。如果更换了苏丹，"效忠誓言"必须重新确认，这既强调礼物烙印着苏丹的个人属性，又借此给奥斯曼以手段来控制这种关系。[10]

苏丹赠送的标志性礼物从视觉上彰显了奥斯曼帝国的至高无上。受到苏丹接见的使节不仅会得到一件荣誉长袍，而且在接见时必须穿上它。这是对来访使节的尊重，但需要他们穿上获赠的荣誉长袍，遵守东道主[11]的穿衣习俗也意味着对他们的征服。奥斯曼帝国在森塔（Zenta）战役中战败，此后 1699 年的《卡洛维茨条约》（Peace of Karlowitz）标志着奥斯曼帝国经过几个世纪的扩张后在欧洲的势力衰落，奥斯曼帝国不再对哈布斯堡王朝的使团有着装要求。[12]奥斯曼人开始逐步接受以互惠为基础的欧洲政治制度，但这一过程要到 19 世纪中叶才大功告成。[13]

要求外国使节穿上荣誉长袍也是将不遵守伊斯兰教法的异教徒纳入制度的一种手段，在奥斯曼人可以理解的框架内规范他们的身份地位。只有这样，这些异教徒才得以觐见苏丹，才有资格参与谈判。[14]荣誉长袍可以模糊掉穿着者的个人特质。[15]

不过，每件荣誉长袍都不尽相同。不同袍子使用的纺织品种类和装饰程度都有明显的差异。使节的官阶不同和其母国对奥斯曼帝国重要性的不同，其收到袍子的质量也各有参差。苏丹还利用赠送不同数量的荣誉长袍来区分对不同国家的偏爱程度。尽管荣誉长袍意味着屈从，但它们也标志着声望，所以不同国家的使节们担心自己所收到的荣誉长袍数量不够，或品质不好。1618 年，特兰西瓦尼亚（Transylvanian）的大使就抱怨说，他的使团收到的长袍很少，而且不是特别好。[16]

奥斯曼帝国的荣誉长袍因一有趣特点而受欢迎。它们似乎不容易被识别出是荣誉长袍。与阿拔斯王朝和马穆鲁克王朝统治者使用的长袍不同，奥斯曼帝国的长袍没有特拉孜（Tiraz）带子，即通常缝在袖子上带有刺绣铭文的带子，而且长袍的颜色、装饰和纹样各不相同。艺术史学家阿曼达·菲利普斯（Amanda Phillips）发现了奥斯曼帝国长袍只有一个与众不同的特征：它的袖子特别长，能随意挂在肩背上，而不是穿在身上。[17]荣誉长袍的性质各不相同，而且没有明确的识别特征，这意味着出售的时候不会给卖方或买方带来风险。[18]

本质上，荣誉长袍具有双重身份。在馈赠时，它是苏丹的化身，带有莫斯理论中礼物的精神概念，是苏丹权力的具体展现。[19]当完成赠送和接受后，苏丹至高无上的地位得到了确认，物品本身就变成了简单的奢侈纺织品，其象征意义消失。阿尔琼·阿帕杜赖（Arjun Appadurai）关于物品个性变化的著作就是对这种现象的诠释。因此，特兰西瓦尼亚人获赠的荣誉长袍经常被改成被称为多尔马尼（dolmány）的外套。[20]

1566 年至 1574 年间的奥斯曼帝国苏丹塞利姆二世与奥斯曼帝国的附庸国特兰西瓦尼亚公国的统治者伊什特万·巴托里（István Báthory）之间的礼物交换，就是一个很好的例子，说明这种礼物关系不是建立在互惠的基础上，而是建立在臣服的基础上，在这种关系中，荣誉长袍作为苏丹权威的象征发挥了重要作用。与直接统治远离君士坦丁堡的地区相比，附庸国为奥斯曼人提供了战略优势，并提供了一片抵御哈布斯堡王朝等强敌的缓冲地带。对于特兰西瓦尼亚的统治者来说，附庸国地位使他们得到苏丹的保护，作为回报，他们每年都要向苏丹缴纳贡金，并在必要时为苏丹的军队提供支援。伊什特万·巴托里尽可能地与强大的邻国哈布斯堡和奥斯曼帝国周旋，[21]从而获得尽可能多的自治权。与瓦拉几亚（Wallachia）和摩尔达维亚（Moldavia）等靠近奥斯曼帝国权力中心的附庸国相比，特兰西瓦尼亚能够保持相对更为自由的地位。例如，它不必向君士坦丁堡派遣人质，缴纳的贡赋也较少。[22]

奥斯曼帝国苏丹和他的附庸国特兰西瓦尼亚之间的关系通过苏丹赠送给特兰西瓦尼亚统治者的"礼物"——"效忠誓言"来体现。[23]1571 年，当特兰西瓦尼亚领主告知伊什特万·巴托里当选为他们的新统治者时，苏丹塞利姆向领主和伊什特万本人发出了两份被称为"费曼"（fermans）的诏书，确认了这一任命。两位统治者之间的等级关系还通过赠送代表苏丹权力的标志性礼物而直观地得到了确认。8 月 15 日，塞利姆的猎鹰使者穆罕默德·阿加（Mehmed Aga）率领 200 名骑兵和很多骆驼抵达阿尔巴尤利亚（Alba Iulia）。伊什特万在城外迎接了他，并接受了第一件标志性礼物，即一面名为"桑卡克"（sancak）的旗帜。"sancak"这个词描述的是奥斯曼帝国内的一个行政单位，赠送这样的旗帜表明苏丹对待一个附庸国的统治者与其对待他的区域总督一样。[24]

穆罕默德·阿加抵达后的第三天，在一个大型仪式上移交了剩余的标志性礼物。其中包括二十五件荣誉长袍，一件赠予伊什特万本人，其他的赠予他的主要副手。伊什特万奉命根据领主的等级分配这些荣誉长袍。此外，礼物中还有进一步象征着对苏丹忠诚的一顶帽子，代表着苏丹军事权威的一把权杖。苏丹赠送的权杖就像荣誉长袍一样，根据受赠者的地位而有不同的品质：分量越重、装饰越华丽，等级就越高。伊什特万还收到了几匹马，这些马身上都装饰有精美的套圈。马匹在奥斯曼文化中扮演着重要角色，代表着权力和军事技能。[25]穆罕默德·阿加的使团在两星期后离开，伊什特万收到 8 000枚金币作为临别礼物，据说这份馈赠让他痛哭流涕，这并非喜极而泣，因为他原本以为会得到更多。[26]

伊什特万给苏丹的礼物同样也是由苏丹决定的。主要礼物是每年进贡一万佛洛林（florin）金币。但是这还不够，还需要一堆自成体系、盘根错节的礼物，用来打点进贡过程中遇到的大小官员。这些叫做"皮斯克"（pişkeş）的礼物，其价值与给苏丹的贡品相当。这些礼物对伊什特万还有一个额外的作用，即帮助他在奥斯曼帝国宫廷中建立自己的关系网，这有助于确保他在自己国内的地位。虽然我们很容易将这些款项视为贿赂，但它们是按照奥斯曼人确定的方式给予的，因此在某种意义上是贡品中未明示的一部分。除了钱币和杯子，猎鹰也是礼物的一部分，后者是为了满足奥斯曼帝国的训隼者的需求。[27]

因此，这是一种基于尊卑而非互惠的礼物交换。苏丹赠送和接受何种礼物都由苏丹决定。苏丹赠送的礼物是其权威的象征，彰显其霸主的地位。作为回报，对方会收到以金币为主的具有物质价值的礼物。

作为外交礼物的礼袍如今仍然给受赠者带来挑战。例如，在哈萨克斯坦，赠送给贵宾的最佳礼物是一件连同配套的帽子和腰带的被称为"袷袢"（chapan）的刺绣斗篷。[28]2014 年，法国总统奥朗德（François Hollande）对该国进行正式访问期间，从总统纳扎尔巴耶夫（Nursultan Nazarbayev）手中接过了一件特别精致的米色毛皮镶边斗篷和一顶毛皮帽子，并穿戴着它们拍摄了一张官方照片。[29]奥朗德总统不安地盯着镜头，似乎预感网民对他的着装可能会有批评。事实上，他的预感没错。

注释：

1. Phillips 2015, p. 113.
2. Sanders 2001, p. 225.
3. Phillips 2015, p. 120.
4. Müderrisoğlu 2014, p. 270.
5. Ocak 2016, p. 29.
6. Talbot 2016, p. 358.
7. Hurewitz 1961, p. 145.
8. Talbot 2016, p. 367.
9. Ibid., p. 372.

10. Ocak 2016, p. 33.

11. Howard 2007 A, p. 143.

12. Ocak 2016, p. 39.

13. Hurewitz 1961, p. 146.

14. Ocak 2016, p. 39.

15. Phillips 2015, p. 129.

16. Ibid., p. 123.

17. Ibid., pp. 124—125.

18. Ibid., p. 128.

19. Ocak 2016, p. 40.

20. Ibid., p. 42.

21. Ibid., p. 14.

22. Ibid., pp. 19—20.

23. Ibid., p. 30.

24. Ibid., p. 36.

25. Ibid., pp. 39—47.

26. Ibid., p. 50.

27. Ibid., pp. 56—79.

28. Brummell 2018, p. 54.

29. Caron 2014.

18. 公元 1613 年：一台望远镜

英格兰国王詹姆士一世兼苏格兰与爱尔兰国王六世送给退役幕府将军德川家康的礼物

为了纪念英格兰国王詹姆士一世兼苏格兰与爱尔兰国王六世送给退役幕府将军德川家康
四百周年的复制品，该复制品由英国 I. R 特多龙望远镜公司制作。

　　我们下面讲述一个利用外交礼物战胜竞争对手，促使受赠国成为自己贸易伙伴的故事。尽管英国东印度公司后来发展良好，占据了世界贸易的半壁江山，并控制了印度次大陆的大部分地区，但在 1613 年，它还只是一个初出茅庐、略显稚嫩的公司。在努力获得与日本的贸易权时，东印度公司跟随在西班牙、葡萄牙和荷兰之后，而这些国家都不希望在当地出现新的竞争对手。东印度公司代表英国国王向日本统治者赠送的第一份外交礼物好似一张名片，需要向日本人解释英国代表什么，以及为什么日本人会希望与英国进行贸易，而非其他的欧洲竞争对手。[1] 为达成这一目的，一架非比寻常的镀银望远镜被选作礼物。

英国东印度公司成立于 1600 年 12 月 31 日，彼时英格兰和爱尔兰女王伊丽莎白一世（Elizabeth I）向公司颁发了皇家特许状。在最初的 15 年里，该公司获得了英国与好望角以东、麦哲伦海峡以西所有国家的贸易垄断权。任何其他英国公民与这些地区进行贸易都将面临没收船只和货物甚至被判处监禁的处罚。[2]

东印度公司最初的营商重点是购买抢手的香料，并于 1603 年在爪哇岛的万丹（Banten）建立了一个永久贸易站，也称"工厂"。苏门答腊岛上的亚齐（Aceh）在早期也是重要的胡椒产地。在与西班牙的长期战争中，英国从西班牙船只上掠夺白银来购买这些贵重产品。随着 1604 年《伦敦条约》的签署，白银来源也随着战争结束而消亡。该公司面临着挑战，东印度公司也可以从西班牙购买白银，但这会影响企业的盈利。[3] 因此公司需要找到一种英国产品，以换取它所需要的远在亚洲异国的商品。

最佳选择是毛织品，尤其是在欧洲备受推崇的密织宽布。然而，爪哇和苏门答腊的热带气候对毛织品的需求有限。因此，该公司将目光投向了日本，众所周知，日本冬季寒冷，因此对毛织品的需求量很大。日本也盛产白银，因此可以用布匹换取白银，然后再用白银来购买香料和胡椒。[4] 如此这般，该公司也希望在亚洲各地大展宏图，而不仅凭在印度的经营而名垂青史。因此，日本对他们而言是必争之地。

1611 年，该公司派出了一个由三艘船组成的使团，率团的是对亚洲情况熟悉的，早前担任万丹商会会长的约翰·萨里斯（John Saris）。

敲开与日本的贸易大门并不是这次航行的主要目的，此行主要是开拓苏拉特（Surat）港口——莫卧儿王国（Mughal Empire）的主要港口，位于今天印度古吉拉特邦。与萨里斯同行的另一个东印度公司使团由亨利·米德尔顿爵士（Henry Middleton）带队，其任务是确保该港口的贸易权。事实上，如果苏拉特的贸易足够活跃，萨里斯就会奉命从那里直接返回英国，而根本不需要前往日本。[5] 对我们的故事来说，一件幸事是使团的首要任务完成得不尽如人意，主要原因是两个使团发生了争执，导致萨里斯甚至无法到访苏拉特。他的两艘船在万丹装满香料后返回了伦敦，而萨里斯却率领着他的船只"丁香"号前往日本，"丁香号"得名于该公司最重要的贸易产品之一。

1613 年 6 月，"丁香号"抵达日本南部长崎附近的平户岛（daimyō）港口，荷兰人已经在那里建立了一家工厂，萨里斯受到了当地封建领主（或称"大名"）的欢迎。平户岛由松浦氏（Matsura）统治，地方政权掌握在松浦宏仁（Matsura Hōin）手中，但"大名"一职由其孙子正式担任。"大名"向位于江户（今东京）的军事统治者幕府将军效忠。德川幕府成立于 1603 年，当时德川家康（Tokugawa Ieyasu）在内战中取胜，并成功统一了日本。德川家康也不再是正式的统治者。他于 1605 年退位，让位于他的儿子德川秀忠（Tokugawa Hidetada）。但如同平户岛的松浦宏仁，德川家康仍然是日本的实权人物。

萨里斯在驾驭日本权力结构的过程中，得到了一位旅日英国人的帮助。威廉·亚当斯（William Adams）出生于肯特郡的吉林厄姆（Gillingham），曾在海军服役，参加过对西班牙无敌舰队的战斗。此后，他于 1598 年加入由五艘船组成的荷兰探险队，从荷兰出发，试图通过麦哲伦海峡和太平洋到达日本。在经历了暴风雨、疾病和遭受当地人袭击之后，仅余的一艘船在 1600 年 4 月抵达日本，100 多名船员中仅剩 24 人幸存。[6] 德川家康扣押了这艘船，起初囚禁了船员，但亚当斯的航海知识受到了他的青睐，并因此成为他与西方关系的顾问。亚当斯被授予武士身份，他的人生传奇为詹姆斯·克拉韦尔（James Clavell）创造巨著《幕府将军》（Shōgun）中约翰·布莱克索恩（John Blackthorne）这一角色提供了灵感。

"丁香号"抵达日本后，亚当斯前往平户与萨里斯会面。两人一见如故。亚当斯婉拒了萨里斯的款待，而选择了日式住所，萨里斯明显感觉到这位英国人做了错误的选择。[7]不过，亚当斯就如何给日本统治者留下良好印象方面为萨里斯提供了有用建议，包括如何挑选礼物这一至关重要的问题。

在亚当斯陪同下，萨里斯第一站前往德川家康在桑普（Sunpu）（今静冈县）的官邸。亚当斯肯定提醒了萨里斯，这是一次非常重要的会晤，因此为这次会面挑选的礼物价值是给他儿子德川秀忠礼物的两倍。除了各种布匹和一面凸透镜外，还有一个镀银望远镜。这几乎可以肯定是有史以来第一架作为礼物赠送的望远镜，选择它作为礼物背后的原因十分有趣。

望远镜是一项创新发明。它首次出现在 1608 年荷兰的一项专利申请中，而在次年在英国已被首次提及。[8]它既能彰显英国科技的先进性，又能为接受者带来惊奇体验。艺术史学家提蒙·斯克里奇（Timon Screech）认为望远镜发挥的作用不止于此。他在《幕府将军的银望远镜》（*The Shoguns Silver Telescope*）[9]一书中提到，选择望远镜作为礼物赠送给德川家康是一项有意之举，旨在削弱西班牙和葡萄牙在日本的地位，尤其是自 16 世纪 40 年代以来活跃在日本的耶稣会传教士的地位，从而加强英国的影响力。

斯克里奇认为望远镜促成了天文观测，如伽利略在 1610 年的实践破坏了太阳围绕地球旋转的托勒密模型，从而支持了哥白尼提出的"日心说"模型。望远镜的这些观测结果遭到天主教会的反对，认为这是在试图重新解释《圣经》。斯克里奇认为，耶稣会士在日本受到重视，部分原因在于他们的天文学知识，例如预测日食，因此，如果这份望远镜礼物能证明他们的知识存在缺陷，就会损害他们的地位。[10]1614 年，德川家康果然下令驱逐耶稣会士。

尽管如斯克雷奇所承认，我们并不清楚是什么因素使得望远镜作为礼物送给德川家康，因为现存文献对此事基本没有提及。[11] 但这确实是一个有趣的假设。有人可能会问，早期镜片的质量是否能让日本宫廷如此明显地看到托勒密模型存在的缺陷。况且伽利略与天主教官僚体系的矛盾直到 1615 年才真正开始。此外，萨里斯在他的日志中将望远镜描述为"小型轻便望远镜"，[12] 这或许更能说明望远镜在陆地上（包括军事方面）的用途，而非天文方面。在此背景下，第二艘名为"奥西安德尔号"（Osiander）的东印度公司船只于 1615 年远渡重洋抵达日本，[13] 该船以一位促使条顿骑士团总团长皈依路德宗的神学家命名，因此与天主教的对抗也是该公司的主要任务。然而，并不需要借助望远镜来解释德川家康为何驱逐天主教传教士。他优先考虑的是与葡萄牙和西班牙的贸易所带来的利益而其次关注的是天主教传教士的活动。1613 年，英国人和荷兰人来访日本，他们都承诺不在日本传教，这意味着西班牙和葡萄牙作为贸易伙伴的重要性相应降低。

从桑普出发后，萨里斯和亚当斯前往江户觐见德川幕府的二代将军德川秀忠（Tokugawa Hidetada），并赠送给了他更多布匹以及一组"精美的立杯和杯盖"。[14] 将军回赠了两套盔甲给国王，其中一套至今仍陈列在伦敦塔，盔甲上的纹章图案与武田家族的首领武田胜赖（Takeda Katsuyori）有关，在 1582 年的天目山之战中他被德川家康打败。盔甲上有一位名叫岩井阳左卫门（Iwai Yozaemon）的德川家族军械师的签名，因此这件盔甲应该是一件战利品，由岩井阳左卫门翻新后重新用作外交礼物。如果说赠送给德川家康的望远镜是为了宣传英国的先进技术，那么这件盔甲同样是为了宣扬德川家族通过军事胜利统一了日本。这套盔甲的来源后来被人遗忘，多年来一直被误认为

"伟大的蒙古人的盔甲"（Great Moghul）。[15]

萨里斯和亚当斯返回桑普，在那里萨里斯收到了德川家康的一封公函，公函内容允许英国人在日本居住并与日本进行贸易。德川家康的回礼包括十扇金箔折叠屏风（byōbu）。萨里斯和"丁香号"于 12 月启程返回英国。亚当斯拒绝了与他一起回国的邀请，可能是两人之间的关系不足以共同生活在船上狭小的空间里，还有部分原因是他已落地生根，组建了家庭，过上了美好的生活。萨里斯回国后与东印度公司的关系恶化，一来是东印度公司对他的私人贸易活动心存芥蒂，二来是对他从日本带回了"一些淫秽的书籍和图片"表示厌恶。[16]他从此不再涉足航海，他已从航行中收获颇丰，在富勒姆过上了富足的生活。然而，东印度公司与日本的贸易并没有取得丰硕成果，他们在平户设立的工厂仅运营了十年就关门大吉了。

英国东印度公司与日本德川家族的往来时间不长，但是荷兰东印度公司则不同。自 1609 年在平户建立第一家工厂后，荷兰东印度公司与其贸易往来持续了近两个世纪。通过这种关系，我们可以了解日本对贸易伙伴所供外交礼物的长期期望。在 1641 年受德川将军命令迁往长崎之前，荷兰人一直驻扎在平户，他们向将军和大名赠送的外交礼物在性质上大相径庭。赠送给将军的礼物通常是具有异国风情或给人惊喜感的物品，从珍奇的动物到巨大的黄铜吊灯。平户的统治者松浦（Matsura）收到的礼物则是布匹、胡椒和丁香等日常奢侈品。给大名的赠礼实质上替代了向商人征收的商品税。[17]

随着时间的推移，荷兰东印度公司与将军之间赠送关系的性质也发生了变化。在双方最初的交流中，荷兰东印度公司的代表搬出了一个虚构的君主——"荷兰国王"，为将军呈现了一个清晰易懂的交易伙伴，其原型是莫里斯亲王（Prince Maurits），但他其实只是荷兰共和国的省督。[18]这种做法逐渐被舍弃，荷兰东印度公司不再试图表现出与将军地位平等的姿态，而是采取了附庸的立场。送礼的惯例变成了由商馆馆长前往觐见日本的将军，这与日本各地的大名每年对江户的臣服拜访有很多相似之处。[19] 送礼变成了一个双方合作的过程：德川官员向荷兰人提供所需的礼物清单。1652 年，将军提供的清单上面列有各种物品，从铁制的手臂假肢到美人鱼的牙齿，不一而足。[20]

1613 年赠送给德川家康的镀银望远镜下落不明。2013 年，为了促进英国和日本之间的双边关系，作为日本纪念首次正式相遇 400 周年庆祝活动的一部分，人们重新拾起对这份礼物的记忆。[21] 一架新望远镜由传统黄铜望远镜制造专家伊恩·波伊泽（Ian Poyser）制作而成。在向德川家康赠送礼物近 400 年后的同一天，这架新望远镜在伦敦北部的哈特菲尔德宫（Hatfield House）举行了揭幕仪式，哈特菲尔德宫由第一任索尔兹伯里侯爵建造，他作为詹姆士一世国王的首席大臣可能参与了最初礼物的挑选。这架望远镜成为此次剑桥大学耶稣学院学术研讨会的主题，强调了英日双方在科学和技术方面的合作关系，随后作为礼物被送往日本，赠送给日本人民。[22]

注释：

1. Screech 2020, pp. 7—8.
2. Kerr 1824, p. 102.
3. Screech 2020, pp. 32—33.
4. Ibid., p. 34.
5. Satow 1900, p. xv.
6. Ibid., p. xlvii.
7. Ibid., p. lii.
8. Screech 2020, p. 10.
9. Screech 2020.
10. Ibid., pp. 72—74.
11. Ibid., pp. 68—69.
12. Saris 1900, p. 113.
13. Screech 2020, p. 79.

14. Saris 1900, p. 113.
15. Royal Armouries Collections n.d.
16. Satow 1900, p. lxvii.
17. Clulow 2010, p. 8.
18. Clulow 2019, p. 202.
19. Ibid., p. 205.
20. Ibid., p. 214.
21. Curtin 2014, p. 7.
22. Ibid., pp. 7—8.

19. 公元 1623 年:《参孙杀死一个非利士人》
西班牙国王费利佩四世送给威尔士王子查尔斯的礼物

詹博洛尼亚（Giambologna）的《参孙杀死一个非利士人》。

在许多时期和地域，统治家族之间的联姻都是最重要、最复杂的外交活动之一，政治联姻的商谈可以避免或发动战争，国家也可因此兴盛或衰落，外交礼物在其中往往扮演着重要角色。正如我们第一个故事中可怜的米坦尼国王图什拉塔（Tushratta），他被赖掉的两尊金像提醒我们，重点不仅仅是商定嫁妆的问题，礼物也经常标志着商谈的不同阶段。

我们接下来这个故事涉及一场失败的婚姻谈判，但这场谈判，相关的外交礼物极大地改变了收礼国对艺术品的欣赏和收藏方式。故事是关于英国未来的国王查理一世（Charles Ⅰ）和西班牙国王费利佩四世（Felipe Ⅳ）的妹妹玛丽亚·安娜公主（Maria Anna）之间的婚姻斡旋。

1603 年，已是苏格兰国王的詹姆斯·斯图亚特（James Stuart）即位英国国王，英国仍在与西班牙交战。詹姆斯对整个欧洲宗教战争的破坏性影响忧心忡忡，决心奉行和平政策。因此，他制定了一项政策，让他的子女与欧洲主要的新教和天主教统治家族联姻，来浇灭战火。[1]

他的长子亨利在 1612 年 18 岁时死于伤寒，詹姆斯国王只剩下一个儿子查尔斯和一个女儿伊丽莎白。詹姆斯婚姻外交的第一步是让伊丽莎白于 1612 年嫁给了选帝侯弗里德里希五世（Friedrich Ⅴ）。弗里德里希既是以莱茵兰为中心的巴拉丁（Palatinate）的统治者，也是新教联盟的首领。新教联盟是一个由新教王公贵族组成的联盟，他们对抗神圣罗马帝国，并急切地希望阻止其因天主教的哈布斯堡家族的引领而成为一方之霸。

由于詹姆斯的第一个孩子是与新教统治者结婚，因此他寻求宗教和谐的政策指向了查尔斯与天主教王室的联姻。詹姆斯选中了西班牙的安娜公主，他儿子与她结婚还能得到一笔可观的嫁妆，考虑到他背负的债务和难以获得议会批准资助偿还。因此，可观的嫁妆也是联姻非常重要的考量因素。西班牙大使、贡多马尔伯爵迭戈·萨米恩托·德·阿库尼亚（Diego Sarmiento de Acuña）是这场历时数年婚姻谈判的关键人物。

就在谈判进行过程中，巴拉丁领地发生的事件给谈判蒙上了阴影，也使詹姆斯对欧洲和平的憧憬破灭。1618 年，主要信奉新教的波希米亚（Bohemia）反抗其天主教国王、未来的神圣罗马帝国皇帝斐迪南二世（Ferdinand Ⅱ），布拉格著名的"掷出窗外"事件中，两名天主教总督和一名部长被人从城堡的窗户扔了出去。"三十年战争"自此开始。1619年，弗里德里希五世被选为波希米亚王位继承人，这使他成为斐迪南和哈布斯堡家族的眼中钉。

他的岳父詹姆斯和新教联盟的王子们都没有向他伸出援手，他很快就失去了在波希米亚的新领地和在巴拉丁的旧领地。至1622年，他在海牙成立了巴拉丁流亡政府，并努力恢复他的领地。与此同时，查尔斯对与公主的婚约充满热情，对谈判进展缓慢感到沮丧。在贡多马尔的鼓励下，他决定加快速度。1623年3月7日，查尔斯在国王的宠臣白金汉公爵乔治·维利尔斯（George Villiers）的陪同下，突然出现在英国驻马德里大使官邸。他们以约翰和汤姆·史密斯的身份出行，[2] 蓄着假胡子。

费利佩国王迅速在马德里举行了正式的皇家入场仪式，体面地接待了两位不速之客，他选择的主题是盛大的特洛伊战争，但这或许是一个预兆。[3] 由于查尔斯的西班牙之行是建立在对形势的曲解之上的，故而引发了进一步的误判。查尔斯似乎认为谈判已经接近尾声，他前往马德里只是为了加快谈判进程，让他能够迎娶新娘。他遵循的是浪漫的家族传统：詹姆斯一世曾亲自前往哥本哈根迎娶丹麦公主安妮。但查尔斯没有意识到，西班牙人会将他的旅行理解为他愿意皈依天主教。[4]

当西班牙人发现他并没有这样的意图时，感到失望和困惑。西班牙在弗里德里希五世失去巴拉丁领地中所扮演的角色使问题变得更加复杂。天主教公主与新教王子的婚姻需要得到教皇的批准，但并非所有马德里人都像贡多马尔大使一样急切地盼望此桩婚事尘埃落定。费利佩四世的首席大臣奥利瓦雷斯伯爵（Olivares）则竭力确保教皇的条件对英国人来说尽可能苛刻。4月下旬，教皇同意婚约的宽免令（Dispensation）传到英国，要求所有英国天主教徒享有信仰自由，并废除反天主教的法律。[5] 谈判一直持续到夏天，但进展甚微。

查尔斯在马德里还有一个目的,即获得艺术品。三月底,英国代表团阵容变得更庞大。新到任的顾问中包括巴尔萨扎·格比埃(Balthazar Gerbier)和托比·马修(Tobie Matthew),他们将为王子提供适当的购买建议。两年前,格比埃已经代表白金汉(Buckingham)在意大利各地进行了一次艺术品采购之旅。[6] 查尔斯和白金汉在艺术品上花费了大笔资金,尤其是在已故收藏家的遗产拍卖会上。查尔斯购买了提香的两幅画作:《穿着皮大衣的年轻女子》和《阿方索·德阿瓦洛斯的寓言》。提香的作品之所以吸引人,或许是当时英国收藏中鲜少有提香的作品,也或许是展示的裸女肉体对这位年轻王子具有吸引力。[7]

查尔斯和他的代表明确表示对费利佩令人惊叹的皇家收藏艺术品感兴趣,但西班牙国王因为婚姻谈判的状况仍不明朗,[8] 起初并不愿意将绘画作为外交礼物。在教皇同意婚约的宽免令送达后,费利佩国王确实向查尔斯赠送了一幅画,而且是提香的作品。这是一幅 16 世纪上半叶神圣罗马帝国皇帝兼西班牙国王查理五世(Charles V)与猎犬的肖像画。[9] 在教皇克雷芒七世(Clement Ⅶ)为查理五世加冕为神圣罗马帝国皇帝后,在博洛尼亚,应他本人的要求,由提香将雅各布·斯森内格尔(Jakob Seisenegger)的一幅稍早画作重新诠释。选择这幅画似乎是暗示如果英国王子查尔斯同意皈依天主教,[10] 那么费利佩国王就邀请他加入哈布斯堡王朝。另一幅《帕多维纳斯》(The Pardo Venus)(有时也称为《朱庇特和安提俄普》)画中,朱庇特化身为好色之徒,揭开熟睡中的安提俄普(也可能是维纳斯)的床单,使得她的肉体裸露出来。查尔斯不仅想把这幅巨大的画作拿走,还想把提香的一系列充满肉欲的神话场景画作当做礼物。[11] 这些画总共有六幅,是 1554 年至 1562 年间提香为费利佩二世创作的,人们称之为诗歌。[12] 婚姻商谈进行得很不顺利,因此费利佩国王并不配合。

查尔斯的谈判策略似乎可以归结为一招,那就是让西班牙予取予求。到 7 月，他已经同意了一项协议，其中包括在英国容忍天主教，同意说服议会废除反天主教的法律，以及接受玛丽亚·安娜王妃掌管其子女 12 岁以前的教育。[13] 鉴于议会和全国上下反天主教情绪的高涨，很难想象詹姆斯国王会答应这些条件。查尔斯似乎认为，接受这些要求就能让他带着新娘离开西班牙，而不会有更多的麻烦，但他的希望注定是落空的。西班牙人有充分的理由怀疑英国人是否会履行承诺，所以只允许公主在第二年才能离开西班牙。查尔斯对谈判愈发失望，想要归国，于是授权委托人在收到教皇签发的宽免令后完成婚姻协议。

9 月，查尔斯一行离开马德里前往桑坦德（Santander），英国舰队将在那里接应他们。他们在途中还有一次机会可以获赠充当外交礼物的艺术品。一行人在巴利亚多利德（Valladolid）停留，参观由国王费利佩三世的首席大臣莱尔马公爵（duke of Lerma）弗朗西斯科·戈麦斯·德·桑多瓦尔·罗哈斯（Francisco Gómez de Sandoval y Rojas）建造的皇家宅邸里贝拉宫（Palacio de la Ribera）。在花园里，查尔斯对一个喷泉赞不绝口，喷泉的中心是一个近 7 英尺高的雕塑组合，表现的是参孙正准备用驴的下颚骨重击一个倒下的非利士人。这是 1560 年佛罗伦萨佛兰德雕塑家詹博洛尼亚为美第奇家族创作的。它曾是托斯卡纳（Tuscany）大公费迪南多一世·德·美第奇（Ferdinando I de Medici）送给莱尔马（Lerma）公爵的外交礼物，后来人们将其运至巴利亚多利德。

查尔斯还看中了保罗·委罗内塞（Paolo Veronese）在巴利亚多利德的一幅画作《维纳斯、丘比特和玛尔斯》（Venus，Cupid and Mars），这也印证了他对充满感官刺激的古典场景的偏爱。在费利佩国王不在场的情况下，他和他的随从说服了他们的西班牙主人，将这两幅作品非常合适地作为纪念王子来访的外交礼物。查尔斯的行为超越了关于外交礼物的礼仪界限。这是查尔斯在整个西班牙访问期间对艺术品一心追求的缩影。[14]

当查理于 10 月返回英格兰时,他没有迎娶西班牙天主教新娘的事实短时间内使他在本国大受欢迎。[15] 他在西班牙的屈辱经历促使他支持其妹夫弗里德里希五世(Friedrich V)在巴拉丁领地的事业,但一些历史学家认为,他这样做是向他的人民掩盖他在马德里的婚姻谈判中的糟糕表现。他们的观点是,如果借口谈判失败是由于坚持要求恢复其妹夫在巴拉丁领地地位的原则立场,那么这个借口要比"查尔斯错误地估计了西班牙人为允许他迎娶公主而提出的要求"这一事实更容易被民众接受。[16]1625 年,奉行和平主义的詹姆斯一世去世。新登基的查尔斯一世于同年向西班牙宣战。不过,他确实是娶了一位天主教徒——法国国王亨利四世的小女儿亨利埃塔·玛丽亚(Henrietta Maria)为妻。1623 年,查理一世在前往西班牙商谈婚事时,在巴黎初见玛丽亚。

查尔斯的西班牙之行激发了他对艺术的热情。西班牙皇室的收藏显然给他留下了深刻印象,回到英国后,他努力扩大并适当创新自己的收藏。通过这些努力,查尔斯国王成为藏品最丰富的英国君主之一。安东尼·凡·戴克(Anthony van Dyck)被任命为宫廷画家,这将彻底改变皇家肖像画。虽然他的目的可能是利用自己的艺术收藏展示政治权力,但实际的效果却更像是挥霍无度,议会对其花费感到震惊。

1649 年查尔斯被处死后,他的艺术收藏被变卖,如今散落在欧洲各地。提香的画作《查理五世与狗的肖像》(Portrait of Charles V with a Dog)重返西班牙,收藏在普拉多(Prado)博物馆。《帕多维纳斯》(The Pardo Venus)则收藏在卢浮宫。詹博洛尼亚的《参孙杀死一个非利士人》又被收藏在何处呢?查尔斯把它赠送给了他的旅伴白金汉,白金汉花了 40 英镑把它运到了英国。它被安放在伦敦白金汉约克府的花园中,现在被称为该隐和亚伯(Cain and Abel)的雕像。18 世纪初，雕像被移至白金汉宅，国王乔治三世在购入白金汉宅（即未来的白金汉宫）时将其收入囊中。随后，国王将雕像转交给了托马斯·沃斯利（Thomas Worsley），一位替乔治三世主掌各地宅邸巡检维护的官员。沃斯利将雕像移到了他位于约克郡霍文汉姆（Hovingham）庄园。雕像后被卖给维多利亚与艾尔伯特（Victoria and Albert）博物馆，并被其收藏至今。[17]

注释：

1. Redworth 2003, p. 1.
2. Ibid.
3. Samson 2016, p. 4.
4. Ibid., p. 2.
5. Brotton 2016, pp. 18—19.
6. Ibid., p. 11.
7. Ibid., p.17.
8. Ibid., p. 16.
9. Matthews 2001, p. 86.
10. Brotton 2016, p. 19.
11. Ibid., p. 20.
12. Rosand 1972, p. 533.
13. Pursell 2002, p. 714.
14. Brotton 2016, p. 24.
15. Pursell 2002, p. 720.
16. See Redworth 2003, p. 5.
17. Avery 1978.

20. 公元 1716 年：琥珀厅

普鲁士国王弗里德里希·威廉一世送给俄国沙皇
彼得大帝的礼物

琥珀厅，拍摄于 1917 年。

接下来这则故事中一件礼物的复杂历史反映了三个世纪以来两个欧洲大国——俄罗斯和德国——之间关系的起起落落。这份礼物令人惊叹，它金色的琥珀镶板建造出一个被许多访客誉为世界第八大奇迹的厅室。[1]它的下落之谜引发了一场从波罗的海沉船到德国废弃矿井的搜寻行动，试图找到这件可能是世界上最有价值的失踪艺术品。[2]

琥珀，树木的树脂化石，自史前起就受到人们的珍爱，被制作成

127

金光灿灿的珠宝和其他饰品。因为燃烧时有甜味，琥珀还可用作熏香。用干布擦拭琥珀时会产生静电，"电"这个词就来源于琥珀的希腊语"elektron"。琥珀具有多种药用价值，[3] 现在仍被用于制作舒缓牙齿疼痛的项链，因为有人认为琥珀中的琥珀酸具有消炎作用。

波罗的海南部有一个重要的琥珀保护区，其中心位于现今俄罗斯联邦加里宁格勒州（Kaliningrad）的萨姆兰（Samland）半岛。传统意义上，琥珀是通过捕鱼技术从波罗的海打捞上来的。只要条件合适，吃苦耐劳的人们就会手持大网，走进波涛汹涌的沿岸水域，收集一切可以收集到的风化物，希望其中能有琥珀碎片。[4] 琥珀被称为"北方的黄金"，是古代连接北欧和地中海的商路"琥珀之路"上最重要的贸易品。

1618 年，霍亨索伦王朝（Hohenzollern dynasty）继承了普鲁士公国（Duchy of Prussia），建立了勃兰登堡–普鲁士（Brandenburg-Prussia）联盟，他们接管了早期十字军国家条顿骑士团对其领土内琥珀的所有权。[5] 接管方式非常残忍，胆敢私自采集琥珀的人会被吊死在离他们最近的树上。[6] 霍亨索伦统治者对金色琥珀的严密控制，使其成为再理想不过的外交礼物。作为一种珍稀的昂贵材料，琥珀可以被制成各种普鲁士公国的代表性礼物，让外邦得以见识该国工匠的手艺才华。

1701 年，普鲁士的霍亨索伦公爵成功加冕为国王，但在与神圣罗马帝国皇帝达成的协议上，他被冠以"在普鲁士的国王"而非"普鲁士国王"的奇怪头衔。这既反映了部分普鲁士地区不属于普鲁士公国领土的事实，也反映了他仍然是神圣罗马帝国皇帝最终管辖下的选帝侯。

1713 年，第一任国王弗里德里希一世去世，他的儿子弗里德里希·威廉一世即位。与他父亲挥金如土不同，弗里德里希·威廉非常节俭。有"士兵国王"之称的威廉一世的兴趣不在于像父亲那样提升宫廷的艺术魅力，而在于推动普鲁士军队的现代化。他注重国家财政的稳健管理，努力减少过度开支。这种节俭的作风延伸到了外交赠礼上，他经常把先王们所收藏的艺术品当作外交礼物。这反而使得他的礼物更加珍贵，因为这些礼物与普鲁士王室的历史有极深的渊源。[7]

威廉一世继承了使用琥珀作为外交礼物的家族传统。其中最精美的一件礼物是 1728 年赠送给萨克森（Saxony）选帝侯兼波兰国王弗里德里希·奥古斯特一世（Friedrich August I）的大型琥珀柜，我们将在下一个故事中详细介绍奥古斯特一世。这个琥珀柜本身就令人赏心悦目，而且里面还装满了其他琥珀制品，例如西洋棋。[8]

琥珀厅是弗里德里希·威廉一世顶级的外交礼物，它结合了他送礼的两个特点：使用琥珀和重新利用先王们的藏品。完全用琥珀镶板建构一个厅的想法，通常认为源自受雇于弗里德里希一世的普鲁士雕刻家安德烈亚斯·施吕特（Andreas Schlüter）。为此，施吕特谋得丹麦宫廷工匠戈特弗里德·沃尔夫拉姆（Gottfried Wolfram）的帮助，完成柏林皇宫光彩夺目翻新工程的核心部分。柏林正逐步转型成为新王国的合适首都。然而，施吕特和沃尔夫拉姆与普鲁士宫廷不欢而散，直到弗里德里希一世去世时，琥珀厅仍未安装完毕。[9]

1716 年，俄国沙皇彼得大帝来访，普鲁士自然需要准备一份国礼，由于两国是北方大战的盟国正在共同对抗瑞典，这份外交礼物须得贵重。弗里德里希·威廉一世对其父的琥珀项目并无太大的个人兴趣，而沙皇彼得又是众所周知的琥珀爱好者，因此沙皇必然乐见这份礼物。弗里德里希·威廉一世送给俄国沙皇的礼物还包括另一件回收再利用的物品，一艘名为"利伯尼卡"（Liburnika）的帆船。[10] 彼得大帝的回礼符合沙皇给其他君主回礼的惯例，赠送自己亲手制作的物品，这既是为了表明双方关系的私密性质，也是为了显示他的创造才能。沙皇送给弗里德里希·威廉一世一个他亲手制作的象牙高脚杯和一台车床，以鼓励他的同仁君主努力进行类似的创作。彼得的礼物中还包括 55 名体格高大的士兵，这份礼物体现了弗里德里希·威廉一世众所周知的怪癖，他在普鲁士军团中征召了许多体格高大的士兵，因此该军团被称为"波茨坦巨人"。欧洲各国的统治者也都向他赠送了体格高大的士兵作为外交礼物。[11]

拼接和安装琥珀饰板的工作远非简单易行。彼得大帝有生之年，俄国并没有安装它们。1741 年，彼得大帝的女儿伊丽莎白继承了王位，她决心将这一伟大的礼物最终安置在圣彼得堡的冬宫。为了在宫殿内选择合适的场所，伊丽莎白经常改变主意，她选择的房间面积远远超过了最初设计的琥珀厅，因此她的建筑师不得不用镜面柱子等装置来把空处填满。

安装琥珀厅的挑战为普鲁士提供了进一步送礼的机会。此时，弗里德里希·威廉一世的儿子继承了普鲁士的王位。1745 年，弗里德里希二世，也就是不久后的腓特烈大帝（Frederick the Great），送给伊丽莎白一个华丽的琥珀镜框，加上俄国现有的三个镜框，更好地满足了伊丽莎白对琥珀厅的装饰规划。[12]

然而，她的计划一变再变。1750 年，伊丽莎白下令在圣彼得堡南部的沙皇家园（Tsarskoye Selo）重建一座豪华的叶卡捷琳娜宫，这座宫殿最初是为彼得大帝的妻子建造的。他们将琥珀厅搬至那里，并增添了镀金镜子和其他装饰，来填补相对更大的空间。凯瑟琳大帝在随后的十年中再次对琥珀厅进行了翻修，用更多的琥珀取代了伊丽莎白房间的一些破损部分，[13] 打造出了一个金碧辉煌的房间。

琥珀厅的故事在 1941 年发生了黑暗的转折。6 月 22 日，纳粹德国元首阿道夫·希特勒（Adolf Hitler）发动了入侵苏联的"巴巴罗萨行动"（Operation Barbarossa）。德军的兵锋迅速威胁到圣彼得堡及其艺术珍品，一位名叫阿纳托利·库楚莫夫（Anatoly Kuchumov）的年轻馆长被委以重任，负责将最珍贵的艺术品从沙皇的宫殿中撤出，并用火车将它们运往东部，以避开不断推进的德军。[14] 库楚莫夫和他的同事们对拆除琥珀厅感到紧张，担心脆弱的琥珀在取下时会碎裂，因为这些琥珀已经附着在木制背板上几个世纪了。[15] 由于存在这些风险，苏联当局同意放弃琥珀厅，而库楚莫夫则竭力将珍贵的琥珀掩藏起来，用薄纱和棉垫将其覆盖，并用麻布条重新装饰房间。6 月 30 日，除了琥珀厅外，库楚莫夫将 402 箱艺术品运往苏联内陆，这批珍贵的艺术品毫发无损地躲过了战火。[16]

隐藏琥珀厅的企图没有骗过德国人，他们对拆除琥珀厅可能会损坏琥珀板也毫不在乎。1941 年 10 月，沙皇已被德国控制，两名具有艺术史背景的德国军官率队拆除了琥珀板，他们的任务是保护珍贵的艺术品：这两名军官分别是劳巴赫（Ernst-Otto Graf zu Solms-Laubach）和彭斯根（Georg Pönsgen）。琥珀厅"被打包运往柯尼斯堡（Königsberg Castle）展出。柯尼斯堡是 1701 年弗里德里希一世作为'普鲁士国王'"加冕的地方，这也是具有象征意义的选择。[17] 这表明，纳粹不仅将琥珀厅视为珍贵的艺术品，还将其视为与德意志国家历史密切相关的文化遗产。

1944 年，柯尼斯堡成为盟军轰炸的目标，柯尼斯堡城堡博物馆馆长阿尔弗雷德·罗德（Alfred Rohde）本人也是一位琥珀专家，他安排将珍贵的琥珀板拆卸装箱存放在城堡里。这也是关于琥珀厅命运的最后一个确切消息。1945 年 4 月 6 日至 9 日，柯尼斯堡在苏军三天的猛攻后陷落，城市沦为一片废墟。

5 月，苏联当局派遣莫斯科考古学教授亚历山大·布鲁索夫（Alexander Brusov）寻找琥珀厅的下落。他得出的结论是，琥珀嵌板一直存放在柯尼斯堡的骑士大厅，并在苏军攻城的最后阶段被大火烧毁。[18] 这个悲观的结论一点也不符合苏联当局的胃口，因为这暗示苏军的疏忽大意需要对这一伟大宝藏的毁灭负有责任。更不乐见这个结论的是阿纳托利·库楚莫夫，德国人显然在 36 小时内就拆解了琥珀厅，而他在 8 天的时间里却没能做到，以后他一直生活在担惊受怕之中。[19]1946 年，库楚莫夫领导了有关琥珀厅命运的另一次调查，得出的结论是布鲁索夫的调查结论敷衍了事、漏洞百出，过于草率地认定琥珀厅已被摧毁。

库楚莫夫的结论使苏联又有了动力去寻找失落的琥珀厅。多年来，民主德国的调查和各种私人寻宝探险队参与其中。在柯尼斯堡（1946 年更名为加里宁格勒州）进行了大量开挖工作。很多人相信纳粹可能将琥珀厅转移到了该市地下的一个掩体中，以便更安全地存放。另一项调查涉及萨克森州的城堡和旧矿井，因为有迹象表明罗德曾于 1944 年 12 月造访过该地区，当时他正在研究安置琥珀饰板的方案。[20]

人们还十分关注从柯尼斯堡和邻近城市撤离德国人时沉没船只的残骸，这些人相信琥珀饰板可能是船上货物的一部分。1945 年 1 月 30 日，满载难民和军人的"威廉·古斯特洛夫号"（Wilhelm Gustloff）被苏联潜艇击沉，造成 9 000 多人遇难，[21] 这艘船长期以来一直是被认为可能会载有琥珀饰板，但其残骸却没有发现任何线索。2020 年，一艘名为"卡尔斯鲁厄号"（Karlsruhe）的蒸汽轮船残骸被发现，这艘蒸汽轮船参与了从柯尼斯堡疏散德国人的行动，这引发了最新一轮关于琥珀饰板是否将重见天日的大肆报道。[22]

苏联当局似乎在 1979 年就默认了琥珀饰板不可能再回到凯瑟琳宫的事实，并开始了艰难而昂贵的重建工作。这一旷日持久的项目经历了苏联解体，并在随后的经济困难时期停滞不前，但在 1999 年，俄罗斯天然气的主要买家，[23] 德国鲁尔天然气（Ruhrgas）能源公司赠送的 350 万美元又推动了这一重建工程的进展。一份同样是来自德国的礼物，这次的送礼者从宫廷变成了私人企业。

有了这笔赠款，2003 年 5 月，熠熠生辉的琥珀厅重新落成，成为圣彼得堡建城 300 周年庆典活动的亮点。俄罗斯总统弗拉基米尔·普京（Vladimir Putin）和德国总理格哈德·施罗德（Gerhard Schröder）向世界各国领导人和其他政要正式宣布琥珀厅开放，这表明琥珀厅作为一个既在俄德关系中引起争议，又在两国之间建立联系的外交礼物，其功能仍在继续。然而，琥珀厅所代表的意义在其历史上发生了根本性的变化。1716 年的琥珀厅归属于普鲁士，展示了该国的材料的富足和工匠的创造才能。2003 年的琥珀厅则完全是俄罗斯资产，因此它成为圣彼得堡建都 300 周年纪念活动的主角。

注释：

1. Scott-Clark and Levy 2004, p. 4.
2. Ibid., p. 6.
3. Czajkowski 2009, p. 86.
4. King 2014, p. 1.
5. Wittwer 2007, p. 89.
6. Scott-Clark and Levy 2004, pp. 72—73.
7. Wittwer 2007, pp. 88—89.
8. Syndram and von Bloh 2007, p. 50.
9. Scott-Clark and Levy 2004, pp. 22—26.
10. Ibid., pp. 27—28.
11. Wittwer 2007, p. 89.
12. Scott-Clark and Levy 2004, p. 54.
13. Ibid, p. 55.
14. Ibid., p. 17.
15. Ibid., p. 22.
16. Ibid., pp. 31—33.
17. Ibid., p. 75.
18. Ibid., p. 329.
19. Ibid., p. 199.
20. Ibid., p. 103.
21. Moorhouse 2013.
22. Gershon 2020.
23. Eggleston 1999.

21. 公元 1745 年: 圣·安德鲁斯餐具

萨克森选帝侯弗里德里希·奥古斯特二世（波兰国王奥古斯特三世）送给俄国女王伊丽莎白·彼得罗芙娜的礼物

圣·安德鲁斯餐具组中的盐盘。

瓷器在外交礼品史上有着特殊的地位。这种精美、洁白且半透明的东西大约在 7、8 世纪时在中国诞生，14 世纪起为欧洲所知，当时欧洲人将进口的中国瓷器视作珍贵的奢侈品。到 17 世纪初，荷兰东印度公司每年进口中国瓷器已达 10 万件。[1]

欧洲各国的统治者在收藏各类中国瓷器的同时，也在尝试探索瓷器烧制的秘诀，这个秘密价值连城。然而，历经几个世纪，欧洲人始终无法掌握烧制瓷器所需的材料组成和需要达到的温度。在努力生产"真正的"硬质瓷的过程中，美第奇家族在 16 世纪晚期率先生产出了类似产品，但这种瓷器在较低的温度下烧制而成，较为脆弱，被称为软质瓷。

揭开瓷器制造之谜的责任落在神圣罗马帝国萨克森州的选帝侯弗里德里希·奥古斯特一世身上。萨克森在探寻这种难以捉摸的"白金"方面优势众多，此处有采矿和玻璃制造的传统，工匠们习惯在高温下工作。[2] 选帝侯本人也是一位痴迷瓷器的统治者，到 1727 年，[3] 他收集了 2 万多件日本和中国瓷器。

弗里德里希·奥古斯特还获得了波兰立陶宛联邦的王位，在那里他以奥古斯特二世的身份进行统治，这要求他皈依罗马天主教，信仰新教的萨克森公民对此感到不安。弗里德里希·奥古斯特年轻时曾到访凡尔赛宫并对此印象深刻。他试图通过自己的宫殿、瓷器和奢华的娱乐活动，在首都德累斯顿（Dresden）重现凡尔赛宫的奢华。他最心仪的娱乐活动之一是让人看了目瞪口呆的抛狐狸运动，将一只可怜的狐狸或其他野生动物抛向空中，抛得最高者获胜。弗里德里希·奥古斯特会用一根手指握住吊索，由两名壮汉拉住另一端，以此来证明他"大力王奥古斯特"的称号名副其实。

弗里德里希·奥古斯特还热衷寻找黄金，由此引发的一系列事件揭开了硬质瓷的制造秘密。有位名叫约翰·弗里德里希·博特格尔（Johann Friedrich Böttger）的年轻人在柏林做药剂师的学徒，他致力于用炼金术寻找魔法石，人们普遍认为这种物质可以与普通金属结合生成黄金。整个神圣罗马帝国的统治者都渴望控制有才能的炼金术士，以确保获得取之不尽的财富。博特格尔逃脱了未来普鲁士国王弗里德里希一世的魔掌后，来到萨克森，又被弗里德里希·奥古斯特逮捕。[4] 这是一段相当奢华的囚禁生活，弗里德里希·奥古斯特斥巨资资助博特格尔的实验，最终在德累斯顿宫殿附近为他配备了一间完整的实验室。

可想而知，博特格尔的寻金之路毫无进展。在花了大钱的统治者逐渐失去耐心的情况下，这位年轻人的处境也愈来愈危险。就在此时，他的工作被置于一位名叫埃伦弗里德·瓦尔特·冯·齐恩豪斯（Ehrenfried Walther von Tschirnhaus）的数学家兼科学家的监督之下，这样的安排成就了博特格尔的前途与历史地位。齐恩豪斯长期致力于用科学促进萨克森州的工业发展，尤其热衷揭开瓷器制造的秘密。齐恩豪斯似乎说服了博特格尔把工作重心从黄金转移到"白金"身上。他们通力合作，最终在 1708 年成功产出了硬质瓷。

齐恩豪斯在那年突然去世。弗里德里希·奥古斯特任命博特格尔为其瓷器制造企业的负责人，由于整个企业都严格保密，欧洲人长期以来一直将破解制瓷秘密的功绩归于博特格尔。不过齐恩豪斯在这一突破中所起的作用也逐渐获得人们的肯定。[5]

1710 年，在德累斯顿郊外约 25 公里处的一个小镇上，基本闲置的阿尔布雷希茨堡城堡里开设了波兰皇家和撒克逊公国陶瓷制造厂，比起首都萨克森，在城堡里能更好地保守制瓷的秘密。这个如今是高品质瓷器代名词的小镇名叫梅森（Meissen）。

对弗里德里希·奥古斯特来说，将梅森工厂出产的瓷器作为外交礼物显然是明智之举。这种奢侈品受到了欧洲王室的青睐，而且瓷器除了实用性外，还具有象征意义。[6]梅森瓷器可以让受赠者记住萨克森的技术成就，这是欧洲第一个成功制造出硬质瓷器的王国。另外需要考虑的是瓷器生产对奥古斯特而言所费不菲。博特格尔对工厂管理不善，他经常为其他计划分心，再加上酗酒和常年与有毒物质打交道，他在 1719 年时就去世了，年仅 37 岁。[7]奥古斯特非常希望工厂扭亏为盈，他本人原先就是工厂的大客户，但却是经常赖账的大客户。这就需要将客户群扩大到萨克森精英阶层以外，也就意味着要把目标对准外国宫廷，而外交礼物有助于提高产品的知名度，促进销售。

已知最早将梅森瓷器用作外交礼品是在 1711 年，当时将瓷器作为礼物赠给丹麦和挪威国王弗雷德里克（Frederik Ⅳ）四世。[8] 但是，把梅森瓷经常用作外交礼物，尤其是送给与选帝侯非亲非故的对象，要等到 18 世纪 30 年代后 [9]。造成这种延迟的部分原因是，将瓷器质量提高到与中国产品同等水平需要数年时间。约翰·格雷戈里乌斯·霍尔特（Johann Gregorius Höroldt）的彩绘和雕塑家约翰·约阿希姆·坎德勒（Johann Joachim Kändler）的造型功夫分别自 18 世纪 20 年代初与在 1731 年起提高了工厂的品质，并创造出了梅森品牌具有识别度的造型。

在一定程度上，这种延迟也是由于在撒克逊宫廷现有的、为人所知的外交礼品结构中确立瓷器的地位需要时间。例如，离任的大使可能会收到一件镶有珠宝的微型肖像礼物。[10] 银制礼品也很受欢迎，这体现了该国矿产丰富。[11] 茶具、咖啡具和巧克力器具也是常备之选，通常装在特别设计的绿色天鹅绒内衬盒中。[12] 鼻烟盒也很受欢迎，盒盖内外通常都有彩绘。花瓶装饰品这种餐具也是相对高级的礼物。1745 年赠送给俄国伊丽莎白女王的圣安德鲁餐具组件为欧洲君主的大型纹章餐具树立了典范。[13]

萨克森长期以来与俄国关系密切。弗里德里希·奥古斯特送给彼得大帝的一些外交礼物带有明显的个人色彩，例如有一个鼻烟盒，上面绘有他的情妇玛丽亚·奥罗拉·冯·柯尼斯马克（Maria Aurora von Königsmarck）伪装成勒达（Leda）的肖像。两位君主还交换了他们自制的小礼物。[14]1733 年弗里德里希·奥古斯特去世后，他的儿子弗里德里希·奥古斯特二世在俄国军事支持下，击败了由法国支持的斯坦尼斯瓦夫·莱斯钦斯基（Stanisław Leszczyński），获得了波兰王位。1741 年，彼得大帝的女儿伊丽莎白·彼得罗夫娜发动政变，夺取了俄国政权，萨克森渴望在奥地利王位继承战争中继续获得俄国的支持，以维护自身利益。

彼得大帝的现代化改革和安娜皇后的西方品位使俄国宫廷更接近西方的习俗,安娜皇后的宫廷由日耳曼顾问主导。俄国宫廷的欧化也反映在瓷器的广泛使用上。因此,梅森瓷餐具是非常合适的外交礼物。

1741 年 11 月之后的某时,一组名为伊丽莎白餐具的梅森礼物被送到了俄国女王的手中。盘子中央绘有鸟儿和写意的花朵,四周绘有欧洲风景或港口景色。1741 年底,伊丽莎白发动政变,登上王位,而餐具制作的工作在当年 4 月就开始了,很明显,这份礼物最初并不是为了伊丽莎白而设计,而是为了送给被她推翻的摄政王安娜·利奥波多芙娜(Anna Leopoldovna)。[15]

相比之下,圣安德鲁餐具组就是专为伊丽莎白制作。从 1744 年初夏就开始着手,这是梅森有史以来所产作为外交礼物的最大餐具组。[16] 这是为了纪念彼得大帝于 1698 年设立的俄国帝国至高无上的勋章——圣安德鲁勋章(圣安德鲁是耶稣第一位使徒)。圣安德鲁勋章以圣安德鲁十字架为特色,十字架两臂的末端都有字母 S、A、P、R,表示俄国帝国的守护神圣安德鲁。勋章上还带有俄国双头鹰图案。

可能是一位撒克逊外交官报道了俄国女王对梅森瓷器的热爱,才促成了这套瓷器组的诞生。1745 年 2 月,俄国王位继承人卡尔·彼得·乌尔里希·冯·石勒苏益格·荷尔斯泰因-戈托夫(Karl Peter Ulrich von Schleswig-Holstein-Gottorf)(未来的彼得三世)和安哈尔特·泽布斯特的索菲亚(Sophia of Anhalt Zerbst)(未来的叶卡捷琳娜大帝)宣布于同年 9 月举行婚礼。撒克逊人决定将已经制作完成的圣安德鲁餐具作为外交礼物送给女王,以表庆祝。

礼物于 1745 年 7 月送达,其中不仅包括餐具,还有茶具、咖啡具和巧克力具,以及用于装饰甜点桌的约 190 个小雕像和几个花瓶装饰物。[17] 消息传回德累斯顿,瓷器已经安全抵达,并获得了女王的青睐。显然，这批瓷器制作得很成功，伊丽莎白一直将瓷器收藏在自己的私人居室中。直到同年 11 月，才被放回宫廷储藏室，以备庆祝圣安德鲁节所用。女王对梅森瓷器越发感兴趣，她在同一年订购了三个系列的定制雕像。[18]

梅森瓷器还用作外交礼物赠送给了俄国首相和副首相，这不仅有助于维护两国之间的积极关系，还激发了俄国贵族对梅森瓷器的兴趣。梅森瓷器象征着俄国宫廷不断萌生的对欧洲的向往。[19]

萨克森王室为保护瓷器制造秘密所做的努力注定要失败，因为整个欧洲大陆的君主们都对此虎视眈眈。早些年，博特格尔的管理十分混乱，工匠们经常无法获得报酬，这使得窃取秘密变得更加容易。1719 年，一位名叫克劳德·伊诺森特·杜·帕基耶（Claude-Inocent Du Paquier）的哈布斯堡宫廷官员以高薪引诱博特格尔的一位助手在维也纳建立了一家瓷器制造厂。[20]

发展到 18 世纪，欧洲大陆上的其他瓷器厂也纷纷成立，精美的瓷器成为欧洲各宫廷的主要外交礼物。

注释：

1. Marchand 2020, p. 14.
2. Ibid., p. 30.
3. Cassidy-Geiger 2007, p. 3.
4. Marchand 2020, p. 32.
5. Queiroz and Agathopoulos 2005, p. 214.
6. Cassidy-Geiger 2007, p. 4.
7. Marchand 2020, p. 39.
8. Cassidy-Geiger 2007, p. 14.
9. Ibid., p. 18.
10. Syndram and von Bloh 2007, p. 44.
11. Cassidy-Geiger 2007, p. 11.
12. Ibid., p. 16.
13. Ibid.
14. Liackhova 2007, p. 65.
15. Ibid., p. 73.

16. Ibid., p. 72.

17. Ibid., p. 74.

18. Ibid., p. 79.

19. Ibid., p. 80.

20. Marchand 2020, p. 41.

22. 公元 1759 年：晚宴和甜点瓷器

法国国王路易十五送给神圣罗马帝国女王玛丽亚·特蕾莎的礼物

法国国王路易十五送给神圣罗马帝国女王玛丽亚·特蕾莎的"绿缎带"餐具中的一个盘子。

我们已经看到，梅森生产的硬质瓷器为萨克森的统治者提供了一个备受期待的外交礼物来源，随着瓷器制造的秘密在欧洲各地传播，其他皇室宫廷也纷纷效仿。18 世纪中叶，梅森的卓越地位被巴黎郊外的塞弗尔（Sèvres）瓷器厂所取代，后者的作用和地位与法国王室密切相关。

塞弗尔的瓷器生产始于 1740 年，起初是一家名为文森（Vincennes）

的瓷器制造工厂，建立在巴黎东部一座废弃的王宫里。1745 年，国王路易十五的情妇蓬巴杜夫人（Madame de Pompadour）对工厂的命运起了决定性的作用。蓬巴杜夫人成为文森瓷器的忠实拥护者，她用文森瓷器树立了自己的风格，又将瓷器作为礼物送出，巩固了自己在国内外的地位。[1] 从 1751 年起，她向长期担任英国国务大臣的纽卡斯尔公爵赠送了一系列外交礼物，其中包括三个中国花瓶，其中一个装满了文森瓷花朵，[2] 还给公爵带来了一名法国大厨。蓬巴杜夫人收到了纽卡斯尔公爵回赠的菠萝，这些菠萝是来自纽卡斯尔公爵伦敦南部的庄园克莱蒙特（Claremont）的温室。[3] 在北美殖民地局势紧张加剧的背景下，这些交流最终不足以让英国和法国维持和平关系。[4] 纽卡斯尔公爵认为蓬巴杜夫人代表了凡尔赛的和平派，[5] 向她示好是维护和平的重要部分。

1754 年，蓬巴杜夫人又一次将文森瓷器用作外交礼物。她送给双峰公爵（duc des Deux-Ponts）（今德国茨魏布吕肯）一个昂贵的镀银天蓝色（bleu céleste）附盖汤盅，[6] 这种天蓝色的底色前一年一经推出，就好评如潮。该颜色日后也成为塞弗尔工厂的标志性颜色之一。

1756 年，工厂搬到了在塞弗尔专门建造的厂房，毗邻贝尔维城堡（Bellevue），贝尔维城堡是路易十五专为蓬巴杜夫人所建，作为两人的会面场所。蓬巴杜夫人继续支持工厂的发展，鼓励她的朋友们购买工厂的产品，并直接投资这家工厂。1759 年，由于工厂陷入严重的财务困境，蓬巴杜夫人甚至说服路易十五将其收购，在法国陷入七年战争的背景下，做出这样的决定是十分惊人的。

法国国王为最尊贵的受赠者准备的外交礼品中，有体现着法国艺术和制造技术最高水准的产品：戈贝兰（Gobelins）壁毯、萨翁内里（Savonnerie）地毯和镶满钻石的国王微缩肖像（即肖像画）。[7] 在蓬巴杜夫人的影响下，路易十五将塞弗尔瓷器加入这类礼品中，尤其是大型餐具，曾被国王送出十组。[8] 这些最初是由软质瓷器制成的。因为法国在 1768 年才发现制造硬质瓷器所需的高岭土。塞弗尔最初同时生产软质瓷器和硬质瓷器，从 1770 年才开始专门生产硬质瓷器。塞弗尔瓷器厂的高技术标准，包括装饰、色彩和镀金，从一开始就是法国及法国王室权力与文化的展示。[9]

路易十五于 1758 年将首批塞弗尔餐具作为外交礼物赠送给丹麦和挪威国王腓特烈五世（Frederick V），作为对丹麦腓特烈堡种马（Frederiksborg）的回礼。该餐具采用了新研发的绿色底色，耗时约四个月完成。这件作品是拉扎尔·杜瓦（Lazare Duvaux）委托制作的，拉扎尔·杜瓦是一位装饰艺术品商人，经常为国王和蓬巴杜夫人供货。

这套餐具被转送给俄国的凯瑟琳大帝，现在大部分餐具都保存在圣彼得堡的冬宫中。十年后，另一件塞弗尔餐具赠送给了腓特烈的儿子和继任者克里斯蒂安七世（Christian Ⅶ）。克里斯蒂安七世在位期间饱受精神疾病的困扰，其统治在很大程度上只是名义上的。1768 年5 月，克里斯蒂安七世开始了欧洲之行，直到次年一月才返回丹麦。这样长时间的缺席对于一位在位君主来说是不同寻常的，这趟欧洲之行旨在确认环境的改变是否能恢复国王的精神健康。在巴黎期间，路易十五向年仅十几岁的国王赠送了很多礼物，有戈贝兰挂毯和萨翁内里地毯，还有大型塞弗尔餐具。在参观了塞弗尔瓷器厂三个小时后，一部分餐具被送到了克里斯蒂安七世住的酒店。[10] 剩下的餐具次年被送往丹麦。

我们故事的主角，是一套大型塞弗尔晚餐和甜点餐具，1759 年被送给神圣罗马帝国女王玛丽亚·特蕾莎（Maria Theresia）。餐具上装饰着缠绕的绿缎带，缎带上悬挂着花环，画家弗朗索瓦·布歇（François Boucher）画作中的寓意场景则占据缎带之间的空隙处。在所有作为外交礼物送出的塞弗尔餐具中，这套最为昂贵。[11]

这份礼物是为了庆祝法国和奥地利在数年的战争之后化敌为

友。七年战争爆发后，欧洲列强的势力进行了重新组合。法奥就在这样的背景之下结盟。该联盟经由 1756 年的《第一次凡尔赛条约》（First Treaty of Versailles）生效，在接下来的两年中，通过制定更进一步的条约得到了发展。蓬巴杜夫人是联盟的重要支持者。加强与奥地利的关系在很大程度上归功于路易十五的长女路易丝·伊丽莎白（Louise Élisabeth），作为帕尔马公爵夫人（duchess of Parm），路易丝·伊丽莎白有两个目标：一是让奥地利放弃对帕尔马的所有权，使她的丈夫得以继承此地；二是让她的女儿伊莎贝拉（Isabella）嫁入奥地利王室。[12] 奥地利为了从普鲁士手中夺回西里西亚（Silesia），也亟须新的联盟来获得军事和财政支持。此后随着战争开支不断增加，结盟对法国的好处就不那么明显了。事实上路易十五的女儿在帕尔马的目标对路易十五要不要继续发展联盟产生了很大的影响。[13]

1759 年 5 月，在伊莎贝拉和玛丽亚·特蕾莎的长子约瑟夫的婚姻协议得到确认后，这套餐具被送到维也纳。小马丁·凡·梅滕斯（Martin van Meytens the Younger）的一幅画作描绘了 1760 年 10 月庆祝两人婚礼时使用的绿缎带餐具。遗憾的是，为促成这桩婚事付出了巨大努力的路易丝·伊丽莎白却未能出席典礼，她在前一年年底死于天花。餐具上交织的绿缎带不仅是为了庆祝法国和奥地利两国的结盟，同时也是为了庆祝两个王室成员在个人意义上的结合。事实上，部分装饰还带有婚礼的味道，如裸童、拿着弓箭的丘比特、鸽子、与婚礼有关的桃木花环等。[14]

塞弗尔晚餐餐具不仅展示了法国的艺术和制瓷水平。它们还推广了法式餐饮文化。这些餐具是围绕着被称为法国服务的餐饮风格而构建的，具体表现为，一系列菜肴同时供应，用餐者自主用餐。这种风格偏爱视觉上奢华的摆盘，尤其是在甜点环节，[15] 五颜六色的甜点搭配餐桌上的各种装饰，包括白色无釉塞弗尔素坯娃娃，大举取代了先前在桌上占据中心的糖雕摆设。这类元素在由路易十五送出的外交礼物中，始终有一定的存在感。

这些精美的出品使塞弗尔成为欧洲宴会餐具的标准制定者。单件餐具也是如此。就拿用来冰镇酒杯的凹口碗来说吧，它的形状像一个盆，边缘处有个半圆形凹口，方便挂酒杯把手，在英语中被称为蒙特斯碗（monteith）。它首见于 17 世纪末的英国，原本是银制的，其名称则源自当时一位名叫安东尼·伍德（Anthony à Wood）的古董商。命名的灵感源于"神奇的苏格兰人"身上披风底部波浪状的内凹，而蒙特斯就是这名苏格兰人的姓氏。[16] 由银器变为塞弗尔的瓷器后，蒙特斯碗成了椭圆形，也浅了一些，边缘也变得更加弯弯曲曲。法式的蒙特斯碗成了欧洲标准，接着回流到英国，被英国瓷器厂如德比（Derby）和韦奇伍德（Wedgwood）等学去了。[17]

塞弗尔因能制造出欧洲最精美的餐具而声名远播，部分得归功于这些餐具被用作外交礼品，这促使欧洲大陆的皇室纷纷订购。最大的一单来自俄国的叶卡捷琳娜大帝。她定制的这批浮雕餐具，被赠送给她最宠爱的格里戈里·波将金（Grigory Potemkin）王子。这是一套六十人份的晚宴与甜点瓷器组，耗时三年才完成。据说波将金送给叶卡捷琳娜大帝一只安哥拉猫作为回礼。[18]

路易十六沿用塞弗尔瓷器作为外交礼物。法国大革命期间，工厂陷入困境，但拿破仑认识到了塞弗尔瓷器的经济潜力和宣传价值，重新恢复了塞弗尔瓷器的生产。[19] 不过，这一时期的晚宴餐具在装饰上更具说教意味，通常以拿破仑的胜利为主题，我们将在后面的故事中看到现存于阿普斯利宫的埃及餐具套件。塞弗尔瓷器在法国外交礼物中一直占有重要地位。1947 年伊丽莎白公主和菲利普亲王在伦敦举行婚礼时，法国政府和人民赠送的礼物就是一套塞弗尔餐具。瓷器作为一种奢侈品，将外交晚宴与外交事务相联系，是专供精英人士观赏和使用的产品，也是展示艺术技巧和技术创新的产品，时至今日，瓷器继续显现着作为外交礼品的价值。

注释：

1. Savill 2018.
2. Ibid.
3. Simms 2007.
4. Yagi 2017, pp. 9—10.
5. Clayton 1981, p. 585.
6. Savill 2018.
7. Rochebrune 2018.
8. Schroeder 2018.
9. Adams 2007, p. 184.
10. Schroeder 2018.
11. Schwartz 2015, p. 84.
12. Ibid., p. 90.
13. Ibid.
14. Ibid., p. 88.
15. Schroeder 2018.
16. McNab 1961, p. 173.
17. Ibid., p. 180.
18. Prodger 2012.
19. Adams 2007, p. 185.

23. 公元1785年: 一幅法国国王路易十六的微缩肖像画

法国国王路易十六送给美利坚合众国驻法公使本杰明·富兰克林的礼物

查尔斯·加百列·索威治(Charles Gabriel Sauvage)的瓷雕: 美国驻法公使本杰明·富兰克林觐见国王路易十六。

接受派驻国元首赠送的告别礼物已普遍成为外交生活中对待离任大使的一种礼节。这是一个关于离任礼物的故事, 它给礼物的接受者和接受国带来巨大的影响, 这将波及一部宪法的起草, 也对赠送外交礼物的实践产生重大影响。故事的主人公是被誉为美国第一外交家的本杰明·富兰克林。[1]

1776 年，富兰克林已经蜚声欧洲和美国。他博学多识，发明了避雷针、远近双焦镜片和一种名为玻璃琴的乐器；他是印刷商、幽默作家；他也是政治家和美国第一任邮政总局局长。当时理性正在改变 18 世纪末的世界，而富兰克林就是理性时代的化身。

美国独立战争烽火连天，大陆军迫切需要法国的军事和财政支持，法国是英国在欧洲的老对手，急于为七年战争中的失败找英国复仇。1776 年 10 月，大陆会议派遣富兰克林前往法国，为殖民地争取更多支持，并就正式结盟进行谈判。他与同年早些时候派出的革命党人塞拉斯·迪恩（Silas Deane）会合，与阿瑟·李（Arthur Lee）一起组成了大陆会议驻法国外交代表团。

富兰克林在法国一炮而红。[2] 他被誉为最著名的在世美国人，是启蒙运动和开拓精神的象征。他成为了法国上流社会中一个熟悉的人物，不拘一格的着装使他脱颖而出，穿着朴素，不戴假发，而戴貂皮帽，成为他的独特标志。尽管他的法语并不流利，但他在法国贵族的沙龙和晚宴上还是游刃有余。女士们为他着迷，人们模仿他戴毛皮头饰，[3] 富兰克林的发型成为一种时尚。实际这全都是在装模作样，富兰克林在 1767 年首次访问法国时，[4] 对假发和当地的服装都相当接受。不过，他新的人设还是非常成功。

富兰克林的外交才能并没有得到他身边同事的赞赏。塞拉斯·迪恩因被指控牟取私利而被召回，美国未来第二任总统约翰·亚当斯（John Adams）被派来接替他。亚当斯认为富兰克林的吃喝玩乐分散了他们在巴黎外交方面的精力，认为其从未正确认识他们此行的重要性。他嫉妒富兰克林的声望，认为其过于亲法、过于奢侈、过于懒散。阿瑟·李对富兰克林的评价也好不到哪里去，他在给约翰·亚当斯的二堂哥塞缪尔·亚当斯的信中称富兰克林是"所有腐败分子中最腐败的人"[5]。

富兰克林和美国驻法外交代表团的工作取得了成果。法国人虽然长期支持美国的事业，但他们在胜局日趋明朗之前，一直对公开支持美国保持审慎态度。1777 年 10 月，美国在萨拉托加（Saratoga）战役中的胜利给了法国人信心。1778 年 2 月，富兰克林和他的委员们与法国签署了《友好通商条约》(Treaty of Amity and Commerce) 和《同盟条约》(Treaty of Alliance)。由此，法国承认美国是一个独立国家。

同年 9 月，富兰克林被任命为美国驻法国凡尔赛宫的首任公使。次年 3 月，富兰克林递交了国书，成为第一位受到外国宫廷接见的美国公使。法国的支持对独立战争的结果至关重要，在 1781 年具有决定性意义的约克镇（Yorktown）战役中，法国派遣军的数量几乎与美国军队一样多。

富兰克林是大陆会议任命的与英国谈判《和平条约》的五人之一。有两人没有参与谈判：托马斯·杰斐逊（Thomas Jefferson）拒绝，亨利·劳伦斯（Henry Laurens）被英国人俘虏。余下两人是约翰·亚当斯和来自纽约的律师约翰·杰伊（John Jay）。如何进行和平谈判是个重要问题。法国人提议在巴黎召开多方参加的和平大会。大陆会议指示其谈判代表做任何事情都不要瞒着法国。[6]

尽管富兰克林与法国关系密切，但他赞同亚当斯和杰伊的观点，认为与英国单独进行和平谈判最符合美国的利益。[7]事实上，在杰伊和亚当斯抵达巴黎之前，富兰克林已经为和平谈判奠定了基础。杰伊和亚当斯推断法国希望美国依赖其施舍，而英国则会看到一个强大的美国带来的好处，即英国可以与美国发展有利可图的贸易关系，从而摆脱管理一个麻烦的殖民地的负担。与英国谈判所达成的条约将美国的领土延伸至西部的密西西比河；假设谈判是在所有参战方间进行，殖民地是难以获得如此有利的条件的。

富兰克林作为美国驻法国公使一直愉快地工作到 1785 年 7 月。按照惯例，在他离任时，路易十六会向他赠送一份精美的礼物。这是路易·玛丽·西卡德（Louis Marie Sicard），又名西卡迪，为法国国王创作的微缩肖像，他是此类作品的专家。肖像装在一个金盒中，金盒又被镶嵌在两个同心圆的钻石环中。[8]这幅肖像是法国特有的外交礼物，被称为肖像盒（boîte à portrait），在一些资料中被称为鼻烟盒。[9]富兰克林在遗嘱中将其描述为"法国国王镶嵌 408 颗钻石的画像"。[10]

法国国王赠送的礼物有两个显著特点。首先，作为路易十六的肖像，它代表着法国君主。从法国人的角度来看这份礼物与法国是一体的两面。这份礼物不能与法国国王割裂开来，见画如见君[11]。其次，镶满钻石的礼物奢华而昂贵。事实上，尽管礼物作为一个整体不可分割，但单颗钻石可以从中分离并出售牟利。正如我们将要看到的，这种担心绝非多余。我们将在下一个故事中更详细地了解肖像作为礼物的用途。然而，法国国王送给富兰克林的奢侈礼物确实产生了一些意料之外的深远影响。

由于法国绝对君主制和美国启蒙运动代表着不同观点，礼物的价值让富兰克林进退两难。富兰克林不能拒绝礼物，因为这会侮辱法国国王；但他也不能接受礼物，因为国会会认为这表明他受到了法国人腐化思想的影响。事实上，美国宪法的前身《邦联条例》第六条明令禁止他接受这样的礼物。该条款禁止任何美国公职人员接受"任何国王、王子或外国政府的任何礼物、酬金、职位或任何形式的头衔"。[12]这规定是与旧世界的外交惯例分道扬镳，也显然借鉴了古代的共和思想。柏拉图在他理想中的城市马格尼西亚（Magnesia）中把公职人员的贿赂行为定罪为死刑。[13]

1651 年，荷兰外交官接到指示，不得接受任何礼物，即使是食物或饮料，否则将被解雇，名誉扫地。[14]正如我们在下一篇文章中将看到的，英国在这一时期也担心东印度公司官员因当地统治者赠送的奢侈礼物而产生腐败的风险。但对法国宫廷或是 18 世纪的大多数欧洲宫廷而言，君主向个人赠送礼物是外交礼仪的核心内容，不容拒绝。

富兰克林向国会汇报了他的难题，国会允许他保留这份礼物。他将钻石遗赠给了女儿萨拉·巴切（Sarah Bache）。他提出了一些自己的条件，要求"她不能把这些钻石做成任何装饰品，免得让佩戴珠宝这种虚荣而无用的东西在美国成为时尚"。[15] 莎拉没有完全遵守与父亲的约定：她的确没有把任何一颗钻石变成珠宝，但她把部分钻石换成了现金，用于法国之旅。子孙后代又卖掉了更多的钻石，以至于这幅肖像画在 1959 年由富兰克林后裔理查德·杜安捐给美国哲学学会保管时，只剩下了一颗钻石，不过后来有部分钻石又被送了回来。[16]

这种母国不让收礼、但派驻国非送不可的情况导致里外不是人的美国外交官并不只有富兰克林一个人。塞拉斯·迪恩和阿瑟·李在离开法国时也都收到了镶有珠宝的盒子，尽管没有富兰克林收到的那么精致。李也将自己收到的礼物交给了国会，但与富兰克林一样，国会允许他保留礼物。[17] 富兰克林在巴黎的继任者托马斯·杰斐逊也收到过一个华丽的珠宝盒。他没有向国会报告，而是选择出售其中最贵重的钻石，用以采买外交礼物和偿还使馆债务。[18]

在 1787 年的制宪会议上，当代表们担心欧洲旧势力企图通过礼物和恩惠腐蚀年轻国家的政治生活时，他们的脑海中一定会浮现出法国国王送给富兰克林的那种奢侈礼物。根据《邦联条例》中关于禁止接受礼物的规定，代表们制定了薪酬条款。新宪法第 1 条第 9 款第 8 项中的条款规定，"凡在合众国政府内担任有薪俸或责任之职务者，未经国会同意，不得接受任何国王、王子或外国政府的任何礼物、酬金、职务或头衔"。薪酬条款试图通过建立一个预防机制来防范腐败。该条款涵盖所有礼物，而且条款的适用并不以是否有贪腐意图为构成要件。[19] 该条款的通过将使外交馈赠的性质从个人层面的人情世故转变为强制规范的国际交流。

虽然越来越多的国家效仿美国，出台了接受外交礼物的限制规定。但在 18 世纪 80 年代，美国的做法显得与欧洲老派君主制国家格格不入，这不仅仅体现在外交礼物上。法国帮助美国实现了独立，但这样做的经济代价却成为法国大革命的导火索之一。支撑这场独立运动的启蒙思想则是其二。路易十六掉了脑袋，随之而来的是欧洲君主权力的衰落，这预示着外交礼物的处理方式将与之前的世界截然不同。

注释：

1. Office of the Historian, US State Department n.d.
2. Fleming 2014.
3. Isaacson 2003, p. 325.
4. Ibid., p. 328.
5. 引自 McCullough 2002, p. 196。
6. Isaacson 2003, p. 406.
7. Ibid., p. 411.
8. American Philosophical Society 2006.
9. 例如，Teachout 2014, McDuffee 2017。
10. 引自 McDuffee 2017。
11. Eaton 2004, p. 820.
12. Ibid.
13. O'Regan 2020, p. 69.
14. Kozmanová 2019, p. 240.
15. 引自 American Philosophical Society 2006。
16. Ibid.
17. Teachout 2014, p. 25.
18. Ibid., p. 29.
19. Ibid., p. 4.

24. 公元 1785 年：法国国王路易十六和 王后玛丽·安托瓦内特的肖像画

法国国王路易十六送给美国邦联议会的礼物

安东尼·弗朗索瓦·卡勒特（Antoine François Callet）所绘的《着加冕大典礼服的路易十六》。

　　使用君主自己的肖像是 18 世纪欧洲君主极为青睐的外交馈赠策略。如果说礼物是建立和维系社会关系的手段，那么肖像画则特别有助于实现这一目标，因为肖像画常常让人睹物思人。[1]在强调紧密的个人关系外，肖像画又能引起人们对君主的宏伟气势和品质而心生敬畏。时至今日，这点仍是权贵或名流赠送肖像时的考虑。美国总统或英国皇室就很爱送人照片。

　　肖像画还有一个重要特点：它们本身很难与双方关系切割开来。一件精美的礼物，例如华美的纺织品，一旦被赠予他人，受赠者就可以出售或与作为商品购买的类似纺织品替换使用，这种礼物是可以直接让渡的。如果受赠者不希望将礼物从赠与关系中剥离出来，以继续见证双方的密切联系，他们可以选择将其放在博物馆中，或在使用时强调物品的来源。关键在于受赠者，是选择将物品作为有纪念意义的礼物保留还是将其作为商品对待。

　　针对肖像礼物，接受者没有这样的选择，因为肖像清楚地标示着自己的来源。要去除这种礼物的痕迹相当不易。这并不是指赠与的肖像画永远不会被出售，而是说在任何此类交易中，肖像画作为礼物的身份很难被掩盖，因此交易的风险较高。

　　艺术史学家娜塔莎·伊顿（Natasha Eaton）探究了强调赠送者和接受者之间的个人关系以及难以让渡的特质是如何使肖像画在 18 世纪晚期成为英国东印度公司与印度统治者交往中的首选礼物。

　　英国人越来越关注东印度公司官员的腐败问题，特别担忧出现"纨绔子弟"（nabob）带着可疑的巨额财富回到英国。部分归因为印度统治者奢侈的送礼行为。1773 年出台了《规范法令》(*The Regulating Act*)，旨在全面整顿东印度公司的事务，其中包括禁止英国官员接受或向当地统治者索取奢侈礼物。[2]

　　伊顿指出，总督沃伦·黑斯廷斯（Warren Hastings）试图用更具象征意义的彩绘肖像画取代印度统治者传统的送礼方式，[3] 而传统的送礼方式是与莫卧儿王朝注重赠送土地、珠宝和金钱一脉相承的。黑斯廷斯借鉴了英王乔治三世向世界各地的英国殖民地赠送自己肖像画的做法，同时这种送礼方式也符合《规范法令》。

　　早在黑斯廷斯担任总督之前，乔治三世就曾向阿科特的纳瓦布（nawab of Arcot，纳瓦布是当地酋长的称号）穆罕默德·阿里（Muhammad Ali）赠送过王室成员的肖像画，其中包括阿伦·拉姆齐

（Allan Ramsay）为他本人绘制的肖像。国王赠送的礼物附带有一封信，信中向纳瓦布解释说，赠送礼物的目的是让他"时时能重温两人之间的友谊与温情"。[4] 纳瓦布回赠了英国艺术家蒂莉·凯特尔（Tilly Kettle）为其绘制的肖像，并连同其家庭成员的肖像画、一些纺织品和玫瑰水一起送给了国王。纳瓦布在信中写道，希望"这幅画能有幸经常出现在国王陛下的御前"。[5]

由于缺乏乔治三世的肖像来赠送给海得拉巴（Hyderabad）统治者尼扎姆·阿里·汗（Nizam Ali Khan），东印度公司的驻地代表理查德·约翰逊（Richard Johnson）代之以一幅黑斯廷斯的肖像画。然而，与穆罕默德·阿里·夏帕不同，尼扎姆·阿里·汗并不愿意参与黑斯廷斯所喜欢的新殖民地赠画活动，也不愿意在英国画家面前坐下来。尼扎姆·阿里·汗有没有找本土画家绘制肖像作为回礼已不得而知，但他确实委托黑斯廷斯将一枚钻戒赠送给乔治三世。对于尼扎姆·阿里·汗来说，珍贵的宝石体现了赠送者的灵魂，甚至体现了宝石所有前主人的灵魂，但对于英国人来说，钻戒这份礼物缺乏肖像画所独有的不可分割的特质，这让黑斯廷斯落人口实，诋毁他的人指责他试图贿赂国王。[6]

黑斯廷斯在独立后的海得拉巴推行以肖像画为基础的新馈赠制度收效甚微，但这种新制度在东印度公司间接控制力较强的宫廷中慢慢生根。当地统治者会送出由东印度公司所派英国画师创作的肖像画。这些画所费高昂，但当地统治者并不能从英方收到任何回赠。实际上，肖像画已成为当地统治者的贡品。[7]

现在让我们回到上一章的故事，国王路易十六临别时赠送给美国驻法公使本杰明·富兰克林一幅珠光宝气的微型肖像画。正如我们所见，这份礼物让收礼人陷入了尴尬的境地。深受启蒙思想影响的美国怀疑外交礼物是旧世界政权企图对新世界施加影响的腐败工具。继而美国的崛起的确对外交馈赠的做法产生了深远影响。然而，如果我们就此推断，礼物在这些新共和国的国际关系中没有立足之地，那就大错特错了。1785 年，有另一份与法国国王肖像相关的礼物送给了美国，而这份礼物就可以证明新共和国没有自绝礼物在外交上的作用。毕竟是他们自己开口讨要这份礼物的。

我们已经研究过本杰明·富兰克林在巴黎为新生的共和国争取所亟须的法国的财政和军事援助时所采用的手腕。富兰克林和美国领导层中的其他温和派还想到用一个请求来奉承他们的法国盟友，这个请求与美国看待外交礼物的方式关系不大，但对法国这样的绝对君主制国家意义非凡。他们决定求取法国国王和王后的肖像画。

对于欧洲各国的君主来说，赠送大型君主肖像画被认为是一种特殊的恩赐，通常是为了纪念重大事件。[8]1778 年 11 月，富兰克林致函路易十六的外交大臣韦尔热讷伯爵夏尔·格拉维耶（Charles Gravier, comte de Vergennes），提议"如果有幸能将杰出盟友，法国国王陛下的画像放在大陆会议的某个公共场所，美国的选民将会非常高兴"。[9]他也索取了玛丽·安托瓦内特王后的肖像画。在美国人看来，元首肖像作为外交礼物具有不可分割性的特点，这一特点也让礼物所含风险有所降低。与富兰克林将收到的镶钻微型肖像不同，一幅大型元首肖像不容易被商品化和出售。它的价值被认为更多的是象征性而非物质性的。

风险虽然降低，但并未消除。富兰克林在去函的附注中请求韦尔热讷伯爵谨慎对待这一请求，因他尚未与大陆会议驻法国外交代表团中的同事亚瑟·李讨论过这一提议。这表明富兰克林对整个大陆会议领导层会支持索取王室元首肖像画的策略存疑，这也反映了在应该采用何种手段来争取法国和其他潜在欧洲盟友支持方面，美国革命领导人之间存在广泛分歧。富兰克林在巴黎的贵族圈中如鱼得水，他倾向顺着法国政权的传统和风格来行事。李和约翰·亚当斯则较为提防法国的动机，倾向依法办理，公事公办。

1778 年 12 月，结婚八年多的皇后玛丽·安托瓦内特难产生下了第一个孩子——玛丽·泰蕾兹公主（Marie-Thérèse）。孩子差点死于窒息。尽管过程如此艰辛，公主的出生还是值得庆祝的。1779 年 5 月，法国驻费城公使递交了国王亲笔写给大陆会议的照会，告知公主的出生。大陆会议成立了一个委员会来起草回复，委员会成员包括约翰·杰伊、古弗尼尔·莫里斯（Gouverneur Morris）和约翰·威瑟斯庞（John Witherspoon），他们都是温和派人士，与富兰克林持相同观点。在祝贺国王喜获公主后，他们又索要了国王本人和王后的肖像，以便"这些各州的代表每天都能看到他们事业首屈一指的王室朋友和赞助人"。[10] 与此同时，大陆会议又给法国人发出一封信函，请求提供进一步的军事和财政援助。这让人们更加意识到，那封求取法国王室肖像画的谄媚信函不过是某种手段。

路易十六做出了积极回应，明确表示他认为这份礼物象征着两国关系的永恒。在为美国盟友挑选肖像时，法国人可以选择一种更符合受赠者的启蒙价值观的画风。但他们没有这么做。他们选择了传统的构图，画面满是法国君主王权的威严和恢宏。

对于路易十六的肖像，外交大臣格拉维耶选择了 1778 年委托画家安东尼·弗朗索瓦·卡勒特（Antoine François Callet）创作的《穿加冕袍的路易十六》。卡勒特一共创作了十二幅全身肖像画。[11] 这些画被当成了外交礼物送给了西班牙驻法国大使与瑞典国王古斯塔夫三世等人。1783 年，美国独立战争结束后，法国急于修复与英国的关系，甚至将一幅肖像画送给了法国驻伦敦大使阿德马尔伯爵（comte d'Adhémar）来装饰其伦敦的官邸。[12]

卡勒特的肖像作品，看得出是有意让人联想到亚森特·里戈（Hyacinthe Rigaud）1701 年绘制的路易十四加冕图，这幅画现在悬挂在卢浮宫。卡勒特的画作强调了国王的权力和威严，国王站在一个小台子上，手持波旁王朝开国君主亨利四世的权杖，腰间悬挂着查理曼大帝的宝剑荅瓦尤斯（Joyeuse）。[13]

对于王后的肖像，外交大臣格拉维耶选出的作品是 1778 年伊丽莎白·路易丝·维热·勒布伦（Élisabeth Vigée Le Brun）所创，王后身着正式礼服的肖像画。此画原来是要献给王后的母亲、奥地利的玛丽亚·特蕾西亚（Empress Maria Theresia）女王。这幅画好评如潮，勒布伦被要求绘制一幅备份，以便后续临摹。这幅肖像画展示了王室的奢华与气派，画中的王后身着白色绸缎礼服，楚楚动人。

外交大臣格拉维耶将画作寄往美国的时间安排在 1783 年 9 月《巴黎和约》签署之时：这一条约的签署标志着美国独立战争的结束，[14] 也是两个盟国的胜利时刻。1784 年 3 月，画作经由圣多明各（Santo Domingo）抵达费城，被送到法国公使安妮·塞萨尔·德拉·卢塞恩（Anne-César de la Luzerne）的官邸。法国公使为《宾夕法尼亚日报》（Pennsylvania Journal）撰写了一份新闻稿，宣布了这些艺术品的抵达，但他直到下个月才将此事告知大陆会议。1783 年，宾夕法尼亚州的士兵因要求支付欠饷不果发生哗变，大陆会议被迫撤离费城，暂时在马里兰州的安纳波利斯办公。

路易十六在随画附上的信中表示，希望这些画作能被视为"我们对你们的深情厚谊以及我们和你们的坚定友谊的永久象征"。[15] 交付画作的实际过程旷日持久。卢塞恩表示，一旦大陆会议决定了其长期所在地后，他就会把画作交付出去。在此期间，他把画像摆放在他的接待室里，显然他很高兴画像受到了关注。第二年，大陆会议接受了进驻纽约市政厅办公的提议，但此时大使卢塞恩已经离开，这些画作由总领事弗朗索瓦·巴尔贝·德·马博瓦（François Barbé de Marbois）转交。现存的资料没有任何有关盛大赠送仪式的记录。[16]

是什么原因导致大陆会议自己讨要的礼物受到如此冷遇呢？首先，1785 年最终移交画作时，美法关系与 1779 年大陆会议要求赠送画作时大相径庭。1779 年，美国亟须法国的进一步支持，以帮助他们取得独立战争的胜利。而到 1785 年，独立战争胜利了，两国关系却变得紧张起来。法国因支持美国而背负沉重负担，法国对盟友未能偿还贷款和履行承诺的贸易协定感到不满，而美国也无意扮演法国跨大西洋的附庸角色。

这些画作被悬挂在大陆会议中，展示这个新国家的国际信誉和人脉关系。不过，这些画作作为外交礼物的真正力量并不在于画作本身，而在于美国确实需要法国的财政和军事援助。作为实物，这两幅画作象征着君主的绝对权力，而这正是新共和国所憎恶的。它们的最终命运尚不确定，很可能在 1814 年英国人焚烧华盛顿时被毁。[17]

注释：

1. Eaton 2004, p. 820.
2. Eaton 2019, p. 272.
3. Ibid., p. 273.
4. 引自 ibid., p. 274。
5. Ibid., p. 277.
6. Ibid., pp. 282—283.
7. Eaton 2004, p. 831.
8. Larkin 2010, p. 41.
9. 引自 ibid., p. 39。
10. Ibid., p. 44.
11. Medlam 2007, p. 146.
12. Ibid., p. 143.
13. Carey 2008.
14. Larkin 2010, p. 68.
15. 引自 ibid., p. 70。
16. Ibid., p. 73.
17. Ibid., p. 32.

25. 公元 1790 年：俄国女皇叶卡捷琳娜大帝的肖像

俄国女皇叶卡捷琳娜大帝将其肖像作为礼物，送给
埃马努埃尔·德·罗汉·波尔杜克圣约翰骑士团

德米特里·列维茨基所绘的《叶卡捷琳娜大帝肖像》。

1941 年，由约翰·休斯敦（John Huston）执导，卡亨弗莱·鲍嘉
（Humphrey Bogart）饰演萨姆·斯佩多（Sam Spade）一角的经典电影
《马耳他之鹰》（The Maltese Falcon）上映，片头有这样一段字幕：

　　1539 年，马耳他圣殿骑士团向西班牙查理五世致敬、进贡了
　　一只从嘴到爪都镶满了最稀有珠宝的金猎鹰。但海盗劫持了载有
　　这一无价之宝的船只。马耳他之鹰的命运就此成谜。[1]

电影原著的作者，小说家达希尔·哈米特（Dashiell Hammett）在他的侦探小说作品中利用历史事实来设置情节。马耳他之鹰确实存在。然而，它并不是一座神话般的珠宝雕像，就是一只猎鹰。

要了解这份贡品，有必要先介绍一下圣约翰骑士团。该骑士团成立于耶路撒冷，最初是为了照顾朝圣者中的病患，但在此过程中很快发展成为一个军事组织。照顾病人一直是该骑士团工作的重要部分，因此才成立了圣约翰救护协会（St John Ambulance Association）。然而，在马耳他之鹰成为贡品的时期，圣约翰骑士团核心职能是保卫欧洲基督教国家免受奥斯曼土耳其人的侵略。随着耶路撒冷落入穆斯林的控制，圣约翰骑士团退守到了希腊的罗得岛（Rhodes），在那里骚扰东地中海的奥斯曼帝国军队，在海上冲突中以其军事技能而闻名。奥斯曼帝国继续向西扩张，于 1523 年将骑士团逐出罗得岛，但骑士团获准带着荣誉离岛，并保留了他们的船只。圣约翰骑士团于是踏上寻找新家园的旅程。

欧洲基督教统治者，如西班牙的查理五世，对苏莱曼大帝（Suleiman the Magnificent）领导下的奥斯曼帝国迅速西进感到恐惧。查尔斯认为，为圣约翰骑士团（其成员来自欧洲各地的贵族家庭）提供一个海上基地很有好处，希望他们能阻止土耳其在地中海的进一步扩张。因此，1530 年，查理五世以西西里岛君主的身份，将的黎波里（Tripoli）、马耳他（Malta）和戈佐岛（Gozo）赐予骑士团，但要求骑士团每年进贡一只猎鹰。在 1798 年拿破仑驱逐骑士团之前，骑士团每年都按时进贡。

因为事先没有征求马耳他居民的意见，查尔斯的决定在当地不得民心，但事实证明这是一个明智的决定。1551 年，土耳其突袭戈佐岛，岛上大部分居民沦为奴隶。更大的危险还在后面。1565 年，骑士团大团长让·帕里索·德·拉瓦莱特（Jean Parisot de la Valette）从君士坦丁堡的间谍那里得知，苏莱曼正在集结一支庞大的部队进攻马耳他。苏莱曼的目的是歼灭这些麻烦的骑士，并将马耳他作为通往地中海西部的垫脚石。拉瓦莱特召集了欧洲各地的骑士团，并请求欧洲的基督教统治者派兵援助。

次年，由 200 多艘舰船和 40 000 多名士兵组成的奥斯曼舰队抵达马耳他。岛上的防御力量尚不足 9 000 人，其中只有约 600 名骑士。圣约翰骑士团防守顽强，在长达四个月的围困中坚持了下来。事实上，当基督教援军抵达西西里岛时，圣约翰骑士团已经扭转了战局，战胜了奥斯曼人。奥斯曼人再也不会对地中海西部造成威胁。1571 年，圣约翰骑士团作为神圣同盟的一部分参加了莱庞托战役（Battle of Lepanto），奥斯曼帝国海军在该战役中被彻底击败，在海上再也不足为患。

圣约翰骑士团在马耳他大围攻中战胜奥斯曼帝国后，收到了欧洲基督教统治者赠送的外交礼物。西班牙国王费利佩二世送给拉瓦莱特一把金质珐琅装饰的剑和匕首：也许达希尔·哈米特在创作《马耳他之鹰》中无与伦比的珍宝时，融合了这一礼物和猎鹰贡品的元素。这把剑和匕首在拿破仑统治时期被带离该岛，现收藏于巴黎卢浮宫博物馆。[2] 教皇庇护五世（Pius V）还向骑士团赠送了一份实用的礼物，他出借了军事建筑师弗朗切斯科·拉帕雷利（Francesco Laparelli），由他开始在锡贝拉斯半岛（Sciberras Peninsula）为骑士团建造一座宏伟的马耳他新首都，现在骑士团已经完全放弃返回罗得岛的想法。新的棋盘状都城被命名为瓦莱塔（Valletta），以纪念这位从土耳其人手中拯救了欧洲的骑士团大团长。

我们的礼物故事开始于两百多年后，此时的瓦莱塔成为了一座繁荣、优雅的巴洛克式城市，那里的骑士们既勇猛又懂经商。在叶卡捷琳娜大帝时期，俄国将马耳他看作潜在的盟友，既能帮助俄国发展自己的海军技能，又能支持俄国在地中海的野心。因此，1766 年，六名俄国军官被派往马耳他学习海上事务。[3]

俄国与马耳他的关系历经起起伏伏。1775 年，俄国驻马耳他全权代表乔治·卡瓦尔卡博（Giorgio Cavalcabo）侯爵遭到短暂拘捕并被遣送回俄国，原因是他涉嫌参与马耳他农民推翻骑士团统治，但最终起义失败。[4] 此时，俄国依然对马耳他兴趣不减。1783 年，俄国吞并了克里米亚，俄奥紧张局势进一步加剧，俄国越发重视与地中海重要港口国家搞好关系。1784 年，俄国任命了一位新的驻马耳他领事，希腊裔的安东尼奥·普萨罗（Antonio Psaro），此人曾在俄土战争中担任海军军官，战绩辉煌。普萨罗的任务是进一步加强俄国和马耳他的关系，他的确与马耳他大团长相处融洽。俄国商船可以进入马耳他进行维修和补给，普萨罗还促成了一项有利于俄国商人信贷的协议。[5]

1787 年，叶卡捷琳娜大帝正在赫尔松（Kherson）巡视俄国的新疆域。普萨罗前往觐见，他带来了伊曼纽尔·德·罗汉·普杜克（Emmanuel de Rohan-Polduc）大团长的一封信，祝贺女皇征服克里米亚。大团长随函还附上了外交礼物。据一份资料来源显示，礼物中有一束仿真花，可能是指马耳他有名的嘉努泰尔（ganutell）艺术花，即使用金属丝、线和珠子制作精美的仿真花。据说，这些礼物象征着和平，体现两国之间的良好关系。[6] 其他资料还提到了赠送棕榈树枝，这象征着大团长对女皇的钦佩之情。[7] 叶卡捷琳娜大帝选择自己的肖像给大团长作为回礼。正如我们在之前的故事中所看到的，国王肖像画在整个欧洲都特别受欢迎。从俄国的角度来看，这幅肖像画既可以体现女皇的品德和气度，也能够强调俄国与马耳他的亲密关系。对于马耳他的大团长来说，能够展示俄国女皇的肖像显示出他拥有有权有势的朋友，让人刮目相看。

女皇的肖像画是经过了精心挑选的。画像任务交给了德米特里·列维茨基（Dmitriy Levitskiy），这位艺术家以寓言肖像画著称。女皇被绘制成正义的战争女神密涅瓦（Minerva）。她的剑没有出鞘，这可能是指女皇兵不血刃就征服了克里米亚。[8] 宝剑被包裹在月桂树枝中也象征了这一点。女皇佩戴着她 1769 年新设立的圣乔治勋章的星章和绶带，她本人被授颁这款军事勋章的最高级别。

目前尚不清楚这幅画是如何运到马耳他的。普萨罗于 1788 年 7 月返回马耳他，但大团长罗汉·普杜克（Rohan Polduc）写给女皇的一封感谢信上的日期是 1790 年 2 月 20 日，这表明这幅肖像画 1790 年才被送到马耳他。有迹象表明，这幅肖像可能是与一位名叫安东尼诺·马雷斯卡·唐诺索·迪·塞拉卡普里奥拉（Antonino Maresca Donnorso di Serracapriola）的那不勒斯使节一起被送来。[9]

这幅肖像画被放置在大团长宫大使厅的显要位置，展现着大团长广泛的国际人脉。时至今日，这幅画仍然是俄国和马耳他关系的桥梁。此画经由马耳他修复师艾米·斯基贝拉斯（Amy Sciberras）的修复后，于 2019 年出借到莫斯科沙里奇诺博物馆（Tsaritsyno Museum Reserve）展出：这份礼物仍在发挥其外交作用。

注释：

1. 引自 Sobchack 2007, p. 220。
2. Drury 2019.
3. Markina 2019, p. 21.
4. Ibid.
5. Ibid., p. 25.
6. Sciberras and Grech 2019.
7. Markina 2019, p. 28.
8. Sciberras and Grech 2019.
9. Markina 2019, pp. 36—38.

26. 公元 1793 年: 一台天象仪

英国国王乔治三世送给清朝皇帝乾隆的礼物

1793 年，詹姆斯·吉尔雷（James Gillray）的漫画《接见》（*The Reception*）描绘乾隆皇帝对使臣马戛尔尼勋爵赠送的礼物不屑一顾。

这是一个外交使团的故事，使团带来了大量的礼物，但却未能实现其目标。使团还饱受沟通问题的困扰，双方两个大国对彼此的关系和交流的性质有着截然不同的看法。出使任务失败的根本原因在于东道主完全无视使团的要求。该使团就是 1793 年乔治·马戛尔尼（George Macartney）的访华使团。

18 世纪晚期，英国从中国进口了许多奢侈消费品，包括瓷器、丝绸和家具，反映了英国中上阶层对中国物品的喜爱。[1] 中国对英国最重要的出口产品是茶叶，满足了英国社会从 17 世纪开始就养成的饮茶习惯。1784 年《茶叶减税法案》(Commutation Act of 1784)颁布，英国茶叶进口量激增，在广州收购茶叶的东印度公司获利猛涨。

然而，英国此时面临一个大问题，他们与中国的贸易严重失衡。中国购买的英国产品很少，但英国购买中国的茶叶、丝绸和瓷器正在耗尽其白银储备。[2] 英国希望打开中国市场，并平衡贸易关系。但主要障碍在于所有与中国的海运贸易都要通过名为"广州体系"的"一口通商"管理机制，所有贸易都绕不过广州港的垄断操控。

英国决定派遣使者前往北京，以争取更多优惠的条件。英国希望中英两国建立以条约为基础的外交关系。英国希望松绑广州体系，英国商人可以在更北的口岸经商，广州体系引发的各种英方不满可以得到解决，希望清政府能同意其在北京设立常驻使馆，从而能避免与广东商人[3] 斡旋而与皇帝直接沟通。

1787 年，英国派出了由克拉克曼南郡议员查尔斯·卡思卡特(Charles Cathcart)率领的使团，但不幸的是，他于 1788 年在途中去世，年仅 28 岁。1792 年，英国再次派出使团，这次任命了一位经验丰富的外交官和殖民地管理者，乔治·马戛尔尼。他曾在俄国、格林纳达和印度任职。马戛尔尼因此被授予爱尔兰贵族爵位。使团的经费由东印度公司承担，使团规模庞大，官方正式任命的成员就有 95 名，由三艘船运送，包括水手在内，总人数将近 700 人。[4] 该代表团成员包括马戛尔尼的副手乔治·斯汤顿(George Staunton)爵士、斯汤顿的儿子、小斯汤顿的家庭教师、外科医生、钟表匠、植物学家、冶金学家和五位音乐家。[5]

然而，清政府对其国际关系的看法与英国截然不同。清政府视自己为天朝上国，统治世界。[6] 大清与邻国的关系并非平等，邻国被视为藩属，藩邦需要向大清朝贡是这一关系的重要体现。

"贡品"在中国语境下与西方的理解有些不同。西方理解的"贡品"类似于税收，通常摇摆不定，有高有低。虽然藩邦的确需要以诸如粮食或土地的形式向乾隆皇帝缴纳税赋，但这些贡赋有别于向清廷进贡的物品，后者的价值往往比皇帝回礼御赐的物品更低。[7]大清朝廷往往还包揽来访使团食宿与娱乐等方面的费用。理想的贡品最好是外国本土的特产，因为这能让清朝与遥远国度的好东西产生关联，进而让皇帝感到自己威名远播。贡品中的食物将会在皇宫宴会上做成菜肴，最精美的艺术品则被放置在某一宫殿中，这样贡品就能常伴皇帝的生活。[8]

礼物交换要遵循既定的礼仪规矩。首先要检查贡品以确定其是否合适。中国皇帝坐在高高的宝座上，以示尊贵，藩国的使节则要磕头，磕头时要三跪九叩，头需要触及地面。[9]整个仪式类似于节日活动，有音乐、戏剧表演还有很多美食。皇帝也会慷慨回礼，赠送丝绸和玉器等，各种奢华的款待让使团享用不尽。这种礼物交换有助于彰显清政府国威，让藩邦小国震慑于天朝之厚礼。[10]

英国人基本上认为马戛尔尼使团是作为地位平等的大国代表与清政府进行外交谈判，而清政府则将其视为一个朝贡使团。因此，他们对英国使团千里迢迢来庆贺乾隆皇帝生辰感到高兴。[11]中英两国对各自地位的观念差异对马戛尔尼来说是个巨大挑战。他试图在不使英国处于从属地位的情况下，围绕使团接见仪式与清政府进行商谈。

这次出使最终失败了，在相关描述中强调了马戛尔尼拒绝向皇帝磕头。[12]就此事进行广泛协商后，马戛尔尼得以将国王乔治三世的信装在一个镶满珠宝的金盒中，单膝跪地呈上。他表示，这是他面对自己君主时会有的举措，只是这里不需要亲吻君主的手，因为在中国，通常不能触碰"龙体"。[13]

如果说马戛尔尼拒绝磕头是在捍卫两个大国的地位平等，那么这种认知本身就说明了中英两国的观念差异。马戛尔尼认为大使的一举一动都代表他们的君主，而清政府完全不是这样看的。对清政府来说，派遣使团来送礼就等同确认自己的从属地位。避免这种矛盾的唯一办法就是一开始就不派遣使团。[14] 从清政府的角度来看，派使团朝贡但又拒绝磕头显得十分失礼。

马戛尔尼虽不情愿，但仍把磕头以外的进贡行为都做了。代表团在中国逗留期间，清政府非常慷慨地接待他们，提供了大量的食物。据马戛尔尼的财务总长估计，清政府承担了这次出使的大部分费用，甚至还没有算上从皇帝那里收到的那些厚礼的价值。[15] 在当时的西欧外交中，东道国很少负责来访使团的食宿，而马戛尔尼也曾表达他们自费的意愿，但他很快就默许了这种炫示乾隆皇帝优越感的安排。[16] 当使团逆流而上进京途中，马戛尔尼的翻译告诉他，清政府提供的驳船上刻有一个"贡"字，意思是"进贡"。马戛尔尼决定不计较。[17]

沟通与理解的不畅贯穿始终，英国使团出使赠送的礼物也深受影响。英国人带来了大量的礼物要送给皇帝，包括 600 个包裹，需要 3 000 名搬运工来运送。[18] 选择礼物更是经过深思熟虑。英国人热衷于挑选能得到皇帝赏识的礼物。使团招募的中国翻译都推荐英国人赠送自动机械产品，他们表示这类东西在广州非常抢手。之所以将最新的天文仪器纳入礼物之中，部分原因是英国人普遍认为中国人高度重视天文学。[19]

除了让皇帝高兴外，选择礼品还要考虑其他因素。马戛尔尼使团的目标是打开中国市场，因此使团的礼物必须展示英国制造的精良产品来刺激中国的需求。这些产品在欧洲和其他地区的出口量越来越大，马戛尔尼对中国亦有同样的愿景。为此，制造商马修·博尔顿（Matthew Boulton）推荐了一长串英国产品清单：纽扣、带扣、钢具、烛台、灯具和餐具。[20] 但这份清单并没有被照单全收，因为马戛尔尼不想把国王乔治三世的礼物与东印度公司想推销的产品混为一谈。[21]

马戛尔尼使团的礼物中蕴含的更强烈的主题是展示英国的科技

成就、工业启蒙 [22] 和英国自然哲学 [23]。马戛尔尼代表团成员之一詹姆斯·丁威迪（James Dinwiddie）就是自然哲学讲师及科学普及者，他与瑞士钟表匠查尔斯·珀蒂皮埃尔（Charles Petitpierre）一起向中国人展示作为礼物被带来的科学仪器，包括天文模型、凸透镜、气泵和反射望远镜。[24]

在这些科学礼物中，最引人注目的是一个大型玻璃匣中的天象仪，观众可以看到行星的运行情况。它包含三个时钟，分别显示每天、每月以及创世和末世之间的时间，后者设定在 1836 年。[25] 这个非凡的仪器是符腾堡（Württemberg）的牧师兼钟表匠菲利普·马特豪斯·哈恩（Philipp Matthäus Hahn）的杰作。他在 1769 年接受一位公爵委托后开始了自己的天象仪制作生涯。马戛尔尼使团带来的"世界机器"是他最大的一件作品。1792 年在伦敦，在丁威迪的推荐下，东印度公司花费了 600 英镑购入，又支付了 650 英镑给伦敦新潮的钟表匠武利亚米（Vulliamy）把它好好地装饰了一番，包括为其加上了一个镀金的青铜菠萝。[26]

因此，原本想要展示英国启蒙科学成就的礼物，却找了一件根本不是英国的产品来压轴。"世界机器"是德国货，而且灵感不只是来自科学的概念，也受到了创世和天启等宗教观念的启发。且花在装饰上的钱比物品本身还多。这表明使团在选择礼物时，优先考虑的是让大清皇帝开心。

马戛尔尼使团抵达中国后，大清官员就要求其提供一份完整的礼物清单。按照大清礼仪规定，这份清单只需提供少量说明，但应包括每份礼物的价值。马戛尔尼拖延了清单的制作，他用长篇文字详细评论了礼物的意义，这样的内容却不符合中国人的期望。清宫 [27] 的传教士翻译了这份清单，但里面技术性与恭维的话被删去了大半。然即便如此，乾隆帝看后还是觉得这份清单体现了英国人夸夸其谈的特点。在中国人看来，英国人过度夸大了收集礼物所需要的时间与精力，如

组装天象仪 [28] 的复杂性和所需时间就是一例。

皇帝接见马戛尔尼的地点不在北京，而是在长城以北的热河避暑行宫，马戛尔尼带了一件较便携的礼物到热河。包括天象仪在内的其他礼物则待皇帝返回北京后再观赏。在参观热河行宫时，马戛尔尼使团看到了皇帝完整的欧洲收藏品，他们突然惊恐地意识到，他们的礼物并非想象的那样特别。马戛尔尼写道，楼阁里有"各种欧洲玩具和装置，还有地球仪、钟表和自动音乐机，做工如此精美，种类如此繁多，让他们的礼物与之相比简直是小巫见大巫" [29]。就连德国人的天象仪，宫中也有中国制造的有相似功能的物品 [30]。

英国人看到皇帝的藏品后，重新考虑他们的计划，那些对中国人而言不那么有价值的科学仪器就不拿出来献丑了，打算由东印度公司在广州卖掉。而一台蒸汽机模型和一些化学实验仪器被詹姆斯·丁威迪拿走了，后来成为他在印度 [31] 推广科学的道具。英国想利用使团来展示英国辉煌的科技成就的雄心壮志已经荡然无存。

通常认为，马戛尔尼使团的礼物令受赠者 [32] 失望。乾隆皇帝在结束召见时颁布的圣旨中除否决英方所提要求外，也毫不留情地指出："天朝物产丰盈，无所不有，无需借外夷货物以通有无。" [33] 皇帝昭告天下的评语有点居高临下，因为马戛尔尼对礼物的介绍，在清政府看来过于夸夸其谈。然而事实上，清政府似乎还是十分乐意笑纳这些礼物。那些没有被带到热河的礼物被置放在北京郊外的圆明园，供皇帝回来时查看。皇帝拒绝了一些礼物，如两台暗箱（照相机的前身），乾隆帝说那只是给小孩玩的，从清朝人的角度来看，这一举动是一种恰当的姿态，旨在表明皇帝并不贪婪。武器类礼物，包括大炮、枪支、刀剑和一艘军舰模型等尤其吸引了皇帝的注意，因为他对欧洲的军事技术有着浓厚兴趣。使团离开后，包括天象仪在内的一些最令人印象深刻的英国礼物仍在皇宫中展示。 [34]

同样，乾隆皇帝赠送给国王乔治三世的回礼也是为了展示国力，而马戛尔尼及使团在很大程度上忽略了这一点。礼物中有许多玉器，包括高脚杯和碗。玉器是新疆的特色产品，是皇帝新近平定准噶尔时所获，因此象征着中华帝国的征服力量。然而，英国人对玉器的来源和意义一无所知。同样，礼物中还包括几盒藏糖，这是皇帝从廓尔喀人（Dzungars）那里收到的回赠物品，廓尔喀人在清朝的军事力量面前撤出了西藏。这份礼物表明了清朝对这一地区的控制，皇帝知道这一地区靠近英国人感兴趣的地区。马戛尔尼似乎也没有意识到其中之义。[35]

因此，对于英国人和中国人来说，那些深藏于礼物中的含义在很大程度上都不被受赠者所理解。彼此都认为他们收到的礼物就是表面上看到的那样，只是精美的物品。马戛尔尼使团的失败之处并不在于其带来的礼物有什么缺陷，也不是因为他没有向皇帝磕头或没有遵守其他方面的礼节。真正原因是乾隆皇帝没有兴趣接受英国人的任何要求。最后发布的对英方冷言冷语的诏书，在马戛尔尼使团抵达中国之前就已经写好。[36]无论马戛尔尼带来的礼物有多了不起，他的任务注定失败。

注释：

1. Berg 2006, p. 271.
2. Meyer 2009, pp. 104—105.
3. Pritchard 1943, p. 163.
4. Berg 2006, pp. 275—276.
5. Lindorff 2012, p. 441.
6. Hurewitz 1961, p. 143.
7. Kustermans 2019, p. 422.
8. Ibid., p. 423.
9. Pritchard 1943, p. 165.
10. Kustermans 2019, p. 425.
11. Lindorff 2012, p. 446.
12. 例如，Meyer 2009, pp. 115—121。
13. Ibid.

14. Pritchard 1943, p. 199.

15. Harrison 2018, pp. 79—80.

16. Ibid.

17. Ibid., p. 76.

18. Turton 2016, p. 117.

19. Berg 2006, p. 278.

20. Ibid., p. 283.

21. Ibid., p. 281.

22. Ibid., p. 272.

23. Harrison 2018, p. 84.

24. Schaffer 2006, p. 221.

25. Ibid., pp. 233—234.

26. Ibid., pp. 233—236.

27. Harrison 2018, pp. 81—82.

28. Turton 2016, p. 118.

29. Quoted in Schaffer 2006, p. 227.

30. Harrison 2018, p. 83.

31. Ibid., p. 84.

32. 例如，参见 Turton 2016, pp. 117—118。

33. 引自 Meyer 2009, pp. 121—122。

34. Harrison 2018, pp. 87—92.

35. Ibid., pp. 85—87.

36. Meyer 2009, p. 122.

27. 公元 1816 年：西班牙王室的藏品

西班牙国王费尔南多七世送给威灵顿公爵的皇家藏品

威灵顿公爵在阿普斯利宅邸滑铁卢画廊举办宴会。

阿普斯利宅邸（Apsley House）位于伦敦繁华的海德公园街角，这是一座外观独特的新古典主义建筑，曾以"伦敦一号"[1]的名号而闻名于世。它原是一座普通的砖砌建筑，由著名建筑师罗伯特·亚当（Robert Adam）于17世纪70年代为御前大臣亨利·巴瑟斯特（Henry Bathurst）所设计。1807年，巴瑟斯特的儿子将这座房子卖给了未来的威灵顿公爵的哥哥理查德·韦尔斯利侯爵（Marquess Wellesley）。理查德·韦尔斯利曾任孟加拉总督，后任外交大臣。在首相斯潘塞·珀西瓦尔（Spencer Perceval）遇刺后，他丢了官并发现自己债台高筑，所幸有弟弟帮他纾困。

阿瑟·韦尔斯利（Arthur Wellesley）在半岛战争中立下赫赫战功，将法军赶出了西班牙，成为著名英雄。战役之后，他被封为威灵顿公爵和杜罗侯爵（marquess of Douro）。此后，拿破仑军队在滑铁卢的失败使阿瑟·韦尔斯利的地位跃升至欧洲救世主的高度。心怀感激的英国购买了汉普郡的斯特拉特菲尔德·塞伊庄园（Stratfield Saye），打算在此修建"滑铁卢宫"。这个想法源自布莱尼姆宫（Blenheim Palace），布莱尼姆宫是为了奖励第一代马尔伯勒公爵约翰·丘吉尔（John Churchill）在西班牙王位继承战争中取得的军事胜利而修建的，1704 年的布莱尼姆之战是丘吉尔人生的巅峰时刻。收到庄园的阿瑟·韦尔斯利没有下令建造一座宏伟的新宫殿，而是保留了斯特拉特菲尔德·赛伊庄园的原有建筑。

他转而将注意力放在了伦敦的一座城市别墅上。通过匿名竞标，他以 4 万英镑 [2] 的高价买下了阿普斯利宅邸，解决了他哥哥的债务问题。他聘请建筑师本杰明·迪安·怀亚特（Benjamin Dean Wyatt）对大楼进行扩建。扩建工程分两个阶段。第二阶段是在 1828 年，当他被任命为首相时进行的，他将这座宅邸改建得更像一座宫殿，用于豪华的娱乐活动，尤其是他一年一度的滑铁卢宴会。

阿普斯利宅邸由第七代威灵顿公爵捐赠给国家。1947 年的《惠灵顿博物馆法案》规定保留部分作为公爵府邸，而大部分奢华的房间则由英国遗产管理局管理，向公众开放。[3] 如今，这座建筑已成为纪念威灵顿第一公爵的圣殿。威灵顿公爵的形象以及他辉煌生涯的纪念品随处可见。圣殿的观感不光是因为这里已成博物馆。即使在第一公爵生前也如是，细究原因就是公爵收到的外交礼物。

当拿破仑从厄尔巴岛的流放地逃走并在法国重新集结军队时，他遭到了整个欧洲联军的对抗，从英国到西西里、从葡萄牙到俄国。威灵顿在滑铁卢率领的是一支真正的国际军队：英国人只占三分之一强。威灵顿不仅是英国的英雄，也是欧洲的英雄。他将欧洲王室赠送的众多礼物收藏至伦敦的住所。威灵顿公爵建造了一个博物馆，用定制的红木橱柜展示这些礼物。浩大的滑铁卢画廊长 28 米多，高 2 层，之所以要建造得如此宏伟，部分原因是希望有足够的空间来举办他一年一度的滑铁卢宴会，同时也为他最看重的礼物——西班牙皇家收藏的绘画提供合适的场所。

阿普斯利宅邸展出的外交礼品给人留下的深刻印象是，欧洲统治者在为击败拿破仑的指挥官挑选合适的礼品时，他们的选择是多么一致。有些礼物似乎是一个模子里刻出来的，这一点从博物馆展厅中陈列的鼻烟壶可见一斑。这些鼻烟壶分别来自巴伐利亚国王马克西米利安一世（Maximilian I）、普鲁士国王弗里德里希·威廉三世（Friedrich Wilhelm III）、俄国沙皇亚历山大一世（Alexander I）和神圣罗马帝国皇帝弗朗茨·斯特凡一世（Franz Stefan I）。所有鼻烟壶均为金色，上面都有国家元首的椭圆形肖像。客人来到威灵顿晚宴的桌前，会发现自己身处众目睽睽之下，四周的墙上都是欧洲皇家所赠尺寸相似的大型肖像画。一幅身穿苏格兰传统服饰的苏格兰国王乔治四世的肖像被挂在壁炉正上方。

几位欧洲国家元首认为，最适合威灵顿公爵的礼物是大型餐具套件。他们肯定觉得这是一份非常合适且重要的君王之礼，否则也不会有好几组餐具都看得出经过个性化定制。普鲁士国王弗里德里希·威廉三世赠送给威灵顿的餐具由柏林瓷器厂制作，由 400 多件餐具组成，这是最精美的餐具之一。餐具的中心是一个绿色的瓷方尖碑，上面列出了威灵顿的头衔和勋章。甜点盘上装饰着城镇和乡村的风景，让人回想起威灵顿生活的不同片段，从就读的伊顿公学到印度西部的浦那（Poonah），再到滑铁卢大桥的落成典礼。

萨克森国王弗里德里希·奥古斯特在萨克森梅森瓷器厂为公爵定

制了一套餐具。这套餐具有 105 个甜点盘，上面手绘有拿破仑战争的场景。神圣罗马帝国皇帝弗朗西斯一世（Francis Ⅰ）赠送的奥地利餐具则另辟蹊径。与普鲁士和萨克森所送的餐具不同，它没有描绘威灵顿生活和事业的场景。相反，它的装饰以圆形图案中描绘古典英雄半身像为中心，从苏格拉底到毕达哥拉斯，从汉尼拔到西塞罗。这份礼物的用意是暗示公爵可跻身于古典圣贤的行列。

心怀感激的法国复辟君主路易十八转送了埃及餐具套件，这是塞弗尔瓷器厂的杰出之作，转送的性质也在表明公爵的成就。在拿破仑埃及战役的刺激下，法国流行起了埃及风。当时的艺术家、作家和考古学家多明尼克·维旺·德农（Dominique Vivant Denon）撰写了图文并茂的《上下埃及行记》(*Voyage dans la Basse et la Haute Egypte*) 一书，并联系了塞弗尔工厂，建议他们可以将自己的插图用于绘制餐具上的图案。[4] 德农人脉广泛，曾担任拿破仑的艺术部长和拿破仑博物馆（即未来的卢浮宫）的首任馆长。塞弗尔工厂据此建议制作了一套精美绝伦的餐具，作为外交礼物赠送给俄国沙皇亚历山大一世。拿破仑的皇后约瑟芬看了也心动不已，拿破仑给了她 3 万法郎，让她向塞弗尔瓷器厂定制，作为他的离婚赠礼。[5] 约瑟芬收到这套餐具时，又觉得后果太严重，于是将其退回。[6]

那是一套非常精美的餐具。将近七米的中央摆设绘有卡纳克（Karnak）、登德拉（Dendera）和菲莱（Philae）神庙。六十六个甜点盘上的场景取自德农著作中的插图。因此，埃及餐具与被击败的拿破仑遥相呼应。这套餐具让人想起了作为败军之将拿破仑曾经的雄心壮志，间接地歌颂了威灵顿公爵的战功。

路易十八在将埃及餐具套件赠送给威灵顿时，还附上了一封手写的法文书信，其中只有一句话，下面划了线，是用英文写的："礼物虽小，友谊永存。"威灵顿曾在拿破仑第一次战败并被流放到厄尔巴岛后担任驻法大使。他似乎并不看好路易十八。托利党政治家菲利普·斯坦诺普（Philip Stanhope）记录了一次谈话，据说威灵顿在谈话中宣称："路易十八是个长了脚的脓包——彻彻底底的会走路的脓包，他的身体没有一处是好的——甚至他的脑子也流着脓液。"[7]

葡萄牙政府赠送给公爵的餐具套件不是瓷器，而是银器和镀银器，由宫廷画家多明戈斯·安东尼奥·德塞凯拉（Domingos António de Sequeira）设计。[8]新古典主义风格的中央摆设超过 8 米，上面有屈膝的鹰头狮，狮头上的牌匾刻有威灵顿在半岛战争中打赢战役的名称。塔古斯河的仙女在周围翩翩起舞。这个中央摆设是威灵顿年度滑铁卢宴会中的一大亮点。

在赠送给威灵顿的礼物中，最奢华、最引人注目的并不是餐具，而是一份颇不寻常的礼物，因为礼物在被赠送之前就已经在受赠者手中了。它就是西班牙皇家收藏的大量绘画作品，人称西班牙王室藏画。如同在威灵顿年代那样，这些作品至今装饰着阿普斯利宅邸滑铁卢画廊的墙壁。这份礼物的来源和半岛战争最后几天的混乱有关。拿破仑的哥哥约瑟夫·波拿巴被其弟弟封为西班牙国王。与弟弟不同，这位拿破仑更适合当一名艺术鉴赏家，而非军事指挥家。当威灵顿的军队开始收复伊比利亚半岛时，约瑟夫匆匆逃离马德里，带走了大量战利品。其中 150 多幅画作主要是从西班牙王家收藏中盗取的，这些画作从画框中被剪下，卷在帆布中，放在一个"御用"的大箱子里，装在了他的私人马车上。

1813 年 6 月，法军在距法国边境约 85 英里的维多利亚战役（Battle of Vitoria）中被威灵顿军队击败。约瑟夫的私人马车被英军拦截，他被迫骑马逃跑。第 14 轻骑兵团的士兵们在检查马车内的物品时，欣喜地发现了一个纯银便壶，并将其"解放"给了自己的军团。它被正式命名为"皇帝"，至今仍是第 14 轻骑兵团的后继者皇家轻骑兵团聚餐时用来敬酒的容器。由于此件轶事，该团获得了"皇帝侍女"的绰号。

这些画作也同时被发现，威灵顿把它们装箱后寄给了他在英国的弟弟威廉，他在给威廉的信中说，粗略一瞥，这些画作似乎并不引人注目。当威廉请皇家画作管理员查看这些画作时，才意识到它们的真正价值。其中有四幅是迭戈·委拉斯开兹（Diego Velázquez）的画作，包括这名西班牙艺术家的早期杰作《塞维利亚卖水人》（The Water-Seller of Seville）。威灵顿个人最喜欢的画作是柯勒乔（Correggio）的《花园中的痛苦》（The Agony in the Garden）。他特意为这幅画制作了一个带锁的、罩着玻璃的画框：他把钥匙随身携带，据说他还经常掀开玻璃，用手帕擦拭画作。[9] 这批藏品持续给人带来惊喜。2015 年，一位英国遗产保护委员会的工作人员在清理一幅画时，发现了提香的落款。之前，这幅《提香的情妇》（Titians Mistress）画作一直被认为是赝品。[10]

威灵顿曾多次尝试归还画作。1814 年 3 月，他写信给另一位兄弟、英国驻西班牙大使亨利，请他安排一位西班牙官员来伦敦观看画作，并确定哪些画作是从西班牙王家收藏中拿走的。西班牙人似乎并不急于此事。1816 年，威灵顿通过西班牙驻英国外交代表费尔南·努涅斯伯爵（Count Fernan Nuñez）再次提出将画作归还西班牙国王。在与国王费尔南多七世（Fernando Ⅶ）商议后，费尔南·努涅斯伯爵回复："国王陛下被您的细心所感动，不希望剥夺您以公正和体面的方式拥有的画作。"[11] 这些画由此正式被赠予威灵顿公爵。

一些学者认为，威灵顿将画作送回英国的行为表明，他很清楚画作的重要性，而且他也想把这些画占为己有。画送回了英国，就是让西班牙人以后很难讨要。学者对他主动提出归还画作这一点没有争议。但同一批学者也认为威灵顿多少也希望西班牙能做个顺水人情，把画作送给他[12]，如历史上真实发生的那样。

毋庸置疑的是，这些西班牙皇家藏画作为一份大礼，被西班牙国王送给了帮助他重返王位的人。

178

注释：

1. 在 2017 年 12 月 7 日刊登在《伦敦人》(*Londonist*) 杂志名为《阿普斯利宅邸地址为何是"伦敦一号"？》一文中，作者劳拉·雷诺兹指出，"伦敦一号"这个地址源于阿普斯利宅邸是人们进入伦敦市中心的主要收费公路后遇到的第一所宅子。
2. Bryant 2005, p. 42.
3. Ibid., p. 48.
4. Brier 2013, p. 65.
5. Ibid., p. 66.
6. Hoskin 2015.
7. Stanhope 1888, p. 32.
8. Heath 1995.
9. Bryant 2005, p. 19.
10. Kennedy 2015.
11. 引自 McNay 2015, p. 209。
12. 这一观点可参见 Lindsay 2014。

28. 公元1826年: 一头长颈鹿

埃及总督穆罕默德·阿里帕夏送给法国国王查理十世的礼物

小尼古拉斯·于埃（Nicholas Hüet the Younger）1827年的绘作，主题是埃及总督赠送给查理十世的长颈鹿。

我们探讨了珍稀动物在外交礼物中的重要地位。这是因为奇珍异兽总能引起人们的好奇心和兴奋感，同时馈赠珍奇动物须面对诸多挑战，从运输困难到养护成本高昂，使之成为权贵的专属品。正如我们所看到的，有些动物类（如海狸）的馈赠是建立在其肉类、毛皮甚至分泌物的实用性之上，另一些动物的价值则纯粹在于猎奇感。

在动物王国中，没有任何一种动物能比长颈鹿更能给陌生的国度带来惊奇。长颈鹿有房子那么高，脖子长得让人叹为观止，但又优雅温顺，看起来十分神奇。公元前 46 年，尤利乌斯·恺撒（Julius Caesar）结束了在中东和非洲的艰苦征战返回罗马，他让长颈鹿与其他野兽一起在都城巡游，旨在以此显示自己的大权在握和战果丰硕。[1] 长颈鹿在庆祝恺撒归来的活动中被狮子撕成碎片：这一举动或许是为了暗示恺撒是如此强大，一旦需要，他想得到多少就能得到多少。[2]

如果说奇珍异兽作为外交礼物的价值在于它们能够引起人们足够的惊奇，以及因运输和供养困难而导致的稀缺，那么长颈鹿尤其体现了这两种特性。为了将长颈鹿长途运输到一个陌生的国度，首先需要驯服它。而驯服长颈鹿，首先需要捕获幼体，使其能够习惯与人的互动。幼年长颈鹿食物需求量很大，每天要消耗多达 25 加仑的牛奶。[3] 因此，长颈鹿是独特且珍贵的外交礼物，专为特别重要的收礼者准备。

1414 年，孟加拉（Bengal）统治者向中国永乐皇帝赠送了一头长颈鹿，而这头长颈鹿又是孟加拉统治者从东非的梅林德（Melinde）（即现在的马林迪 Malindi）收到的。又是一个转送珍禽异兽的案例。这反映了一个事实，即第一眼看到这种动物时的惊奇会随着时间的推移而递减，而饲养的成本和挑战却不会改变。中国人认为长颈鹿就是传说中的麒麟，类似于独角兽，是好兆头的象征。[4]

长期以来，埃及统治者一度将长颈鹿作为外交礼物赠送给欧洲和中东的君主，其来源是如今的苏丹，长颈鹿是埃及与信奉基督教的努比亚（Nubia）签订的《巴赫特条约》(the Baqt Treaty）中规定的贡品之一，该条约历史悠长，有效期从 7 世纪一直延续到 14 世纪。每年的贡品通常都会有两头长颈鹿。[5]13 世纪，阿尤布苏丹马利克·卡米勒（al-Malik al-Kamil）向神圣罗马帝国皇帝腓特烈二世（Friedrich Ⅱ）赠送了一头长颈鹿，腓特烈二世用一头北极熊作为回礼。[6]腓特烈的儿子西西里国王曼弗雷德（Manfred of Sicily）也收到过一头长颈鹿，那次是 1261 年马穆鲁克苏丹查希尔·巴伊巴尔斯（al-Zahir Baybars）赠送的。[7]

佛罗伦萨药剂师卢卡·兰杜奇（Luca Landucci）的日记记载，1487 年，马穆鲁克苏丹凯特贝（Qaytbay）的使臣向洛伦佐·德·美第奇（Lorenzo de Medici）赠送了一系列动物，有一头狮子和一只外来品种的绵羊，但最引人注目的礼物是一头长颈鹿。[8] 早些时候，佛罗伦萨（Florentine）派往开罗的使团开始了两国间的商业谈判，这支马穆鲁克使团的到访是两国上次商业谈判的延续。苏丹凯特贝可能还在另一件事上寻求洛伦佐的支持。当时奥斯曼帝国苏丹巴耶济德二世（Bayezid Ⅱ）对埃及构成了威胁。凯特贝希望巴耶济德能因其同父异母兄弟塞姆苏丹（Cem Sultan）对王位的觊觎而分心。塞姆苏丹在 1482 年试图推翻巴耶济德未果后，前往罗德岛寻求圣约翰骑士团的庇护，骑士团将他转移到了法国。在那里，塞姆苏丹成了一个具有政治价值、受到礼遇的俘虏。凯特贝希望说服法国人将塞姆苏丹交给他照顾，在他手中，塞姆苏丹将成为有用的资产，他可以借此筹码劝阻巴耶济德对埃及动武。

虽然史料记载很少，但美国作家玛丽娜·贝罗泽斯卡亚（Marina Belozerskaya）认为，长颈鹿可能是复杂的政治安排中的核心角色，旨在确保塞姆苏丹前往埃及。她认为洛伦佐可能向凯特贝索要了一头长颈鹿，以此向佛罗伦斯市民展示他的国际影响力。作为美第奇豪门家族的一员，他一直想抛弃居于幕后的传统，以更直接的方式统治佛罗伦斯。要实现这一目的，长颈鹿将是完美礼物，因为它既能带来惊奇，又能让人联想到恺撒的凯旋游行。洛伦佐对长颈鹿的渴望完全是政治性考量，而非对动物感兴趣。他的如意算盘是一旦收到礼物，就转赠给法国的安妮（国王路易十一的长女），以换取她对塞姆苏丹前往埃及的支持。[9]

长颈鹿的不幸身亡让计划落空了。根据铜匠巴托洛梅奥·马西（Bartolomeo Masi）的日记，长颈鹿是因头部被门户上方横梁的突出支撑 [10] 卡住而死。安妮没有收到长颈鹿，塞姆苏丹则被送到了教皇英诺森八世那里被监管起来。尽管如此，长颈鹿的到来还是为洛伦佐赢得了声誉。乔尔乔·瓦萨里（Giorgio Vasari）受科西莫一世（Cosimo I）之托为维奇奥宫（Palazzo Vecchio）绘制洛伦佐的画像时，他选择了洛伦佐生前接受使节礼物的场景。画作中最重要的角色就是一头长颈鹿。[11]

至此，向欧洲统治者赠送长颈鹿的风潮告一段落。直到 19 世纪才得以重启。这主要归功于两人。第一位是埃及总督穆罕默德·阿里帕夏（Muhammad Ali Pasha）。他是阿尔巴尼亚族人，出生在卡瓦拉（Kavala），卡瓦拉位于今天的希腊，但当时和埃及一样，是奥斯曼帝国的一部分。1801 年，在法国人撤出后，他随奥斯曼帝国派遣军抵达埃及。在 1798 年拿破仑发动远征之前，埃及的统治阶级是马穆鲁克人，他们是奥斯曼帝国的附庸，但梦想着从奥斯曼帝国中独立出来。

穆罕默德·阿里操纵了奥斯曼人和马穆鲁克人之间的权力斗争，在 1805 年为自己赢得了总督职位。随后，他开始清洗马穆鲁克领导层。他希望埃及摆脱奥斯曼帝国的控制，为此，他必须实现国家的现代化，增强国家实力。对穆罕默德·阿里来说，无论战略上还是现实中，法英等欧洲列强的支持非常重要，因为这些国家可以为他的现代化计划提供帮助。他热衷于交好这些大国，但也担心他支持奥斯曼人镇压希腊独立运动 [12] 会导致英法的不满。外交礼物是穆罕默德·阿里的一个重要工具，因为实际上，他只是一个普通的总督，而不是独立国家的统治者，他没有其他的外交权力，如派遣大使的权力。[13]

将长颈鹿作为外交礼物的想法是由贝尔纳迪诺·德罗韦蒂（Bernardino Drovetti）向穆罕默德·阿里提出的，他是本章故事的第二个人物，时任法国驻埃及总领事，出生于都灵。同时，德罗韦蒂还是穆罕默德·阿里的非正式顾问、埃及古董收藏家和机会主义者，他向欧洲收藏界提供古埃及文物和珍奇动物。[14] 法国国王查理十世曾向法国外交部门下令，要求获得外来动植物，因此德罗韦蒂确信赠送长颈鹿会受到高度赞赏，更何况这将是第一头踏足法国的长颈鹿。[15] 穆罕默德·阿里的儿子伊斯梅尔于 1821 年入侵苏丹，使总督获得长颈鹿更为便利。[16]

穆罕默德·阿里热衷于在英法两国的竞争野心之间保持平衡，因此决定向两国各赠送一头长颈鹿，正如我们在后面的故事中将看到的，这种做法还延伸到了方尖碑的赠送上。他还把第三头长颈鹿送给了奥地利皇帝弗朗西斯一世。这些礼物都是赠送给统治者的。然而，与前面赠送给洛伦佐·德·美第奇长颈鹿的目的有所不同，穆罕默德·阿里不仅希望对受赠君主，还希望对这三个国家的广大公众产生积极影响。这些礼物作为皇家礼物很合适，作为公共外交的工具也很合适。送往英国和奥地利的长颈鹿都引起了两国极大的兴趣，但长颈鹿的存活时间都没有超过两年。瑞士画家雅克-劳伦特·阿加斯（Jacques-Laurent Agasse）创作了一幅名为《努比亚长颈鹿》[17] 的作品，使这只栖息在温莎公园的英国长颈鹿永垂不朽。

前往法国的那头母长颈鹿显然体格更加强壮。它被一艘甲板上开洞的船只从亚历山大港运往马赛，长颈鹿的头就是从这里伸出来的。1826 年 10 月，长颈鹿抵达法国马赛港口，在省政府的花园里过冬。省长越来越喜欢它，因为长颈鹿能在晚宴上成为谈资，得宠的当地贵族会有幸在晚宴上看一眼长颈鹿。[18]

法国当局委托博物学家艾蒂安·若弗鲁瓦·圣伊莱尔（Étienne Geoffroy Saint-Hilaire）去马赛接收长颈鹿，并将其安全送到巴黎献给国王。委托若弗鲁瓦是一个明智的选择，1798 年，他作为科学顾问参加了拿破仑入侵埃及的行动，后来成为一名杰出的动物学教授。[19] 他的名字在几个动物物种中流传下来，包括南美洲的野生云豹就叫若弗鲁瓦豹。

若弗鲁瓦认为，将长颈鹿从马赛弄回巴黎的最佳方式是让它自己走，路程约 880 公里。1827 年 5 月 20 日上午，一支不寻常的车队启程往北。[20] 车队由为长颈鹿提供牛奶的奶牛领头。有一辆马车载着行李、喂长颈鹿的固体食物，还有一些德罗维蒂添置的笼养的外来动物，包括一只来自特内里费岛（Tenerife）的獐。[21] 长颈鹿由两名饲养员哈桑（Hassan）和阿蒂尔（Atir）陪同，他们色彩斑斓的服饰[22] 也引起了人们的广泛关注。若弗鲁瓦一路上主要乘坐马车，他经常脱离队伍去下一个城镇为长颈鹿安排住宿，为此有时还需要改建马厩。[23]

若弗鲁瓦为长颈鹿准备了一件量身定做的油皮雨衣，以抵御法国的恶劣天气。雨衣采用皇家蓝色面料，一面饰有法国君主制的百合花，另一面饰有穆罕默德·阿里的纹章，雨衣实际上也是礼品包装，宣传里面的东西是送给法国国王的礼物，也是法埃关系的象征。[24] 长颈鹿在北上途中吸引了大量关注，事实证明，若弗鲁瓦所设想的安全挑战并不是如何控制一头温驯的长颈鹿，而是如何保护长颈鹿不被人群围堵。[25] 这方面宪兵的护送发挥了重要作用。

查理十世非常重视王室礼仪，他坚持要把长颈鹿带到他面前，而不是亲自去迎接它，因此车队只能前往巴黎西部的圣克卢宫殿（Saint-Cloud）。[26] 穆罕默德·阿里的长颈鹿与凯特贝（Qaytbay）的长颈鹿受到的礼遇不同，前者更注重科学性。因此，若弗鲁瓦向查理十世进行了一场科普式的简报。[27] 此后，长颈鹿被送入巴黎植物园附近的动物园，这是欧洲最大的珍奇动物收藏馆，管理者正是有科学背景的若弗鲁瓦。

与早期的皇家动物园不同，该动物园还向公众开放。成千上万的人前来观赏这只非凡的动物。长颈鹿狂热在法国兴起，长颈鹿图案出现在纺织品、墙纸和家具上。此外还出现了长颈鹿造型的姜饼饼干和女士发型。长颈鹿成为消费品拓展市场的时尚代言人。[28] 不过，长颈鹿的星光来得快，去得也快。长颈鹿来到巴黎仅仅三年后，小说家巴尔扎克就声称，只有弱智的外省人、无聊的保姆和单纯天真的家伙才会去参观长颈鹿。[29] 该长颈鹿 1845 年死后被用作科学用途，器官被摘除，保存在酒精中，现在已经遗失。长颈鹿的骨架曾在卡昂（Caen）展出，结果二战中遭到盟军轰炸。它的毛皮标本至今仍在拉罗谢尔（La Rochelle）自然历史博物馆中，成为楼梯井的一项展品。[30]

然而，人们对这头珍贵的长颈鹿的记忆不仅被保留了下来，而且还得到了美化。虽然我们不知道同时代的人如何称呼这只动物，但它现在有了一个小名扎拉法（Zarafa），在阿拉伯语中是"长颈鹿"的意思，显然是穆罕默德·阿里的官僚们在将这只动物送往法国[31] 的相关文件中借用了美国作家迈克尔·阿林（Michael Allin）在其广受欢迎的长颈鹿传记中使用的名称，[32] 2012 年的一部法国与比利时联合制作的动画影片也使用了这一称谓，在这部电影中，长颈鹿在苏丹男孩马基（Maki）的陪伴下乘坐热气球抵达巴黎。查理十世是这部电影的反派人物，最后惨遭河马粪便闷死。由此可见，外交礼物的转世，就是这么让人意想不到。

注释：

1. Joost-Gaugier 1987, pp. 94—95.
2. Belozerskaya 2006.
3. Sharkey 2015.
4. Ringmar 2006, pp. 390—391.
5. Sharkey 2015.
6. Behrens-Abouseif 2016, p. 141.
7. Cuttler 1991, p. 165.
8. Joost-Gaugier 1987, p. 94.
9. Belozerskaya 2006.
10. Joost-Gaugier 1987, p. 94.
11. Ibid., p. 91.
12. Ringmar 2006, p. 383.
13. Gordon 2016.

14. Sharkey 2015.
15. Lagueux 2003, p. 225.
16. Sharkey 2015.
17. Lagueux 2003, p. 231.
18. Ibid., p. 233.
19. Ibid., pp. 229—230.
20. Ibid., p. 233.
21. Ibid., p. 234.
22. Sharkey 2015.
23. Lagueux 2003, p. 235.
24. Sharkey 2015.
25. Ringmar 2006, p. 384.
26. Sharkey 2015.
27. Ringmar 2006, p. 384.
28. Ibid., p. 385.
29. Lagueux 2003, p. 242.
30. Sharkey 2015.
31. Ibid.
32. Allin 1998.

29. 公元 1829 年: 伊朗国王的钻石

伊朗国王法特赫-阿里·沙阿·卡扎尔送给俄国沙皇尼古拉一世的礼物

1971 年苏联邮票上的沙阿钻石。

　　这是一份表示歉意的外交礼物,并成功解除了因伤害受赠国而面临报复的威胁。这也许是唯一一个由思乡的宦官引发的外交事件。

　　我们的故事以俄国剧作家兼外交官亚历山大·格里博耶多夫(Alexander Griboedov)这一非凡人物为中心,他的一生浪漫到不可思议:在异国他乡闯荡了一个又一个城市,为了与一位美丽的格鲁吉亚公主的婚约,不止一次地与人荣誉决斗,最终英年早逝。[1] 作为一名作家，格里博耶多夫因一部传世剧作《来自智慧的悲哀》(*Gore out ma*) 而为世人所熟知，剧中主人公亚历山大·安德烈耶维奇·查茨基 (Alexander Andreevich Chatsky) 从国外长途旅行归来，发现莫斯科已经变了，或者说他自己已经变了，他再也无法与老朋友和旧爱交流。[2] 该剧曾被俄国审查机构禁演，但以手稿形式广为流传，至今仍是被引用最多的俄国戏剧之一。

我们的故事侧重于格里博耶多夫的外交生涯而非他的文学人生。他于 1817 年加入俄国外交部，希望在圣彼得堡的社交和文学圈子中过几年轻松日子。他参与决斗的丑闻导致他被派往格鲁吉亚，开始了以波斯和高加索地区为重点的职业生涯。回到圣彼得堡后，由于他的一些友人，一些年轻的具有改革思想的贵族朋友参与了 1825 年十二月党人反对新沙皇尼古拉一世的起义，也因为他平时就爱大鸣大放的个性，他成为被猜忌的对象，在俄国首都被关押了几个月。但他最终证明了自己的清白，并返回格鲁吉亚。由于与俄国元帅伊万·帕斯克维奇 (Ivan Paskevich) 有亲戚关系，他便效力其麾下。

长期以来，俄国在高加索地区推行南进政策，兵锋延及波斯疆域。他们占领了今天亚美尼亚的戈克查 (Gokcha)，引发 1826 年的俄波战争 (the Russo-Persian War)。[3] 波斯王储阿巴斯·米尔扎 (Abbas Mirza) 率领的波斯军队在最初取得了一些战果，但随着俄军集结优势兵力，战局迅速逆转，到 1827 年 10 月，俄军已抵达塔布里兹 (Tabriz)。于是波斯求和，1828 年 2 月，俄国和波斯指挥官签署了《土库曼恰伊条约》(the Treaty of Turkmenchay)，该条约内容多是出自格里博耶多夫手笔。[4] 条约的条款对波斯十分苛刻，波斯不得不割让今天的亚美尼亚和阿塞拜疆的大片土地，使边界退缩到今天伊朗的范围。波斯还被迫向俄国支付巨额款项。此外还签订了对后续事件有重大影响的条款，规定俄波双方都有权要求对方遣返其子民。[5]

格里博耶多夫被派回圣彼得堡让沙皇批准条约，沙皇很是满意，任命格里博耶多夫为驻波斯公使，以表彰他在条约订立过程中发挥的作用。据格里博耶多夫的朋友、伟大的俄国诗人普希金说，格里博耶多夫对波斯未来的局势有不祥的预感。[6]事实证明，他本应该相信自己的这份直觉。

格里博耶多夫先去了格鲁吉亚，在那里娶了芳龄16岁的公主尼娜·恰夫恰瓦泽（Nina Chavchavadze）为妻，她是俄国新设立的纳希切万（Nakhichevan）和埃里温（Erevan）两省指挥官的掌上明珠。[7]他带着新婚妻子前往塔布里兹，在那里把沙皇批准的条约呈给波斯皇储阿巴斯·米尔扎。格里博耶多夫将妻子托付给在塔布里兹的英国使团照顾，于1828年12月前往德黑兰向国王递交国书。

开始一切都很顺利。波斯提供了一处舒适的宅邸给他的使团。国书也顺利递交给了国王法特赫-阿里（Fath-Ali Shah）。然而，在《土库曼恰伊条约》影响下的波斯，格里博耶多夫的出使绝不会一帆风顺，各种差错逐渐出现。本应送给沙阿（国王）的外交礼物在运输途中耽搁，格里博耶多夫不得不凑合着送了25枚俄国的新币来充数。[8]格里博耶多夫一些仆从的行为也引起了当地人的反感，而他自己在会见沙阿时的表现也不尽如人意，这位波斯国王在最后两次会见时，竟拂袖而去。对此，格里博耶多夫认为国王非常失礼。[9]

然而，格里博耶多夫真正的麻烦始于宦官。国王的宦官兼后宫司库到俄国使团避难。根据格里博耶多夫谈判达成的条款，这名叫米尔扎·雅库布·马卡里亚（Mirza Yakub Makarian）的太监想要回到他土生土长的亚美尼亚。结果谣言四起，说这位太监贪污了王室的钱财，并在离开后宫时退出了伊斯兰教。米尔扎·雅库布还引发了第二件麻烦事，他声称两名亚美尼亚女基督徒被强迫关押在前辅政大将军（Grand Vizier）阿拉亚尔汗（Allahyar Khan）的后宫中。格里博耶多夫设法与这两名妇女进行了面谈，她们表示不想离开这座城市，但格里博耶多夫以万一她们改变主意想回亚美尼亚为借口，还是下令将她们扣留在使团中。此举让俄国人强掳女子、心怀不轨的谣言一发不可收拾。[10] 格里博耶多夫当时正计划结束在德黑兰的任务，回到还在塔布里兹的妻子身边，并已正式觐见国王沙阿辞别。他之所以迟迟没走，有可能是由于米尔扎·雅库布的出现，而这一耽搁[11]，他再也没走成。

德黑兰的首席毛拉米尔扎·梅塞赫（Mirza Messeh）和其他宗教领袖煽动人们前往俄国使团，用武力带走米尔扎·雅库布和两名妇女，理由是俄国人侮辱了他们的宗教和沙阿。1829 年 2 月 11 日，大批暴徒前往使团。米尔扎·雅库布被刺死，两名妇女被阿拉亚尔汗的仆人带走。暴徒们继续杀害使团成员，包括格里博耶多夫。据说他的尸体被肢解得面目全非，只能从他因决斗受伤而畸形的小指上辨认出来。[12] 使团共有三十七名成员遇难。唯一活着的俄国人是一等秘书马尔佐夫（Maltsov），他设法躲到了大楼的另一处而幸存。

普希金在《1829 年战役期间的阿尔兹鲁姆之旅》（A Journey to Arzrum during the Campaign of 1829）中记述了他在该地区的一次旅行，他回忆了与一辆驶向第比利斯的牛车的凄美相遇。他问随车的格鲁吉亚人从哪里来。"来自德黑兰。"他们运的是什么？"格里博耶多夫。"这是一次著名的邂逅，但应该是虚构的：被谋杀的格里博耶多夫在普希金经过该地区的几周前就被送走了。[13]

屠杀俄国使团让沙阿忧心忡忡，他对俄国可能做出的反应感到恐惧。王储阿巴斯·米尔扎（Abbas Mirza）在通过英国特使约翰·麦克唐纳（John Macdonald）转达的一份事件描述中，基本上采取了撇清波斯当局与这场悲剧关系的立场。他声称，宦官的冒犯行为、扣押两名亚美尼亚妇女时的考虑不周，以及一些使团仆从对当地人不够尊重激起众怒，酿成惨剧。[14] 德黑兰有一派好战分子，其中毛拉最为突出，他们认为与俄国再次开战才是解决之道，而沙阿则认为应该平息俄国人的愤怒。国王阿巴斯·米尔扎之子霍斯劳·米尔扎（Khosrow

Mirza）王子被派往圣彼得堡向沙皇请罪。

　　请罪当然需要一份大礼。国王挑了一颗巨大的钻石。这颗名叫沙阿的钻石于 1450 年左右在印度南部的戈尔康达（Golconda）地区被发现，重达 88.7 克拉，形状似一口棺材。它的三个面上都刻有历任主人的名字与获得日期，因此钻石的历史就写在了钻石之上。刻下的第一个名字是 1591 年艾哈迈德纳加尔苏丹国（Ahmadnagar sultanate）统治者布尔汗·尼扎姆·沙阿二世（Burhan Nizam Shah Ⅱ）。之后，这颗钻石被莫卧儿王朝（the Mughals）攫取，1641 年，著名的莫卧儿王朝皇帝沙阿·贾汗（Shah Jahan）在这颗钻石上刻下了第二个名字。18 世纪 30 年代，波斯国王纳迪尔·沙阿（Nader Shah）在进攻当时日渐衰落的莫卧儿帝国时缴获了这枚钻石，钻石上刻下的第三个名字是法特赫-阿里·沙阿（Fath-Ali Shah），日期为 1826 年。和钻石一起送来的还有其他礼物，包括地毯和古代手稿。

　　霍斯劳·米尔扎王子的出使取得了成功。沙皇尼古拉一世亲切地接见了他，并对沙阿与格里博耶多夫的谋杀案毫无关系表示欣慰。[15]尽管如此，沙皇还是坚持要惩罚那些责任人，因为这方面一直进展甚微。沙阿最终采取了令俄国人满意的行动，监禁了德黑兰警察局长并放逐了米尔扎·梅塞赫。沙皇不仅没有因为格里博耶多夫被杀而对波斯施加进一步的惩罚，而且还同意豁免《土库曼恰伊条约》规定的部分赔款，并将一笔款项的支付时间展期五年。[16]沙皇显然愿意与波斯友好和解，对格里博耶多夫的谋杀案息事宁人，这与俄土两国自 1828 年以来再次陷入战争有很大关系。沙皇希望避免多线作战。

　　霍斯劳·米尔扎王子的出使标志着俄国与波斯关系的转折点。两国关系至此一路好转。俄波两国的良好关系让英国忌惮起俄国能通过波斯来控制阿富汗，进而在英俄博弈中抢得先机。这一点也成了 1856 年英波战争的导火索。

　　今天，沙阿钻石是莫斯科克里姆林宫钻石基金会的明星展品之一，它记载着波斯历史上曾为了一名外交官向俄国致歉的故事。

注释：

1. Brintlinger 2003, p. 372.
2. Brintlinger 2020.
3. Lang 1948, p. 319.
4. Ibid., p. 321.
5. Ibid.
6. Brintlinger 2003, p. 391.
7. Ibid., p. 379.
8. Lang 1948, p. 326.
9. Ibid., p. 326.
10. Ibid., p. 327.
11. Harden 1971, p. 78.
12. Binyon 2003, p. 295.
13. Ibid., p. 300.
14. Lang 1948, p. 329.
15. Ibid., p. 337.
16. Piper 1990, p. 172.

30. 公元 1831 年：一座方尖碑

埃及总督穆罕默德·阿里·帕夏献给法国国王路易·菲利普一世的礼物

伦敦克利奥帕特拉之针（Cleopatras Needle）：这份来自埃及总督的礼物，
受赠者等了几十年时间才收到。

就像孩子们写信给圣诞老人许愿要一辆新自行车一样，我们看到，外交礼物也是可以索取的。一个典例就是法国收到的礼物——卢克索（Luxor）神庙前的古老方尖碑：这是法国心仪已久的礼物，埃及总督恰巧也希望投其所好，于是欣然相赠。

法国对方尖碑的渴望源于 1798 年拿破仑对埃及发动的战役。尽管这次远征是出于地缘政治和贸易的动机。例如，遏制英国通往印度的通道、支援迈索尔的提普苏丹（Tipu Sultan of Mysore）的事业，促进法国的商业利益发展等。但此外还蕴含着强烈的科学和文化色彩。拿破仑率领 4 万大军，随行的还有 167 名科学家。[1] 而战役期间发现的古物，包括罗塞塔石碑（Rosetta Stone），以及多米尼克·维旺·德农（Dominique Vivant Denon）在《下埃及与上埃及之旅》(the Voyage dans la Basse et la Haute Egypte) 中的叙述，激发了对埃及学这一学科的极大兴趣，同时在法国内外掀起了一股埃及热潮。这种对埃及事无巨细的关注，进一步激发了人们对方尖碑的渴望，而这种渴望也源于罗马帝国对这些纤细的石制结构所抱有的敬仰传统。罗马人曾将二十几座方尖碑带到了他们的首都 [2]，后来文艺复兴时期的教皇们也用方尖碑来彰显圣城的辉煌。

拿破仑战败后，法国恢复了君主制，路易十八国王（Louis XVIII）对古埃及情有独钟 [3]，他指示法国驻亚历山大领事馆总领事与埃及总督穆罕默德·阿里·帕夏（Muhammad Ali Pasha）接洽，希望能得到一座方尖碑 [4]。

对于法国国王而言，方尖碑既可以用来庆祝自己的复辟，又可以彰显巴黎与罗马平起平坐的地位。然而，如何让总督同意赠予呢？

在长颈鹿的故事中，我们已经看到了穆罕默德·阿里·帕夏总督的外交礼物发挥了重要作用，即确保欧洲列强默许他在东地中海的冒险主义并支持他的现代化构想。长颈鹿如是，方尖碑亦如是。为了获得欧洲列强的支持，交出埃及一些古物的代价似乎是微不足道的，因为古代的宝藏对于现代化进程和权力巩固几乎没什么帮助。

法国所指定的是亚历山大的两座方尖碑之一。它们在图特摩斯三世（Thutmose III）统治时期被安放在赫利奥波利斯（Heliopolis），但在罗马对埃及的统治时期，应奥古斯都（Augustus）之命，方尖碑被移至亚历山大，以装饰恺撒神庙，此处供奉着被封神的尤利乌斯·恺撒。[5] 这两座方尖碑被赋予"克利奥帕特拉之针"的绰号，尽管克利奥帕特拉本人在两座方尖碑运往亚历山大的前几年就已去世。[6] 其中一座在 14 世纪初的地震中倒塌，后来留给了英国。法国获赠的则是仍然屹立不倒的那座。

备受赞誉的埃及学家和象形文字破译家让-弗朗索瓦·商博良（Jean-François Champollion）在一次埃及的科学考察中，却有不同的想法。商博良认为亚历山大的方尖碑只是二流，并敦促法国设法获得拉美西斯二世（Ramesses Ⅱ）统治时期矗立在卢克索神庙（Luxor Temple）入口两侧的方尖碑。这是对礼物挑三拣四的典例。考察的劳累让商博良本就不佳的身体更不堪重负，他 1832 年在巴黎去世，年仅四十一岁。

法国国王查理十世派遣了一支由伊西多尔·泰勒（Isidore Taylor）男爵率领的使团，以确保礼物换成卢克索方尖碑。由于许诺英国在先，因此双方达成了一揽子协议，卢克索的两座方尖碑将送给法国，而英国人则将得到位于卡纳克（Karnak）的哈特谢普苏特（Hatshepsut）大方尖碑。[7] 法国人认为这是一笔特别划算的交易，因为在不破坏神庙的情况下，哈特谢普苏特大方尖碑似乎无法移走。英国人也从未敢尝试。1830 年的法国革命推翻了查理十世的统治，路易·菲利普（Louis Philippe）一世登基，这一礼物又被承诺赠予法国新王。[8]

法国曾试图接收亚历山大方尖碑，但并不积极。他们仅派遣了一艘名为"骆驼"号（Dromadaire）的船只，由于设备不足，法国拆除方尖碑的计划也因缺乏木材而失败。[9] 法国的努力重点是获得位于卢克索的西部方尖碑，商博良认为这是他们获赠的三座方尖碑中最美丽的。[10] 商博良还提醒，东部的方尖碑有裂痕。[11]1831 年 4 月 15 日，一艘大船"卢克索"号（Luxor）离开土伦（Toulon），驶往埃及。"卢克索"号是一艘专门用于运送卢克索西部方尖碑的驳船，它必须能够适应尼罗河和塞纳河的浅水，同时也能够在开放海域中航行，并且能够从巴黎的桥洞下穿过，还要能装下并承受住方尖碑的重量。[12]

方尖碑的拆卸、运输和重新架设是一项浩大的工程。负责此次行动的工程师是让-巴蒂斯特·阿波里奈·勒巴（Jean-Baptiste Apollinaire Lebas）。在开工之前，勒巴于 6 月与总督会面，由于他个子不高，穆罕默德·阿里（Muhammad Ali）总督在见面时还开玩笑地假装看不见他。[13] 他们当时一定笑得前仰后合。

勒巴和他的团队面临不少棘手问题。西部方尖碑也有裂痕，所幸并不严重。附近的房屋阻挡了方尖碑通往尼罗河的路线，将这些房屋拆除又需要对所有者进行赔偿。为此，他们进行了漫长的谈判，而且当时还爆发了霍乱，他们却坚持工作。1831 年 12 月，方尖碑被拖进了"卢克索"号。[14] 勒巴不得不等到次年 8 月，尼罗河水位上升才得以启程。返回的旅程缓慢而谨慎，直到 1833 年 12 月，"卢克索"号才抵达巴黎，又要等到次年 8 月水位下降到足以让船只搁浅，方尖碑才能安全运走。[15] 基座已经准备就绪，上面装饰着一幅图画，展示了勒巴在埃及如何将方尖碑拆卸的过程。另一座卢克索方尖碑底部的一个石块也被带到了巴黎，石块上面绘有一排后腿站立、抬起前腿向太阳致敬的狒狒。这个石块原本计划用来装饰基座，但最终送到了卢浮宫。显然，展示狒狒裸露的生殖器与当时清教徒的风气格格不入。

方尖碑选址在一个中心位置：协和广场（The Place de la Concorde）。这是法国近代史上意味深长的地方，该广场于 1750 年为了纪念国王路易十五而建，广场中央是其雕像。法国大革命期间，雕像被拆除，广场也被用作刑场。国王路易十六世就在这里被处死。选择此处可以看出，人们可能希望广场上的纪念碑与该国最近动荡的历史没有关联，从而是一个安全的选址。[16]1836 年 10 月 25 日，方尖碑被安上新基座。20 多万人涌入广场，亲睹这一壮观场面。勒巴因其卓越成就而备受赞誉。他于 1873 年去世，长眠于巴黎的拉雪兹神父（Père

Lachaise）公墓。他的墓葬被贴切地设计成方尖碑形。

1845 年，穆罕默德·阿里收到了路易·菲利普的回礼，一尊古董大钟。这座钟放置在穆罕默德·阿里·帕夏大清真寺的一座塔楼内，该塔楼由总督委托修建，坐落于开罗城堡。尽管定期尝试修复，但是自安装以来，这座钟从未正常工作过。在撰写此文时 [17]，又一次修复正在进行。法国没有将卢克索东方的方尖碑带出埃及。1981 年，密特朗总统正式将所有权退还给埃及。

亚历山大的两座"克利奥帕特拉之针"也将作为外交礼物离开埃及，不过那是几十年后的事了，目的地也非法国。亚历山大的倒塌方尖碑是穆罕默德·阿里赠送给英国人的礼物，以感谢他们将埃及从拿破仑手中解救出来。长期以来，英国一直没有多大意愿来运走这座方尖碑。因为英国政府一直顾忌运输方尖碑的成本等问题，而且英国著名的埃及学家对方尖碑的品质下降表示担忧。[18]1867 年，埃及总督将方尖碑所在的土地卖给了希腊商人，新主人坚持要将方尖碑从原址移走。总督因而向英国施加压力，最终迫使英国人运走了他们的礼物。尽管英国政府仍不愿支付运输成本，但最终经由旅行家詹姆斯·爱德华·亚历山大爵士（General Sir James Edward Alexander）四处活动，获得了他朋友、皮肤病专家伊拉斯谟·威尔逊教授（Professor Erasmus Wilson）的资助。凭借威尔逊的资金，他们聘请工程师约翰·狄克逊（John Dixon）将方尖碑运到伦敦。[19]狄克逊于 1877 年抵达亚历山大。

方尖碑被装入一艘非同寻常的船只，因为这船形似一个带有桅杆和船舱的浮动铁圆筒，所以被命名为"克拉奥帕特拉"号（Cleopatra）也就顺理成章了。这艘船由蒸汽拖船"奥尔加"号（Olga）拖往伦敦。但比斯开湾（Bay of Biscay）发生了始料未及的风暴，"克拉奥帕特拉"号失去控制，灾难降临。"奥尔加"号派遣救援船前去营救但该救援船翻覆，六名船员溺亡。尽管"克拉奥帕特拉"

号的船员最终得救，但船只被抛弃在茫茫大海。幸运的是，它并未沉没，而被人拾获，在支付了打捞费用后，从一个西班牙港口出发抵达英国。1878 年，"克利奥帕特拉之针"终于竖立在伦敦的维多利亚堤岸上，位于些许媚俗的建筑群中心，两侧是狮身人面的雕像，而周围的长椅上还装饰着更多的小狮身人面像。

媒体报道了伦敦方尖碑的运输过程，位于亚历山大的第二座方尖碑，一直没被法国运走，却引起了美国的注意。美国希望获得一座自己的方尖碑，以确认其与欧洲列强平起平坐的地位。美国总领事埃尔伯特·法曼（Elbert Farman）多次努力游说总督伊斯梅尔·帕夏（Isma'il Pasha）将方尖碑赠予美国，最终在 1879 年取得成功。[20] 与伦敦方尖碑一样，一位私人赞助人愿意承担其拆除和运输费用，这个人就是铁路大亨威廉·H. 范德比尔特（William H. Vanderbilt）。总督同意赠送方尖碑的动机与几十年前穆罕默德·阿里·帕夏的动机如出一辙，包括希望美国支持他的国家现代化努力。不过，美国是否能获得方尖碑并不那么确定，因为随着时间的推移，在埃及，反对宝藏流失的呼声越来越高。

一位名叫亨利·赫尼·霍尼彻奇·戈林奇（Henry Honeychurch Gorringe）的海军军官赢得了将方尖碑从亚历山大迁至纽约的合同。1879 年 10 月，戈林奇抵达亚历山大港，在移走方尖碑的过程中遭到了当地相当强烈的反对，尤其是来自该市外国居民的反对。他在方尖碑上悬挂了一面美国国旗[21]，以宣示所有权。方尖碑最终被拆走，并登上了从埃及政府购买的"德苏格"号（Dessoug）汽船。然后于 1880 年 7 月抵达纽约，最终于次年年初竖立在中央公园。

古埃及的方尖碑出现在世界各国的首都并非毫无争议。2011 年，时任埃及最高文物委员会主席扎希·哈瓦斯（Zahi Hawass）指出，纽约的方尖碑遭到忽视，如果纽约市不能更好地照顾它，埃及可能会寻求将其索回。2014 年，方尖碑进行了一次修复，不过大都会艺术博物馆的馆长们指出，方尖碑损坏的主要原因不是纽约的环境，而是在赫利奥波利斯时，长期被放置在沙漠上的结果。[22]

注释：

1. Gordon 2016.
2. Brier 2018, p. 76.
3. Hassan 2016, p. 61.
4. Gordon 2016.
5. D'Alton 1993, p. 7.
6. Ibid.
7. Thompson 2015, p. 171.
8. Wilkinson 2014, p. 97.
9. Brier 2018, p. 81.
10. Thompson 2015, p. 171.
11. Brier 2018, p. 81.
12. Wilkinson 2014, pp. 97—98.
13. Gordon 2016.
14. Wilkinson 2014, p. 98.
15. Brier 2018, p. 88.
16. See Hollier 1994, p. 673.
17. Salama 2020.
18. King 1883, p. 42.
19. Ibid., p. 43.
20. D'Alton 1993, p. 15.
21. Ibid., p. 21.
22. Foderaro 2014.

31. 公元1837年：一枚和平勋章

美利坚合众国政府送给印第安萨克族酋长基奥库克的礼物

托马斯·杰斐逊1801年的和平勋章，上面有紧握的双手、交叉的战斧与和平烟斗，
以及"和平与友谊"的字样。

在中国和日本的故事中，我们看到了欧洲列强为发展与亚洲各帝国的贸易关系而安排的一系列礼物。另一方面，在北美洲，欧洲人遇到了截然不同的当地居民，领土扩张往往依靠少量甚至微不足道的礼物来支撑。[1]1626年，新荷兰的负责人彼得·米纽伊特（Peter Minuit）从美洲原住民手中用货物换取了曼哈顿岛，当时的货物价值仅为60盾。[2]

和平勋章在与美洲原住民的不平等礼物交换中发挥了重要作用。这种纪念章通常印有君主的肖像，从 16 世纪欧洲移民早期开始，欧洲殖民国家就使用这种勋章作为友谊和结盟的信物。美国的新政府沿用了这一做法，从乔治·华盛顿总统时期开始，一直延续到 19 世纪末。[3]

和平勋章通常由银制成，其图标意在传达平等的合作伙伴关系。然而，这种伙伴关系是处于美国逐步向西扩张的大背景下的，美国在这一过程中以所谓"天定命运"为借口，以美国的制度为支撑，闯入并以定居农业重塑西部土地。简而言之，这不可能是平等的伙伴关系，因为这种"命运"就是对美洲原住民的土地的逐步剥夺。

1792 年的乔治·华盛顿和平勋章的正面展示了两个站立的人物，一个是美洲原住民，一个是华盛顿，他们友好地注视着彼此。尽管图像呈现了两个当事方之间的平衡，然而背景中一队拉着犁的牛从右边横穿画面，展示了定居农业向西扩展的事实。[4]早期的乔治·华盛顿勋章是手工雕刻的，工艺粗糙。从杰弗逊总统时期开始，这些勋章在费城的美国造币厂制作，变得精致。

1792 年华盛顿勋章中美洲原住民是一个普通人物，而华盛顿是一个领袖，这也造成了不平等。从 1801 年的杰斐逊和平勋章开始，这种将勋章与美国总统相提并论的做法变得更加明显，勋章只在正面印有总统的肖像，没有美洲原住民的形象。背面是一双紧握的手，一只是美洲原住民的，另一只是欧洲人的，下面是交叉的战斧与和平烟斗，以及"和平与友谊"字样。在 1804 年至 1806 年太平洋沿岸探查期间，探险家刘易斯（Lewis）和克拉克（Clark）携带着大量此类勋章。[5]这些勋章通常与其他礼物一起送出，如衣物和烟草。直到 19 世纪 40 年代末，扎卡里·泰勒（Zachary Taylor）担任总统期间，类似的设计一直被用于铸造和平纪念章。[6]

和平勋章作为礼物的成功，很大程度上基于这样一个事实：至少可以追溯到 4 000 年前的美洲原住民社区的既定习俗, 即佩戴贝壳护颈以标识部落群体中的地位。[7] 部落酋长通常会像项链一样戴着和平勋章, 其他部落成员也渴望能如此, 因为这意味着外界的尊重。从 17 世纪 90 年代开始, 和平勋章有三种不同的尺寸, 较大的勋章特别受欢迎, 因为它象征着更重要和更受尊敬的地位。[8] 和平勋章备受珍视, 因此通常会传给酋长的继任者。

授予和平勋章通常在边境或美国首都举行的正式仪式上, 例如在签署条约时。从美国的角度来看, 和平勋章是条约的一种直观体现, 美洲原住民据此售出了他们的土地, 或承诺提供军事支持或毛皮等原材料。虽然勋章以友谊和平等的图标语言呈现, 实际却象征着美国对美洲原住民部落宣示权力。[9] 乔尔·波因塞特 (Joel Poinsett) 是马丁·范布伦 (Martin van Buren) 总统手下的战争部长, 作为一名狂热的业余植物学家, 至今被人们铭记。在墨西哥, 一种植物引起了他的注意, 他将样本送回美国, 后来被称为 "一品红" (the Poinsettia)。1837 年, 在华盛顿举行的一次授勋仪式上, 乔尔在向索克 (Sauk) 部落酋长颁授和平勋章时告诉他们, 每当他们看到勋章时, 必须 "牢记你们对白人的义务, 永远不要让白人为你们的行为感到羞耻" [10]。这些说辞夹杂着帝国主义和家长作风, 显然不会让人联想到伙伴关系。

美洲原住民酋长对和平勋章的理解各异。索克部落两位酋长对和平勋章的不同反应就很能说明问题。索克 (或萨克) 部落与他们的亲密伙伴福克斯 (Fox, 或梅斯夸基 [Meskwaki]) 部落, 在 1804 年与美国达成协议, 放弃他们在密西西比河以东威斯康星州和伊利诺伊州的土地, 包括他们在洛克河 (Rock River) 沿岸历史悠久的村庄。

一位名叫黑鹰 (Black Hawk) 的索克族首领反对 1804 年的协议, 他的领导地位是通过领导战争而获得的。在 1812 年的战争中, 黑鹰曾与英国结盟对抗美国, 并于 1832 年将他的部落向东迁移, 越过密西西比河进入伊利诺斯州, 引发了密西西比河东岸最后一场美洲原住民战争，史称"黑鹰战争"。在黑鹰的自传中，他明确表示拒绝接受或佩戴美国和平勋章[11]，而这本自传是在事件之后他被囚禁的日子即将结束时口述的。他并不是拒绝和平勋章这一概念，他提到了在 1812 年战争期间佩戴英国勋章的事情。他解释说，尽管英国人没有多少承诺，但很可靠，而美国人承诺虽美好，却从未兑现。[12]

基奥库克（Keokuk）是与之对立的索克人首领，他处理与美国的交往和对和平勋章的态度迥然不同。通过谈判，基奥卡克与美国达成了一系列的协议，其中包括逐步向西迁移部落。美国当局自然乐意与他合作。显然，人们都认为他所签署的条约以及获得的和平勋章，只是为了巩固他个人的领袖地位。从现代的角度来看，黑鹰对不平等条约采取了抵制立场，更显高尚。也许正因为如此，以黑鹰的名字命名了一款军用直升机、四艘美国海军舰艇和众多运动队，但以基奥卡克命名的只有爱荷华州的一个小镇，而且小镇命名时他还活着。

然而，我们还是得将基奥卡克的行为放回当时的时空环境下来解读，当时他得面对强大的美军与西进的白人拓荒者。在瞬息万变的环境中，出售领土和西迁，也可说是为保护索克人以季节性狩猎为基础的传统经济所作出的一部分努力。这种传统经济体系，本来就需要按照季节来放弃索克人的村落，因此，如果坚持待在白人拓荒者附近，那这种经济体系就维持不下去。不过，索克人也确实不希望跑得太远，因为他们还是希望附近就有可以做生意的贸易商与可以取得打猎器材的铁匠。[13] 若是缓慢地向西移动，保持比西进拓荒者稍快一点的速度，就可以让传统经济模式维持下去。

基奥卡克是 1837 年到访华盛顿的索克代表团的核心人物。此次访问中，他和其他部落领袖接受了乔尔·波因塞特（Joel Poinsett）颁发的和平勋章。这次访问是在印第安事务专员凯里·艾伦·哈里斯（Carey Allen Harris）的要求下进行的，来自索克、福克斯、苏族（Sioux）和爱荷华州部落的领袖齐聚一堂。美国政府举办这次活动有两个核心目标。一方面，在索克和福克斯部落与苏族之间进行和平调解，另一方面，确保获得更多的美洲原住民土地。[14] 尽管第一个目标基本没有实现，但基奥卡克同意进一步转让位于之前售出土地以西 125 万英亩的土地。索克族因此得到了 10 万美元，用于偿还部落债务，并为磨坊、农业援助和年金提供资金。[15] 在谈判过程中，基奥卡克拒绝了美国出资由传教士兴办学校等，有可能导致文化变革的提议。

爱荷华部落代表对那片土地的所有权提出了质疑，声称这是他们传统领土的一部分。基奥卡克反驳说，索克族是通过征服从爱荷华部落手中获得了这块土地。美国政府站在基奥卡克一边，这或许表明在美国看来，基奥卡克是一位可以与其谈判的灵活领袖。[16]

黑鹰当时已被释放，作为索克部落的一员，被基奥卡克带到了华盛顿，据说是因为基奥卡克担心黑鹰留在部落内会对他不利。查尔斯·伯德·金（Charles Bird King）在这个时候为黑鹰绘制了一幅肖像，并发表在《北美印第安部落历史》上，画中他戴着马丁·范布伦的和平勋章。[17] 那感觉就像他放弃了对美国胁迫的抗拒与骨气。

如果从美国当局的角度来看，和平勋章代表了美国与美洲原住民签署的条约承诺；对于美洲原住民来说，勋章也体现了向他们做出的承诺。从这个角度来看，他们与美国的接触是扩大其互惠社会义务的一种手段。长期以来，对于苏必利尔湖（Lake Superior）以南和以西的阿尼什纳贝格（Anishinaabeg）部落来说，寻求外部援助至关重要，他们的家园环境恶劣，如果没有援助，真的就会面临冬季挨饿的风险。[18]

1832 年，在与印第安事务特使亨利·罗·斯库克拉夫特（Henry Rowe Schoolcraft）会面之前，一位名叫艾什克布格科什（Aishkebugekosh）的阿尼什纳贝格酋长，把红色油漆泼到了和平勋章以及旗帜和贝壳串珠（该部落与美国结盟的其他象征）上面。他在会议上抱怨说，美国未能履行保护阿尼什纳贝格免受苏族袭击的承诺，当部落成员被杀害时，美国袖手旁观。他用红色油漆乱抹，意在表明美国玷污了协议。艾什克布格科什将勋章扔在斯库尔克拉夫特的脚下，请求美国当局让它们重新焕发光彩。其实他希望通过谈判达成新的协议。但他的希望落空了，因为斯库尔克拉夫特在天黑前就离开了，未能进行新的谈判。[19]

对于那时的美洲原住民来说，和平勋章并不仅仅是伴随条约签署的装饰性外交礼物。这些勋章本身就像书面文件一样界定了协议。[20]如果美国不遵守承诺，和平勋章就失去了价值。

注释：

1. Clulow 2019, p. 198.
2. Francis 1986, p. 11.
3. Depkat 2016, p. 83.
4. Ibid., p. 86.
5. Nash 2017.
6. Bentley 1958, p. 154.
7. Depkat 2016, p. 83.
8. Ibid., p. 84.
9. Ibid., p. 93.
10. 引自 ibid., p. 94。
11. Johnson 2007, p. 771.
12. Ibid., p. 773.
13. Kelderman 2019, p. 104.
14. Ibid., p. 105.
15. Ibid., p. 111.
16. Ibid., p. 109.
17. Johnson 2007, p. 777.
18. Miller 2002, p. 222.
19. Ibid., pp. 237—240.
20. Depkat 2016, p. 96.

32. 公元 1850 年: 一名叫萨拉·福布斯·博内塔的少女

达荷美国王盖佐送给英国皇家海军上尉弗雷德里克·福布斯的礼物

吉林厄姆的棕榈小屋是萨拉·福布斯·博内塔 1855 年至 1861 年的家。

这是一个为挽救生命而接受外交礼物的故事。故事彰显了维多利亚时代中期英国反对奴隶贸易的热忱，以及英国女王对一位来自西非的约鲁巴（Yoruba）女孩的同情和悉心照料。故事还凸显了维多利亚时代中期，人们对文化优越感以及女权发展，与当今世界如何格格不入的故事。

207

故事要从英国皇家海军"博内塔"号（HMS Bonetta）与其年轻船长弗雷德里克·福布斯（Frederick Forbes）讲起。19 世纪 40 年代末，"博内塔"号在西非执行反奴隶任务。福布斯在非洲冒险经历中提到了在 1848 年短短 6 个月内，抓获 6 名奴隶贩子的经历。[1]1849 年，他抓住机会，陪同新任英国驻达荷美王国（the Kingdom of Dahomey）的副领事约翰·邓肯（John Duncan）前往首都阿波美（Abomey）觐见盖佐国王（King Ghezo）。

在他的著作《达荷美与达荷美人》（Dahomey and the Dahomans）一书中，福布斯将盖佐描述为"邻国可怕的压迫者"[2]，一位以奴隶贸易为经济基础的军事王国的领袖。奴隶在每年 11 月或 12 月被贩卖，他们都是通过一年一度的战争而获得。[3]在巴西奴隶贩子弗朗西斯科·费利克斯·德索萨（Francisco Félix de Sousa）的支持下，盖佐发动政变，推翻了弟弟的执政，从而上位。在德索萨去世后不久，英国就派出福布斯加入使团，希望盖佐能够迫于压力终止奴隶贸易。

福布斯发现装备这次远征极具挑战性。当地的货币是贝壳。他购买了价值 50 美元的贝壳，由于数量巨大，他需要雇用五名女工来搬运。[4]另外还需要 10 名搬运工来运送为这次旅行购买的 50 加仑朗姆酒。

福布斯第一眼看到盖佐的宫殿，就坐实了他对这位国王的看法，因为宫殿的墙壁上挂满了骷髅头。尽管如此，使团还是进行了友好访问，但是在确保盖佐承诺结束奴隶贸易方面毫无成果。赠送和接受礼物是使团的一大特色，福布斯却认为这是负担，他抱怨说："这是一个可怕的麻烦：整个体系都建立在赠礼之上，都期望得到更多礼物，至少等价，他们从不满足。"[5]不幸的是，副领事邓肯在途中病倒，不久后去世。

第二年，福布斯收到国王的邀请，参加了一年一度的达荷美周年庆，这是持续数周的一系列庆祝活动，包括向国王赠送礼物，再分发给人民，进行军事巡游以及向皇家先祖致谢。向皇家先祖致谢涉及活人献祭：不幸的奴隶们会被斩首示众。福布斯陪同贝宁和比夫拉地区的领事约翰·比克罗夫特（John Beecroft）一起出席了庆祝活动。约翰在前一年被任命为领事之前已经是该地区的知名人物了。[6]

在福布斯关于这些习俗的记载中，详细描述了他尝试通过军事巡游来确定盖佐的军队规模，并估算国王此次活动的总成本。英国代表团则试图说服盖佐，对达荷美来说，棕榈油贸易可能比奴隶贸易更为有利可图，但国王不为所动，坚称他的人民是军事型而非农业型。福布斯在人祭的习俗方面记录了一个小小的胜利：他和比克罗夫特为三名男子每位出价 100 美元，拯救了他们充当人殉的命运。[7]

福布斯还设法拯救了另一名奴隶，一个小女孩。福布斯估计她的年龄在八岁左右。[8]她曾是约鲁巴族埃格巴多部落奥克·奥丹村（Oke Odan）的贵族。1848 年，在一个背信弃义的当地人的协助下，盖佐的军队攻占了该村，并进入了有围墙的定居点。[9]女孩的父母就是达荷美人屠杀的众多村民之一，她也并不知道兄弟姐妹的命运。有关这个女孩的传记称，福布斯说服盖佐将这个孩子作为外交礼物献给维多利亚女王，让她免遭作为人祭的命运。[10]福布斯本人在《达荷美与达荷美人》中的简短叙述提供了一种更直接的解释：这个孩子是送给福布斯本人的外交礼物，鉴于他出使达荷美的身份，所以他将这个女孩视为王室财产。[11]无论哪种方式，接受这份礼物都拯救了这个女孩的生命。福布斯带着她从阿波美离开，安排她在尼日利亚巴达格里（Badagry）由传教会进行洗礼。[12]并借鉴自己的和所乘船的名字，给这名小女孩取名为萨拉·福布斯·博内塔（Sarah Forbes Bonetta）。

1850 年 7 月，回到英国后，福布斯写信给海军部部长，告知上级有关盖佐国王的礼物，得到的答复是女王陛下十分乐意安排这个孩子的教育和未来。[13]1850 年 11 月 9 日，萨拉在福布斯的陪同下，在温莎城堡被介绍给维多利亚女王。她似乎深深地吸引了女王，福布斯在回忆录中写道："她是一个完美的天才，如今英语说得十分流利，还有很好的音乐天赋。"[14] 按照女王的安排，萨拉将与福布斯一家住在温莎附近的温克菲尔德广场（Winkfield），女王将负责女孩的所有开支，这一事宜交给了王室账房总管查尔斯·博蒙特·菲普斯爵士（Sir Charles Beaumont Phipps）负责，爵士的妻子玛格丽特则负责照顾萨拉的起居。[15]

萨拉经常去拜访女王，女王亲切地称她为萨莉（Sally），显然非常喜欢她的陪伴。然而，萨拉在英国的健康状况不佳，经常在冬天生病。到了 1851 年，女王决定让萨拉在非洲接受教育，希望更温暖的气候能改善她的健康。这一年，福布斯在出访非洲时去世，可能也是促使女王作出决定的另一因素。[16] 作为维多利亚中期"基督教化"非洲事业的一部分。萨拉被派往塞拉利昂弗里敦（Freetown）的一所教会女校。女王给她送去了书籍和游戏，穿着讲究的萨拉在学校很受尊重。[17]1855 年，出于不为人知的原因，或许与萨拉在塞拉利昂的孤独境遇有关[18]，玛格丽特·菲普斯（Margaret Phipps）写信给学校，建议将萨拉送回英国。

由于寡居的福布斯夫人搬到了苏格兰。萨拉返回英国就被安排了个新家，新家位于肯特郡吉灵厄姆的棕榈小屋（Palm Cottage），萨拉将与詹姆斯·弗雷德里克·舍恩牧师（James Frederick Schoen）一家子住在一起。大家都认为这个家庭很适合萨拉，尤其是舍恩牧师有在非洲传教的经历。如今，棕榈小屋成了一个社交俱乐部，并挂有梅德韦聋人俱乐部、棕榈别墅保龄球俱乐部和吉利安姆瘦身世界的招牌。这里还放着一块由英国广播公司（BBC）竖立的小牌匾，记录了萨拉·福布斯·博内塔从 1855 年到 1861 年在此居住的情况。

虽然萨拉的健康状况一直欠佳，但她与舍恩一家共度的时光还是很愉快的。她恢复了面见女王的惯例，并与艾丽斯公主成了朋友。1858 年，萨拉出席了维多利亚公主和普鲁士王子弗里德里希·威廉

（Friedrich Wilhelm）的婚礼，成为社交界的风云人物。不过，萨拉自己未来的婚姻问题也开始困扰她身边的人。尽管女王非常希望萨拉有一个好的归宿，但似乎没考虑过跨种族婚姻的可能性。女王和菲普斯夫人欣然认可了詹姆斯·平森·拉布洛·戴维斯（James Pinson Labulo Davies）的求婚，他在塞拉利昂出生，父母是约鲁巴人；他们都是奴隶贸易受害者，被英国西非舰队解救之后，戴维斯曾在弗里敦的教会学校学习，继而入伍参加了皇家海军，后来成为一名商船船长，并在西非营商。他最近刚丧偶。

然而，萨拉并没有爱上戴维斯，并决心拒绝他的求婚。女王和菲普斯夫人有心让萨拉在英格兰的居住环境变差点，这样她就能把注意力集中在戴维斯身上。她从舍恩家中搬到了布莱顿（Brighton）和两位老太太住一起，其中一位是菲普斯夫人的亲戚。[19] 萨拉并不乐意陪伴这两位女士，并称自己的住所是一个"荒凉的小猪圈"[20]。随着阿尔伯特亲王于 1861 年 12 月去世，萨拉决定不再违背女王的意愿。她同意嫁给詹姆斯·戴维斯。婚礼在布莱顿的圣尼古拉斯（St. Nicholas）教堂举行，现场座无虚席。把萨拉交到新郎手里的人是将她从达荷美国王手中解救的恩人的兄弟。

婚后，这对夫妇迁居弗里敦，萨拉在女子学校任教。维多利亚女王同意成为萨拉的第一个孩子维多利亚的教母，为她提供津贴，并送给她一套分量十足黄金洗礼用具。后来，一家人搬到了尼日利亚的拉各斯（Lagos），在那里生了两个孩子。然而，萨拉的健康问题愈发严重，她被诊断出患有肺结核。尔后被送往马德拉岛（Madeira）休养，直至 1880 年去世。她的女儿维多利亚也经常拜会女王，后来嫁给了约翰·兰德尔（John Randle），一个在拉各斯崭露头角的西非医生和政治人物。

萨拉·福布斯·博内塔的一生短暂却又非凡。她通过成为外交礼物而摆脱了活人献祭的命运，但施救者却试图摆脱非洲文化，而以维多利亚时代上流社会的文化将她塑造成英国对非洲大陆道德使命的象征。作家和播音员重新诠释了英国的黑人历史。播音员兼历史学家戴维·奥卢索加（David Olusoga）在 BBC 于 2016 年制作的《黑人与英国：被遗忘的历史》（Black and British: a Forgotten History）中讲述了萨拉的故事。这就是装饰在棕榈小屋上的铭牌的由来。她的故事还出现在扎迪·史密斯（Zadie Smith）于 2016 年创作的小说《摇摆时光》（Swing Time）中，小说的主人公在萨拉结婚的教堂外与她相会。

注释：

1. Forbes 1851, Vol. 1, p. vi.
2. Ibid., p. 7.
3. Ibid., p. 15.
4. Ibid., p. 51.
5. Ibid., p. 87.
6. Dike 1956, p. 13.
7. Forbes 1851, Vol. 2, p. 50.
8. Ibid., p. 208.
9. Ibid., p. 10.
10. Myers 1999, p. 14.
11. Forbes 1851, Vol. 2, p. 207.
12. Myers 1999, p. 17.
13. Forbes 1851, Vol. 2, p. 207.
14. Ibid., p. 208.
15. Myers 1999, p. 29.
16. Ibid., p. 43.
17. Ibid., pp. 57—59.
18. Ibid., p. 62.
19. Ibid., p. 102.
20. 引自 Myers 1999, p. 110。

33. 公元 1880 年：白宫椭圆形办公室的坚毅桌

英国女王维多利亚送给美国总统拉瑟福德·海耶斯的礼物

卡罗琳·肯尼迪和克里·肯尼迪蹲在椭圆形办公室的坚毅桌下张望着。

接下来要讲述的是外交礼物界的传奇。一份精心挑选的礼物，后经受赠方改造又送回，形态变得迥异但收效却堪称范例，见证着双边关系的升温。但这份礼物的诞生却源自一场悲剧。

这个赠送书桌的故事，要从英国人长期专注的北冰洋的西北航道说起。英国人执着地试图开辟一条连接大西洋和太平洋的新路线，这是前往中国的商业贸易的捷径。北极地区的地名列出了那些曾开辟航道却功败垂成的人：其中有哈得孙（Hudson）、弗罗比歇（Frobisher）

213

和巴芬等（Baffin）。[1]

1845 年，英国海军部计划进行一次新的探险以开辟航道，他们任命约翰·富兰克林（John Franklin）担任领队。其实富兰克林并不是他们的首选。虽然他是北极探险的老手，曾领导过两次陆地探险，但这些都是过去的事了，他现在年近六十，身体状况不佳，最近还担任过范·迪门群岛（今塔斯马尼亚）的总督。不过，他勇敢、忠诚，深受部下们喜爱，他的妻子简·富兰克林夫人也为他进行了巧妙而不懈的游说。[2] 这次远征拥有两艘坚固的船只，"幽冥"号（Erebus）和"恐怖"号（Terror），并且为航行做好了各种充分准备。1845 年 7 月，远征队抵达巴芬湾，在那里遇到了两艘捕鲸船。此后，富兰克林远征队便销声匿迹了。

英国对富兰克林及其团队命运的担忧与日俱增，1848 年，英国发起了一项三管齐下的救援行动，包括陆地和海上探险。但都未发现富兰克林远征队的踪迹。富兰克林夫人毫不放弃，她游说当局并努力唤起公众对这件事的同情[3]，于是，寻找富兰克林远征队成了英国人的夙愿。民间流行歌曲《简·富兰克林夫人的哀歌》，也被称为《富兰克林勋爵》，描述了远征失踪的谜团，也捕捉到了当时弥漫的情绪。这首民谣已成经典，五重奏乐队（Pentangle）和马丁·卡锡（Martin Carthy）都曾录制这首歌曲，鲍勃·迪伦（Bob Dylan）的歌曲《鲍勃·迪伦的梦》（Bob Dylan's Dream）也借鉴了它的旋律和歌词。在 1850 年，英国派出了至少五支探险队，共有 11 艘船只参与，一些是受海军部委托，另一些则是私人性质，包括富兰克林夫人本人出资的一支。

1850 年，第一支远征探险队由理查德·科林森（Richard Collinson）上尉率领，驾驶"企业"号（Enterprise），并得到"调查者"号（Investigator）中尉罗伯特·麦克卢尔（Robert McClure）的支持。他们的任务是从太平洋接近北极。科林森天性谨慎，麦克卢尔则行事莽撞，两艘船在太平洋失散后，成了两支独立的远征队，两位指挥官都没在关键时刻等待对方。麦克卢尔在此次远征中第一个发现西北航道，并获得议会委员会的嘉奖，虽然这一荣誉的竞争者众，包括富兰克林。[4] 但人们最终发现，西北航道不止一条，而是好几条，全都是迂回的、危险的、季节性的，没有一条在商业上是可行的。[5]

1850 年的另一支探险队由霍拉肖·奥斯汀（Horatio Austin）率领，由"坚毅"号（HMS Resolute）为首的四艘船组成。与"企业"号和"调查者"号一样，都是专门为北极探险而装备的帆船，采用加固木材和内部加热系统。

富兰克林夫人迫切希望尽一切可能来找到她丈夫，她曾写信给美国总统扎卡里·泰勒，敦促他发起一次美国探险远征。总统被富兰克林夫人的诚恳感动，又或被发现西北航道的可能性所吸引，因此要求国会为救援行动提供资金。但是国会对救援成本感到不满，而一位名叫亨利·格里内尔（Henry Grinnell）的船运商人介入，他购买了"前进"号（Advance）和"救援"号（Rescue）两艘船，租借给美国海军，从而组建起一支由埃德温·德黑文（Edwin De Haven）中尉指挥的探险队。

1850 年，寻找富兰克林的探险队数量众多，不同的探险队在北极常常相遇。在比奇岛（Beechey Island）上，富兰克林远征队三名成员的坟墓被三支队伍先后发现。[6] 这个令人悲伤的线索并未提供整支探险队命运的情节，1850 年的探险队也无功而返。另一个问题是，并非所有船只都能成功返航。科林森和"企业"号，麦克卢尔和"调查者"号都没有任何消息。

因此，现在不仅面临着继续营救富兰克林的压力，还要解救那些尚未返回的营救者。1852 年，爱德华·贝尔彻爵士（Sir Edward Belcher）率领一支新的救援探险队出发了，他是一位经验丰富的探险家，但对北极探险缺乏经验和热情，而且为人浮夸且心胸狭隘。[7] 他的探险队有五艘船，其中包括由干练的亨利·凯利特（Henry Kellett）船长指挥的"坚毅"号。船队分为两组，他带领两艘船前往惠灵顿海峡，而凯利特带领另外两艘前往梅尔维尔岛。第五艘船"北极星"号（North Star）则留在比奇岛作为补给站。出发的船只悉数被冻住了，船员只好利用雪橇队进一步探索。1853 年，"坚毅"号救起了麦克卢尔和"调查者"号的船员，这艘船已经被困在冰里近三年了，船员们的情况都很糟糕。

到了 1854 年春天，贝尔彻酗酒成性，不顾一切地想逃离北极，他抛弃了冻在冰上的船只，命令愤怒的凯利特也这样做。搭着获救的麦克卢尔，船员们乘坐雪橇到达了"北极星"号，这是唯一一艘没有被冰雪困住的船只。在随后的军事法庭上，麦克卢尔受到嘉奖，而凯利特被宣判无罪。虽然贝尔彻也被正式宣判无罪，但法庭只是一声不吭地把他的军官佩剑交还给了他。自此，他再也不能指挥海军舰艇。

同年 10 月，哈德逊湾公司的探险家约翰·雷（John Rae）抵达伦敦，带来了有关富兰克林远征队命运的消息，这是他从与因纽特人的交谈中得知的，并获得了一些物品，包括"幽冥"号指挥官的银质茶匙和银盘等，银盘上刻有"约翰·富兰克林爵士，大英帝国骑士勋章"的字样。[8] 雷的转述表明，这些船只已被冰雪压垮，船员们随雪橇队南下，但逐渐死于饥饿。看到许多尸体处于残缺状态，因纽特人认为一些船员被迫吃人肉求生。维多利亚时代的英国，尤其是富兰克林夫人，对这一说法非常愤怒。尽管雷确实领到了确认远征队命运的悬赏金，但他是 19 世纪英国探险家中唯一没有被封为爵士的人。[9]20世纪对人类骨骼碎片的分析，发现了疑似食人的切割痕迹。因此雷很可能是正确的。

雷提供的证据，加上克里米亚战争的爆发，以及 1855 年凯利特的"企业"号经历了五年曲折的探险后才回到英国，大大削弱了发起进一步搜救任务的动力。然而，1859 年，由弗朗西斯·麦克林托克

（Francis McClintock）领导的一次远征在极地石塔中找到了一份手写便条：这是富兰克林探险队于 1848 年 4 月 25 日留下的便笺，确认富兰克林在 1847 年 6 月去世，而"恐惧"号和"幽冥"号被困在冰中，在 1848 年 4 月 22 日被遗弃。

1855 年秋，捕鲸船"乔治·亨利"号（George Henry）在经历了一个令人失望的季节后返回康涅狄格州新伦敦，途中遇到了被遗弃的英国皇家海军"坚毅"号，该船被凯利特遗弃后漂流了约 1 200 英里。捕鲸船船长詹姆斯·巴丁顿（James Buddington）决定将"坚毅"号作为价值不菲的打捞品带回港口，问题是他只有 26 名船员。[10] 两艘船饱经风暴后成功返回港口，于是"坚毅"号成为捕鲸镇的一个旅游景点，甚至为观光者开设了专门的游览列车。不过该怎么处理这艘船呢？

在 19 世纪 50 年代，各种因素导致美国与英国关系紧张，例如远西水域边界的划分问题以及英国在中美洲的利益问题。美国富兰克林探险队的资助者、富兰克林夫人的朋友亨利·格林内尔看到了"坚毅"号在改善局势方面可能会发挥作用。于是他写信给美国国务卿，建议美国政府从"乔治·亨利"号船主手中购买"坚毅"号，在对船只进行修复后，将其作为外交礼物送给英国。[11] 来自弗吉尼亚州的参议员詹姆斯·默里·梅森（James Murray Mason）促成国会通过法案，并为此拨款约 4 万美元。经过布鲁克林（Brooklyn）海军船厂的翻新，"坚毅"号横渡大西洋，于 1856 年 12 月 12 日抵达朴次茅斯。随后举行了许多庆祝活动和宴会，为正式交接做准备。维多利亚女王在考斯（Cowes）视察了这艘船，会见了美国船员。虽然许多人希望"坚毅"号能在北极地区继续服役，但它却再也没有离开过本土水域，并于 1879 年退役。

"坚毅"号退役，船身上的部分木材便被挪作他用，制成礼物继续巩固美英双边关系，让人想起收礼者曾经的善意和慷慨。礼尚往来是最好的创意，查塔姆（Chatham）造船厂打造了一张华丽的桌子，约 6 英尺长、4 英尺宽，作为维多利亚女王赠送给美国总统拉瑟福德·B. 海耶斯（Rutherford B. Hayes）的礼物。桌子的设计融入了两国国旗等象征双边友谊的图案，以及北极探险的场景。一块黄铜铭牌记录着这张桌子是为了纪念当初赠送"坚毅"号的礼节和善意。[12] 另一张用"坚毅"号木材制成的小桌子则赠送给了亨利·格林内尔的遗孀，以纪念亨利在寻找富兰克林方面所发挥的作用。

这张桌子于 1880 年 11 月交付给海耶斯总统，被安放在总统办公室，后来很多位总统都使用过这张桌子。不过 1963 年至 1977 年期间，这张桌子成为巡回展览的一部分，后来在史密森尼博物馆展出。坚毅桌曾被放置在白宫的不同地方。1961 年，杰奎琳·肯尼迪发现它被闲置在广播室，[13] 作为第一夫人修复白宫项目的一部分，坚毅桌第一次被放置在白宫的椭圆形办公室。坚毅桌曾出现在一些标志性的照片中，比如 1963 年，年幼的小约翰·F. 肯尼迪从膝部孔洞的板上向外张望，而他的父亲在上面办公。

这张桌子的作用也在不断演变，总统们根据自己的喜好和各况对其进行了改装。桌子膝盖开口处的嵌板是罗斯福总统加装的，这样他的腿部支架就不会被看到。嵌板上装饰有总统印章，让办公桌的整体装饰更具美国风格。在不同的时期，这张桌子还加装过底座，例如里根执政时期，他发现膝盖孔的顶部会磕到他的腿，就用这办法来解决。这张桌子目前仍然摆放在椭圆形办公室：从赠送者的角度来看，这是一份位置绝佳的外交礼物。

作为标志性的礼物，"坚毅"号桌子的成功激发了更多的外交赠礼。1965 年，时任英国首相哈罗德·威尔逊（Harold Wilson）向林登·约翰逊（Lyndon Johnson）总统赠送了"坚毅"号的大钟。2009 年，坚毅桌还为戈登·布朗首相在与美国总统奥巴马会面时的礼物选择提供了灵感，我们将在外交礼物历史的最后一个故事中加以介绍。

所有这些都证明，一份源于北极悲剧的礼物，已成为英美牢固双边关系的体现。

注释：

1. Sandler 2006, p. 6.
2. Ibid., p. 69.
3. Russell 2005, p. 51.
4. Cavell 2018, p. 292.
5. Sandler 2006, p. 227.
6. Ibid., p. 106.
7. Ibid., p. 115.
8. Ibid., p. 138.
9. Finnis 2014.
10. Sandler 2006, p. 150.
11. Ibid., p. 155.
12. 引自 Sandler 2006, p. 216。
13. Grundhauser 2016.

34. 公元 1884 年：自由女神像

法国人民送给美国人民的礼物

自由女神像。

　　自由女神像，正式名字为"自由照耀世界"，无疑是所有外交礼物中最为著名且辨识度最强的，它已成为美利坚合众国及其民族特质的象征。然而，这份礼物的创意源自民间而非政府。在从构思到落成的漫长岁月里，礼物的意义发生了变化，参与的各方对礼物也有了不同的看法。

　　自由女神像凝聚了很多人的奉献，但此杰作之所以存在，首先归功于两位法国人：爱德华·勒内·勒菲弗·德·拉布莱（Édouard

René Lefebvre de Laboulaye）和弗雷德里克·奥古斯特·巴托尔迪
（Frédéric Auguste Bartholdi）。拉布莱是法兰西学院比较法学教授，也
是美国的狂热崇拜者。他在这个国家看到了稳定的民主模式，这与法
国长期独裁统治、暴力革命的动荡经历形成鲜明对比。拉布莱继承
了很多人物的思想衣钵，其中有像拉斐特侯爵（marquis de Lafayette）
这样的人物，这位法国将领参加了美国独立战争，后来成为法国温
和派的坚定支持者；还有外交家和学者亚历克西斯·德·托克维尔
（Alexis de Tocqueville），他的著作《论美国的民主》（Democracy in
America）阐述了尊重他人权利的同时，个体自由的核心重要性。

拉布莱在法兰西学院上课时，特别强调了美国宪法及其制度的优
势。他把上课内容最后编撰成三卷本的《美国历史》。[1] 作为美国人民
的挚友，他的名声越来越响。美国驻巴黎总领事对他关于法美之间交
往历史的文章赞誉有加，并把此文当成礼物赠与他人。1864 年，拉布
莱被哈佛大学授予荣誉博士学位。[2] 他甚至通过一部小说《巴黎在美
国》（Paris en Amérique）来颂扬美国人的美德。在书中，巴黎市被一
个名叫乔纳森·德里姆（Jonathan Dream）人通过招魂术，搬到了马
萨诸塞州。拉布莱虚构的自己——勒内·勒菲弗（Dr René Lefebvre），
一开始取笑当地人，但逐渐学会欣赏美国人的美德，尤其是社区的
凝聚力。[3] 尽管拉布莱对美国充满热情，但实际上他从未访问过这个
国家。

美国，作为一个以自由为根基的模范共和国，却因为奴隶制度和
内战分裂而蒙上污点。联邦政府的胜利、林肯总统的胜利，对拉布莱
来说至关重要，因为这证明了民主政府能够在应对如此严重的威胁
时[4]，继续恪守原则。美国领导人以一种特有的方式来构建他们的
政治制度，有意识地提供了一个民主政府模式，供他国效仿。因此，
1776 年 7 月 4 日的《独立宣言》以人民权利为中心，用普遍性的措辞
阐述了自己的主张。林肯在 1863 年的《葛底斯堡演说》中同样试图

在一个普遍的视角下阐述内战，将其视为不仅仅是对美国的考验，还是对"我们或任何一个孕育于自由并献身于上述理想的国家是否能够长久生存下去"的考验。[5]

自由女神像的创意源头可以追溯到 1865 年，拉布莱出席了凡尔赛附近格拉蒂尼家中举办的一次晚宴。其中一位客人是来自法国阿尔萨斯地区科尔马（Colmar）的年轻雕塑家弗雷德里克·奥古斯特·巴托尔迪（Frédéric Auguste Bartholdi）。据报道，拉布莱在晚宴上建议，可以通过由法国和美国共同建造一座公共纪念碑来纪念美国对自由原则的承诺，同时纪念碑也象征着两国人民在美国独立战争期间的友谊与合作。[6]

这些关于雕像起源的描述依托于巴托尔迪的回忆，他在 1885 年编写了一本宣传小册子，以支持在美国为雕像基座筹集资金。在巴托尔迪和拉布莱的通信中，这个项目被首次提及的文字记录可以追溯到 1871 年，即使自由女神像确实是在 1865 年的晚宴上由拉布莱提出的，但似乎在接下来的五六年时间里并未采取行动推进这个项目。[7]

1870 年和 1871 年对法国来说是十分痛苦的两年。1870 年的普法战争导致法国遭受了耻辱的失败，包括巴托尔迪的家乡阿尔萨斯地区落入新德意志帝国之手，拿破仑三世的第二帝国也随之垮台。战后的局势动荡不安，激进的巴黎公社革命政府控制了法国首都，直到 1871 年 5 月的"血腥一周"期间才被法国军队赶下台。这就是拉布莱和巴托尔迪为雕像制定计划的背景。1871 年 6 月，巴托尔迪带着拉布莱的介绍信抵达纽约。[8] 在这次深入访问期间，巴托尔迪将位于纽约港的贝德洛岛（Bedloes Island）作为雕像的理想选址地。

事实证明，在法国和美国为实现巴托尔迪计划中的巨型雕像筹集大量资金，是一项旷日持久的工作。拉布莱于 1875 年成立了法美联盟，作为该项目的筹款组织，其成员来自温和的共和派政治组织。[9] 作为法国的赠礼，法方将为雕像本体提供资金，而基座的费用则由美国承担。拉布莱和巴托尔迪曾希望雕像能够在 1876 年美国独立百年纪念日之际落成，但事实证明这一目标过于雄心勃勃。结果，巴托尔迪只按时完成雕像的右手和火炬，这一部分在费城百年纪念展的最后几周被展出，引起了极大的关注，许多游客爬上火炬周围的看台观看。手臂和火炬随后被转移到纽约的麦迪逊广场展出，然后被带回大西洋彼岸，与雕像的其他部分组装成形。

如果说手臂和火炬的展出是为了吊起美国观众的胃口，那么法国观众就有机会一睹 1878 年在巴黎世界博览会上登场的自由女神头像。法国人举办了各种筹款活动，从售卖巴托尔迪签名的小型瓷质的雕像复制品，到在巴黎歌剧院举办音乐晚会，演唱查尔斯·古诺（Charles Gounod）为此次活动特别创作的清唱剧《自由照耀世界》。

筹款和建造这座巨大雕像的过程是如此之漫长，项目的几位关键人物都没能活着看到雕像的建成。首席工程师欧仁·维奥莱-勒迪克（Eugène Viollet-le-Duc）于 1879 年去世后，其职位由古斯塔夫·埃菲尔（Gustave Eiffel）接任，他是一名土木工程师，在桥梁建造领域因创新而享有盛誉。1883 年，拉布莱也去世了。费迪南·德莱塞普（Ferdinand de Lesseps）接替了拉布莱的法美联盟（Franco-American Union）主席的职位，他作为苏伊士运河的开发者和运河公司总裁享誉全球，并且试图在巴拿马重复这一壮举。

雕像在法国组装，而在 1884 年 7 月 4 日这一具有象征意义的日子，德莱塞普以法美联盟委员会的名义将其移交给美国驻法国大使利瓦伊·P. 莫顿（Levi P. Morton）。[10] 在巴黎加吉高蒂尔（Gaget, Gaget, Gauthier and Company and Company）工作坊院子里举行的移交仪式上，莫顿致辞，称其为"一件艺术品，是美法人民永恒友谊的丰碑"[11]。

除了巴托尔迪、德莱塞普和美法联盟委员会成员，法国政府的高级代表也出席了此次活动。根据莫顿写给美国国务卿弗雷德里克·弗

里林海森（Frederick Frelinghuysen）的信，法国总理朱尔·费里
（Jules Ferry）在活动之前向他表明，法国政府"不希望置身于这一伟
大活动之外"[12]。法国政府赞同巴托尔迪的观点，并将提供一艘船将
雕像运往美国，以示贡献。[13]

但是如何落实基座的建造仍然存在问题。法美联盟的纽约分部正
努力筹集所需资金。可是这座雕像的寓意并没有引起广泛共鸣，美国
人更希望看到对其英雄进行更真实的描绘，甚至有人质疑为什么美国
要为一座在国外构思的雕像买单。

报纸出版商约瑟夫·普利策（Joseph Pulitzer）挽救了这一局面，
他在《纽约世界报》（New York World）上发起了一场筹款活动，以其
活动的包容性引发了公众的关注和想象，他承诺会公布所有捐款者的
姓名，不论捐款数额大小。此外，普利策还有一个政治目的，作为民
主党人的他想从共和党人占主导地位的法美联盟那里获得主动权，他
把这份礼物说成是法国人民给美国人民的礼物，而不是法国富翁给美
国富翁的礼物。[14]

拆卸后的雕像于 1885 年 6 月运抵纽约，次年 4 月基座最终完工
后，自由女神被重新组装。雕像于 1886 年 10 月 28 日举行了落成典
礼，由总统格罗弗·克利夫兰（Grover Cleveland）主持。

在从构思到实现的漫长过程中，建造这座雕像有四个主要动机，
其重要性各不相同。首先是为了表彰美国在提供稳定的民主政府模式
方面的成就。然而，这种政府模式哪些方面值得庆祝并非一目了然。

如果雕像确实是在 1865 年，也就是林肯遇刺那年的晚宴上构思
的，那么这个时间点就暗示了人们对废除奴隶制的关注。拉布莱曾担
任法国反奴隶制协会主席，雕像脚下断裂的镣铐可以被理解为从奴隶
制中解放出来。[15]巴托尔迪向拉布莱展示的第一份设计图中，断裂的
镣铐被放在了更显眼的位置，握在女性人物的左手和缠绕在其脚下。
据报道，拉布莱建议用刻有"1776 年 7 月 4 日"的铭牌代替这些断裂

的镣铐，他认为这些镣铐让人过度联想到解放的过程，而不是自由永恒的概念。[16] 因此，尽管废除奴隶制是雕像所传达信息的一部分，但随着美国内战的结束越来越久，这一蕴意似乎变得越来越微弱。[17]

第二个动机是鼓励法国采纳美国政府模式。这与雕像所颂扬的自由密切相关。巴托尔迪所塑造的自由女神形象与欧仁·德拉克鲁瓦（Eugène Delacroix）在其 1830 年的著名作品《自由领导人民》中描绘的大相径庭。德拉克鲁瓦笔下的自由女神是革命性的，她袒露上身，头戴法国革命者钟爱的弗里吉亚帽，带领人民战斗。巴托尔迪的自由女神则是平静、令人安心的，没有戴弗里吉亚帽。这是拉布莱保守派共和主义所倡导的自由，不仅反对君主制，也反对激进左派，认为自由存在于专制主义和革命无政府主义的中间地带。[18] 法国经历了拿破仑三世的独裁统治，随后发生了巴黎公社的革命混乱，这让像拉布莱这样的温和自由主义者更加向往美国的历史进程。

第三个动机是强调法美关系的牢固，强调法国在美国独立战争中的作用。当时背景下，人们担心相对于英国和德国而言，法国正在失去在美国的影响力。美国在 1870 年的战争中支持普鲁士，德国人大规模移民美国，形成了日益强大的德国游说集团。贸易关系是一个重要的考虑因素，商业利益主导着大西洋两岸法美联盟的高层。例如，德莱塞普将这座雕像视为确保美国支持他的巴拿马运河项目的一种手段。[19]

正如巴托尔迪自己承认的那样，这座新古典主义风格的雕像并不是一件伟大的艺术品[20]，却是一项伟大的工程成就，其表面由薄薄的铜板组成，覆盖在古斯塔夫·埃菲尔独创的铁骨架上。[21] 因此，它也是法国企业家才华和技术能力的一张名片。[22]

第四个动机可以在雕塑家巴托尔迪早期的职业生涯中找到。他对巨像雕塑的兴趣由来已久，19 世纪 50 年代在埃及旅行时，他被梅农的巨像（the Colossi of Memnon）深深吸引。因此，巴托尔迪决心创造自己的巨像，并于 1869 年返回埃及，向哈迪夫·伊斯梅尔·帕夏（Ismail Pasha）提出了在新苏伊士运河入口处建造巨像的建议。他的设计灵感源自埃及女性田野工作者费拉哈（Fellaha）。一个身穿长袍的人像高举火炬，象征着为海上船只照亮航道的灯塔，提议称之为埃及照亮东方。然而，哈迪夫并没有财力支持这个项目，因此无法取得进展。[23]

巴托尔迪后来想方设法淡化他夭折的埃及项目与自由女神雕像之间的联系。这并不奇怪：在为自由女神像筹款时，要是被人知道他的雕像设计是把埃及的失败计划拿来回收再利用，那肯定是一场公关灾难。[24] 但埃及项目在自由女神像的设计细节中也有所体现。因此，巴托尔迪对于巨型雕像的雄心壮志也是建造自由女神像的动机之一。这座雕像之所以能够满足如此多的目标，是因为它富有寓意。除了铭牌上提到的 1776 年 7 月 4 日之外，雕像并没有直接包含任何明显的美国标志，因此可以有很多种解释。当然，雕像本身变成了美国的象征。但它所象征的东西并不完全符合创造者最初的设想。

这座雕像所传达的美国对孕育和捍卫自由的尊重，显然是美国国内早期一些团体批评的焦点，他们认为自由恰恰是他们所不享有的。对于纽约州妇女选举协会主席利利·德弗罗·布莱克（Lillie Devereux Blake）来说，"在一个没有妇女政治自由的土地上，建造了一座象征自由的女性雕像，男人们表现出来的双重标准，不得不让女性感到惊叹和钦佩"。[25] 许多华裔美国人也觉得没有什么值得庆祝的。1882 年的《排华法案》禁止华工移民。1885 年，一位名叫宋宗寿（Saum Song Bo）的美国华裔写信给《太阳报》的编辑，抗议有人要求他为建造这座雕像的基座捐款，因为这座雕像所颂扬的自由并不为所有人享有。[26]

然而，批评这座雕像的人毕竟是少数。1883 年，埃玛·拉扎勒斯（Emma Lazarus）创作了一首十四行诗，作为基座筹款活动的一部分。

她的诗将自由女神像重塑为美国移民机遇之地的象征。在《新巨像》中，自由女神向旧世界发出了著名的呼唤："给我你的倦者，给我你的穷者，给我你那抱团取暖而那渴望自由气息的大众。"[27] 巴托尔迪在描述雕像的含义时，提到了美国在为那些在祖国受迫害的人提供庇护，例如在 1876 年的新英格兰协会的一次会议上就提及此作用。[28] 对雕像的这种解释很快就超越了它与温和的共和主义或法美关系的联系，由于雕像矗立于纽约港口，成为了指引新移民抵达美国的灯塔。

2005 年 5 月，格鲁吉亚总统米哈伊尔·萨卡什维利（Mikheil Saakashvili）送给美国总统乔治·W. 布什（George W. Bush）一张镶框照片，照片拍摄于 2003 年格鲁吉亚玫瑰革命期间，描绘了一名示威者高举自由女神像 [29] 的场景。如今，巴托尔迪的雕像已经成为自由的缩写。这对雕像的创造者来说是一项了不起的成就。

注释：

1. Khan 2010, p. 25.
2. Ibid., p. 10.
3. Harrison 2011, pp. 149—150.
4. Khan 2010, p. 3.
5. Quoted in ibid., p. 8.
6. Ibid., pp. 14—15.
7. Joseph, Rosenblatt and Kinebrew 2000, pp. 25—27.
8. Berenson 2012.
9. Ibid.
10. US House of Representatives 1885, p. 162.
11. 引自 ibid., p. 161。
12. Ibid., p. 158.
13. Ibid.
14. Boime 1986, p. 13.
15. Joseph, Rosenblatt and Kinebrew 2000, p. 59.
16. Ibid., p. 55.
17. Berenson 2012.
18. Boime 1986, p. 12.
19. Ibid., p. 13.

20. Berenson 2012.

21. Ibid.

22. Boime 1986, p. 13.

23. Oren 2008.

24. Viano 2018, p. 8.

25. 引自 Boime 1986, p. 13。

26. Serratore 2019.

27. 引自 Khan 2010, p. 6。

28. Ibid., p. 5.

29. Office of the Chief of Protocol 2006.

35. 公元1912年: 3 020棵樱花树

东京市送给华盛顿特区的礼物

华盛顿特区的樱花：盛开的樱花让人想起1912年东京送给美国首都的礼物。

在每年春天的全国樱花节期间，华盛顿特区潮汐湖畔的樱花树成了城市的标志性景观，当樱花绽放，华盛顿纪念碑映衬在水上，成千上万的照片都记录下这番美景。与自由女神像的故事一样，这些樱花树的到来证明了来自政府内外的行动者，如何越来越影响着外交礼物的选定。

在将樱花树带到华盛顿一事上发挥关键作用的，在日本，是一位著名的化学家和一位市长；在美国，是一位普通公民、一名政府官员

229

以及总统夫人。

美国的普通公民，伊丽莎·鲁哈马·西德莫尔（Eliza Ruhamah Scidmore），是一位出生于爱荷华州的记者，后来转行游记写作。她的哥哥乔治曾是一名外交官，职业生涯主要集中在远东，最高职位是美国驻横滨总领事。[1]1885 年，伊丽莎与母亲首次前往日本，随后进行了多次参访。她对这个国家产生了深深的迷恋。1891 年，她写了一本游记《日本：人力车旅情》（*Jinrikisha Days in Japan*），书中洋溢着对日本风土人情的赞美。

伊丽莎成为日本思想和文化的热情拥护者，据说她是第一个将 tsunami（海啸）作为英语单词引进日本的人。[2]让她印象深刻的日本风俗之一就是赏樱，欣赏樱花盛开稍纵即逝的美景，这是日本数百年来的春季庆祝活动。从 1885 年第一次旅行归来后，她开始游说华盛顿的公共建筑和场地办公室，希望在波托马克河畔移栽樱花树。

如同樱花树开花难结果，这样的游说最初收效甚微，但这个想法得到了第二位关键人物的支持，政府官员戴维·费尔柴尔德（David Fairchild）——亚历山大·格雷厄姆·贝尔（Alexander Graham Bell）的女婿。戴维曾任美国农业部种子和植物引进部门的主任。美国政府担心其农业基础建立在有限的作物品种之上，[3]费尔柴尔德的职责是引进世界各地的植物，以实现农产品多样化。他从印度引进了芒果，从中国引进了大豆，并在埃及研究了棉花种植。

像西德莫尔一样，费尔柴尔德也深受日本盛开的樱花吸引，他在 1902 年访问日本时收集了大约 30 种樱花树种。[4]然而，一些美国园艺学家认为，华盛顿的气候对日本的樱花树来说过于恶劣，但费尔柴尔德决心证明樱花树可以在美国东海岸茁壮成长。他在马里兰州名为世外树林（In the Woods）的庄园种植了樱花树，并雇了一位日本园艺师来打理。[5]在 1908 年的植树节上，他邀请了全市学校的孩子们收集樱花树树种，种植在校园里。植树节活动以费尔柴尔德的演讲结束，演讲中他提倡在波托马克公园的填湖区种植樱花，他曾与西德莫尔讨论过这一想法。

1909 年，威廉·霍华德·塔夫脱（William Howard Taft）就任美国总统，为我们的故事引入了第三位主人公，他的妻子海伦，也就是内莉。20 世纪之初，很多人批评美国首都公共空间缺乏新意，1902 年的麦克米伦委员会制定了一项关于城市重要区域开发的计划。内莉·塔夫脱（Nellie Taft）将她的第一夫人角色视为使命，她致力改善当时尚未充分开发的波托马克公园，以支持这一美化计划。1900 年至 1903 年，她的丈夫担任菲律宾总督期间，内莉曾在菲律宾居住，并对马尼拉卢内塔公园（即现在的黎刹公园）宜人的水景赞不绝口。[6]

西德莫尔写信给内莉·塔夫脱，提议通过公众认捐的方式在波托马克公园种植樱花树，而费尔柴尔德则联系了新任公共建筑和场地监管部门的主管斯潘塞·科斯比（Spencer Cosby），提议为该地区捐赠五十棵樱花树。[7]这两条建议都得到了积极的回应。因为它们符合第一夫人对公园的愿景，内莉·塔夫脱曾在前往菲律宾与丈夫会合的途中在日本逗留。虽然她没有亲眼见过樱花盛开，但她始终热衷于日本文化。[8]

日本正在寻找时机表达对美国的谢意，感谢美国在 1905 年《朴茨茅斯条约》订立时的斡旋，该条约结束了日俄战争。威廉·塔夫脱本人作为战争部长也发挥了重要作用，并在 1905 年和 1907 年分别访问日本。高峰定吉（Jokichi Takamine）是一位旅居美国的日本化学家，通过授权生产自己分离出来的一种名为"高二酸酶"的酶而致富。他最大的成就还是从动物腺体中分离出肾上腺素。高峰定吉致力于日美友好关系，当得知第一夫人对樱花树感兴趣时，便提议赠送 2 000 棵樱花树。东京市长尾崎幸雄（Yukio Ozaki）同意将这些樱花树作为礼物从东京送出。

这些礼物由货轮运过太平洋，然后通过铁路横穿美国，于 1910

年 1 月抵达华盛顿。接下来发生的事情体现出了美国农业部的内部分歧。虽然费尔柴尔德致力于从世界各地引进新植物，但查尔斯·马拉特（Charles Marlatt）带领下的昆虫学局则十分担心引入外国害虫的风险。[9] 马拉特对这些树进行检查后，得出结论，这批树感染了"几乎所有可以想象到的虫害"[10]。于是这些樱花树被付之一炬。这次外交礼物失败的结果之一就是 1912 年通过了《植物检疫法》，提供了更严格健全的外来植物引进体系。新成立的联邦园艺委员会将负责执行该法案，马拉特则被选为该委员会的负责人。尽管大家都对这份礼物的结果感到尴尬，但一次得体的意见交换平息了风波，日本决定再次赠送礼物，以东京市的名义捐赠了 3 020 棵树。这次日本小心翼翼地对植树进行科学监管，尽量减少虫害风险。1912 年情人节这天，这批树从横滨启程，同时也有一批规模相当的树运往纽约的河滨公园（Riverside Park）。[11] 让所有人都感到欣慰的是，这批树木顺利通过了检疫。

1912 年 3 月 27 日，在一场简朴的仪式上，内莉·塔夫脱和日本驻美大使夫人千田子爵，在潮汐湖北岸种下了两棵樱花树。尽管这个开端很低调，但这些樱花树逐渐成为华盛顿不可或缺的一部分。到 1938 年，这些树已经深受华盛顿人的喜爱，因此当托马斯·杰斐逊纪念堂动工兴建并计划移走部分树木时，华盛顿人十分恼怒。于是在这起称作"樱花树起义"的事件中，一群妇女将自己绑在一棵树上，试图阻止施工。据报道，由于提供了多杯咖啡，这场起义很快结束，因为示威者们迫切需要上厕所。公园官员坚称，这些树只是被移栽，而不是砍伐，尽管有些树木会在移栽过程中死亡。

第二次世界大战期间美日交战，人们觉得直观地表明美日友好关系并不妥当。1941 年日本偷袭珍珠港后，4 棵樱花树被恶意破坏，于是美国当局将这些日本樱花树改称为"东方樱花树"。战后，樱花的庆祝活动却逐渐演变成一个日益精致的春季节日。因此，樱花节成为美国首都的一个重要节日，象征着美日友好关系。

樱花树的成功催生了美日之间一系列相关的外交礼物互赠。美国人向东京馈赠了一份适度的回礼，其中包括山茱萸和山月桂树。费尔柴尔德负责此事。[12]1965 年，日本政府再次向华盛顿赠送樱花树，这次共有 3 800 棵，而且都在美国培育。[13] 当时的第一夫人，伯德·约翰逊（Bird Johnson）女士和日本大使夫人一起植树，这实质上是 1912 年仪式的重演。1982 年，美国农业部的植物学家罗兰·杰斐逊（Roland Jefferson）发起了"花中友谊"项目，项目中各国的学生收集本国树木的种子，然后进行交换。[14]

出乎意料的是，美国反过来也给日本赠送樱花树。吉野樱是 1912 年赠送给美国数量最多的品种，在第二次世界大战和后来的重建过程中，吉野樱在东京遭到破坏，1951 年，美国官员应日本的要求，从原来的樱花树上剪下枝条，移栽到荒川（the Arakawa River）河畔，用以恢复吉野樱种群。20 世纪 80 年代，由于河道改变，需要更多的树木，因此美国又送来了更多的插条。[15]

2012 年，在赠送樱花树 100 周年之际，美国宣布了"友谊之花——山茱萸树倡议"，这是一项公私合作计划，美国人民将向日本赠送 3 000 棵山茱萸树，以表纪念。

每年春天，华盛顿的樱花树都会在几个星期内绽放出迷人的花朵，令人心旷神怡。事实证明，这是一份成功的外交礼物，在一个多世纪里，它经受住了双边关系的风风雨雨，每年都会在美国首都提醒人们日本的文化和慷慨。

注释：

1. Butler 2017, p. 83.

2. Ibid., p. 82.

3. Stone 2018.

4. USDA Foreign Agricultural Service 2010, p. 2.

5. Ibid.

6. McClellan 2012, p. 24.

7. Ibid.

8. Ibid.

9. USDA Foreign Agricultural Service 2010, p. 4.

10. 引自 ibid., p. 5。

11. McClellan 2012, p. 25.

12. USDA Foreign Agricultural Service 2010, p. 7.

13. Ibid., p. 8.

14. Ibid., p. 9.

15. Ibid., p. 8.

36. 公元1935年：一辆迈巴赫DS-8齐柏林飞艇

纳粹德国元首阿道夫·希特勒送给印度帕蒂亚拉王公的礼物

一辆迈巴赫DS-8齐柏林飞艇敞篷轿车。

18世纪，随着莫卧儿（Mughal）帝国衰落，印度旁遮普邦的帕蒂亚拉（Patiala）王国崛起。由于土壤肥沃和有英国人（包括1857年叛变期间）的支持，帕蒂亚拉享有富庶之地的美誉。

1900年，九岁的布平德尔·辛格（Bhupinder Singh）在父亲去世后继位。他因赞助板球和马球一举成名，并于1911年成为印度板球队第一位参加英格兰巡回赛的队长。[1]他在政治上极具影响力，从1926年到1931年担任印度王室议会（Chamber of Princes）的议长，印度各王公邦的统治者可以通过议会向殖民政府表达他们的需求。布平德尔对大英帝国忠心耿耿，推动锡克教徒在第一次世界大战中应征入伍。最重要的是，布平德尔以奢华著称。1928 年，他委托卡地亚公司定制了帕蒂亚拉（Patiala）项链，镶嵌了 2 930 颗钻石，其中包括当时世界上第七大钻石。[2] 布平德尔对名车情有独钟，拥有一支劳斯莱斯车队。

布平德尔这位玛哈拉贾（maharaja，王公）在欧洲王室圈子中颇有名气，于 1935 年访问了德国。根据他的孙子拉贾·马尔文德·辛格（Raja Malvinder Singh）的描述[3]，玛哈拉贾向元首提出了会面请求，元首勉强同意短暂会面。显然，他们一拍即合，因为这次会面变成了一次午餐，并在接下来的两天举行了后续会议。在最后一次会面中，希特勒赠送了礼物，包括一些德国手枪和一辆迈巴赫汽车。

这辆汽车让人惊叹不已。这是一辆 1933 年的迈巴赫 DS-8 齐柏林飞艇敞篷轿车。这辆车与德国传奇飞艇的渊源绝非偶然。费迪南德·冯·齐柏林伯爵（Count Ferdinand von Zeppelin）曾请教著名的德国汽车设计师威廉·迈巴赫（Wilhelm Maybach），为他的飞艇建造发动机。迈巴赫在齐柏林飞艇公司的故乡腓特烈港（Friedrichshafen）建立了工厂，并开始使用齐柏林飞艇的发动机生产汽车。DS-8 搭载着12 升的发动机，特别标注着"齐柏林"的标签。该车于 1930 年首次亮相于巴黎汽车沙龙，一直限量生产到 1939 年，之后工厂转用于生产军工产品。[4]

希特勒赠送给这位王公的豪华迈巴赫长 5.5 米，可容纳 7 名乘客。进气格栅前上方安装了两盏探照灯。点亮哪一个取决于王公或王公妃是否在乘坐：两盏灯都亮表明两人都在车里。[5]

希特勒向王公赠送如此丰厚的礼物，大概在想争取后者支持德国的事业，或者至少在即将到来的敌对行动中保持中立。如果真是这样，那就彻底失败了。这位王公对盟友做出了承诺，却没能活到第二次世界大战爆发，于 1938 年去世，享年 46 岁。对于他的继任者，也就是他的儿子亚达温德拉·辛格（Yadavindra Singh）来说，这辆车的由来显然令人尴尬。这辆车被运到印度后，一直闲置在帕蒂亚拉的莫蒂巴格宫（the Moti Bagh Palace）的车库里，无人问津。根据亚达温德拉的儿子拉贾·辛格（Raja Malvinder Singh）的说法，这辆有麻烦的汽车被他父亲赠送出去了，当时一位名叫萨达尔·萨蒂亚吉特·辛格（Sardar Satyajit Singh）的人提出购买。他父亲的回答是，这辆车不出售，但欢迎对方将其作为礼物收下。[6]

获赠的新车主最终将其出售，几经易手。后来的一位车主是法斯本德博士（Dr. Fassbender），因为他通常独自驾驶，所以想要一辆更加便捷的汽车，他把车身更换为了一辆两座的敞篷车。旧车身被送到德国诺伊马尔克特（Neumarkt）的迈巴赫汽车历史博物馆。2015 年，这辆迈巴赫敞篷改装车出现在丹麦的一次拍卖会上，指导价为 230 万英镑至 270 万英镑。[7]

来自南亚的另一个故事也有类似的情节：故事发生在尼泊尔，希特勒赠送一辆名车，鼓励亲英的统治者采取更加亲德或至少中立的立场。但与此事有关的相关事实并不清楚。几十年后，新闻报道发现了一辆据说是赠送的车辆，关于谁是礼物的接受者以及这辆车现在在哪里，存在着很多疑问。

故事始于一次大屠杀。2001 年，尼泊尔的比兰德拉国王（King Birendra）和大部分王室成员在加德满都的纳拉扬希蒂宫（Narayanhiti Palace）被枪杀。凶手被认定为比兰德拉的儿子迪彭德拉（Dipendra）王子，据说他被禁止迎娶自己心仪的新娘后，在醉酒后的愤怒中枪杀了他的家人，然后举枪对着自己。于是在暴乱和对官方事件描述的怀疑中，比兰德拉不受欢迎的兄弟贾南德拉（Gyanendra）登上了王位。在要求恢复民主的公众压力和叛军的支持下，政府日益强硬，国王被迫让权。2007 年，尼泊尔议会宣布王宫将归还给公众。

于是，纳拉扬希蒂宫被改建成博物馆，不过媒体报道称，贾南德拉的祖父、国王特里布万（Tribhuvan）的昔日情妇，已经九十四岁的老妇，将被允许继续留在皇宫，因为她无处可去。[8]尼泊尔官员在清查宫殿内物品清单时，不仅发现了老国王的一位昔日情妇，还发现了一辆锈迹斑斑的 1939 年奔驰车，据报道这是阿道夫·希特勒赠送给特里布万国王的礼物。媒体报道称，特里布万一直使用这辆车直至 1955 年去世，后来被当地一所工程学院用来培训机械师。最后，它被遗弃在宫殿的车库里。政府计划修复这辆车，并在新博物馆中展出。[9]

媒体报道了发现希特勒送给特里布万国王的梅赛德斯-奔驰的消息。尼泊尔二战前的总理朱达·沙姆谢尔·拉纳（Juddha Shumsher Rana）的亲属，以及他九十二岁的女儿贾纳克·拉吉雅·拉克西米·沙阿（Janak Rajya Laxmi Shah），在印度媒体上作出了两点回应：首先，希特勒赠送的车不是送给国家元首的，而是送给朱达·沙姆谢尔·拉纳的礼物；其次，这辆车并不在尼泊尔，而是在印度，她的父亲 1945 年离开尼泊尔前往德拉敦（Dehradun）时带走了汽车。[10]关于这辆车所在地的分歧是尼泊尔国王和世袭的拉纳首相之间跨越几代人的典型分歧。目前尚不清楚事实究竟如何。媒体也没有报道过在德拉敦关于这辆车的线索。然而，纳拉扬希蒂宫中的这辆汽车是 1939 年的古董老式汽车，这很难让人相信是来自希特勒的礼物。战争的乌云密布，尼泊尔领导人真的会在那时候接受希特勒的礼物吗？如果他们真的这样做了，这个礼物又该如何跨越英属印度运输过来呢？

如何运输车辆的问题更令人好奇。直到 1956 年，尼泊尔首都加德满都以外还没有铺设好的公路。运往尼泊尔首都精英阶层的汽车，需要大约 60 名搬运工，用巨大的竹子做的搬运架，沿着山间小路穿过奇特朗村（Chitlang）[11]，场面一定很壮观。希特勒赠送的奔驰车是以这种方式抵达加德满都谷地的吗？其实希特勒赠送这样的礼物的意图大概是鼓励尼泊尔在即将到来的战争中不站在盟军一方。如果是这样，就像赠送给帕蒂亚拉国王的礼物一样，再次以失败告终。从 1814 年至 1816 年的古尔卡战争开始，尼泊尔一直是英国的亲密盟友。1939 年 9 月，战争爆发后，尼泊尔宣布支持盟国。

今天的纳拉扬希蒂宫博物馆展示着尼泊尔王室的宫廷生活。自助游的游客可以参观许多根据皇家礼仪各司其职的房间，如专门用于在王太后和王储生日时举行荣誉宴会的宴会厅。这里有巨大的老式电视机、毛绒老虎、来访贵宾的照片（包括年轻的安妮公主）和脱落的花卉墙纸，但就是没有奔驰车的影子。事实上，希特勒的礼物被蒙上了一层神秘的面纱，这份礼物究竟存不存在都很难说。

注释：

1. Kidambi 2019.
2. Choudhary 2020.
3. 拉贾·马尔文德·辛格的描述可参见 Dwivedi 2003，引自 Chavan 2019。
4. Bonhams 2015.
5. Ibid.
6. 引自 Chavan 2019。
7. Bonhams 2015.
8. 参见 Buncombe 2008。
9. Ibid.
10. PTI 2008.
11. AFP 2015.

37. 公元 1943 年：斯大林格勒之剑
英国国王乔治六世送给斯大林格勒市民的礼物

斯大林格勒之剑的赠剑仪式。

　　斯大林格勒战役是战争史上最残酷的战争之一，这个名字就让人联想到在破败、白雪皑皑的城市中挨家挨户战斗的画面。战斗从 1942 年 8 月持续到 1943 年 2 月 2 日，德国第六集团军最后的残余部队投降，约有 200 万人在这场旷日持久的战役中丧生。这场战役标志着第二次世界大战的转折点，德军在东线的态势由进攻转为防守。而英国人对苏联盟友的感激之情溢于言表。为了向斯大林格勒的保卫者表示敬意，一份礼物必不可少。这个礼物的目的是促进两国的情谊。我们今天会记得这份礼物，主要是经由一部文学作品，文学作品对礼物的描述与赠送者的初衷大相径庭。

选定的礼物是一柄代表乔治六世的荣誉之剑。金匠协会（Worshipful Company of Goldsmiths）组织了一场设计竞赛，国王选定的获胜作品是由格莱多（R. M. Y. Gleadowe）设计，他是牛津大学斯莱德艺术学院的前艺术教授，曾在海军部工作。[1]这是一把威力巨大的双手双刃长剑，长度超过 1.2 米，灵感源自"十字军"骑士的武器，因此对于宣称无神论的苏联来说，这是一个有趣的礼物。

一大批工匠参与其中，将格莱多的设计变为现实。制剑材料被委托给威尔金森剑公司（Wilkinson Sword Company），该公司后来以制造不锈钢剃须刀片而闻名。在二战期间，该公司为英国突击队生产了费尔贝恩·赛克斯（Fairbairn Sykes）战刀。年过八旬的剑匠汤姆·比斯利（Tom Beasley）是业内的传奇人物，曾为五位君主制作礼仪剑，并拥有二十多个子女。据报道，汤姆是被从医院病床上抬起来领衔这次铸剑的。

剑身上的金银装饰由莱斯利·德宾（Leslie Durbin）打造，他是一名银匠，曾在战时英国最杰出的银器设计师奥马尔·拉姆斯登（Omar Ramsden）手下当学徒。[2]当时，德宾是英国皇家空军的下士，获得了无限期的休假来制作这把剑，这个委托项目后来也成了他战后迅速发展职业生涯的名片。[3]德宾在伦敦南部弗朗西斯·亚当（Francis Adam）的家中花园小屋里完成了这一工作，亚当曾是他在中央工艺美术学校（the Central School of Arts and Crafts）的导师。德宾制作的剑柄包括一个大的十字护手，两端都装饰着豹头纹饰，握柄用金丝包裹，剑柄末端的把手则由金质英国玫瑰覆盖的岩石水晶组成。这把剑融合了英国和苏联的特点。剑鞘刻有皇家徽章、皇冠和徽号，还有三颗红色珐琅星。剑鞘末端的银色剑尖上有火焰纹饰，象征着燃烧的斯大林格勒城。[4]

在剑刃上，刻有一行英文和俄文铭文，写着："致斯大林格勒拥有钢铁之心的市民——乔治六世国王的礼物，以表达英国人民的敬意。"[5] "钢铁之心"一词不仅指宝剑的钢刃，还指俄语中"钢铁"一词，斯大林格勒这座城市的名称来自俄语中"钢铁"一词，以及苏联领袖斯大林本人。因此，这份赠予斯大林格勒市民的礼物也是为了奉承约瑟夫·斯大林本人。

这把剑的制作速度很快，最初还是秘密进行的。外交部在六月份宣布了其存在，一经公开便向英国民众强调了与苏联牢固的联盟。英国电影院还播放了制作这把剑的工匠们工作的片段，其中包括对汤姆·比斯利的采访，他戴着软剑匠帽，系着围裙。10 月，这把剑的成品在赠送给苏联之前，首先在伦敦的金匠大厅和维多利亚与阿尔伯特博物馆向英国人民展出，然后在英国巡回展览，在每个城市只展出一天。莱斯利·德宾则陪同参观。凡是展示这把剑的地方，都排起了长队。据估计，每天约有 3 万人观展。[6]

最具震撼力的展览场所非威斯敏斯特教堂莫属。宝剑现身这座宏伟教堂之事被传记作家伊夫林·沃（Evelyn Waugh）载入了其二战作品《荣誉之剑》三部曲的第三卷的《无条件投降》（*Unconditional Surrender*）一书中。该书讲述了主角盖伊·克劳奇巴克（Guy Crouchback），作为古老天主教贵族家庭一员的战时壮举。沃描述了一大群衣衫褴褛的人，其中多数是女性，排成队伍，缓慢移动，等待一睹这把剑的风采。[7]当人群进入教堂时，他们陷入了崇敬的沉默，宝剑就像躺在那儿供人瞻仰的遗体。尽管有些人前来欣赏工艺之美，但大多数人感受到的都是英国通过这把剑对盟友苏联的感激之情。[8]而盖伊·克劳奇巴克两者皆非，他只是去吃午餐路上开车经过教堂。

盖伊曾怀着满腔热情应征入伍。对他来说，希特勒和斯大林之间的协议让敌人是谁一目了然，而这也让他有了奋战的目标。新的大国联盟令他不满，他认为与无神论的苏联结盟并不光彩。他哀叹斯大林在英国摇身一变，变成了和蔼可亲的"约瑟夫叔叔"[9]。而三部曲的标题《荣誉之剑》极具讽刺意味。随着三部曲的剧情推进，读者会看到曾经让盖伊投笔从戎的动机消失得无影无踪，同时也会认识到盖伊笔下另一个更严重的时代危机：贵族的传统价值观的丧失和精英主义势不可挡的崛起。[10]当然，这倒不是说故事里那位一心往上爬的理发师特里默（Trimmer）的身上有多少值得称赞的地方。

在故事中，沃饶有趣味地借美国中尉帕德菲尔德（Padfield）之口，在盖伊的午餐谈话中引入了剑鞘上的徽章是不是倒置的话题，这在英国媒体上引起了争议。[11]

宝剑赠送仪式的场地被选在 1943 年 11 月德黑兰会议的召开地。德黑兰会议是美国、英国和苏联三巨头之间的战略会议，罗斯福总统和丘吉尔首相在会议上承诺开辟对抗纳粹德国的第二战场。赠送仪式于 11 月 29 日在苏联驻德黑兰大使馆的宴会厅举行。在英国和苏联军队仪仗队的见证下，丘吉尔将宝剑赠给了斯大林。病恹恹的罗斯福总统坐在轮椅上对宝剑欣赏了一番。仪式结束时，斯大林把剑转交给了伏罗希洛夫（Voroshilov）元帅。虽然关于事件的具体经过众说纷纭，新闻画面也很模糊，但人们普遍认为事件的经过似乎是，伏罗希洛夫有点措手不及，猛地抓去，结果剑从剑鞘里掉了出来。然而，后来对当时发生的情况说法不一，有的说元帅设法在剑掉到地面之前抓住了它，有的则说没有。[12]

1944 年，在克里姆林宫举行的仪式上，这把剑以市议会主席的名义转交给了斯大林格勒的人民。而将礼物交付给最终收礼人的任务，则交给了另一位苏联高级军事领导人布琼尼（Budyonny）元帅。作为冷战时期展览的一部分，这把剑回到了英国，提醒人们苏英关系的友好时期。如今，这把剑光荣地陈列在斯大林格勒战役博物馆——保卫战全景展览厅。2018 年，英格兰足球队在伏尔加格勒（该市现名）对阵突尼斯足球队的世界杯足球赛开赛时，英国媒体强调了斯大林格勒之剑在英国和俄罗斯之间的历史渊源，以此证明英国球迷将在当地受到热烈欢迎。[13]

注释：

1. Andrew and Styles 2014, p. 190.
2. Ibid., p. 186.
3. Ibid., p. 189.
4. Ibid., p. 191.
5. 引自 Andrew and Styles 2014, p. 190。
6. MacCarthy 2005.
7. Waugh 1964, p. 22.
8. Ibid.
9. Ibid., p. 23.
10. Lively 2001.
11. Waugh 1964, p. 26.
12. Gallagher and Villar Flor 2014, p. 100.
13. Brady 2018.

38. 公元 1947 年：一棵圣诞树
奥斯陆市送给伦敦市的礼物

伦敦特拉法加广场的圣诞树。

自 1947 年起，挪威首都奥斯陆每年都会赠送一棵圣诞树给英国人民。耸立在伦敦的特拉法加广场（Trafalgar Square）的这棵圣诞树就是世界上最有名的圣诞树。作为一份外交礼物，它有着两个显著特点。首先，它是一份感谢的礼物，不求回报。其次，这份礼物成为了一项既定的年度传统。这就赋予了这一礼物令人期待的特殊品质：礼物的到来预示着圣诞季的到来。

这份特殊的礼物起源于第二次世界大战的黑暗岁月。1940 年 4 月

9 日，纳粹德国发动了威瑟堡行动（Weserübung），突袭了丹麦和挪威。奥斯陆当天沦陷，虽然哈康七世（Haakon Ⅶ）国王和挪威政府得以乘坐专列逃离首都，但是他们被迫北上，最终抵达挪威最北部的特罗姆瑟（Tromsø）。挪威的抵抗以及来自英国、法国和波兰的援助仍然无法抵挡德国的入侵。当法国陷落后盟国决定从挪威撤军时，挪威国王和政府在流亡后仍然继续反抗德国侵略者及其傀儡政府。[1]

6 月 7 日，挪威国王和政府乘坐英国皇家海军"德文郡"号（HMS Devonshire）从特罗姆瑟撤离，并在伦敦市中心肯辛顿区皇宫花园 10 号的公使馆组建了挪威流亡政府，流亡政府一直运作到 1945 年。哈康国王对德占区下的挪威人比主要由工党成员组成的政府具有更大的感召力。[2] 国王名字的缩写"H7"成了挪威抵抗的象征。

哈康国王与英国关系此前就密切。他娶了维多利亚女王的孙女威尔士莫德公主（Princess Maud of Wales），但莫德公主在 1938 年因腹部手术后心脏衰竭不幸去世。他和王储奥拉夫（Olav）最初就落脚在白金汉宫，伦敦闪电战开始时搬到了伯克郡（Berkshire）。哈康的演讲通过英国广播公司（BBC）传到了挪威人民的耳中。1945 年 6 月，在流亡五年之后，国王乘坐"诺福克郡公爵"号（HMS Norfolk）回到奥斯陆，当时他对英国充满了感激之情，因为在德国占领的漫长岁月中，是英国为他和他的政府提供了家园与支持。

1947 年，这种感激之情化作了一棵圣诞树，屹立在伦敦市中心的特拉法加广场上。作为外交礼物，这棵圣诞树显然极具吸引力。在战后紧缩的英国，圣诞树与庆典和新生的联想引起了共鸣。常绿针叶树是挪威的象征，这也让人想起哈康流亡伦敦时收到的挪威圣诞树。[3] 1947 年 12 月 22 日，在圣诞节前夕，举行了首次点灯仪式，仪式由艾德礼（Attlee）政府工程大臣查尔斯·基（Charles Key）主持，威斯敏斯特市长和挪威大使等政要也出席了仪式。

从那时起，挪威每年都会赠送这一礼物。如今，圣诞树的砍伐、运输、竖立和点亮都按照既定的时间表和仪式节奏进行。这棵树是产自奥斯陆马卡（Oslomarka）的云杉，奥斯陆周边的森林是该市居民休闲生活的重要组成部分。奥斯陆市城市环境局负责挑选这棵运往伦敦的圣诞树。最理想的树木是高度在 21 米左右、树龄在 60 年到 100 年之间。[4] 备选树木要提前数年确定，并为它们的重要时刻做好准备。

这棵树的砍伐过程本身就是一场仪式，通常有来访的威斯敏斯特市长和东道主奥斯陆市市长参加。近年来，树木的运输由丹麦航运公司 DFDS 负责，先从布雷维克（Brevik）运到伊明翰（Immingham），然后再通过陆路运到伦敦。树木在运到特拉法加广场后，安装就位需要两天时间。主要仪式是点亮圣诞树，现在是在 12 月的第一个星期四举行，比 1947 年第一次的点亮仪式在时间上要早得多。仪式上，威斯敏斯特市市长、奥斯陆市市长和挪威驻伦敦大使发表演讲。救世军的摄政会堂（Regent Hall）乐队演奏圣诞音乐，圣马丁教堂的合唱团演唱圣诞颂歌。经过倒数计时，圣诞树被点亮。圣诞树的装饰颇具挪威风格，非常简单，一串串白色彩灯沿着圣诞树垂直而下，树的顶端缀着一个白色的星星。

2020 年，尽管新冠肺炎疫情带来了挑战，但礼物还是如期而至，不过亮灯仪式首次采用了线上方式。会议由威斯敏斯特市市长和挪威大使主持，他们坐在黑色皮革扶手椅上。市长按下两人中间桌子上一个绿色盒子上形似红色大蘑菇的按钮点亮了这棵树。[5]

特拉法加广场的圣诞树并不是挪威赠送给英国的唯一一棵圣诞树。英国很多地方都会收到这样的一份礼物，反映了挪威地方当局和英国地方当局之间的联系。例如，泰恩（Tyne）河畔的纽卡斯尔每年都会收到来自其姊妹城市卑尔根（Bergen）的一棵圣诞树。其中的一些传统是在挪威给英国赠送圣诞树后才建立起来的。20 世纪 70 年代，阿伯丁（Aberdeen）第一次收到挪威姊妹城市斯塔万格（Stavanger）的圣诞树，但直到 2005 年，这才成为一年一度的传统。[6] 从 2016 年开始，挪威外交部开始向英国外交部赠送圣诞树。

虽然后来的这些树木赠送通常提及了英国战时对挪威的支持，但其较近的起源和当地背景则表明了这些礼物背后的其他动机。例如，奥克尼群岛（Orkney）每年都会收到两棵挪威圣诞树。自1983年以来，来自霍尔达兰县（Hordaland County）的一棵圣诞树被放置在柯克沃尔的圣马格努斯大教堂（St. Magnus Cathedral）外。从1987年大教堂850周年庆典开始，大教堂还会收到一棵来自菲耶尔历史协会（Fjære Historical Society）的圣诞树，这棵圣诞树被放置在大教堂内。这些礼物赞扬了紧密的地方联系。来自菲耶尔的圣诞树，不仅让人想起挪威与奥克尼的联系，更能让人联想起出生在菲耶尔的罗格瓦尔德·卡利·科尔松（Rögnvald Kali Kolsson）。1129年，科尔松被任命为奥克尼（Orkney）和谢德兰（Shetland）伯爵，他必须在那里站稳脚跟，以对抗其二表哥的竞争。成功之后，科尔松修建了圣马格努斯大教堂，以纪念被谋杀的叔叔马格努斯。2019年，奥克尼群岛议事会召集人访问挪威，并参加菲耶尔砍树仪式时，他说道，来到卡利·科尔松曾经走过的森林，这是一个特别的时刻。[7]

随着二战离我们越来越远，关于特拉法加广场那棵圣诞树的讨论与公开信息也开始被添加了更多不同的色彩。人们依旧会提及英国在战时对挪威的援助，但通常更会强调两国在当下的伙伴关系，强调皇家海军陆战队在挪威北部的冬季训练、可再生能源开发等方面的合作。

这一年复一年的礼物送往伦敦，成为两国友好关系的永恒象征。特拉法加广场圣诞树的到来已经成为许多英国人圣诞传统的一部分，人们满怀期待地等待着这棵树的到来，因为它预示着节日的到来。与此礼物相关的活动早已根植于国民的意识中，就像2008年，儿童电视节目《蓝彼得》（Blue Peter）的主持人安迪·阿金沃雷尔（Andy Akinwolere）在把星星放到树顶时，不小心把它弄掉了，而这件事也成了英国人共同的回忆。

虽然这是一份意料之中的礼物，但给赠礼者带来了特殊的挑战，因为人们事先就对礼物的外观有所期待。挪威森林中一棵 20 米高的云杉与世界各地客厅中金字塔形的矮树截然不同。它更加修长，树叶可能显得稀疏。2019 年的礼物受到了网上的批评，称其质量令人失望。然而，这棵树自己的 Twitter 账号 @trafalgartree 评论道："我原以为已经把那些喷子都留在了挪威。"[8]

与可怜的索特兰小镇（Sortland）相比，特拉法加广场圣诞树所面临的挑战简直不值一提。这座位于北极圈以北的小镇每年都会向英国港口小镇格里姆斯比（Grimsby）送去一棵圣诞树。然而，2018 年的礼物似乎过早地开始凋零，针叶以惊人的速度掉落，格里姆斯比当地政府被迫在当地采购圣诞树来代替。据当地媒体报道，索特兰镇的镇长在事件发生后致信表示歉意，称在过去的 15 年里一直乐于向格里姆斯比提供树木。这项传统的起源是冰岛航运公司怡之航（Eimskip）当年的一句豪言壮语，公司表示如果索特兰小镇愿意提供树木，他们就愿意提供运送服务。然而，在索特兰越来越难找到合适的树木，因为云杉不是北极地区的本土树种，因此无法继续提供这个礼物。[9] 这个例子倒也说明了一件事，运输公司的公共关系利益也在幕后为这些礼物的赠送发挥作用。

尽管每年赠送圣诞树偶尔会遇到一些挑战和争议，但总体而言，圣诞树已经成为非常成功的外交礼物，彰显了友好关系的悠久传统，其他国家也纷纷效仿。拉脱维亚每年都会向英国外交、联邦和发展事务部赠送一棵圣诞树，放置在历史悠久的兰开斯特宫。二战背景下产生的另一份年度礼物是荷兰王室每年向加拿大赠送郁金香球茎，以表达在二战期间该国庇护荷兰女王储朱丽安娜（Juliana）及其家人的感谢之情。特拉法加广场上的挪威圣诞树是一份让人会心一笑的礼物。这还算是个不错的结果。

注释：

1. Friis 1965, p. 423.
2. Grimnes 2013, p. 384.
3. Rowston 2009/10, p. 8.
4. Westminster City Council 2020.
5. Ibid.
6. Keane 2014.
7. Larsen 2019.
8. 引自 Magra 2019。
9. Lynch 2019.

39. 公元 1949 年: 感恩号列车

法国人民送给美国人民的礼物

感恩号列车的货车车厢。

　　第二次世界大战的余波像幽灵一般笼罩着整个欧洲。整个欧洲满目疮痍，城市和工业设施被炸成残垣断壁，贸易陷于瘫痪，数百万欧洲人只得栖身难民营中。雪上加霜的是：1946 年的冬天寒潮肆虐，也导致了一个世纪以来最为严重的粮食歉收。

　　1947 年 6 月 5 日，美国国务卿乔治·马歇尔（George Marshall）在哈佛大学的毕业典礼上，提出了美国援助支持欧洲大陆复苏的愿景。次年正式落地为欧洲经济复苏计划，也就是著名的马歇尔计划，其核心内容是向欧洲提供约 120 亿美元的支持。美国当局深信，经济复苏对于稳定欧洲的政局、避免进一步的战争，以及防止更多国家倒向共产主义是非常必要的。整个欧洲大陆正陷于饥饿之中，粮食援助是当务之急。1947 年 10 月 5 日，美国总统哈里·杜鲁门（Harry S. Truman）通过广播向美国人民发出呼吁，强调了西欧粮食短缺的严峻状况，并倡议美国民众作出一些牺牲来帮助欧洲。诸如全美上下应当在饮食上厉行节约：周二不吃肉类、周四不吃家禽或鸡蛋，每天省下一片面包。[1] 此项行动很快交由查尔斯·勒克曼（Charles Luckman）创建的公民食品委员会牵头开展。

一位名叫德鲁·皮尔逊（Drew Pearson）的专栏作家认为，公民食品委员会的工作虽然值得称道，但大部分普通美国人仍会无动于衷。在他看来，只是简单地告诉人们少吃是不够的，更重要的是激发人们内心的崇高感和主动性，因而，需要向美国民众展示他们通过牺牲所省下食物的用途。

作为吸引眼球的公众人物[2]，10 月 11 日，皮尔逊用自己的"华盛顿旋转木马"（Washington Merry-Go-Round）报刊专栏给勒克曼写了一封公开信，提议让一列"友谊列车"穿越美国的心脏地带，用来收集美国民众捐赠的食物，在欧洲需要帮助的紧要关头充分展示美国人民的慷慨。[3] 皮尔逊明确表示，开行此列火车的目的是赢得西欧的人心而对抗苏联的宣传战，他非常担心美国会落败。例如，苏联对于在法国东南部城市马赛（Marseille）卸下一批小麦之事大兴舆论，而美国往法国西北部海港勒阿弗尔（Le Havre）运送了一批要多得多的粮食援助却鲜为人知。一经对比，苏联确实在宣传上占得先手。

友谊列车的提议迅速落实。原因是皮尔逊得到了一批极具影响力的美国人的支持，著名的电影公司华纳兄弟的哈里·M. 华纳（Harry M. Warner）欣然担任了这个匆忙召集的全国友谊列车委员会主席。勒克曼和公民食品委员会也接受了友谊列车这个想法。到 10 月下旬，拟建路线沿线的铁路公司更是承诺提供免费支持。[4]友谊列车于1947 年 11 月 7 日从美国洛杉矶缓缓驶出，这距离该计划首次提出还未满一个月。约翰·韦恩（John Wayne）、伊丽莎白·泰勒（Elizabeth Taylor）和莫琳·奥哈拉（Maureen O'Hara）等一众好莱坞电影明星纷纷响应，参加游行，为列车启程送行，友谊列车的核心就是宣传造势。[5]火车一路向东，美国各界争先恐后鼎力支持，汇集的物资越来越多，牵引的车厢也越来越长。堪萨斯州塞奇威克县（Sedgwick）的孩子们用跑腿和收集废纸筹集到的钱买了一车小麦。[6]在宾夕法尼亚州，一个六岁的男孩把小硬币包在纸条里，他的心愿是为欧洲的一个小男孩或小女孩购买蛋糕。[7]

感恩列车在 11 月 15 日抵达了美国宾夕法尼亚州的匹兹堡，由于天气寒冷、外加细雨蒙蒙，参与人数低于预期，但仍有 500 多位各界人士参加了例行的欢迎仪式。火车在这里增加了五节车厢，每节车厢都印有法语和意大利语写的"匹兹堡——送给朋友的食物"[8]的字样，表明了定向援助的两个目标国家。从小麦到炼乳不一而足，车厢里委员会要求的各种主食装得满满当当。

感恩列车抵达纽约时，百老汇为它举行了盛大的彩带游行。12 月7 日，美国航运公司的"美国领导人"号商船满载着这批爱心物资从纽约启航前往勒阿弗尔，在这次航行中，此船被重新命名为"友谊"号。更多的物资由另外三艘蒸汽船运送至法国和意大利。[9]在法国，友谊列车指导委员会（Friendship Train Steering Committee）将美国援助法国（American Aid to France）等诸多团体组织起来，负责物资的分发。受援群体主要包括学校、孤儿院和养老院。[10]法国当局也模仿组织了友谊列车仪式，以提高法国人民对该倡议的认识。该列车从巴黎出发，在平安夜抵达马赛。

事情并非一帆风顺。1948 年 1 月，一法国仓库着火，烧毁了大量捐赠货物，此事被归咎于共产主义同情者所为。[11]然而，总的来看，友谊列车是一项颇受欢迎的成功策划，在大西洋两岸产生了积极影响。作为民间慈善，它产生于政府之外。并且，它更是在美国人民与受援国人民之间建立了深情厚谊。

心念不忘，一年多后在法国民众间迎来回响。一位名叫安德烈·皮卡尔（André Picard）的法国退伍军人兼铁路工人建言：友谊列车向法国雪中送炭，而法国应该礼尚往来。如果采用同列火车来运送感谢将具有非常意义。法国政府接受了该提议，于是感恩列车诞生了。

感恩列车活动鼓励法国民众向美国各地的人们赠送具有实际价值或带有真情实意的礼物。礼物都各具特色。上面都有捐赠者的名字，以及其他个人信息。礼物各式各样，有的贵重、有的可爱、有的令人心酸。法国总统樊尚·奥里奥尔（Vincent Auriol）捐赠了 49 个塞弗尔花瓶。[12] 一个年轻的女孩捐赠了一幅画有金黄色爱心的画，以此称赞美国人金子一样的心灵。[13] 一对夫妇赠送了他们在第一次世界大战中阵亡的儿子的制服。[14] 这些礼物被装进 49 节列车车厢，当时美国 48 个州各拥有一节车厢，第 49 节由哥伦比亚特区和夏威夷州共享。所用的列车为当时已经是古董级别的"40+8"型，其设计初衷是用于容纳 40 个人或 8 匹马的列车，此方案的巧思，不仅在于"48"暗合美国当时州的数量，还在于这些车厢的历史意义，它们在两次世界大战中都曾助运美国军队，而为人们铭记为"40+8"型。这辆货车车厢的名字来源于 1920 年成立的美国老兵协会（Société des Quarante Hommes et Huit Chevaux），其成员有 48 人。这意味着有一个现成的美国组织倾向于支持这一倡议。货车车厢装饰着代表法国各省的盾形纹章，以及感恩列车的徽章，鲜花点缀的列车，该列车参与了第一次世界大战，强调了该倡议与老兵之间的联系。[15]

1949 年 2 月 2 日，蒸汽动力的法国货船麦哲伦号（Magellean）载着感恩列车抵达纽约港，受到了空前热烈的欢迎。美国军机在头顶盘旋，消防船喷出水门，整支领航船队陪伴进港。[16] 这艘货船携带的

49 节货车车厢，每节都载有 5 吨礼物。由于两国之间的铁路轨距不同，这就必须用到平板轨道车或卡车进行转驳，但这些货车车厢最终都安全抵达美国各州。[17] 所到之处，两国官员共同参加了交接仪式和游行庆祝。

美国各州分配礼物的策略不尽相同。在北达科他州，大部分玩具分给了詹姆斯城（Jamestown）的残疾儿童学校，书籍则捐给了北达科他大学图书馆，剩余的礼物，以及货车车厢本身一并赠与了州历史学会。[18] 其他州分发礼物的方式更加灵活，甚至有通过彩票的形式发放礼物。一些贵重的礼物则被区别对待。例如布鲁克林博物馆在 1949 年 9 月举办了一个名为"法国时尚优雅的两个世纪"的展览，主要展出的就是法国捐赠的 49 个洋娃娃，每个洋娃娃高约 60 厘米，身着 18、19 世纪的各色法国时装。[19]

时至今日，除却那些馆藏的礼物，其他大多都已无迹可寻。然而，货车车厢本身却得以良好保存。这要归功于老兵协会，它一直致力于货车车厢的修缮以及确保它们在各州得以妥善安置。49 节货车车厢中仅有 6 节丢失。大部分车厢则在铁路博物馆以及其他合适的场馆陈列着，车厢承载着美法友谊。实际上，这样的例子颇为罕见，留存下来的不是礼物本身，反而是包装。

感恩列车的影响不止在投桃报李的美法之间，其影响甚至波及了英国。英国虽没有收到友谊列车所提供的食物，但实际却从马歇尔计划中获益最多。法国感恩列车的计划着实使英国官员陷入两难。一些英国官员对此不以为然，甚至有人贬称这是一个"愚蠢的想法"[20]，而另一些官员则担心法国的这份感恩计划会陷大英帝国于不义。

英国外交部的埃德蒙·霍尔·帕奇（Edmund Hall Patch）爵士认为，英国应该拿出一份能在美国人思想上引起共鸣的礼物。他提议捐赠《大宪章》的原件，这份象征着伟大自由的文件，应在全美巡回展出，然后珍藏到国会图书馆。[21] 然而，要想献出这样一份重磅的礼物，困难重重：这必须通过议会启动立法流程，但没有一个机构愿意将其所持有的原件拱手让人。最终，英国政府决定采纳外交部官员罗杰·梅勒·梅金斯（Roger Mellor Makins）爵士提出的建议，创立一个著名的奖学金计划，将顶尖的美国学生带到英国。[22] 马歇尔奖学金由此诞生，并蓬勃发展。

其他接受美国援助的国家也回赠了礼物。意大利铸造了四座青铜雕像，这些雕像放置在华盛顿阿灵顿纪念桥的入口。荷兰赠送了一座有四十九座小钟的编钟钟琴，立于阿灵顿国家公墓附近。感激之情化为了永恒的礼物。

注释：

1. Ball 1999.
2. Sweetland 2019.
3. Kelly 2019.
4. Sweetland 2019.
5. Ibid.
6. Kelly 2019.
7. Scheele 2002, p. 36.
8. 引自 ibid., p. 37。
9. Kelly 2019.
10. Griswold 2011.
11. Ibid.
12. Scheele 2002, p. 40.
13. Mukharji 2016, p. 16.
14. Scheele 2002, p. 40.
15. Ibid., p. 35.
16. Ibid., p. 39.
17. Ibid., p. 40.
18. State Historical Society of North Dakota 2007.
19. Brooklyn Museum 1949.
20. 英国财政部官员爱德华·怀尔德·普莱费尔（Edward Wilder Playfair），引自 Mukharji 2016, p. 16。
21. Mukharji 2016, p. 16.
22. Ibid., p. 18.

40. 公元1949年：一座天文馆

德意志民主共和国人民送给苏联共产党总书记约瑟夫·斯大林的礼物

伏尔加格勒天文馆。

一如斯大林格勒之剑，我们这一个故事也是关于斯大林格勒市收到的礼物。两份礼物都将这座城市作为礼物的接收地，是因为在第二次世界大战中，苏军在这座英雄之城奋勇抗争，这场战役也成为第二次世界大战的转折点。并且，当年此城尚以苏联领导人约瑟夫·斯大林来命名。但两份礼物的相似性也就到此为止。这个故事是关于斯大林的生日庆典，该生日庆典与众不同，旨在鼓励苏联人民、盟友和世界无产阶级人民用献礼来表达他们对斯大林的敬爱之情。

1949 年 12 月 21 日是约瑟夫·斯大林的 70 岁生日，此时他的个人威望正值顶点。他是第二次世界大战中挽狂澜于既倒的英雄，还是共产主义世界无可争议的领袖人物。[1] 为此，苏联成立了一个特别委员会以监督生日庆典的筹备工作，这个特别委员会由苏联最高苏维埃主席团主席尼古拉·什维尔尼克（Nikolai Shvernik），即名义上的国家元首亲自领导。苏联官方报纸《真理报》几乎每天刊登大约 200 封生日祝福直至 1951 年。[2] 因此导致了一个奇怪的现象：人们在 1950 年的报纸上几乎看不到有关斯大林 71 岁生日的报道。[3]

生日庆典在莫斯科大剧院举行的盛大活动中达到高潮，社会主义阵营的领导人纷纷前来，争相献上对斯大林的生日祝词，而他本人面无表情地一一听取。一位穿着少先队制服的年轻女孩朗诵了一首赞美诗，然后向斯大林敬献了一束鲜花。女孩名叫娜塔莎（Natasha），是斯大林私人总理府首脑亚历山大·波斯克雷比舍夫（Alexander Poskrebyshev）的女儿。她的母亲因与托洛茨基的关系，于 1941 年在斯大林批准，或至少默许下而遭处决。人们不禁揣度起她在赠送礼物时是何感受。

礼物永远是生日会的重头戏。与会的代表们收到了一个礼包，里面有晨袍、拖鞋和一套莫斯科牌的洗漱用品。整个生日庆典都沉浸在社会主义的膜拜中，"自发"赠送的礼物数量惊人。莫斯科的几个场馆被征用来举办公开展览，主要是普希金美术博物馆，工作人员隐隐地惊觉，临时展览逐渐变成了永久性质。[4] 最终，展览持续到了 1953 年，也就是斯大林去世的那一年。在斯大林收到的成千上万件礼物中，博物馆工作人员用十天的时间挑选了大约 8 000 件展品。[5] 或者说展览本身就是献给斯大林的生日礼物。

斯大林七十岁生日时收到的礼物代表着大家对这位苏联领袖的由衷感激，赠礼者认为价值可轻但情意须重，他们在标新立异上绞尽脑汁。[6] 礼物通常是手工制品，从而反映送礼者的职业。许多礼物上印有斯大林的肖像：有画在画布上的，有被编成地毯的，还有的甚至被刻在米粒上。[7] 白俄罗斯作家安东·别列维奇（Anton Belevich）的诗歌《礼物》（Gifts）描述了集体农场的工人为斯大林制作礼物，每一位工人都全情投入。一个小男孩把对未来的期许作为他的礼物，他决心要更快地长大，成为苏联的英雄。[8] 这些礼物携带着苏联社会主义制度下计划经济的深深烙印，与西方殊为不同。在阿尔巴尼亚，木材工人的礼物是承诺他们将超额完成生产计划的 210%。[9] 除了娜塔莎的花束，很少能拍到斯大林亲自接受礼物。大多数情况下，是相关人员代为接受，比如集体农场的场长。[10] 斯大林也从未参观过普希金博物馆举办的生日礼物展览。斯大林不明确认可生日那天送给他的礼物，实质上是要确保苏联人民和其他社会主义国家对他仍然心存感激，[11] 即便再多心意也无法与他作出的丰功伟绩相提并论。

此次为斯大林庆生征集礼物超越了国界。展览本身是按照地理位置安排：苏维埃共和国、社会主义世界和世界其他地方各分区域，各有一个单独的展厅。[12] 旨在表现全球人民对斯大林的热爱。中国共产党领导人毛泽东参加了在莫斯科举办的生日庆典，这是他在宣布中华人民共和国成立不到三个月后的首次海外访问。[13] 毛泽东来到苏联是为了在中国经济百废待兴的背景下与苏联这个超级大国缔结盟约。双方还是签署了一项条约，该条约虽然是在 1950 年的情人节缔结的，但可能没有毛泽东所希望的那么具有前瞻性。毛泽东在斯大林生日庆典上发表了热情洋溢的贺词，大家起立鼓掌。毛泽东还送给这位苏联领导人一对皇家御用花瓶。[14]

在美苏陷入冷战的情况下，斯大林生日礼物策展者只能对早期礼物重新包装，以保持万国来朝的气势。苏联驻华盛顿大使在 1942 年代表斯大林收下的一个美洲土著头饰也被用于展览，头巾上还有斯大林被授予"所有印第安部落名誉酋长"的题词。[15] 西欧的礼物则由西欧各国的共产党赠送。法国共产党给斯大林组织了他们自己的生日礼物展览，包括社会主义现实主义画家安德烈·富热龙（André Fougeron）的作品，然后将这些礼物送往远在东方的莫斯科。[16]

对于中东欧的社会主义国家来说，积极参与斯大林 70 岁生日的大规模献礼活动是向其彰显忠诚与一体同心的难得机会。[17] 这一点在民主德国表现得尤为明显，1949 年 10 月德意志民主共和国成立，斯大林 70 岁生日的贺寿筹备工作恰似一次对社会主义集团的新晋成员的考验，民主德国新领导层迫切需要借此来展示对于领袖的忠心。

民主德国为斯大林庆生的方式是将这位苏联领导人塑造成社会主义阵营的缔造者和国家社会主义的解放者，更具体地说，是德国人民的朋友，也是支持德国统一的唯一领袖。因此，部长会议副主席、未来的民主德国领导人瓦尔特·乌布利希（Walter Ulbricht）在莫斯科大剧院（Bolshoi Theatre）的庆祝活动上发言时，称斯大林为"德国人民最好的朋友"。[18] 这种既鼓吹苏联统治，同时又呼吁民族主义的矛盾做法被刻意忽略了。[19] 民主德国的领导层动员了全国民众在各地以集会等方式为斯大林庆生。一系列庆生活动把这位苏联领导人推向神坛。[20]

鼓励给斯大林献礼也是德意志民主共和国生日准备的一个重要部分。民主德国领导层宣布：他们将送出一个坐落在斯大林格勒的天文馆，这份独具创意的礼物将由全体国民以"自愿"的捐款来营建。新总统威廉·皮克（Wilhelm Pieck）在祝贺斯大林生日的贺电中宣布，之所以选择斯大林格勒是因为这座城市以苏联领导人的名字命名，同时也因为在这位天才领导人的指引下在此取得了伟大胜利，"结束了德国历史悲剧性的一章"。[21] 因此，天文馆将成为两国人民开启新友谊的标志。换而言之，选择斯大林格勒象征着对第二次世界大战德国犯下罪恶的救赎，并且期冀着翻开历史新的篇章。

天文馆是一个别出心裁的礼物。天文馆的光学元件将由著名的卡尔·蔡司（Carl Zeiss）公司提供。作为 19 世纪科学仪器的主要制造商，蔡司公司在 1913 年，受慕尼黑德意志博物馆馆长奥斯卡·冯·米勒（Oskar von Miller）之邀协助设计天文室，这促使蔡司公司研发了一种技术，这一技术能够以近似现实的三维方式而不是以抽象的方式描绘夜空。[22] 蔡司公司于 1924 年在其耶拿（Jena）工厂的屋顶上建造了首个天文馆，进而创造了另一个世界第一：测地线穹顶。接下来几年，他们在德国及世界各地建造了诸多天文馆，包括 1929 年建造的莫斯科天文馆。[23]

第二次世界大战结束时，蔡司公司的一部分先进设备被盟军转移到巴登-符腾堡州（Baden-Württemberg）的奥伯科兴（Oberkochen），但其余的仍然留在民主德国的耶拿。因此，民主德国领导层赠送的天文馆实际是为了展示民主德国技术优于苏联的一个例子。此外，这份礼物想为蔡司公司在社会主义世界中在天文馆建造上树立自己的口碑。

斯大林格勒天文馆直到 1954 年才对外开放，这似乎违反了生日送礼的一个潜在规则：即礼物应该在受赠者还活着的时候抵达。而斯大林则在此前一年（即 1953 年）去世。该馆采用新古典主义的设计，粗大的立柱撑起大型门廊，穹顶上屹立着和平女神雕像，也呈现着典型的斯大林式的风格。不过这种强烈的意识形态特征在建筑落成之初便已过时。[24] 时至今日，天文馆依旧尽职尽责地运转着，引领年轻人探索着宇宙的奥秘。

注释：

1. Ssorin-Chaikov 2006, p. 365.
2. McNeal 1988, p. 291.
3. Ssorin-Chaikov 2006, p. 366.
4. Ibid., p. 359.

5. Ibid.

6. Knight 2012.

7. Ssorin-Chaikov 2006, p. 360.

8. McNeal 1988, p. 292.

9. Ibid.

10. Ssorin-Chaikov 2006, p. 364.

11. Knight 2012.

12. Ssorin-Chaikov 2006, p. 368.

13. Radchenko 2013.

14. Ssorin-Chaikov 2006, p. 369.

15. 引自 ibid., p. 367。

16. Wilson 1998.

17. Behrends 2004, p. 162.

18. Tikhomirov 2010, p. 309.

19. Behrends 2004, p. 169.

20. Ibid.

21. 引自 Tikhomirov 2010, p. 310。

22. Firebrace 2013, pp. 134—135.

23. Ibid., p. 136.

24. Firebrace 2017.

41. 公元 1952 年：一盒三叶草

爱尔兰共和国驻美大使约翰·赫恩送给美利坚合众国总统哈里·杜鲁门的礼物

2006 年，美国总统乔治·W. 布什赠送给伯蒂·埃亨总理一盒三叶草。

就像奥斯陆每年在固定的日子往伦敦运送一棵圣诞树，成就一段送礼佳话，给美国总统赠送三叶草这个活动已经从简单的爱尔兰驻美大使的外交惯例，发展成为每年圣帕特里克节期间爱尔兰共和国总理访问美国的重要内容。如我们所见，礼物越来越被重视，因为送礼者和接受者都乐在其中。

在外交官约翰·赫恩（John Hearne）的家乡沃特福德，矗立着一尊他的半身像，他打着领结，穿着夹克，衣冠楚楚。这座塑像于 2017 年，即 1937 年爱尔兰宪法成立 80 周年之际揭幕。当年，赫恩是外交部的一名法律专家，因其对制定与推动这部宪法的杰出贡献而名垂青史。埃蒙·德瓦莱拉（Éamon de Valera）在他交给同事的文件副本中用亲笔献词将赫恩描述为宪法的"总设计师和起草人"。[1] 作为一名公务员，赫恩在当时并未受到重视，而后来的历史学家们发掘了他的贡献，并大加褒扬。[2] 约翰·赫恩在后来的职业生涯中表现出色，从 1939 年起担任驻渥太华高级专员，从 1950 年起担任爱尔兰共和国驻美国首任大使，他的前任担任过全权公使。

在华盛顿代表爱尔兰共和国并不是一件容易的差事。赫恩不得不应对美国对爱尔兰战时保持中立以及拒绝加入北约的不满。在这种背景下，赫恩认识到文化外交的重要性，他敏锐地捕捉到了爱尔兰裔美国人社区中泛政治活动所带来的机会。爱尔兰裔美国人有热烈庆祝圣帕特里克节的传统，在纽约，圣帕特里克节游行更是一件大事。杜鲁门总统在 1948 年受邀参加了游行。赫恩确认，将爱尔兰守护神的纪念活动从爱尔兰民族社区纳入美国领导人的行程表中，将会对双边关系带来潜移默化的改善。[3] 三叶草，这种三叶植物据说被圣帕特里克用来阐释三位一体的教义。

在 1952 年的圣帕特里克节，赫恩送了一小盒三叶草给杜鲁门总统，并附上一封信，希望两国关系蒸蒸日上。[4] 这是一份低调的外交礼物。杜鲁门当时不在华盛顿，三叶草也没有亲自送到他手中。实际上，这份礼物的天才之处在第二年才得以显现，此时新一届总统德怀特·戴维·艾森豪威尔上任。赫恩拜访了艾森豪威尔，并沿袭了把三叶草作为圣帕特里克节的礼物的惯例。[5] 一年一度的赠送三叶草的传统自此诞生。

尽管惯例是由华盛顿大使主持赠送。在 1956 年约翰·A. 科斯特洛（John A. Costello）访问华盛顿期间，首次由这位爱尔兰总理而非当地大使赠送了三叶草。同样地，在 1959 年，爱尔兰总统肖恩·奥凯利（Seán T. O'Kelly）在访问美国期间，赠送了三叶草。[6] 此外，赠送仪式的规格会随着美国总统与爱尔兰的亲疏远近，有所变化。有着浓厚爱尔兰血统的约翰·肯尼迪总统入主白宫之后，这一仪式成为媒体关注的焦点。在林登·约翰逊（Lyndon Johnson）担任总统期间，则低调了不少，吉米·卡特（Jimmy Carter）甚至在忙于中东事务时，将此事委托给他的副总统。[7] 在罗纳德·里根（Ronald Reagan）担任总统期间，这一仪式被重新聚焦。他和肯尼迪一样，在担任总统期间访问了爱尔兰，探索他的爱尔兰血统。就里根而言，这将他带到了蒂珀雷里县（Tipperary）的巴利波林村（Ballyporeen），他的曾祖父曾于 1829 年在那里受洗。查尔斯·豪伊（Charles Haughey）和加勒特·菲茨杰拉德（Garret Fitzgerald）都在里根担任总统期间向他赠送了三叶草。比尔·克林顿担任总统期间，爱尔兰总理每年亲自赠送三叶草成为惯例。提升这一事件的知名度与规格符合美国和爱尔兰双方利益。克林顿的目的是利用圣帕特里克节仪式来强调他对北爱尔兰和平进程的承诺。[8] 爱尔兰大使德莫特·加拉格尔（Dermot Gallagher）认为，赠送三叶草仪式为爱尔兰共和国提供了一个独特的机会，对于一个如此规模的国家来说，确保每年都能会见美国总统是件好事。对此，当时担任爱尔兰总理的艾伯特·雷诺兹（Albert Reynolds）也表示认同。[9]

经年累月下来，不仅送礼者的级别得以提升，而且活动安排也益加精心，实际赠送三叶草仪式只是华盛顿在圣帕特里克节期间一系列政治活动的组成部分。一位前英国驻华盛顿大使回忆说，在克林顿时代，圣帕特里克节事件"使华盛顿的政治瘫痪了两天"[10]。在白宫举行三叶草赠送仪式后，议长在国会设午宴款待总统和总理，随后在白宫举行了晚间招待会。

虽然不是所有美国总统都像克林顿一样对赠送三叶草事件关心备

至，但大体上，他的继任者们都对此保持了相当的热度。这是因为该活动持续契合着爱尔兰和美国各自的政治目标。对爱尔兰共和国来说，它相当于提供了与美国总统接触的政治直通车，这令华盛顿的其他外交使团羡慕不已。对于美国总统来说，借此机会，可在颇具政治影响力的爱尔兰裔美国人游说团体中赢得更多威望。

礼物的价值很快就远超了三叶草本身，渐趋名贵，尤其是植物置身的水晶花盆。花盆的爱尔兰供应商是通过招标程序遴选出来的。[11]它的设计无不体现着文化外交的理念。如在 2016 年，复活节起义百年纪念之际，恩达·肯尼（Enda Kenny）总理向奥巴马总统赠送了一个装满三叶草的花盆，上面刻有起义的英勇画面；起义大本营即都柏林的邮政总局和《共和国宣言》选段。[12]

多年以来，在国务院礼宾司司长办公室《外国政府向联邦雇员赠送礼品的年度申报表》中，三叶草这份传统礼品的估值每年的变化很大。在乔治·W. 布什和奥巴马担任总统的 16 年间，礼品估值从 2001年伯蒂·埃亨（Bertie Ahern）赠送给布什总统的沃特福德水晶花盆的295 美元，到 2015 年恩达·肯尼赠送给奥巴马的礼物的 10 566 美元不等，奥巴马的礼物中有一个刻有叶芝语录的水晶花盆和一本叶芝诗集。有几次申报并未列出水晶花盆的条目，这意味着花盆的价值够不上礼物申报的"最低值"标准。虽然水晶花盆的最终归宿是国家档案馆，但它们也可以在总统任期内保存在白宫——据报道，罗纳德·里根用这个盆来盛放豆状软糖。[13]

在这 16 年中，国务院只提供过一次三叶草本身的估价。那是在2007 年，除却伯蒂·埃亨赠送给乔治·W. 布什的价值 350 美元的沃特福德水晶花盆之外，他们认为三叶草仅值 5 美元。这个所谓被"按照特勤局政策处理"的消息在爱尔兰新闻界引起一片哗然，其中《爱尔兰观察家报》的一篇文章就题为"白宫毁了三叶草"。[14]

多年来，三叶草的赠送仪式早已为人熟知，总统和总理都在这个场合打着绿色领带，伴随着许多关于共同历史和文化联系的热情洋溢的发言。乔治·W. 布什总统原先的一位演讲撰稿人在《纽约时报》上撰文抱怨说：这项传统让一年一度的三叶草演讲成为他撰稿的一大挑战。你能用多少种不同的方式接受一盆三叶草，或是赞美高贵的爱尔兰人民的优秀品质？[15] 约翰·赫恩在 1952 年的倡议使爱尔兰共和国有数十年如一日的机会接触到世界上最有权势的领导人。一份不甚起眼的绿色礼物，却带来一个意想不到的结果。

注释：

1. 引自 Broderick 2017。
2. Ibid.
3. Wunner 2010.
4. Driscoll 2016.
5. Kelly 2017.
6. Collins 2017.
7. Wunner 2010.
8. Ibid.
9. Collins 2017.
10. Meyer 2005, p. 111.
11. Kelly 2017.
12. Office of the Chief of Protocol, US State Department 2018.
13. Kelly 2017.
14. Baker 2010.
15. Scully 2005.

42. 公元 1957 年：两只天鹅

英国女王及英联邦国家元首伊丽莎白二世送给
佛罗里达州莱克兰市的礼物

疣鼻天鹅。

英国女王伊丽莎白二世有许多头衔。她是英联邦的元首、英国武装部队的总司令、信仰的捍卫者、兰开斯特公爵。其中一个最不寻常的头衔是天鹅领主，这个头衔表明了这种庄严的白色鸟类和英国王室之间多个世纪以来的亲密关系，这也导致大量天鹅被选为外交礼物。特别是疣鼻天鹅，它是一种原产英国、通体雪白、喙呈橙色的水鸟，简直就是教科书上所描绘的经典天鹅的形象。

从中世纪开始，天鹅在英国就与贵族联系在一起，被视为奢侈品。它们具有与生俱来的优雅和美丽、孤芳自赏的天性以及不易饲养的特点。直到 18 世纪，[1] 天鹅还经常是圣诞节的一道美味佳肴。天鹅作为美食很快被撤下餐桌，据说实际上它们并不是特别美味。

王室享有对所有栖息于开放水域无标记疣鼻天鹅的所有权，至少可以追溯至 12 世纪。此处，君主可以授予其他人拥有天鹅的特权。到了 15 世纪，人们似乎开始担心天鹅所有权日渐泛滥，降低了其稀有性。在 1482 年爱德华四世国王统治时期，颁行了天鹅的法令来努力确保这些飞禽只掌握在极少数人手中，规定只有那些每年土地的价值超过 5 马克的人才能拥有天鹅。这是一笔很大的金额，足以把"自耕农和老百姓以及其他无名之辈的人"排除在外。[2] 天鹅的喙被标记上主人的身份，而天鹅标记权昂贵又麻烦。同时，涉及天鹅的案件会在特殊的"天鹅法庭"上审理。[3]

今天，女王主要在泰晤士河的一段特定水路上行使她对无标记疣鼻天鹅的所有权，这里也是一年一度举行"数天鹅"活动的地方。在为期五天的仪式中，身着传统制服的"天鹅普查官"们乘着木制小艇在河上巡游。一些代表君主，另一些代表伦敦的染坊老板和葡萄酒商，他们在 15 世纪获得了天鹅拥有权。该仪式一直由女王天鹅管理员负责，直到 1993 年，这个职责被一分为二，分成了天鹅看守员与天鹅标注员。这不仅是一个丰富多彩的仪式，如今的"数天鹅"更着眼于保护层面：天鹅会被计数、称重，以及检查是否受了伤。

我们的故事带我们穿越大西洋，来到莱克兰（Lakeland），这是个 10 万余人的小城，位于佛罗里达州坦帕市以东约 35 英里处。顾名思义，这座城市的主要地貌便是其众多的湖泊，大部分是充满水的磷酸盐矿坑。活跃在这些湖泊中的天鹅长期以来一直是当地的骄傲。自 1923 年以来，该市就有豢养天鹅的记录，一般情况下它们由当地的居民看护。[4] 然而，天鹅很容易受到狗和短吻鳄的攻击。到了 1953 年，天鹅们在这片湖面上消失了。皮克哈特夫妇（Mr and Mrs Pickhardt）是驻扎在英国的美国空军基地莱克兰人，丈夫罗伯特在基地工作。皮克哈特夫人得知她的家乡城市现在没有了珍贵的天鹅，正心烦意乱之时，偶然得知英国没有标记的疣鼻天鹅属女王所有，她决定写信给女王请求赠与一对天鹅。正如谚语所说，"如果你不问，你就得不到"。在她收到的回复中，女王明确表示同意向莱克兰市赠送一对疣鼻天鹅，前提是该市能够支付将天鹅运送到佛罗里达所需的 300 美元。[5]

只运输成本就让莱克兰市犯了难。据报道，该市首次的筹款活动只募集到了 7 美元，媒体的有关宣传引发了圣彼得斯堡市（St Petersburg）和奥兰多市（Orlando）对这些天鹅的竞争。莱克兰市的礼物最终由兰德尔·波默罗伊夫人（Randle Pomeroy）慷慨解囊，她在前一年的一次访问中迷上了这个地方，尔后捐赠了 300 美元。[6]1957 年 2 月 9 日，一对装在箱子里的天鹅抵达佛罗里达州，被放在莫顿湖（Lake Morton）的笼舍里。第二天早上，人们发现两只天鹅都从围栏里逃脱。雌性天鹅正在莫顿湖附近游弋。而那只雄性已不知所踪，经过四天的搜寻后，它被从佛罗里达抓回雌性天鹅身边，那天恰巧是情人节。[7]

此后，莱克兰的天鹅数量激增，以至于该市近年来不得不出售一些天鹅以避免数量过剩。2020 年 10 月，该市宣布，36 只天鹅将通过抽签的形式售卖，每只 400 美元。购买者需要承诺提供合适的水域和每年的兽医护理。[8]表面来看，女王陛下给莱克兰的礼物是英国皇家对民情民意的慷慨回应。从英国与美国双边关系的高度来看，这更是一项灵光闪现的公共外交，这些高贵优雅的天鹅及它们的后代成为了英国与佛罗里达社区友谊的象征。

更为著名的天鹅外交发生在 1967 年，当时，为了纪念加拿大联邦成立一百周年，作为加拿大国家元首的女王陛下赠送了六对来自泰晤士河的疣鼻天鹅，它们是由女王的天鹅饲养员精心挑选并送到加拿大首都渥太华的。这并不是英国皇家将疣鼻天鹅首次赠予加拿大。乔治五世国王和爱德华八世早在 1912 年和 1936 年将两对天鹅分别赠给了加拿大的不同城镇。[9] 这些天鹅于 1967 年 5 月抵达渥太华，经过一段时间的检疫，8 只于 6 月 28 日被放入里多河，另外两对仍留在莱特林（Leitrim）郊区苗圃的"天鹅之家"。因此，当女王和菲利普亲王于 7 月 1 日抵达渥太华开启他们的加拿大百年纪念之旅时，天鹅们在放生地正悠然自若地游弋。[10]

事实证明，天鹅在此很快就深受宠爱，不断繁衍生息，到 20 世纪 70 年代初，种群就发展到 40 只。由于天鹅数量过多，该市不得不小心谨慎地咨询转送天鹅的事宜。答复说这样未尝不可，只是后续的转送不能被描述为是皇家礼物。[11] 随着时间的推移，市政府开始发愁天鹅的养护费用。渥太华气候恶劣，因此这些天鹅每年都需要特殊照顾，按照它们的习性，得从河里送到莱特林的苗圃过冬。由于财政捉襟见肘，媒体冷嘲热讽[12]地把"天鹅之家"称为"鹅塔那摩"（"Swantanamo Bay"）。2015 年，在征得魁北克野生动物园的同意后，天鹅被迁至该处越冬。

虽然渥太华的天鹅粉丝众多，但也有越来越多的人指责疣鼻天鹅是一种入侵物种。还有人则对天鹅断翅表示担忧：尽管这是为了阻止它们潜逃，影响本地的生态平衡才出此下策，但这需要手术切除翅膀的骨关节，使得这些天鹅再也飞不起来。2019 年，在市政府控制种群规模以节约饲养成本的努力下，天鹅数量明显下降。有的官员提议将剩余的天鹅永久地安置到野生动物园。[13] 在撰写本文时，法院，或者天鹅法庭对此都未置可否，这些渥太华皇家天鹅的将来也就悬而未决。

英国王室与疣鼻天鹅的历史渊源深厚，这也解释了为什么天鹅能作为伊丽莎白二世女王钟情的礼物送往或是迎来。1952 年，加拿大联邦资源与发展部和不列颠哥伦比亚省政府送出了五只黑嘴天鹅，这是一个别具匠心的礼物，这项礼物很好地证明了送礼的一个重要原则，你只能把自己已经拥有的东西赠予别人。

1951年，当时还是公主的伊丽莎白在丈夫的陪同下，代表她生病的父亲游览了加拿大。在访问爱德华王子岛首府夏洛特敦（Charlottetown）期间，资源和发展部长罗伯特·温特斯（Robert Winters）宣布，她将获赠六只号手天鹅。号手天鹅源于加拿大，是世界上最大的水禽，也因其嘹亮的叫声得名，因此作为国礼而送出是非常合适的。唯一的问题是部长手头一只天鹅也没有。所以加拿大野生动物管理局接到任务，需要捕捉六只号手天鹅来兑现承诺。[14]

负责执行这项任务的官员罗恩·麦凯（Ron Mackay）曾是一名海军老兵，退役后经由野生生物学家的培训，继而主管不列颠哥伦比亚省的野生动物部门。[15]麦凯知道诱捕号手天鹅的最佳地点是一个僻远的湖泊，恰如其名为寂寞之湖，偏处于温哥华西北部约250英里处。[16]这次诱捕计划由一位名叫拉尔夫·爱德华兹（Ralph Edwards）的传奇人士负责，他的传记作者称他为"寂寞湖的鲁滨孙"[17]。爱德华兹在1912年远离尘嚣，在这荒无人烟的地方营建了一个小木屋，这正是濒临灭绝的号手天鹅的一个重要且不为人知的越冬区。加拿大野生动物管理局是从约翰·霍尔曼（John Holman）那里得知天鹅的相关情况的，这位猎熊人曾经雇过爱德华兹做向导。此后官方聘用了爱德华兹作为鸟类守护人，并向他提供大量谷物作为天鹅的补充食物。经年累月，这些鸟变得温驯多了。

1951年11月，麦凯（Mackay）和他的同事戴维·芒罗（David Munro）一起飞往寂寞湖，在那里他们和拉尔夫·爱德华兹协同建造了一个矩形的天鹅陷笼，笼门可以通过线控瞬间关闭。[18]此时，爱德华兹已经在这个与世隔绝的地方结婚生子，喂养天鹅的任务便移交给他成年的女儿特鲁迪（Trudy）。她在12月和1月持续为天鹅提供食物，天鹅们也逐渐熟视了这个陷阱。次年 2 月初，麦凯和芒罗回来了。2 月 7 日这天，特鲁迪设法诱到 7 小 1 大八只天鹅进入陷笼，但在落下闸门时，一只成年天鹅和 2 只小天鹅逃脱了。[19] 他们只捕捉到了 5 只而非所承诺的 6 只。被困的天鹅疯狂地企图飞出去，其余的天鹅群则被吓坏了纷纷逃离。由于天气太过恶劣，麦凯和芒罗只得带着 5 只天鹅离开寂寞湖。[20]

这些天鹅被空运到英国，并在格洛斯特郡（Gloucestershire）斯里布里奇（Slimbridge）的塞文河野鸟信托保护区（Severn Wildfowl Trust reserve）定居。两只雌性天鹅夭折了一只，但另外三只雄性天鹅苗壮成长。[21] 乔治六世国王于 2 月去世，继位的伊丽莎白二世作为受赠人在 4 月 25 日造访了这些天鹅。捕捉天鹅有功的特鲁迪因此收到了女王的感谢信。[22] 尽管据报道，特鲁迪总是因为辜负了天鹅对她的信任而耿耿于怀。[23]

注释：

1. Cleaver 2017.
2. 引自 Tomlins 1819, p. 1012。
3. Cleaver 2017.
4. Crosby 2016.
5. Ibid.
6. Ibid.
7. Ibid.
8. Diaz 2020.
9. Powell 2018.
10. Ibid.
11. Ibid.
12. Ibid.
13. Kupfer 2019.
14. 哈里森·刘易斯（Harrison Lewis），加拿大野生动物管理局主任，引自 Burnett 2003, p. 229。
15. Burnett 2003, p. 227.
16. Lewis 1951/2, p. 71.
17. Stowe 1957.
18. Lewis 1951/2, p. 71.

19. Mackay 1953, p. 49.
20. Lewis 1951/2, p. 71.
21. Connelly 1970, p. 56.
22. Houston 2012, p. 272.
23. Connelly 1970, p. 56.

43. 公元1965年：一英亩英国土地

英国人民送给美利坚合众国的礼物

THIS ACRE OF ENGLISH GROUND WAS GIVEN
TO THE UNITED STATES OF AMERICA BY
THE PEOPLE OF BRITAIN IN MEMORY OF
JOHN F KENNEDY
PRESIDENT OF THE UNITED STATES 1961-63
DIED BY AN ASSASSINS HAND 22 NOVEMBER 1963

位于英国兰尼米德的约翰·肯尼迪纪念碑。

　　过去人们常常提及，当听闻肯尼迪总统被刺时，每个人都能清晰记起自己当时身在何处。如此永志难忘不仅因为他是被暗杀的，还在于他被世界上的太多人寄予厚望，致使这场谋杀永远定格在历史性的瞬间。作为最年轻的美国总统当选人，从当时最年长的前任那里接过权柄，他象征着新的一代和政治复兴。他拥有英俊的外表，魅力四射，是一位极具影响力的演说家，接纳流行文化，是一位充满活力的行动派领导人。[1] 即便在冷战的高峰期，他依然怀揣和平愿景："这不

275

仅仅是美国人的和平，而是全人类的和平；这不仅仅是我们这个时代的和平，而是所有时代的和平。"[2]

1963 年 12 月 5 日，也就是肯尼迪遇刺两周之后，英国下议院在讨论后达成一项跨党派的决议，决定为已故肯尼迪总统建造一座纪念碑。反对党领袖哈罗德·威尔逊（Harold Wilson）建议，树立一座实体纪念碑以致敬他众多的伟大成就，诸如在世界和平领域。达勒姆郡（County Durham）切斯特勒街（Chesterle street）的议员诺曼·彭特兰（Norman Pentland）提议，纪念碑可以建在与美国历史渊源深厚的华盛顿镇。来自东布拉德福德（Bradford East）的议员弗兰克·麦克利维（Frank McLeavy）则希望采用为在英的美国学生提供奖学金的形式。[3]

时任首相亚历克·道格拉斯·霍姆（Alec Douglas Home）爵士于 1964 年 1 月宣布成立一个委员会，以促进关于纪念碑应采取的形式进行讨论，或提出其他建议。他任命前驻华盛顿大使弗兰克斯勋爵（Lord Franks）为主席，委员会对于前文提及的许多方案进行了精斟细酌，最终由首相于 3 月 25 日向下议院报告了他们的工作成果。结论是，这应该是由两部分构成的灵活方案。第一部分是赠送伦敦西部兰尼米德（Runnymede）的一英亩土地，布置纪念碑基座和台阶以资纪念。第二部分是为年轻的英国学子提供奖学金，让他们前往肯尼迪总统的母校哈佛大学、拉德克利夫学院或麻省理工学院学习，以表彰肯尼迪为促进国际交流所做的努力。[4]

首相认为，要使弗兰克斯委员会的决议生效，他需要组建另一个委员会，并任命前英国驻华盛顿大使罗杰·梅金斯（Roger Makins）来主持工作。伦敦市长詹姆斯·哈曼爵士（Sir James Harman）也表示他将为纪念碑筹款带头呼吁。[5]

肯尼迪奖学金至今运行良好。那些校友名单令人印象深刻，包括前影子内阁财政大臣和《舞动奇迹》选手埃德·鲍尔斯（Ed Balls）、英国央行（Bank of England）前行长默文·金（Mervyn King），以及上诉法院大法官阿登（Arden）女士。然而，我们本章的关注点是兰尼米德的那一英亩土地。

依据 1964 年的肯尼迪纪念法案，这块土地将移交给美国，由肯尼迪纪念基金的受托人管理。该土地是英国皇家在兰尼米德庄园的一部分。通常管理皇室财产的皇家产业局有责任在产权移交时争取最好的价格，就算送出，也得换得皇家产业局的最大利益。正因为这一点，这块土地的捐赠才需要动用议会的立法权。[6]肯尼迪纪念法案还明确规定，赠予美国并不意味着英国对该土地主权的让渡，而是在英国法律框架内的一次土地产权转让。[7]

选择兰尼米德而非华盛顿镇作为纪念碑的安放地是经过深思熟虑的。泰晤士河畔的兰尼米德因约翰国王在 1215 年 6 月 15 日签署《大宪章》而闻名于世：在随后的八个世纪里，这份伟大的宪章被视为捍卫个人权利、抵抗暴政的奠基文件。

兰尼米德的草地和周围的山坡上布满了纪念碑和雕塑，颂扬着大宪章所蕴含的伟大理想。一座名为"水上书"（Writ in Water）的雕塑于 2018 年落成，这是受国家信托基金委托，由马克·沃林格（Mark Wallinger）与章鱼工作室合作完成。山坡上一座外观朴素、没有窗户的圆形建筑，内部圆形房间里一个水池居中而设，内侧一圈镌刻着倒置的《大宪章》第 39 条的文本，人们可以通过水面镜像来阅读到。"任何自由人都不得被扣押或监禁，或被剥夺其权利或财产，或被宣布为非法或被流放，或以任何其他方式被剥夺其地位，除非根据与其地位相当的人的合法审判或该国法律的批准。"

1964 年在兰尼米德就已经有纪念碑了。这片地方是在 1929 年由费尔黑文夫人（Lady Fairhaven）卡拉（Cara）赠送给国民信托基金的，以纪念她的丈夫，一位名叫厄本·布劳顿（Urban Broughton）的前议员。她委托埃德温·勒琴斯（Edwin Lutyens）爵士设计了一对尖顶的小屋。现在一间用作房地产办公室，另一间是茶室。在库珀山顶上，肃穆的四方院子是于 1953 年揭幕的空军纪念馆，纪念着 20 000 多位在第二次世界大战中丧生、坟茔无觅的英联邦空军将士。

可以说兰尼米德是肯尼迪纪念碑位置的不二之选，因为《大宪章》中的神圣原则也是美国宪法和权利法案的基础。空军纪念馆的建筑师爱德华·莫夫（Edward Maufe）爵士受美国律师协会委托，在俯瞰草地的缓坡上设计了一座大宪章纪念馆。它于 1957 年落成，是一座希腊式古典圆顶神殿建筑，中间树立的花岗岩柱上面刻着这样一句话："纪念《大宪章》，法律下自由的象征。"纪念馆地板上的标牌记录了美国律师协会的一次朝觐之旅："这一天，美国律师协会再次到访，并宣誓效忠《大宪章》的原则。"附近有棵橡树，用的是来自弗吉尼亚州詹姆斯敦的土壤栽种，那是新大陆上第一个永久的英国定居点，以此纪念美国宪法成立二百周年。这里的牌匾承认"宪法中体现的自由与正义的理想可以通过英国法律制度追溯到大宪章"。

肯尼迪纪念碑坐落于大宪章纪念馆近旁，一片缓坡上的林地中，由景观设计师杰弗里·杰利科（Geoffrey Jellicoe）设计。每块石头都带有象征意义。与大宪章纪念馆交相呼应，透着虔诚和庄严，旨在唤起人们心底如约翰·班扬（John Bunyan）的《天路历程》中的神圣之感。[8]游客穿过一扇木门，映入眼帘的是花岗岩铺就的小径，无数石块喻示着众多的朝圣者。拾级而上共有 50 步台阶，每一级代表美国的一个州。经历攀登朝圣的考验后，游客抵达纪念馆中心前的一处开放区域，空地放置有一块 7 吨重的长方形波特兰巨石。上面的碑文写道："这一英亩英国土地"赠送给美国，以纪念约翰·肯尼迪。碑文以肯尼迪就职演说中的一段话作为总结："让每个国家都知道，无论它希望我们是好是坏，我们都将付出任何代价，承担任何负担，迎接任何困难，支持任何朋友或反对任何敌人，以确保自由的生存和成功。"[9]石碑右转，一条小路通向两个石座，在那，可以俯瞰芳草萋姜：这是精神复兴的象征。

肯尼迪纪念馆是一份以尊崇为主题的外交礼物。在制作之时，英国政府也考虑到将彰显两国之间特殊关系作为次要目标，这是战后英国外交政策的基石。[10] 纪念碑于 1965 年 5 月 14 日落成，当天出席典礼的有女王陛下、英国首相哈罗德·威尔逊、美国国务卿迪安·腊斯克（Dean Rusk）以及肯尼迪总统的遗孀及其子女。典礼上的演讲盛赞了肯尼迪总统的远见卓识和伟大成就，也颂扬了两国共同的文化传统，以及《大宪章》所蕴含的自由理念而催生的共同价值观。肯尼迪纪念馆这份外交礼物，在纪念肯尼迪总统的同时，也凸显两国的亲密友谊和一致世界观。这份礼物的第二部分——肯尼迪奖学金，也成了两国友谊长久走向未来的坚实纽带。这座纪念馆是一份永恒的礼物，尽管随着时间的推移和对肯尼迪总统的重新评价，即便时过境迁，[11] 它仍是两国之间彼此尊重和团结如一的一段佳话。

注释：

1. Brinkley 2013.
2. Kennedy 1963.
3. House of Commons 1963.
4. House of Commons 1964, c.471.
5. Ibid.
6. Evans 1965, p. 704.
7. Ibid.
8. Turner 2017.
9. Kennedy 1961.
10. Cook and Webb 2015.
11. Entwistle 2019, p. 53.

44. 公元 1969 年：四颗月岩

美国总统理查德·尼克松送给马耳他人民的礼物

送给马耳他的阿波罗 11 号月岩。

　　戈佐自然博物馆位于维多利亚一座 17 世纪的城堡内，这里也是马耳他群岛第二大岛戈佐的首府，从这座优雅的石灰岩城堡可以俯瞰整个地区。该博物馆无疑是同侪中的传统典范，展示柜上注有"石英品种""鞘翅目昆虫"和"戈佐双壳贝类动物"等标签。展馆中有一张来自委内瑞拉的短吻鳄鱼皮和许多鸟类标本。

　　拱形门厅陈列着钟乳石和石笋。背后的展示柜里面摆着一座木制展台，一面微型马耳他国旗置于其上，国旗上方是一个半球形的亚克力穹顶，里面有四颗砂砾似的小黑点。木台底座有两处铭文。一处写道："你们国家的这面国旗由阿波罗 11 号携带到月球并返回，这块月球表面的碎片则是由第一次载人登月的宇航员带回地球的。"第二处铭文标明了礼物的捐赠者，即"由美国总统理查德·尼克松赠送给马耳他人民"。

1969 年 7 月阿波罗 11 号登月，指挥官尼尔·阿姆斯特朗的"人类迈出的一大步"的描述传遍了世界各地，这是 20 世纪 60 年代的重大事件。它将肯尼迪总统 1961 年的愿景，即在十年内将人类送上月球变为现实，阿姆斯特朗的话语至今都是各地领导培训项目钟爱的宣言，同时也赢得了与苏联的太空竞赛。因此，尼克松总统对大肆宣传如此热衷，也就不足为奇了。

11 月，尼克松总统委托美国国家航空航天局（NASA）为全球约 135 个国家，同时也包括美国各州和领地在内制作展品。[1] 每份展品的样式都是标准化的：一面国旗或州旗，以及四颗总重 0.05 克的月球岩石颗粒，置于兼具放大作用的亚克力穹顶内。每个国家收到的铭文措辞相同，唯一的例外是委内瑞拉，因为阿波罗 11 号进入太空时，意外疏漏了委内瑞拉的国旗。尔后阿波罗 12 号接替完成了此项工作，因而送给委内瑞拉的铭文中省略了阿波罗 11 号的字眼。[2]

作为外交礼物，这些小小的月球纪念品给尼克松带来了相当大的优势。首先，登月任务俘获了全世界的关注和想象，这样的礼物让每个接受者都喜出望外。当然，苏联除外。对美国总统来说，他的考量更在于送出这些礼物的第二个好处：它们凸显了美国的成就、科技实力以及在登月竞赛中的胜利。

这些礼物如此轰动一时，以至于尼克松不断重复了这一做法。第一次赠送月岩样品用作外交礼物是为了庆祝首次登月成功。第二次赠送则是为了纪念最后一次登月任务。

赠送第二份月岩是一场精心策划的公关活动。随着阿波罗 17 号登月临近尾声，最后一次月球漫步即将结束之时，宇航员尤金·塞尔南（Eugene Cernan）发表了一篇演讲。主题是一块小小的石头，刚被他的宇航员同事兼地质学家哈里森·杰克·施米特（Harrison "Jack" Schmitt）从月球表面的金牛座-利特罗山谷（The Taurus-Littrow Valley）采集到。塞尔南说，这是一块"与众不同的岩石"。它由许多不同大小、形状和颜色各异的碎片组成，这些碎片可能来自月球的四面八方，沉积固化为一体，"以一种非常连贯、非常和平的方式聚合在一起"。塞尔南说，他的愿望是将这块石头作为"人类的象征"与世界各国分享。"我们可以在未来和平和谐地生活。"[3] 听起来有点像嬉皮士宣言，也让这块石头承载良多。

施米特采集的这块岩石被命名为"样本 70017"，它被分割成小块，用与阿波罗 11 号非常相似的方式制成礼物，包括被带上月球的微型国旗、木制展台和亚克力穹顶。这些礼物再次寄给了外国元首和美国各州及属地。但是当时已时过境迁：阿波罗 11 号的礼物发出时，全世界尚沉浸在登月成功的热烈气氛中，而阿波罗 17 号的礼物发出时，登月计划已经淡出公众的视野，再加上高昂的成本，已不免被搁置。阿波罗 18 号、19 号和 20 号任务也陆续被永久搁置。1973 年 3 月 21 日，尼克松致信给外国元首并随附在礼物中，在信中他将这份礼物视为阿波罗登月计划圆满结束的标志。他称这是一项国际合作的成果，尽管这是由美国单方实施的。他提出了一个宏伟的愿望："如果说这次我们携手共进，实现了人类的太空梦想。那我确信，只要继续携手共进，必定能实现人类在地球的和平梦想。"[4]

然而，在这些月岩的后续故事中，它们并非一直充当着人类地球和平梦想的象征物。有时令人遗憾的种种反而会占了上风。阿波罗任务中收集的月球岩石样本际遇各不相同，作为礼物送出的这些，美国宇航局不再保持关注。尽管大多数月岩时至今日仍在世界各地的博物馆展出，但有一些岩石早已不知所终。更有甚者已被售出获利。两位身份截然不同的美国公民在追踪这些月岩，并将那些下落不明的月岩物归原主的过程中发挥了重要作用：罗伯特·珀尔曼（Robert Pearlman），一位太空历史学家，在他的网站 Collect SPACE.com 上，对所有已知赠出的月球岩石都有编目，以及约瑟夫·古特海因茨（Joseph Gutheinz Jr），一位退休的美国宇航局特工兼月岩猎人。

在美国宇航局工作期间，古特海因茨一直在试图解决在首次登月后就已存在的假月岩交易问题。第一次的报道发生在 1969 年，当时迈阿密的一名家庭主妇花了 5 美元向一名挨家挨户推销的推销员买了一块月岩。[5]1998 年，古特海因茨为了诱捕假冒月岩的贩子，在《今日美国》上刊登了一则广告，标题是"悬赏月岩"，并假装是一位受托于富有客户寻找月岩的经纪人。然而上钩的居然不是赝品贩子，而是怀揣真品待价而沽的一位美国人，名叫艾伦·罗森（Alan Rosen）。

罗森是一家果汁公司的水果采购员，他试图出售的是赠送给洪都拉斯的阿波罗 17 号月球岩石。这是一位名叫罗伯托·阿古尔西亚·乌加特（Roberto Agurcia Ugarte）的洪都拉斯退休上校卖给他的，后者声称这是废黜的总统洛佩斯·阿雷利亚诺（López Arellano）所赠。

据报道，罗森当时要价高达 500 万美元，这在一定程度上表明了这份尼克松外交赠礼的吸引力和转售获利带来的诱惑。他坚持要求买家提供资金证明。幸有得克萨斯州的爱国亿万富翁、曾经的美国总统候选人罗斯·佩罗（Ross Perot）的支持，诱捕行动得以继续进行。会面安排在北迈阿密海滩的一家餐馆，一名卧底海关官员以非法进口的理由正式扣押了这块月岩。该岩石于 2004 年赠回给洪都拉斯总统里卡多·马杜罗（Ricardo Maduro），目前在洪都拉斯首都特古西加尔巴展出。[6]

命运多舛的还有送往塞浦路斯的阿波罗 17 号月球岩石。20 世纪 70 年代初，塞浦路斯是一个动荡不安的地方，希腊族塞人和土耳其族塞人的关系日益紧张。由于担心在典礼上使用塞浦路斯官方国旗可能会激怒那些支持与希腊合并的人，以及难以确保两个族群在赠送仪式上保持均衡，美国驻尼科西亚（Nicosia）大使馆推迟向塞浦路斯总统赠送这块石头。[7]1974 年的政变使情况急剧恶化，马卡里奥斯（Makarios）总统被一位亲希腊的民族主义者取代，由此导致了土耳其对该岛的入侵和分裂。美国大使罗杰·戴维斯（Rodger Davies）对美国没有采取行动阻止土耳其入侵感到愤怒，他在参加希腊族人的示威游行时不幸被狙杀。在随后的混乱中，这块象征美好的月岩看来是被美国大使馆的一名外交官保留了下来，直至去世才被他儿子发现，并最终被说服将其归还给美国国家航空航天局。[8]

送给尼加拉瓜独裁者阿纳斯塔西奥·索摩查·德瓦伊莱（Anastasio Somoza Debayle）的阿波罗 11 号礼物显然被一名哥斯达黎加雇佣兵兼叛军偷走了，叛军将其卖给一位名叫哈里·科茨（Harry Coates）的浸礼会传教士。然后，教士又将其卖给了拉斯维加斯的传奇赌徒鲍勃·斯图帕克（Bob Stupak），据说是以 1 万美元加上 20 万斯图帕克赌场的股票成交的。显然，科茨对赌博世界有着非常不符合其传教士身份的兴趣。斯图帕克死后，这份礼物通过美国国家航空航天局归还给了尼加拉瓜。

在近年来经历革命或冲突的国家，那些寄寓友好的月岩却往往面临着颠沛流离。例如，赠送给阿富汗和利比亚的岩石下落不明。其他作为赠礼的月岩也遭遇了各自不幸的命运。2004 年，马耳他的阿波罗 17 号礼物在一家博物馆被盗。1977 年都柏林邓辛克天文台（Dunsink Observatory）发生火灾后，爱尔兰的阿波罗 11 号月球岩石似乎连同其他残骸一并丢弃；这四颗宝贵的小岩石现在就躺在芬格拉斯（Finglas）垃圾填埋场的某个地方。幸运的是，像马耳他的阿波罗 11 号赠礼一样，这些象征友好的岩石仍然在世界各地的博物馆展出，继续激发着年轻人对太空探索的热情。因此，总体而言，这些友好之石已经证明它们作为外交礼物的价值，这也正是尤金·塞尔南（Eugene Cernan）的期望。

注释：

1. Pearlman n.d. A.
2. Ibid.
3. Pearlman n.d. B.
4. Ibid.
5. Kloc 2012.
6. 这次诱捕行动被光荣地命名为"月食行动"，详细说明参见同上。
7. Ibid.
8. Ibid.

45. 公元 1972 年：两只大熊猫

中国人民送给日本人民的礼物

1972 年尼克松总统访华后，用于运输中国赠美熊猫的一个板条箱。

1972 年 11 月 4 日，上野动物园（Ueno Zoo）举行的欢迎仪式到会一众日本政治精英，包括内阁官房长官二阶堂进（Nikaidō Susumu）和东京市长。猩猩美代（Miyo）扯掉皮纳塔玩具上的绳子，放下一条横幅，上面写着："欢迎大熊猫康康和兰兰。"[1] 幕布拉开，这两只憨态可掬的宝贝现身了。

就在官方抵达仪式后的几天里，日本公众在动物园新熊猫馆外"熊猫门"前排起了长队等待参观，考虑到这两只动物引发的全城轰动，"熊猫轰动"（Pandamon）这名字真是恰如其分。展出第一天上午 10 点刚过，已有将近两万人聚集等候[2]，队伍超过了一公里长。游客仅能在大熊猫面前逗留几秒钟，就被催着继续前行。这种对大熊猫的极度狂热引发了太大压力，以至于兰兰在 11 月 7 日晕厥了。此后，展览时间大为缩减。

康康和兰兰作为外交礼物被送至东京上野动物园。这样的历史由来已久。早在一千多年前，唐王朝就向日本赠送了两只大熊猫。[3] 新中国成立后，大熊猫成为一种广受欢迎的外交礼物。大熊猫有三个特点使它们完美胜任这个角色。首先，大熊猫显然是中国独有，在其他地方无处可寻。因此，它是中国一张闪亮的名片。其次，大熊猫极其可爱，能疗愈人心。第三，大熊猫在中国以外珍稀罕有，又是如此娇憨，使得它备受追捧；一只大熊猫足以改变动物园的财务状况。因此，作为外交礼物，无论它们在何处展览，大熊猫不仅广受欢迎，而且能够展示中国的软实力。

中华人民共和国在大熊猫外交的早期，着眼于当时的两个超级大国，美国和苏联。第一个大熊猫礼物是 1957 年送到莫斯科动物园的平平，两年后又送去了安安。[4] 当作外交礼物的大熊猫名字都是叠词，好像嫌它们还不够可爱似的。随后，朝鲜在 1965 年至 1980 年间也获赠了五只大熊猫。[5]

在所有大熊猫礼物的故事中，最著名的是 1972 年 2 月，美国总统理查德·尼克松对中国进行了历史性的访问。玲玲和兴兴被派往华盛顿，第一夫人帕特·尼克松（Pat Nixon）随后出席了 4 月 20 日新熊猫馆的落成典礼。[6] 她可是直接促成了这份礼物到来的主角，据说在北京的晚宴上，她坐在中国总理周恩来旁边。恰好注意到桌子上的熊猫烟盒，便说了一些夸赞之语，这使得东道主欣然相赠。[7] 故事还有一个不太可信的版本，将赠送大熊猫归因于翻译的错误，当时第一夫人的本意是向中国总理要一支熊猫牌香烟。[8] 尼克松总统送了一对麝牛作为回礼。

尼克松总统访华的目的，当然不在于游说东道主来求得大熊猫，但后来的访客则并非如此。对他们而言，大熊猫具有了更强的吸引力，他们渴望享有与美苏这类超级大国一视同仁的待遇。自认能当之无愧地接受大熊猫这份外交礼物。

1972 年 9 月，日本首相田中角荣访华，这是历史性的时刻。当时日本的对华政策随美国亦步亦趋；尼克松访华打破了这种默契。1971年所谓"尼克松冲击"的经济措施，包括放弃金本位制度和实行 10%的进口附加税，也给日本以美国为中心的出口导向型经济带来了巨大挑战。田中认为，日本因此需要与中国实现关系正常化。此次访问的政治核心在于一份允许关系正常化的联合声明，除此之外，中国同意放弃对日本的战争赔偿要求，日本表示"支持和尊重"中华人民共和国在台湾地位问题上的立场。

大熊猫也是田中愿望清单的一部分。出访之前，东京上野动物园就给北京动物园赠送了一对黑天鹅和一只黑猩猩。中国则回赠了黑鹤和鹮。送出与动物相关的国礼成为可以借鉴的思路。[9]内阁官房长官二阶堂进在外交会谈结束后的现场直播时宣布，日本人民如愿以偿，将从中国人民那里收到一对大熊猫作为礼物。[10]之后，日本给北京动物园送去了一对鬣羚作为一份相对普通的回礼。

在日本，中国礼物引发的竞争非常激烈。上野动物园拒绝来自京都、大阪和其他地方的竞标，把大熊猫饲养权牢牢抓在自己手里。日本旗舰航空公司日本航空公司战胜了全日空航空公司，有幸将大熊猫从中国运至日本，尽管后者四处游说，表示他们曾承运上野动物园的动物至北京，所以他们在此类任务上更有经验云云。[11]大熊猫可是一笔大生意。在康康和兰兰抵达东京后的三个月，日本玩具制造商销售了价值超过 100 亿日元的大熊猫主题商品。[12]更为关键的是，比起联合声明，大熊猫更能作为日中双边关系改善的象征：它们的单纯和可爱，冲淡了那些包含冲突和争议的不愉快的回忆。

然而，分配给康康和兰兰的任务并不简单：生一只大熊猫宝宝。中国的大熊猫外交通常是成对送出，一公一母，就像诺亚方舟那样。大熊猫在野外的种群数量很少，繁衍后代对物种的生存至关重要，而且对动物园来说也是有利可图，因为唯一比大熊猫更可爱的动物是大熊猫宝宝。然而，事实证明，这是一项非常艰巨的任务。一只雌性大熊猫每年只有一次发情周期，并且只有一到三天的受精时间。在野外，一只雌性大熊猫可能在发情期会与几只雄性交配，而在圈养条件下，它的选择相当受限。动物园不遗余力地为大熊猫复杂的交配习惯创造条件。不过圈养大熊猫成功分娩的记录为数不多。

兰兰最终怀孕了，但不幸死于妊娠引起的毒血症。[13] 康康也英年早逝。此后从 1979 年到 1982 年，访华的日本首相都把获得大熊猫作为重要目标。很快两只新来的大熊猫飞飞和欢欢定居到上野动物园。然而，很快就发现这两只大熊猫无法忍受对方。为此动物园工作人员想到的办法就是人工授精，用飞飞被麻醉后采集的精液，欢欢生下了三只大熊猫宝宝，尽管第一只在出生后不久就意外夭折。[14]

大熊猫外交仍然是中国软实力的重要部分。然而，大熊猫的赠送方式已经发生了显著变化。自 1984 年以来，中国不再将大熊猫作为外交礼物，而是商业租借的方式提供。这一改变出于两个原因。第一，保护。大熊猫不仅是中国的象征，也是整个野生动物保护运动的象征。伦敦动物园于 1958 年从一名动物经纪人手中购买了一只大熊猫姬姬，它被设计为世界野生动物基金会，现为世界自然基金会（WWF）的原始会徽。[15] 该物种于 1984 年被移至《濒危物种国际贸易公约》（CITES）附录 1，这是监管最严格的类别，世界自然基金会的调查显示，野生大熊猫的数量比想象的更不稳定。[16] 简单地将大熊猫作为外交礼物赠送似乎有悖于保护计划。第二，1978 年，在中国改革开放与社会主义市场经济环境下，采取大熊猫租赁模式更能让人接受。

1984 年采用的模式是大熊猫租赁计划，将大熊猫短期出租给大型动物园，主要目的地是北美。这一计划很快就在动物保护方面引发争议，因为它很难符合《濒危物种贸易公约》的规定，即附录 1 所列物种的交易只能基于科学研究。[17]

一项围绕合作繁育为中心的修订方案在 1994 年启动。[18] 这个更长的租赁计划为期 10 年，总费用 1 000 万美元。这笔租金用来保障实施世界自然基金会和中国当局合作发起的大熊猫管理计划。[19] 即主要用于研究圈养大熊猫的成功繁育：根据协议，通过该计划在海外出生的大熊猫幼崽仍属于中国财产，需要在 4 岁前被送回。[20]2008 年四川大地震促使计划扩大，除了帮助重新安置大熊猫，也对地震中受损的卧龙自然保护区和繁育中心的重建提供资金支持。[21]

虽然大熊猫现在只租不送，但在中国政府层面，在签订租赁协议时仍会有所选择。[22] 对动物园而言，租赁大熊猫的商业主张目的在盈利，考虑到高昂的成本，从租赁协议本身到建造适当的居所和采购大熊猫所消耗的竹子，每一项都不能掉以轻心。中国则视大熊猫租赁为外交手段，经常伴随重要贸易协议的谈判背景。[23] 或可将其看作中式外交体系的缩影，即在互惠承诺和信任的基础上建立和巩固富有成效的关系。[24] 从这个意义上来说，对宝贵的大熊猫的共同关爱，标志着双方对更广泛商业关系的共同愿景。

中国的大熊猫外交政策已逐渐演变，从而赋予这件标志性的外交礼物以更复杂的意义：既涉及商业化目的，也本着保护的初衷，但外交仍扮演着极其重要的角色。之所以能起到如此之多的作用，归根结底：人们喜欢大熊猫。

注释：

1. 引自 Miller 2013, p. 209。

2. Ibid., p. 212.

3. Buckingham, David and Jepson 2013, p. 2.

4. Miller 2013, p. 203.

5. Ibid.

6. Byron 2011.

7. Ibid.

8. Miller 2013, p. 203.

9. Ibid., p. 207.

10. Ibid.

11. Ibid., p. 209.

12. Ibid., p. 212.

13. Ibid., p. 226.

14. Ibid., pp. 226—227.

15. Buckingham, David and Jepson 2013, p. 2.

16. Miller 2013, pp. 203—204.

17. Buckingham, David and Jepson 2013, p. 2.

18. Qianhui 2016.

19. Buckingham, David and Jepson 2013, p. 3.

20. Qianhui 2016.

21. Buckingham, David and Jepson 2013, p. 3.

22. Ibid., p. 4.

23. Ibid.

24. Ibid.

46. 公元 1973 年: 钻石

中非共和国总统让·贝德尔·博卡萨送给法国经济和财政部部长吉斯卡尔·德埃斯坦的礼物

瓦莱里·吉斯卡尔·德埃斯坦，1975 年担任法国总统时拍摄。

在强调外交礼物是服务于送礼者目的的同时，我们也来探讨一下接受者的潜在风险。礼物和贿赂之间的模糊界限一直是个雷区，并且如我们所见，在不同的政治文化中也有不同的解读方式。

一般来说，如果送礼者不是接受国的同志或盟友，或者在某些方面比较出格，那么礼物越贵，风险就越大。有个显而易见的例子，20 世纪 70 年代初，中非共和国总统让·贝德尔·博卡萨（Jean-Bédel

Bokassa）曾向法国经济和财政部部长、后来的总统瓦莱里·吉斯卡尔·德埃斯坦（Valéry Giscard d'Estaing）赠送了几件钻石礼物。这些礼物引发了名为"钻石风波"的政治丑闻，导致吉斯卡尔·德埃斯坦在 1981 年法国总统选举中落败。

钻石事件的根源甚至可以上溯到法兰西第五共和国肇建之初，是法国与非洲的政治交往的结构使然，更具体地来说，是出于吉斯卡尔·德埃斯坦对中非共和国的个人兴趣。随着撒哈拉以南非洲的前法国殖民地纷纷独立，法国与这些新独立的国家建立了独特的关系，其特征是法国总统与这些国家的领导人之间密切的私交，形成了类似于大家庭的利益关系。[1]

这个安排使法国在这一特定区域内牢牢把控了领导地位，确立了作为大国的身份，并为新独立的国家提供着经济援助、技术支持和军事保障。[2] 在戴高乐（de Gaulle）领导下，为确保这种关系构建了一系列政治模式，包括将非洲政策集中到总统办公室，将其与总统本人紧密联系，因此法国总统成为非洲领导人求得支持的焦点。[3] 在戴高乐和他的继任者乔治·蓬皮杜（Georges Pompidou）执政期间，由负责非洲和马达加斯加事务的总统秘书长、颇具影响力的雅克·福卡尔（Jacques Foccart）负责实施这项政策。

吉斯卡尔·德埃斯坦用自己的顾问勒内·茹尔尼亚克（René Journiac）撤换了福卡尔，前者的职级更低，这反映了吉斯卡尔进一步加强总统个人参与亲自引导非洲政策的决心。[4] 这种将法国对撒哈拉以南非洲的政策由总统大权独揽的做法颇具风险，比如总统与非洲口碑不佳领导人的私下交往就很容易引发非议。风险在涉及中非共和国时不断累积，由于吉斯卡尔的个人兴趣，他多次私人造访该国参与大型狩猎之旅，中非共和国的统治者的问题性格，将法国总统的风险进一步放大。让·贝德尔·博卡萨是法国军队的老兵，曾在印度支那参加战斗，获得过战功十字勋章（Croix de guerre）和荣誉军团

（Légion dhonneur）成员资格，并最终晋升为上尉。1960 年中非共和国独立后，作为总统达维德·达科（David Dacko）的表亲，博卡萨被委托创建武装部队，并担任总司令。1965 年新年前夕，在经济停滞和政治管理不善的背景下，博卡萨发动政变推翻了达科及其政府，自己执掌新的革命委员会。博卡萨废除宪法，解散了国民议会，一步步走向独裁统治。[5]

博卡萨的统治残暴又古怪，给他的法国盟友带来了越来越多的尴尬和挑战。[6]1976 年，博卡萨把国家改制成中非帝国，自称博卡萨一世。1977 年 12 月 4 日，法国政府勉为其难地支持了他奢华的加冕典礼，流程以拿破仑一世 1804 年的登基大典为蓝本。皇冠由巴黎珠宝商阿蒂斯—贝特朗（Arthus-Bertrand）制作，中间嵌有一颗 80 克拉的钻石，据报道，这些珠宝的总成本高达 500 万美元。从比利时采购了八匹白马用于皇帝的车驾，动用了 60 辆全新的梅赛德斯汽车迎来送往，还有 6.4 万瓶葡萄酒来助兴。[7] 极尽奢华但没有一个外国国家元首出席，甚至吉斯卡尔·德埃斯坦本人也没到场，他委托合作部长罗贝尔·加莱（Robert Galley）送上了拿破仑时代的佩剑[8]，这是一件正中新皇帝下怀的礼物。

1979 年，法国对博卡萨的疑虑达到顶点。在年初的食品骚乱中就发生了死亡事件。而校服纠纷后的一连串事件则加速了他的垮台。该年 4 月，学生们抱怨一项新规，即必须穿着印有博卡萨肖像的昂贵校服上学，而校服产自国王陛下亲属的公司。[9]许多学生因此被捕。"大赦国际"在 5 月报称，多达百人被博卡萨的皇家卫队杀害。[10] 8 月，非洲统一组织成立的五国法官委员会的一份报告印证了"大赦国际"的说法，并认为博卡萨几乎肯定参与了杀戮。法国政府决心采取行动。1979 年 9 月 20 日，趁博卡萨出访利比亚，寻求穆阿迈尔·卡扎菲（Muammar Gaddafi）支持之机，两个法国伞兵团飞往班吉（Bangui），执行驱逐国王和复位达维德·达科的任务。这次代号为"梭鱼"的行动没有流血。博卡萨逃到法国，后来在科特迪瓦总统费利克斯·乌弗埃·博瓦尼（Félix Houphouët-Boigny）的帮助下住到阿比让（Abidjan）郊区。[11] 法国军队调查博卡萨在班吉的住所时，有令人毛骨悚然的发现，其一是两具被捆在冷冻库里的尸体，食人癖的传闻因此沸沸扬扬，其二是庄园湖中大约 30 人的残骸，显然是豢养在此的鳄鱼吃剩下的。[12]

博卡萨被废黜了，他的残暴统治也终大白于天下。随后的事件表明：这位中非共和国或者说帝国的前领导人与法国总统的亲密关系确实对后者造成了极大伤害。

1979 年 10 月 10 日，法国讽刺周刊《鸭鸣报》（*Le Canard Enchaîné*）刊登了一份清晰的翻拍文件，所显示的是博卡萨在 1973 年签署一项命令，该命令将总计 30 克拉的钻石赠送给时任法国经济和财政部部长吉斯卡尔·德埃斯坦。记者们推测，在"梭鱼"行动期间，法国军队之所以扣押博卡萨的档案并将其移交给法国驻班吉大使馆，是为了遮掩中非共和国领导人给法国总统送礼的尴尬纪录。[13]《世界报》（*Le Monde*）也加入了这场争斗，支持反对党社会党对此事进行深入调查。[14]《鸭鸣报》的后一期报道称，不管是在对中非共和国进行私人或官方访问期间，也不论在部长或总统任上，吉斯卡尔曾在不同场合从博卡萨那里收到钻石。另据报道，吉斯卡尔的亲属茹尔尼亚克和政府的两名部长，包括合作部长罗贝尔·加莱，也从博卡萨那里收到了钻石。

法国总统对媒体矢口否认，而博卡萨正因被赶下台心存怨念，他的复仇气焰使得钻石事件火上浇油。这是个外交礼物的赠送者在两人友谊破裂后，存心用礼物来对付接受者的案例。1980 年，在科特迪瓦流亡后，博卡萨设法将文件交给了一位媒体人，名叫罗歇·德尔佩（Roger Delpey）的前战地记者。后者在巴黎被捕，罪名是涉嫌帮助利比亚对抗法国，博卡萨的文件被没收。[15] 尽管对他的指控后来被撤销，德尔佩还是被拘留了 7 个月之久。

　　1981 年的法国总统选举即将到来，第一轮投票定于 4 月 26 日举行。吉斯卡尔·德埃斯坦正在寻求连任，当时人们始终认为，左翼是一盘散沙，他将赢得选举毫无悬念。然而，他的反对者却把街谈巷议的钻石事件视为扳倒他的绝佳机会。3 月 10 日，在 TF1 电视频道的选举前广播中，吉斯卡尔试图平息此事。他声称，博卡萨的礼物的价值被夸大了。"它们并不是大钻石"[16]，甚至根本不能称之为钻石。而且不管怎样，这些珠宝已经售出，善款捐给了中非共和国的红十字会和其他慈善机构。[17]

　　这次采访未能就此风平浪静。《鸭鸣报》发表了一份据称是中非共和国红十字会主席让娜–玛丽吕特–罗兰（Jeanne-Marie Ruth-Rolland）的电报作为回应，声称该组织没有收到总统的捐款。[18]这使得总统当局相当尴尬地作出澄清：捐款时间是在 2 月 4 日，一共 8 000 美元已经委托中非前总统达维德·达科转交，且后者确认收到。[19]

　　法国总统这边的事态每况愈下。罗歇·德尔佩出版了一部名为《操纵》（La manipulation）的书揭秘此事，声称在这些年里吉斯卡尔从博卡萨那里收到了大约 200 颗钻石，如果情况属实，其价值将远远高于捐给中非慈善机构的 8 000 美元。[20]5 月 8 日，就在总统选举投票马上进入第二轮，吉斯卡尔将与社会党候选人弗朗索瓦·密特朗（François Mitterrand）进行决胜的前两天。博卡萨接受了《华盛顿邮报》的采访，在持续约六个小时的谈话中，博卡萨坦率表示，他此次的动机是试图破坏吉斯卡尔连任的机会，以报复这位法国总统在推翻其政权中所扮演的角色。[21]博卡萨声称，他曾四次在不同场合向吉斯卡尔·德埃斯坦赠送钻石礼物，包括一些单个的大钻石在内，且每次都有目击者在场。他还向吉斯卡尔的妻子阿内·艾莫娜（Anne Aymone）赠送了一份价值连城的钻石礼物。除此以外，他还送给吉斯卡尔一处大型狩猎场。[22]

密特朗以 100 多万张选票的优势赢得了法国总统选举。随后，社会党在次月的国会选举中取得了惊人的胜利，密特朗的胜利预示着法国政治格局的深刻变化。[23] 钻石事件绝不是吉斯卡尔失败背后的唯一因素，可能也算不得最重要的因素。然而，肯定是促成因素之一。如果钻石恒久远，想必吉斯卡尔已经发现，人家不会没事献殷勤地给你钻石，这一点也亘古不变。

注释：

1. Greer 2000, p. 7.
2. Ibid., p. 13.
3. Ibid., p. 18.
4. Ibid., pp. 21—22.
5. O'Toole 1982, p. 140.
6. Greer 2000, p. 24.
7. Kłosowicz 2018, p. 10.
8. Ibid.
9. Ubaku, Emeh and Okoro 2015, p. 6; Kenyon 2018, p. 365.
10. O'Toole 1982, p. 142.
11. Titley 1997, p. 135.
12. Ibid., p. 137.
13. Lewis 1979.
14. Ibid.
15. Dowell 1980.
16. 引自 Reuters 1981。
17. Reuters 1981.
18. AP 1981.
19. Hoyle 1981.
20. Ibid.
21. Koven 1981.
22. Ibid.
23. Wright 1981, p. 414.

47. 公元2004年：一盒古巴高希霸长矛雪茄

古巴总统费德尔·卡斯特罗送给南卡罗来纳州副州长安德烈·鲍尔的礼物

一盒高希霸长矛（Cohiba Lanceros）雪茄。

南卡罗来纳州查尔斯顿市的老牌日报《信使邮报》(*The Post and Courier*) 于2019年5月报道，一份外交礼物被登载在波士顿拍卖行RR Auction 的网站上，估值约为一万美元。这份礼物是该州前副州长、共和党人安德烈·鲍尔（André Bauer）收到的一个木制雪茄盒，里面装有25支手工制作的古巴高希霸长矛（Cohiba Lanceros）雪茄，盒子上还有古巴总统卡斯特罗用黑色毛毡笔潦草写就的签名。鲍尔透露道，这是 2004 年他参加访问古巴贸易代表团时收到的。由于他本人不吸烟，因此，哈瓦那之行后这些雪茄就一直丢在壁橱里不见天日。[1]

这则新闻报道引发了议论纷纷。雪茄烟民们深感惋惜，这些稀有雪茄放在壁橱里 15 年，品质可能受损。而且这篇报道的确引用了 RR Auction 的执行副总裁博比·利文斯顿（Bobby Livingston）的话，他承认这些雪茄已不在最佳赏味状态[2]，并回应了有人对保留并出售这份礼物的不解。他认为应该忽略这些细节，去关注这份礼物的制作背景，尤其是因何被选为礼物的深层意义。

2004 年，鲍尔作为南卡罗来纳州贸易代表团的领队访问了古巴，该代表团由梅班克航运公司总裁杰克·梅班克（Jack Maybank）组建。2000 年开始，美国对古巴贸易禁运略有放松，允许以支付现金的方式运送特定农产品和医疗产品。梅班克是少数几位抓住此机会的商人之一。2003 年 7 月一艘名为海伦三世（Helen Ⅲ）的梅班克驳船抵达哈瓦那，这是 40 多年禁运以来第一艘到港并悬挂美国国旗和搭载美国船员的货船。[3] 港口入口处的堡垒升起一面美国国旗以示欢迎。

在遍布哈瓦那的国有"礼宾"大楼的其中一座，代表团与古巴贸易官员的晚餐会议即将收尾。他们对访问结果非常满意：古巴政府同意从南卡罗来纳州的农民那里购买价值 1 000 万美元的农产品。[4] 在访问期间，有人提议能否与古巴总统会面，但被告知这无法保证。

当古巴官员开始紧张地踱步并不断向窗外张望时，显然有什么事情要发生了，同时一名女佣在忙不迭地将桌子中央腾出地方。三辆黑色奔驰汽车组成的车队旋即到来，卡斯特罗穿着那身熟悉的绿色军装出现了。随后三个多小时的会议一直持续到午夜。卡斯特罗在会上侃侃而谈：内容从世界饥饿到教育等各个方面无所不包。据报道，鲍尔试图将对话引向美古关系中更为具体的问题上，但卡斯特罗却避而不谈。会议结束时，双方互换礼物。卡斯特罗收到了一个水晶烛台和一对印有南卡罗来纳州印章的袖扣。他向代表团回赠了附有其亲笔签名的木质盒装高希霸雪茄。[5]

高希霸不是普通的雪茄。该品牌成立于 20 世纪 60 年代，仅小批量生产，专供卡斯特罗，有时也被古巴总统用作外交礼物。直到 1982 年才开始商业销售。在另一场夜会中，卡斯特罗向一位美国人讲述了这个品牌的故事，那是在 1994 年的哈瓦那，和《雪茄爱好者》（*Cigar Aficionado*）杂志的出版商马尔温·尚肯（Marvin Shanken）的会面。卡斯特罗回忆道，他十五岁时就在父亲的影响下开始抽雪茄、喝酒。有一天，他闻到保镖正抽着的雪茄散发着一种奇特芬芳，卡斯特罗立刻被迷住了，便询问起这款雪茄的来历。保镖告诉他，这是一个朋友手工制作的。卡斯特罗联系了这位朋友，他的雪茄制作秘方在名为"埃尔拉吉托"（El Laguito）的特设工厂进行批量生产。[6] 这些新雪茄被命名为"高希霸"（Cohiba），这个词来源于古巴原住民泰诺人（Taíno）对烟草的称呼。卡斯特罗亲自享用高希霸雪茄之余，经常将其作为国礼赠送，一直到 1985 年他戒烟时。因为他觉得在领导古巴全民关注健康风险主题活动的同时，继续吸烟是不合适的。[7]

将高希霸长矛雪茄用作外交礼物对卡斯特罗有两个重要的优势。首先，由于这个品牌与古巴领导人紧密相关，它们显示了礼物的独特个性；接收者得到了被视为卡斯特罗专享的雪茄。其次，在古巴雪茄工业正在重申自己世界第一的地位时，它们是最好的广告。

回顾历史，雪茄由原住民泰诺人首先吸食，并很快被西班牙人接受，西班牙人将这一嗜好带到了欧洲，并在古巴种植烟草以满足对该产品不断增长的需求。人们发现将雪茄在产地就卷制好，而不是运至西班牙工厂之后卷制，可以极大延长雪茄保质期，这也促进了古巴本土雪茄工厂的发展。1817 年，西班牙费尔南多七世（Fernando Ⅶ）废除了阻碍行业发展近百年的烟草专卖制度[8]，并允许古巴和世界各地进行自由贸易，促使古巴雪茄业进入了黄金时代。雪茄既是古巴的主要出口产品，也是该国及其首都哈瓦那的核心品牌。古巴革命给雪茄业带来了两个挑战：财产被没收后雪茄巨头的逃亡，以及美国实施的禁运政策，这两个因素导致高端雪茄生产领域的竞争对手纷纷崛起，如在多米尼加共和国和洪都拉斯等地区。古巴将一种珍品雪茄用作外交礼物，一来体现了用特产宣扬国家知名度而作的努力，二来提振这类优质产品的声誉以促进出口。

古巴雪茄外交的一大特点是指向美国。从实施制裁到建立起适度的温和关系的几十年间，几乎每一次解冻两国关系的努力，古巴赠送的雪茄事实上都起到了一定作用。[9] 尽管美国的制裁禁止古巴雪茄进口到美国，但对于许多身居要职的美国雪茄烟民来说，古巴雪茄是一种优质产品备受青睐，禁运反而增加了不可企及的额外诱惑。一则广为流传的轶事很好地证明了古巴雪茄对一些美国领导人的吸引力。据说，1962 年 2 月，肯尼迪总统把他的新闻主管，也是他的雪茄烟友皮埃尔·塞林杰（Pierre Salinger）叫到办公室，并让皮埃尔在第二天一早为他准备"很多雪茄"。他预想的是 1 000 支钟爱的古巴小乌普曼（Petit Upmanns）雪茄。手笔颇大的塞林杰设法弄到了 1 200 支。在被告知事情办妥后，肯尼迪立即签署了扩大禁运范围的行政命令，涵盖了所有含有古巴产品的进口货物。[10]

1961 年 8 月，也就是猪湾入侵失败几个月后，肯尼迪总统的一位名叫理查德·古德温（Richard Goodwin）的年轻助手，作为美国代表团成员，参加了在乌拉圭举行的拉丁美洲外交部长会议，讨论美国的"进步联盟倡议"（古巴反对该倡议）。古巴代表团团长切·格瓦拉（Che Guevara）发现古德温是个雪茄爱好者，于是交给他一盒装在红木盒中的古巴雪茄，作为送给肯尼迪的礼物。格瓦拉附上了一张手写便条，上面写着："给敌人写信很难，我只是伸出我的手。"[11] 格瓦拉安排与古德温的会面，他们一直畅谈到深夜，讨论和平共处的前景，同时意识到两国注定不会成为盟友。古德温向肯尼迪简要介绍了会议情况，并转交了雪茄。据报道，肯尼迪旋即拿出一支，咬去茄帽并点上火。[12]

1974 年夏天，美国国务卿亨利·基辛格（Henry Kissinger）提出了建立双边对话渠道的构想。在访问古巴期间，记者和政治顾问弗兰克·曼凯维奇（Frank Mankiewicz）用未署名的手写便笺将此建议交到卡斯特罗手上。卡斯特罗依样手写答复，同意秘密会谈，并附上一盒古巴雪茄送给基辛格。[13] 然而，古巴在 1975 年出兵安哥拉，支持内战中的人民解放运动组织。和平前景随即破灭，这项倡议也付诸东流。

1980 年，另一名特使被派往古巴，即国务卿埃德蒙·马斯基（Edmund Muskie）的助手彼得·塔尔诺夫（Peter Tarnoff），他此行负责协商解决古巴人口大规模逃往佛罗里达的问题，即"马列尔偷渡事件"（Mariel Boatlift）。卡斯特罗同意制止人员外流，也许有帮助吉米·卡特连任的原因。塔尔诺夫带着卡斯特罗送给马斯基的雪茄回国了。[14] 可惜卡特落败，随着罗纳德·里根当选，恢复对话已然无望。

在古巴美国紧张的政治气氛中，接受古巴总统的雪茄礼物会给美国政客带来国内舆论风险。新墨西哥州国会议员比尔·理查森（Bill Richardson）这位未来的总统候选人一向以致力人道主义闻名，1996 年初，在结束了一次确保政治犯获释的哈瓦那之行后，他带回了卡斯特罗送给克林顿总统的礼物：一盒高希霸雪茄。理查森将礼物交给了克林顿的古巴政策顾问理查德·努乔（Richard Nuccio），后者就此咨询了国家安全顾问桑迪·伯杰（Sandy Berger）。伯杰担忧一旦克林顿接受了这份来自卡斯特罗，尤其在美国尚属违禁品的礼物，可能引发风波，便索性下令销毁，导致这些雪茄从未送达总统手中。[15]

在奥巴马总统任职期间，对古巴的接触更为直接，也使得古巴雪茄在外交上屡现身影。2015 年 4 月 11 日，在巴拿马举行的美洲峰会间隙，两国领导人进行了半个多世纪以来的首次会面。劳尔·卡斯特罗给了奥巴马一大堆与雪茄相关的礼物。根据美国国务院礼宾司司长办公室的有关资料，2015 年 4 月收到的外国政府赠送联邦雇员的礼物中，有装着 205 支雪茄外带一把茄刀的木盒套装，以及单独送出的盒装雪茄和打火机。同年 12 月，古巴总统又送了 7 盒雪茄。雪茄并不是唯一的礼物：总统和总统夫人收到的还有另一些带有古巴特色的礼物，包括一件瓜亚贝拉衬衫、朗姆酒和古巴音乐 CD，至于亚伯拉罕·林肯的木制半身像，显然有点奉承的意味，但雪茄仍是主角。[16]

古巴在与美国关系中使用雪茄外交有着悠长历史，赠送给安德烈·鲍尔的那二十五支高希霸长矛雪茄只是一段插曲。

注释：

1. Kropf 2019.

2. Ibid.

3. Rice 2003.

4. Menchaca 2004.

5. Ibid.

6. Shanken 1994.

7. Ibid.

8. Cosner 2015, p. 133.

9. Kornbluh and LeoGrande 2014.

10. Salinger 1992.

11. 引自 Kornbluh and LeoGrande 2014。

12. Ibid.

13. Ibid., p. 119.

14. Kornbluh and LeoGrande 2014.

15. LeoGrande and Kornbluh 2015, p. 310.

16. Office of the Chief of Protocol, US State Department 2018.

48. 公元 2007 年：一座体育场

中华人民共和国政府和人民送给多米尼加政府和人民的礼物

多米尼加首都罗索的温莎公园体育场。

　　海外援助是一种礼物吗？一位富国的普通公民向发展中国家的慈善机构捐款，这已然超越了普通赠礼的意义，是赠礼最为纯粹的形式。最初的捐赠者和最终的受赠者彼此不相识，受赠者没有还礼的义务，甚至不可能还礼。两方之间并没有建立直接的社会纽带。[1] 然而，个人的慈善捐赠，将沿着一根复杂的链条向下传递：国际发展慈善机构将与受援国的非政府组织合作，而后者将以此继续支持更小规模的基层组织。人类学家罗德里克·斯特拉特（Roderick Stirrat）和海科·亨克尔（Heiko Henkel）认为，这份最为纯粹的礼物，在沿着这根链条传递时，势必要受到政治因素影响。[2]

无论在政府还是非政府部门，这些协助社会发展的人士通常都不愿意用"礼物"二字来描述他们所提供的援助。因此，发展世界已不再使用暗示了"给予"的表达方式："援助"被称为"发展合作"；"捐赠者"和"受赠者"被叫作"发展伙伴"。这样一来，捐赠者和受赠者都不会把援助定性为礼物，而是基于他们各自的政治倾向和视角，要么将援助定性为一种有约束性协议支撑的合同，要么定性为一种受赠者在国际人权框架下的权利（entitlement）。[3]

在某种程度上，这种不愿将援助描述为礼物的现象，可能和前现代文明中礼物交换的习俗有关。因此，"礼物"这词似乎与现代化的发展目标不相适应。市场化的语言似乎更契合现代化的目标。[4]

正如我们在导言中所看到的那样，不愿意将援助描述为礼物，在很大程度上是因为，如果将援助视为礼物，那么就要在回礼上有所考量，这正是马塞尔·莫斯（Marcel Mauss）所研究的核心课题。如果把发展援助当作纯粹的礼物，彻底不考虑回礼的问题，那么将有可能使受援国蒙羞，显得他们依赖于外人。对此，受援国的回应是：不把这种关系看作赠送与受赠，而是看作组织内的伙伴关系，是从不同角度为发展问题提供解决方案。[5]

然而，并不是所有国家都排斥将海外援助描述为礼物。地理学家埃玛·莫兹利（Emma Mawdsley）对捐赠行为做了区分。在她的分类中，一边是以经济合作与发展组织（OECD）下设的发展援助委员会（DAC）为核心，这类捐助者主要是西方国家。另一类是发展中国家，其核心成员包括中国、印度和巴西。[6]她认为比起后者，前者比较忌讳礼物的概念，而这项差异的起因，是两类国家推动合作开发的方式截然不同。西方国家更爱用"合作"来替代"礼物"，因为多数人都会同意援助已经等同于慈善捐赠。"合作"替代"礼物"可以避免将捐赠视为纯粹的、非互惠的东西，因而一方产生优越感，另一方感觉低人一等，从而产生负面的社会关系。

相比之下，莫兹利认为，来自发展中国家的捐赠者围绕共享发展经验，互创机遇的双赢局面来构建合作关系。[7] 与西方捐助者不同，他们并不讳言希望得到回礼，因此将这些援助描述为礼物，在此并没有问题。发展中国家并没有通过一份不求回报的礼物，来创造一种令小国自卑的依赖关系，它们的注意力不仅在给予的东西上，还在所得到的回报上，无论是资源、投资机会还是市场。这种礼物性的表述，强调了互利和团结，而不是施舍。[8]

2007 年 10 月，在有"加勒比海的自然之岛"之称的岛国多米尼加（Dominica），一座全新的体育场在首都罗索（Roseau）远郊的温莎公园落成。该体育场总共可容纳 12 000 人，可举办各类体育赛事，如国际板球比赛，也可以作为文化和政治活动的场地，承办世界克里奥尔音乐节和多米尼加独立日庆祝活动。这座体育场是中华人民共和国对多米尼加的发展援助，但在完工交付时，官方用词都称之为一份礼物。多米尼加教育、人力资源开发、体育和青年事务部长文斯·亨德森（Vince Henderson）自豪地宣布："这座世界级的设施是我们的朋友——中华人民共和国政府和人民——送给多米尼加人民的礼物。"[9]

赠送温莎公园体育场只是中国"体育场外交"的一个例子。自 1958 年以来的 60 年里，中国为发展中国家建造了 140 多座体育设施。[10] 在 20 世纪 50 年代末和 60 年代，中国为亚洲的社会主义国家建造了大量体育场，帮助中国在此期间，在国际舞台上建立自己的体育形象。当时，奥林匹克运动会参会成员围绕台湾的"政治地位"产生了一些冲突，在那个时期中国没有参与奥运会。建造的体育场中包括中国赠送给印度尼西亚和柬埔寨的体育场，分别用于举办 1963 年和 1966 年的新兴力量运动会（The Games of New Emerging Forces）。[11]

在这两届运动会上，中国都高居奖牌榜榜首。自那以后，中国捐赠的体育场广泛分布于发展中国家，在非洲、加勒比海和太平洋地区的覆盖率最高。自 1990 年以来，特别是 2010 年后，体育场的援建一直在加速，这也反映在中国对外援助支出总额的增长上。[12] 自此，中国在海外援建体育设施的目标，早已不是为了提高中国运动员的出镜率，否则中国不可能会赠送给多米尼加一座中国运动员不可能用到的板球场。

另一个东加勒比海岛屿，格林纳达（Grenada）在 2005 年恢复与中国的外交关系，该国同样获得了援建一座可容纳 20 000 人的女王公园体育场。该体育场在 2007 年板球世界杯赛前落成。

把体育场当作礼物赠送，极大提升了中国的软实力。体育馆是非常显眼的建筑，一完工就会成为地标，为政治精英和广大公众在参加体育文化活动以及国家庆祝活动时所用。[13] 体育馆的建设展现了中国在设计和建造大型设施方面的能力，而且对中国具有很高的成本效益，因为这些承建合同通常允许中国承包商使用来自中国的劳动力、材料和设备。

除了体育馆，受赠国也可以选择其他基础设施建设项目，如道路和政府大楼等。[14] 中国并不是每次都负担建造体育场的全部费用，特别是在非洲的项目中。资金通常以赠款和优惠贷款的组合方式提供，在某些情况下，东道国政府负担了很大一部分费用。2007 年落成的坦桑尼亚国家体育场就是一个例子。

早在 2000 年，本杰明·姆卡帕（Benjamin Mkapa）总统就承诺，在 2005 年离任前，他将为坦桑尼亚建造一座拥有六万个座位的现代化体育场。他为这项雄心勃勃的计划发起了招标，一家法国建筑公司最后胜出。但坦桑尼亚是一个重债穷国（Highly Indebted Poor Country，HIPC），根据 1996 年国际间对重债穷国的规定，符合债务减免资格的坦桑尼亚必须坚持财政紧缩计划。新体育场的建设不符合这一要求，姆卡帕只得同意放弃法国项目。然而，他不想彻底放弃建造体育场的竞选承诺，便转投中国寻求帮助。中国提供了大约 2 000 万美元来建造一个比法国方案更便宜的体育场，由北京建工集团交付。中国提供的资金不到项目总成本的一半，剩余的部分将由坦桑尼亚筹集。[15]

对坦桑尼亚来说，新体育场的筹建，象征着其保卫本国在国际足坛地位的决心。同时，坦桑尼亚还聘请了巴西教练马尔西奥·马克西莫（Márcio Máximo）执教国家足球队。[16] 更宽泛地说，新体育场的筹建是国家现代化的象征。在 2006 年 6 月对坦桑尼亚的短暂访问期间，中国国务院总理温家宝在施工现场向中国工人发表了讲话，强调了他们正在建设的是两国友谊的纪念碑。[17] 对当时的中国来说，这不是无私的发展援助，而是两国互利共赢的项目，帮助坦桑尼亚圆梦的同时，也符合中国的国家利益。

向最需要的国家提供新冠肺炎疫苗，是对援助的两种不同表述发挥不同作用的又一个例子，一种是伙伴关系的表述，另一种是礼物的表述。在新冠肺炎疫苗全球供给倡议（The COVID-19 Vaccines Global Access initiative，简称 COVAX）的全球疫苗采购供应计划书里，处处充斥着伙伴关系的言辞。在世界卫生组织（WHO）、全球疫苗和免疫联盟（the Vaccine Alliance）和流行病预防创新联盟（the Coalition for Epidemic Preparedness Innovations）的共同主导下，COVAX 寻求加快新冠肺炎疫苗的开发和生产，确保世界上每个国家都能公平公正地获得疫苗。中国于 2020 年 10 月加入 COVAX 倡议，并始终坚持以外交礼物的形式为多方提供疫苗。2021 年 2 月初，巴基斯坦接收了 50 万剂国药疫苗，这是中国捐赠的 120 万剂疫苗中的第一批。巴基斯坦外交部长沙阿·马哈茂德·库雷希（Shah Mahmood Qureshi）将这份礼物描述为两国友谊的"实际证明"，而中国驻巴基斯坦大使称之为"我们兄弟情谊的体现"。[18] 中国并不是唯一一个采取这种方式提供疫苗的国家，事实上，COVAX 框架下的其他赠予国在 COVAX 框架下提供疫苗的同时，也以双边赠礼的形式为多方提供了疫苗。健康确实是一份药效显著的礼物。

注释：

1. Stirrat and Henkel 1997, p. 72.
2. Ibid., p. 74.
3. Eyben 2006, p. 88.
4. Kowalski 2011, p. 196.
5. Stirrat and Henkel 1997, p. 75.
6. Mawdsley 2012, pp. 256—258.
7. Ibid., p. 263.
8. Ibid., pp. 264—265.
9. 引自 Douglas 2007。
10. Vondracek 2019, p. 62.
11. Xue, Ding, Chang and Wan 2019, p. 3.
12. Vondracek 2019, p. 68
13. Xue, Ding, Chang and Wan 2019, p. 1.
14. Vondracek 2019, pp. 62—63.
15. Brautigam 2009, pp. 72—73.
16. Sortijas 2007, p. 30.
17. Ibid.
18. 引自 Albert 2021。

49. 公元 2008 年: 一双威廉斯牌靴子

澳大利亚总理陆克文送给印度尼西亚总统
苏西洛·班邦·尤多约诺的礼物

一双 R. M. 威廉斯牌靴子。

雷金纳德·默里·威廉斯（Reginald Murray Williams）于 1908 年出生在南澳大利亚农村。1918 年，威廉斯一家搬迁至阿德莱德（Adelaide），但年轻的威廉斯怀念乡下生活。在年仅 15 岁时，他便收拾行李前往澳大利亚丛林，在那里从事各种工作，比如烧石灰、赶骆驼。他向牛仔多拉尔·米克（Dollar Mick）学习了皮革加工技术，在阿德莱德成家、定居。之后他开始生产皮革制品，并凭借其生产的一系列马靴而大获成功。靴子的鞋面由一整块皮革制成，这是其公司一直以来的标志。

在之后的几十年里，威廉斯的生意越做越大，直到 1988 年他将公司出售。此后，该公司所有权经历了几次变更，曾一度被法国奢侈品巨头路易威登酩悦轩尼诗（Louis Vuitton Moët Hennessy）参与的一个财团收购，后又于 2020 年被澳大利亚私人投资集团塔塔朗（Tattarang）收购。威廉斯本人于 2003 年去世，享年 95 岁。他留下的遗产就是这个公司，该公司生产的靴子已经成为澳大利亚，尤其是澳大利亚乡村地区的象征。[1]

R. M. 威廉斯牌靴子一直受到许多澳大利亚政治家的喜爱，其吸引力超越了政治分歧。中右翼自由党领导人托尼·阿博特（Tony Abbott）和马尔科姆·特恩布尔（Malcolm Turnbull）经常穿这一品牌的靴子，前工党领袖陆克文（Kevin Rudd）也热衷于该品牌的靴子。陆克文在 2007 年至 2010 年期间担任澳大利亚总理，并在 2013 年再次短暂担任总理。澳大利亚民主博物馆甚至在"澳大利亚历届总理展"中展出了陆克文的一双威廉斯牌黑色皮革马靴。这双靴子和一起参展的一条橙色的雨果博斯牌（Hugo Boss）丝质领带，是他 2008 年在澳大利亚议会代表国家向"被偷走的一代"道歉的行头。"被偷走的一代"是指过去曾遭受澳洲政府强迫带走孩子与实施白人同化政策的原住民。[2] 2009 年，陆克文与美国总统巴拉克·奥巴马会晤时，也穿着威廉斯牌的靴子。[3]

陆克文非常喜欢用威廉斯牌靴子作为外交礼物。2008 年 12 月，他应印度尼西亚总统苏西洛·班邦·尤多约诺（Susilo Bambang Yudhoyono）之邀飞往巴厘岛，共同主持巴厘民主论坛第一次会议。该论坛由尤多约诺发起，旨在推动亚太地区的民主进程。陆克文在访问期间宣布了 300 万澳元的一揽子援助计划，用以支持论坛以及印度尼西亚的和平与民主研究所（The Indonesian Institute for Peace and

Democracy）。他还带去了一件赠予印度尼西亚总统的私人礼物——一双威廉斯牌的靴子。[4]

作为外交礼物，这双靴子有不少亮点。它展示了澳大利亚传统和本国工艺，而当产品与有国际影响力的人物联系起来时，也支持了澳大利亚本土公司的出口计划。公司的网站强调，全球已有"数百万人"穿过这款靴子，其中"不乏名人"。[5] 同时，陆克文本人与这双靴子是如此紧密地联系在了一起，赋予了这份礼物一种私人性，澳大利亚总理赠送了一份他个人所喜爱的东西作为礼物，暗示了双方之间的友好关系。靴子本身的特征也使这份礼物具有了私人性：受赠者需提供鞋码大小，因此在赠送外交礼物之前，赠送方通常会谨慎地打电话给相关的礼宾部门以获得所需的信息。

在某些情况下，赠送靴子可能需要经过更复杂的试穿程序。克里斯托弗·迈耶（Christopher Meyer）回忆他担任英国驻华盛顿大使期间的经历时，想起了 2002 年 4 月时任英国首相托尼·布莱尔在美国总统乔治·W. 布什位于得克萨斯州的克劳福德牧场度过的那个周末。当两位国家元首在牧场共进晚餐时，一名鞋匠在白宫团队的安排下，来到附近韦科（Waco）市的一家餐馆，当时随行的英国代表团正与美国同行在这家餐馆用餐。据报道，英国官员很少接受定制的 J. B. Hill 牌靴子，因为其价值通常远超英国官员准许保留外国同行所送礼物的价值上限，官员必须支付超额部分才能保留他们的靴子。在餐厅的储藏室里测量鞋码后，这位大使自豪地拥有了一双装饰着英国、美国国旗和得克萨斯州旗的高跟得克萨斯牛仔靴。[6]

陆克文并不是唯一一个将他喜爱的威廉斯牌靴子作为外交礼物的澳大利亚政治家。2013 年，威廉斯的狂热粉丝托尼·阿博特在作为总理的首次海外访问时，就送出了一双这样的黑色靴子，以及一支由澳大利亚红橡木做的笔。这份礼物的赠送对象依旧是印度尼西亚总统尤多约诺，人们希望他也能喜欢上这双鞋。[7]2014 年，托尼·阿博特也向来访的日本首相安倍晋三赠送了一双这样的靴子。这份礼物在两位领导人参观西澳大利亚皮尔巴拉地区（Pilbara）的力拓集团铁矿时立即用上了。照片记录下了如下场景，在一个巨大的轮胎边，两人摆出了潇洒的姿势，炫耀着他们的靴子。[8] 威廉斯牌靴子也是总理马尔科姆·特恩布尔在 2018 年 2 月会见美国总统唐纳德·特朗普时相赠的礼物。[9]

在上面所提到的例子中，以喜爱这款鞋而闻名的总理总是选择这个品牌的鞋子作为礼物。鞋子也符合澳大利亚公使赠送外交礼物的一系列准则。这些准则由澳大利亚政府总理和内阁制定，反映了现代澳大利亚的外交赠礼战略。[10]

这套规定中最引人注目的地方，就是外交礼物的重要性被淡化的程度。规定中言明，澳大利亚"传统上并不是一个喜欢赠礼的国家"，外交礼物的赠送仅出于对"'他国'的习俗、礼节和善意"的尊重。[11] 在正式访问前，澳政府"不赠礼的国家政策"将传达给东道主，以劝阻后者赠送奢华礼物。根据受赠者的身份地位，澳大利亚规定了相应的官方礼物最高价值区间。对于国家政府首脑，礼物最高价值为 500 澳元到 750 澳元不等；对于东道国司机和安保人员，礼物最高价值则为 25 澳元。[12]

礼物的选择由相关澳大利亚的部长级官员决定，而礼物的供给则外包给了一家名为协同控股（Intandem Holdings）的公司。根据政策规定的价格区间，该公司推荐了一系列礼物，尤其注重礼物是否为"澳大利亚生产制造，且在澳大利亚境内购买"[13]。威廉斯牌靴子似乎完美符合了这一总体框架：靴子在澳大利亚制造，价格又刚好位于推荐的最高价值区间。

澳大利亚并不是唯一一个避免赠送昂贵礼物的国家。美国同样对总统及其他高级官员个人赠送外交礼物的开支作出了限制。[14] 一方面人们担心赠送昂贵的礼物有违国家的政治文化，而且还给预算带来压力，另一方面在媒体对政府支出监督的情况下，送奢华礼物给外国政要很容易引起非议，所以鼓励适度赠礼。2012 年，媒体报道称，随着爱尔兰经济形势维艰，爱尔兰外交部开始彻底审视、检讨赠送昂贵礼物的习惯做法。如今该国赠出的礼物主要为袖扣和钥匙圈，这些礼物还是由爱尔兰制造，也是能代表爱尔兰的产品。[15]

即便如此，包括美国政府在内的各国政府可能会与供应商谈判达成特殊协议，从而确保礼物的实际支出略低于规定的支出限额，最大限度地提高性价比。供应商则可以得到知名受赠方带来的广告宣传价值。在 2021 年 6 月举行的 G7 峰会上，美国总统乔·拜登赠送给英国首相鲍里斯·约翰逊一辆自行车，以凸显他们对骑行的共同爱好。为此，美国国务院联系了费城一家专门生产高端手工自行车的公司拜连奇（Bilenky CycleWorks）。据当地记者报道，美国国务院的预算仅为该厂自行车通常起售价的三分之一，而且这辆自行车还需定制，蓝色车身和红白相间的装饰，与英国国旗相呼应，头盔上还印有英国和美国国旗交叉的图案。尽管时间极其紧迫，该公司还是同意生产这款自行车，因为这项委托提供了一个提升知名度的机会。[16]

许多国家试图避免接受昂贵礼物，同时也不愿意赠送奢华的礼物。在谈到 1785 年赠送给本杰明·富兰克林的法国国王路易十六的珠宝装饰画像时，我们提到过美国宪法中的"薪酬条款"，根据该条款，美国官员接受其他国家或君主赠送的任何礼物、酬金、职位或头衔都必须征得国会的同意。如今，为了避免每次美国官员想要保留收到的外国赠礼时都需要国会进行审议，在 1966 年颁布的《外国礼品和馈赠法》及其后续修正案中增加了限制条款。[17]

美国官员可以保留价值低于"最低价值"的礼物，随着时间推移，这一"最低价值"也在不断上调：自 2020 年 1 月 1 日起，"最低价值"从之前的 390 美元上调至 415 美元。[18] 由于拒收礼物可能会造成冒犯和尴尬，乃至损害美国的对外关系，美国官员也可以接受高于这一价值的礼物，但这些礼物不能由他们个人保留，除非他们向美国政府支付其市场价。这些礼物是代表美利坚合众国接收的，应存放在美国国家档案馆。[19] 通常，外国首脑赠送给美国总统的礼物最终会被总统图书馆和博物馆收藏。

虽然并非所有国家都像澳大利亚和美国那样制定了严格监管礼物赠送与收受的规定，但这种为抵御潜在的腐败风险而制定的规则意味着当今礼物的赠送和接受是有章可循的。这些规则试图通过对可接受的礼物的价值加以限制，从而将与外交礼物相关的风险降至最低。这些规则的存在，改变了外交礼物的性质，从注重其物质意义转变为注重其象征意义，作为一种外交信号，确定并强化了赠礼方在外交中的诉求，但礼物本身不再有形塑双边关系的功能。

威廉斯牌靴子便很好地充当了这一角色。它们令人向往，却并不昂贵。作为用于穿着的物品，它们体现了两位领导人之间的私人友好关系。将靴子作为礼物不仅有助于推广品牌，还能推动出口。这些靴子彰显了澳大利亚的特色，展现了这一国家的工艺制造水准，也深刻地反映了国家性格与价值观。这种靴子正是为交流而生。

注释：

1. Williams n.d.
2. Jolliffe 2012.
3. Nicholls and Dunn 2009.
4. Laidlaw 2008.
5. 引自 Williams n.d.。
6. Meyer 2005, pp. 265—266.
7. Wright 2013.
8. AFP 2014.
9. Office of the Chief of Protocol 2020.
10. Australian Government Department of the Prime Minister and Cabinet n.d.
11. Ibid.
12. Ibid.
13. Ibid.

14. Wright 2016.
15. Counihan 2012.
16. Brubaker 2021.
17. Brummell 2021, p. 146.
18. General Services Administration 2020.
19. Maskell 2012, p. 5.

50. 公元 2014 年：石版画《速度线圆柱》

美国总统巴拉克·奥巴马送给澳大利亚总理
托尼·阿博特的礼物

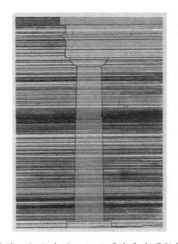

埃德·拉斯查的石版画《速度线圆柱》。

马赛尔·莫斯（Marcel Mauss）认为，回礼是礼物交换体系[1]的一个基本特征。礼物的交换贯穿我们的故事，印证了这一观点。在最后一个故事中，是时候明确关注赠礼与回礼之间的相互作用了。美国总统巴拉克·奥巴马与英国总理和澳大利亚总理的礼物交换说明了这一点。

首先，我们不妨回顾一下 1880 年的故事：维多利亚女王向拉瑟福德·B.海斯总统赠送了一张由"坚毅"号舰船的木材制作的华丽书桌。2009 年，英国首相戈登·布朗访问华盛顿时，向巴拉克·奥巴马总统赠送了一系列精心准备的礼物，包括装裱好的"坚毅"号舰船制造委托文件和一个用"塘鹅"号（Gannet）舰船木材制成的笔架。当时英国媒体将后者描述为"坚毅"号的"姊妹舰"[2]，但这并不准确，选择"塘鹅"号似乎是为了突出该舰船在 19 世纪后期在红海一带反奴隶制运动中的贡献。

一向对任何质疑两国关系特殊性的迹象保持警惕的英国媒体这次却大肆渲染两国领导人之间礼物质量的巨大差异。据美国国务院礼宾办公室估算，英国首相送给奥巴马的礼物价值 16 510 美元[3]，其中还包括多卷本的丘吉尔官方传记，而首相收到的回礼是一套美国经典电影的 DVD。[4] 一些评论家担心这些 DVD 能否在英国的 DVD 播放器中读取放映。[5] 人们认为英国首相的礼物没有得到该有的回报。

也许是考虑到这种负面报道，布朗的继任者戴维·卡梅伦次年访问华盛顿期间，双方交换的礼物似乎是事先进行了协调，两位领导人都赠送了现代艺术品。英国首相选择了本·艾尼（Ben Eine）的作品《二十一世纪城市》作为礼物，这位艺术家主要以街头艺术而闻名。艾尼曾多次因涂鸦而触犯法律[6]，后与班克斯合作，凭借其位于伦敦斯皮塔弗德地区（Spitalfields）的《字母街》（Alphabet Street）等作品，成为了英国最杰出的街头艺术家之一。作品《字母街》由在密德萨斯街（Middlesex Street）沿街店铺的百叶窗上喷绘的 26 个字母所组成。[7]

据媒体报道，选择本·艾尼的作品是戴维·卡梅伦的妻子萨曼莎（Samantha）的建议，她是这位艺术家的粉丝。[8] 要从艾尼的画作中选定一幅适合的作品作为礼物送给美国总统并不简单。首相办公室接洽此事后，剩下的时间并不充裕，不足以为这次活动创作一幅新画，况且艾尼的作品大多以色彩鲜艳、字体多样的文字为特色，作品基调消极。

最终，画作《二十一世纪城市》获得了认可。在这幅作品中，"Twenty-First Century City"这一短语中的字母以七行五列的形式排列。⁹

将一位以街头艺术闻名的艺术家的画作作为礼物，这不仅凸显了英国当代艺术的实力，也向美国贫民窟文化在这种艺术形式的发展中起到的作用表示敬意。其实美国总统早已与街头艺术有所接触。2008年总统大选的竞选活动中，谢泼德·费尔雷（Shepard Fairey）的作品《希望》（Hope）——一幅红白蓝三色的奥巴马肖像画给奥巴马竞选总统助了一臂之力。¹⁰

几个世纪以来，将艺术作品作为尊贵的外交礼物极大地提高了艺术家的声誉，此次选择艾尼的画作亦是如此。¹¹ 艾尼惊讶于首相办公室的请求，以及随之而来的围绕礼物的宣传。作为回应，他在伦敦哈克尼路（Hackney Road）创作了一幅名为《最奇怪的一周》（The Strangest Week）的街头作品，在这幅作品中，艾尼用小笑脸组成的彩色大字写下了最奇怪的一周 "The Strangest Week" 这三个英文字母。¹²

奥巴马的回礼是埃德·拉斯查（Ed Ruscha）创作的石版画《速度线圆柱》（Column with Speed Lines），这位出生于内布拉斯加州的艺术家与波普艺术运动有着千丝万缕的联系。画布中央的圆柱让人联想到政府大楼的宏伟门廊，而红、白、蓝三色的水平线条则旨在强调美英两国牢固的友谊。奥巴马政府早已对拉斯查表现出了兴趣，他们从华盛顿国家美术馆借来一幅作品《我想也许我会……》（I Think Maybe I'll ... ），陈列在白宫中。《速度线圆柱》是由该艺术家的印刷商捐赠给一个名为"大使馆艺术与保护基金会"的非营利组织，该组织旨在利用艺术品来宣传美国的国际形象。¹³ 换而言之，奥巴马直接找上了那些专门从事在海外宣传美国国际形象的艺术基金会。

而且他还找了不止一次。2014 年 6 月，当澳大利亚总理托尼·阿博特与奥巴马在华盛顿会晤时，他收到了同一幅石版画的复制品。《速度线圆柱》中红、白、蓝三色的水平线同样为庆祝美澳关系提供了理想的配色方案，与庆祝美英关系如出一辙。不同于四年前与英国首相的礼物交换，没有任何证据表明双方就礼物的类型进行过协调。澳大利亚总理送给奥巴马的礼物是一块冲浪板，这块冲浪板由悉尼的贝内特冲浪板公司（Bennett Surfboards）定制，其淡蓝色与白色的外观显然是为了让人联想到空军一号。[14] 冲浪板上印有总统徽章和两国国旗。礼物中还包括澳大利亚人最喜欢的礼物———双黑色皮靴。[15] 澳大利亚喜欢赠送能体现其文化与工艺的礼物，冲浪板刚好符合这一惯例。同时，这份礼物也含蓄地奉承了受礼者，有助于塑造美国总统精力充沛、热爱运动且懂得欣赏冲浪板的形象，并暗示其出生地夏威夷以及该地区人民与澳大利亚人民对这项运动的共同热爱。

戴维·卡梅伦和巴拉克·奥巴马之间的第二次礼物交换进一步证明了这两位领导人在礼物交换方面的高度协调。如果说 2010 年两人会晤时互送的礼物围绕的是两国的当代艺术，那么两年后英国首相访问华盛顿时互送的礼物则给人一种私人的、家庭般的感觉。卡梅伦向奥巴马赠送了一张定制的邓禄普（Dunlop）桌球桌。奥巴马的回礼是一台顶级烧烤炉：一台由伊利诺伊州帕克斯顿的恩格尔布莱希特烧烤炉公司（Engelbrecht Grills of Paxton）制作的布拉顿（Braten）1 000 系列烧烤炉，炉上面刻有两国国旗。连同炉子一起赠送的还有两件印有总统徽章和两国国旗的主厨外套。[16] 选择这两件礼物是在回应奥巴马前一年对英国的国事访问，在那次访问中，两位领导人曾在伦敦环球学院（Globe Academy）打过桌球，并在首相的唐宁街花园享用烧烤。

赠送给两位领导人家属的礼物更是凸显出此次礼物交换的私人化特点。首相的妻子收到了一罐白宫的蜂蜜，而首相的孩子们则收到了定制的豆袋椅（beanbag chair）。米歇尔·奥巴马收到的礼物是一条围巾，其设计灵感来自维多利亚时代的壁纸，而他们的孩子则收到了一套英国经典儿童读物。[17]

由此，值得注意的是，戴维·卡梅伦和巴拉克·奥巴马之间的礼物交换似乎都是两国政府间深思熟虑的结果。历史上并不是每一次礼物交换都经过如此缜密的安排。除了事先协调外，英美两国的礼物交换还有一大特色，那就是这些礼物交换都是当场进行。这反映出现代外交中，领导人之间面对面会晤时间短暂的特点。我们不妨回顾一下社会学家皮埃尔·布尔迪厄（Pierre Bourdieu）强调的互赠礼物时间间隔的重要性。他认为，如果没有时间差，这种交换就失去了礼物交换的精髓。即借助礼物，赠礼者通过时间差在受赠者身上产生一种义务感来巩固对后者的权力。[18]一手送礼、一手收礼的做法固然比较安全，但礼物也失去了其应有的分量。这类礼物在双边关系中仍然是力量的象征，但是少了能让收礼者感到"吃人嘴软，拿人手短"的能力。我们接下来就会根据这项重要差异，从本书对外交礼物的探讨中归纳出几点结论。

注释：

1. Mauss 1966, p. 10.
2. 参见 Lester 2009。
3. Office of the Chief of Protocol 2011.
4. Lester 2009.
5. Spiering 2012.
6. Henley 2010.
7. Battersby 2014.
8. Henley 2010.
9. Briggs 2010.
10. Ibid.
11. Battersby 2014.
12. *Hackney Citizen* 2010.
13. Howorth 2010.
14. Heber 2014.
15. Office of the Chief of Protocol 2015.
16. Watt 2012.
17. Ibid.
18. Lane 2000, p. 104.

结　论

我们已经看到，自从不同的人类群体彼此开始打交道，礼物就是外交活动中不可或缺的一部分。礼物在建立和维持社会关系中所起的作用，使它们成为了外交活动中宝贵的一部分。

外交礼物的物质价值与象征价值

正如我们故事所展示的，从公元前 14 世纪君王们的通信，到 21 世纪政治领导人频繁前去遥远的国度与他国元首会面，让人很难不得出这样的结论：随着时间的推移，礼物在外交交流中变得不那么重要了，在绝大多数情况下，其实际价值也越来越低了。在我们第一个故事中，外交礼物推动了阿玛纳文书中两大强权的交流。这些文书充斥着国王对埃及黄金等贵重礼物的渴望，并事无巨细地说明了什么礼物最受欢迎，或说明收到的礼物没有达到预期。这些文书所描述的礼物都具有很高的物质价值。

我们可以将这些礼物与 20 世纪著名领导人赠送的礼品比较一下。例如，美国总统巴拉克·奥巴马在 2014 年赠送给澳大利亚总理托尼·阿博特的石版画，或托尼·阿博特在同一年赠送给日本首相安倍晋三的威廉斯牌靴子。在这两种情况中，赠送的物品都是双方经过深思熟虑挑选的礼物，收礼的人定会很开心。然而，在这两种情况下，石版画与靴子都不是双方交换过程的重点。大约3 500年来，外交中所使用的礼物似乎已经从推动政治交流的高价值物品，演变为被视为有重大外交象征意义的物品。

　　但这并不是说，早期的外交礼物就缺乏象征意义。传说中大流士三世在公元前四世纪向亚历山大大帝赠送的鞭子、球和一箱黄金，既是高价值的礼物——那些黄金足够亚历山大让他的军队班师回朝；又是具有象征性的礼物——尽管在这种情况下，有一种嘲弄的意味。马穆鲁克人使用苏丹穿过的衣服作为外交礼物，俄国的彼得大帝习惯于赠送他在工作室里亲手制作的工艺品，以及欧洲君主习惯赠出他们自己的肖像，这些都表明了象征意义一直是选择礼物时的重要考量。然而，外交礼物的历史似乎表明，外交礼物长期以来既具有高的物质价值同时又具有巨大的象征意义。随着时间的推移，物质价值已经下降，现在，礼物在外交关系中主要具有一种象征意义。

　　对于外交礼物的物质价值下降的一个可能的解释是随着社会的发展，礼物交换所具有的重要性在下降。莫斯认为礼物交换体系和基于市场的商品交换体系，是不同社会类型的特征，后者倾向于取代前者。[1]一些后来的学者认为，尽管有一定的难度，但礼物交换和商品交换可以共存于同一社会。[2]外交礼物从强调物质价值演变到强调象征价值，这与基于市场的物品交换在广泛的社会生活中日趋主导地位的趋势相一致。

　　这一连串的推理表明，高价值的礼物只是某些历史时期的，特别是早期的特征，因为收受方也期望收到此类礼物，而且礼物用来表明赠与方的角色和地位。法国未来的国王亨利三世在1574年对威尼斯的访问就是很好的例子。那年5月，法国国王查理九世死于肺结核，年仅23岁。他的兄弟亨利是继承人，但他已经是波兰的国王，波兰人不希望他离开这个国家去继承法国的王位，亨利被迫在夜幕的掩护下逃离克拉科夫（Kraków）。一离开波兰，亨利的法国之旅就变成了一场盛大的凯旋游行，欧洲的统治者为这位法国的新国王提供了奢华的食宿。对威尼斯来说，未来国王亨利三世的到来是天赐良机，他们刚好可以借此机会重振已经积弱几十年的国威。彼时，香料贸易已经转移到大西洋，威尼斯于 1573 年与奥斯曼人签署了和平协议又削弱了其作为欧洲基督教捍卫者的形象。[3]

1574 年夏天，亨利在威尼斯待了将近一个月，威尼斯承担了他逗留期间的全部费用，极尽奢靡。亨利在威尼斯城访问的一周，那是一场游行、宴会、戏剧表演和赛船的盛会。[4] 尽管此时威尼斯已经向亨利赠送了象征性的礼物，一份圣灵骑士团原始章程的手稿（他将于 1578 年重建该骑士团），但威尼斯考虑的重点乃是礼物的实用性，以确保这位欧洲最重要的统治者之一能感到宾至如归。威尼斯政府支付食宿、娱乐，甚至包括购买新马匹等所有费用。这是一笔巨大的开支，约为 10 万金币（ducats）。[5]

亨利回赠的礼物也是五花八门。亨利将金链和礼金赠予威尼斯派出的四位陪同大使，随行的厨师、外交官和军队官兵。这一系列的赠予，表明了亨利是一位慷慨的国王，符合人们对位高权重的法国君主的期待。[6]1520 年，英国国王亨利八世和法国国王弗朗索瓦一世在金缕地竞相送礼，同样强化了赠礼者作为大国君主的慷慨形象和地位。

今天，价值不菲的外交礼物，通常与一群富裕的伊斯兰国家联系在一起。在这些国家中，类似的文化传统仍然存在，慷慨的礼物被认为是领导人开明和强大的标志，这一传统来源于伊斯兰文化对慷慨捐赠的重视。众所周知，几个中东国家的领导人将奢侈手表，特别是劳力士手表作为外交礼物，表盘上通常带有赠送国的国徽等细节。[7] 使用瑞士独家制造的手表而不是赠送国本国制造的产品，是为了强调礼物的物质价值而不是象征意义。

原英国驻沙特阿拉伯大使谢拉德·考珀·科尔斯（Sherard Cowper Coles）回忆起一次沙漠探险。他和东道主的关系很好，东道主用猎隼来猎杀大鸨。在与东道主的交谈中，科尔斯的妻子赞叹猎隼的美丽。由此，他们获赠了一只价值约 15 万英镑的西伯利亚游隼（Gyrfalcon）。这只隼被安置在利雅得的大使官邸，喂养以活鹌鹑，还会与来访的英国大臣合影。[8]

对外交礼物的物质价值下降的另一种解释是，虽然礼物交换作为一种交换机制继续存在，但礼物交换的性质随着时间的推移发生了变化。挪威政治学家伊弗·诺伊曼（Iver Neumann）在他的著作中揭露了这一点，根据礼物对送礼者和接受者的价值，他把外交礼物分为四类。[9]第一类礼物是对双方都有高价值的礼物，诺伊曼称之为"独特的礼物"。拜占庭皇帝君士坦丁五世赠送给法兰克国王丕平三世（Pépin Ⅲ）的风琴就属于这一类。另一类例子是王室贵族送出的，如王室出身的人通过婚姻或类似于 8 世纪 20 年代挪威国王哈拉尔德·费尔海尔（Harald Fairhair）将他的儿子哈康过继给英格兰国王阿瑟尔斯坦（Athelstan）抚养的做法。[10]第二类礼物对送礼者来说价值低但对接受者来说价值高，诺伊曼称之为"个性化礼物"。通过迎合受赠者的特定需求，可以以相对较低的付出获得良好的效果。第三类礼物是那些对送礼者来说价值高但对接受者来说价值低的礼物，诺伊曼称之为"缺乏文化关联性礼物"——这些礼物被送给了缺乏文化内涵或仪式背景来欣赏这些礼物的受赠者，所以其无法消受。第四，诺伊曼将对双方来说价值都低的礼物称为"一团糟"礼物。

诺伊曼认为，对送礼者和接受者都有很高价值的"独特礼物"，往往是双方不熟悉对方政治制度的结果。在这种政治关系中，一方寻求与另一方建立关系。用莫斯的话来说，高价值的礼物会让赠予者期望收到同等价值的回礼。他认为，早期现代欧洲新兴的国家体系为这种高价值的礼物提供了有利的环境。相比之下，在现代国际秩序下，成员之间经常接触，礼物交换已经成为确立的惯例，重点在于维持一系列同等价值的礼物交换。在这种平衡交换的框架下，赠送高价值的独特礼物将会少得多。[11]

我们还可以从本书描写的故事中，得出另外一种解释，即礼物所附带的风险，特别是它们可能使接受者处于从属地位，引发了对腐败的担忧，使用贵重物品作为外交礼物越来越被认为是一个问题。礼物和贿赂之间的模糊界限一直是一个令人担忧的问题。这种担心很久以来一直处于共和主义者的脑海中。例如，柏拉图在他眼中的模范城市马格尼西亚（Magnesia），对接受贿赂的公职人员处以死刑。[12] 在16世纪的威尼斯，个人不允许接受外国势力的贵重外交礼物。

所以，当未来的法国国王亨利三世在1574年访问期间，尴尬的情况就发生了。亨利送给总督的一枚钻戒引起了元老院关于如何处理它的辩论。最终，元老院决定将它镶嵌在金百合上，并将其放在圣马可（St Mark）大教堂的圣器收藏室中典藏[13]，以纪念亨利对威尼斯的善意。对贿赂风险的担忧导致美国开国元勋们在宪法中设计了限制条款，要求接受任何形式的外交礼物、薪酬、职位或头衔都必须得到国会的批准。

越来越多的国家对公职人员——在许多情况下，也包括国家元首和政府首脑——可接受的礼物的价值进行了限制。这些规定通常不妨碍接受价值更高的外交礼物，后者通常可以代表接受国接受，但不能作为个人礼物保留。然而，这样的规则遏制了奢侈礼物的赠送。正如我们在21世纪澳大利亚的外交赠礼中所看到的那样，一些国家已经制定了规则，限制可以作为外交礼物提供的物品之价值，以及可能收到的礼物的价值。

赠礼与回礼之间的时间间隔

莫斯的研究重点分析了回礼时要避免产生贿赂风险，避免羞辱接受者，避免产生依赖性方面的重要性。事实上，在莫斯看来，回礼在发展社会关系中起到核心作用。我们的故事表明，在许多时期，许多情况下，回礼确实是外交礼物交换的核心问题。

回礼得到的礼物并不总是与所赠予的礼物所相似。表达"感谢"的礼物就是一个很好的例子。奥斯陆每年向伦敦赠送圣诞树，以感谢英国在第二次世界大战期间对挪威的支持。我们可以把这样的礼物，看成在把亏欠感转化成持续不断的正向社会关系，这个例子中的社会关系因为一份提醒战时帮助的年度礼物而越加坚固。德意志民主共和国为纪念苏联领导人约瑟夫·斯大林七十岁生日而赠送的天文馆：从苏联的角度来看，这是对斯大林送去社会主义的回礼；从民主德国的角度来看，这是在试图让该国和苏联处于一种伙伴关系而非从属关系。

如果送出去一份礼物没有得到回礼，或许礼物就根本不能当成礼物，例如，贿赂或贡品。正如我们所看到的，发展援助似乎提供了一种不期待回报的赠礼，是纯粹的礼物。然而，捐赠者和受赠国都不愿将援助描述为礼物，因为如果描述为礼物，没有回礼，受援国就会处于一种屈辱和依赖他国的状态。我们在中国援建的体育场的例子中看到，在基于双赢互利的框架中，发展援助才被视为一种礼物。[14] 换句话说，在这种情况下，存在明确的互惠关系。

赠礼和回礼之间的时间间隔是一个重要的考虑因素。社会学家皮埃尔·布尔迪厄的研究表明，为了维持以礼物交换作为核心的社会关系，推迟回礼是必不可少的。立即回礼可能意味着接受方并不感恩，而拖延很久才回礼则意味着收礼者毫不在意。[15]

交通和通信领域的创新，让外交实践的演变具有非常重要的意义，现在的领导人能更好地控制赠礼和回礼之间的时间间隔。犹太人艾萨克（Isaac）被查理曼（Charlemagne）大帝于 797 年派往阿拔斯王朝，去会见哈里发哈伦·拉希德（Caliph Harun al-Rashid）。大约五年后，当他带着哈里发神奇的回礼，一头名叫阿布·阿巴斯（Abul Abbas）的大象回到了亚琛（Aachen）时，他是使团中唯一还活着的高级官员。正如我们所看到的，文艺复兴时期，意大利常驻大使的出现改变了各国之间的交往方式。近代，由于交通革命，国家元首和政府首脑能够定期会晤，不再依赖外交代理人来沟通，这进一步推动了外交赠礼方式的重大变化。

一个特别外交使团的到来，涉及一个复杂的外交赠礼过程。使团会代表元首献上礼物，使团团长也可以以自己的名义向接待他们的国家元首赠送礼物，并可以向服务使团的接待人员赠送礼物。有些礼物在本质上可能是贿赂，例如买通守门人，以便确保使团见到统治者。作为回应，接待国的统治者将向派遣国的统治者赠送礼物，并向使团团长和其他成员赠送礼物。使团会获得食宿安排。从某种意义上说，使团本身就是一个礼物，是派遣使团的统治者愿意与访问国接触的标志，提供给东道国一个做主招待的机会。虽然其中一些礼物会立即得到回礼，但派遣国的领导人在一段时间内不会收到主要回礼，这些礼物要么是由自家的使团带回来，要么是由对方的外交使团赠予。这种回礼的时滞有助于确保社会关系的延续，因为收到礼物的一方需要考虑什么样的礼物才是合适的回礼。

今天，政治领导人之间的外交礼物交换更多是同时进行的，或几乎是同时进行的。由于旅行的速度今非昔比，人们可以方便地当面会见。来访的领导人赠送随团带来的、合适的礼物，主人立即用一份准备好的礼物作为回礼。两国大使馆的礼宾官员和工作人员通常会在访问前进行谨慎地询问，以确定是否会互赠外交礼物，询问礼物大概的价值、性质，以确保他们的领导人准备好了同等价值的礼物互赠。

凡事都有例外。现代外交礼物偶尔会涉及相当庞大的后勤事务。1999年10月，英国高级专员、约翰·梅杰（John Major）首相的前私人秘书亚历克斯·艾伦（Alex Allan）爵士在墨尔本向澳英协会发表讲话时，讲述了Maksat，一匹土库曼斯坦种马的故事。[16] 在1992年访问英国时，土库曼斯坦刚刚独立，时任土库曼斯坦总统萨帕尔穆拉特·尼亚佐夫（Saparmurat Niyazov）递给英国首相一本皮封相册，上载一幅上等土库曼斯坦阿哈尔捷金（Akhal-Teke）种马的照片。首相礼貌而饶有兴趣地翻阅着这本相册。然而，这位土库曼斯坦总统的礼物不是相册，而是相册里的种马。马在土库曼斯坦，等待英国方面接收。

英国驻莫斯科大使馆一位富有上进心、名叫劳拉·布雷迪（Laura Brady）的三等秘书受命处理此事，并与法国三等秘书联系，因为密特朗总统也收到这样一份礼物。第二年，这两匹马由当地负责的马夫用火车从土库曼斯坦运到莫斯科。苏联解体后的几年是当地较为动荡的时期，因为他们当时没有 1992 年后的苏联货币，马夫们带来了一大批著名的土库曼斯坦蜜瓜和各种蔬菜，用来购买返回土库曼斯坦阿什哈巴德（Ashgabat）的机票。火车在途中被武装匪徒劫持，计划几乎被打乱，但幸运的是劫匪们未能带走受惊的马匹，而是抢走了所有能带走的蜜瓜。

这些马抵达莫斯科时，恰逢 1993 年 10 月高度紧张和危险的俄罗斯宪法危急时刻。两位外交官在检疫和清关方面面临巨大挑战，他们焦急地想要确认这些马匹清关所需的时间，想不到引来俄海关一位热爱动物的接待员由此讲述了一段关于芬兰大使的鹦鹉的悲惨故事。清关的最后一个障碍，从铁路车厢中清除马粪以达到俄方的卫生标准，通过赠送几个土库曼斯坦甜瓜解决了。[17] 马匹到达英国后，本来肯定会在皇家骑兵队生活，但马匹性情过于刚烈，无法满足皇家骑兵队的要求，最后被送往梅尔顿莫布雷（Melton Mowbray）的国防动物中心。在那里种马并没有多快乐，马匹最终在威尔士安顿下来，还赢得不少马术障碍赛的奖项。[18]

土库曼斯坦种马的故事之所以引人注目，因为这种传奇故事在现代外交赠礼中罕见。通常的情况是，对给予或接受礼物的价值设限，加上当场交换礼物的即时性，造就了一种安全机制，避免由赠礼产生的义务感。[19] 然而，否定了这种义务，就削弱了礼物维持社会关系的功能，而这恰恰是礼物交换的核心。礼物在此似乎履行着一种不同的、无关紧要的职责，作为非语言的外交符号，在整个会晤中承担着次要角色。[20]

礼物的角色

我们的故事也表明，外交实践性质的变化以及交通运输的革命，业已改变参与外交赠礼的参与者。最明显的是，国家元首和政府首脑之间的礼物赠送，现在通常是在面对面的会晤中进行的，在很大程度上消除了让特使充当中介的需求，如克雷莫纳的柳德普兰（Liudprand of Cremona）这类角色，他们的存在让我们的故事生动了起来，但他们只是赠送国和接受国礼宾部门的工作人员。

当然，并不是所有的外交赠礼都是在领导人之间进行。礼物可能会涉及更多下层官僚。例如，在完成他们的使命时，即将离任的大使收到的临别赠礼；在国外访问期间，现代政府部长给予和接受的礼物。这里出现的一个问题是，这种礼物在性质上与国家元首之间交换的礼物有多大的不同？在某些情况下，这种差异似乎只是成本的问题。在澳大利亚政府发布的，关于澳大利亚部长赠送外交礼物的指导方针中规定，受赠官员的级别越高，可赠送礼物的最高价值的限定就越高。[21] 在某些情况下，元首之间与非元首之间的礼物互赠存在本质上的差异。我们已经探讨了马穆鲁克和奥斯曼领导人赠送荣誉长袍的问题：长袍一般是送给下属，当然不适合送给同等地位的领导人。历史学家萨拉·贝尔屈松（Sarah Bercusson）也曾写到类似的事情，三位奥地利女大公嫁入16世纪意大利宫廷，结果发现她们的臣民收到的礼物与她们丈夫收到的礼物性质完全不同。食物，作为非正式的礼物，通常都是自制的，花销不大，被普通民众广泛用于发展和维持他们的社会关系。弗朗切斯科一世·德·美第奇（Francesco I de Medici）

的妻子约翰娜（Giovanna d'Austria）有样学样，也给教皇和神圣罗马帝国皇帝送去了自制的糊膏和果酱。[22]

统治者和被统治者之间关系的变化，预示着参与制定外交政策的主体增加，"公共外交"重要性也在增加。大众媒体的出现，在决定送出引人注目的礼物时，参与决策的人也在发生变化。正如我们所看到的，1912年向华盛顿赠送樱花树的是几个与权力亲疏不同的权贵在激烈竞争后选出的。而1949年把"感恩火车"作为礼物是法国铁路工人安德烈·皮卡尔（André Picard）的主意，法国政府热情地采纳了这一想法。自由女神像是一项来自个人的倡议，后来才得到有关政府部门的支持。

社交媒体的出现，使围绕某些拟赠外交礼物的公开辩论达到了一个新的水平。挪威测绘局的一位退休员工比约恩·盖尔·哈森提议（Bjørn Geirr Harsson），挪威为2017年芬兰百年庆典赠送一份特别的礼物：一座山峰。[23]芬兰的最高点位于横跨两国的哈尔蒂瀑布（Halti）的一个支线上，被称为哈尔蒂修卡峰（Hálditšohkka）。然而，不仅海拔1365米的哈尔蒂山本身位于挪威境内，其高1331米的哈尔蒂修卡峰也位于挪威境内。所以芬兰的最高点目前是一片毫不起眼的山坡。将边界移动40米，芬兰的实际最高点就将是哈尔蒂修卡峰。[24]

一个名为"哈尔蒂作为周年纪念礼物"的脸书团体采纳了比约恩的想法。科峡湾（Kåfjord）的市长斯维恩·奥德瓦尔·莱罗斯（Svein Oddvar Leiros）也加入了这场运动，并写信给挪威首相表示支持。然而，令人遗憾的是，这样的礼物违反了挪威宪法，该宪法规定该国是一个"领土不可分割和不可让渡的王国"。[25]

社交媒体不仅改变了参与外交礼物决策的方式，也改变了利用此类礼物实现目标的方式。例如通过礼物促进对赠予国的文化和成就的认识。2020年9月，英国报纸《旗帜晚报》（*Evening Standard*）就非洲事务大臣詹姆斯·达德里奇（James Duddridge）在下议院佩戴的一条特别华丽的领带做了评论。部长告诉记者，这条领带是埃塞俄比亚财政部部长赠送的礼物。这条领带的设计来自泰克勒（Afewerk Tekle）著名的彩色玻璃作品《非洲人民的挣扎与志向》。达德里奇先生曾向埃塞俄比亚部长承诺，他会给他发一张自己戴着领带的照片。[26] 部长于9月10日适时地在推特上发布了一张照片，并表示"与埃塞俄比亚的外交关系（diplomatic tie）非常牢固"[27]。

在本书的许多故事里，我们可以发现人们通过外交礼物，以适合讲述者目标的方式进行特定的叙事。社交媒体使历史悠久的外交送礼策略（例如描述收礼者如何穿着、消费和使用外交礼物）不断推陈出新，影响力也越来越大。现在，让我们讨论一下不同类型礼物背后的外交策略。

赠予对象与赠予策略

我们的故事展示了从河狸到靴子，从奶酪到樱花树，从桌子到钻石的大量外交礼物。在试图理解现代国家和政府首脑选择礼物背后的原因时，美国联邦政府每年公布登记在册的礼物名册，包括总统在内，美国政府雇员收到的超过法定"最低价值"的礼物清单，将是一个有用的信息来源。在乔治·W. 布什和巴拉克·奥巴马执政的16年中，总统独自或与第一夫人共同收到了1 099个礼包，平均每年接近69个。[28]

虽然分界线模糊，且联邦登记册中描述简短，礼物的性质和它所代表的意义并不总是很清楚，但我们大致可以确定有以下七类礼物选择策略。其中三种类型将礼物视为两国之间的正式赠礼。第一种策略突出赠送国的文化，例如，2013年，爱尔兰共和国总理恩达·肯尼（Enda Kenny）送给奥巴马总统的叶芝的诗歌《因尼斯弗里湖岛》（*The Lake Isle of Innisfree*）的装裱本。[29]

第二种策略突出牢固的双边关系，如回顾赠送国和美国之间某种正面联系的礼物。正如我们所讨论过的，2009 年，英国首相戈登·布朗向奥巴马赠送了装裱好的"坚毅"号委托建造书和"塘鹅"号木材制成的笔架，这两份礼物参考了维多利亚女王向拉瑟福德·海耶斯总统赠送的坚毅桌。维多利亚女王通过这份礼物，成功与美国达成了探索北极的双边合作。用现时的外交礼物与早期的礼物相呼应，可以产生一种长期维持亲密关系的感觉，这也可以在中国送给美国总统的礼物中看到。《五牛图》是唐朝黄汉所画，至今已有 1 300 年的历史。2009 年，中国国家主席胡锦涛赠送了一件以这幅画为原型的陶瓷雕塑给奥巴马总统。[30] 三年后，时任国家副主席习近平又赠送了一件此画的复制品，以及一个亲笔签名的篮球。[31] 这些礼物反过来呼应了尼克松总统在 1972 年访华时收到两只中国大熊猫时回赠的一头麝牛。[32]

第三种策略力求赞扬美国的文化和价值观，例如，2014 年，墨西哥总统恩里克·培尼亚·涅托（Enrique Peña Nieto）向奥巴马总统赠送了织有美国国旗图案的羊毛地毯。[33]

另外三种赠予策略强调收礼者个人的特点。尽管事实上，在这些受监管的礼物交换中，美国总统并不总是能保留礼物或以个人方式使用礼物。因此，第四种送礼策略是寻求迎合美国总统的个人兴趣。例如，以色列总理奥尔默特（Ehud Olmert）在 2008 年送给小布什总统的礼物：包括一辆山地车、骑自行车的运动衫、短裤和一个背包，所有这些礼物都针对总统对山地自行车的热爱。[34] 第五种策略是提供更为常见的精美礼物，这可以体现两位领导人之间某种家人般的关系。2014 年，文莱领导人向奥巴马总统赠送的一系列礼物就是如此，包括核桃奶酪托盘和企鹅形状的泡茶器。[35] 第六种策略涉及提供特别奢华和昂贵的礼物，正如我们已经注意到的，这是一小部分中东国家的特点。在这些国家中，昂贵的礼物突出了送礼者的地位和慷慨。2015 年，沙特阿拉伯国王萨勒曼·本·阿卜杜勒阿齐兹·阿勒沙特（Salman bin Abdulaziz al Saud）向奥巴马总统赠送了价值 522 972 美元的礼物，其中包括两件用宝石装饰的铜马像。[36]

第七种策略是赠送本国生产的奢侈品。这种做法在突出赠礼国的商品和形象的同时，还可以作为一种个人礼物。我们在介绍中提到的意大利总理贝卢斯科尼赠送给小布什总统的三条巴蒂斯顿领带，以及劳尔·卡斯特罗在 2015 年赠送给奥巴马总统的雪茄，都属于这一类。

有些送给美国总统的礼物则是针对出访的目的所挑选的象征物品。为了签署条约而出访时所送的笔，或是在具有具体议程的高峰会议上所送的礼物，都是这一类赠礼的实例。2003 年 5 月，新加坡总理吴作栋访问华盛顿，签署了《美新自由贸易协定》。当时他送给布什总统的礼物包括一支黑色的并木钢笔（Namiki pen）。[37] 首脑会议通常是在没有窗户的会议场所进行激烈的讨论，容易让人忘记自己所处的地理位置。向来访的代表团提供包含钢笔、公文包和 U 盘等物品的礼包，突出了会议的商务性质，也作为地理位置标志，帮助人们记住自己身处何方。2013 年，在北爱尔兰厄恩湖（Lough Erne）度假胜地举行的八国集团首脑会议上，英国首相卡梅伦送给奥巴马总统的礼物包括当地高级定制巧克力、一瓶威士忌、关于北爱尔兰的书籍和装饰有三叶草的瓷杯。[38]

埃利纳·塞勒曼斯（Eline Ceulemans）的研究也表明，将外交礼物视为两国之间正式赠送的物品，和将其视为个人之间礼物赠送是有区别的。她研究了中国国家主席胡锦涛和习近平在 2013 年至 2019 年期间赠送的外交礼物。[39] 她看到了两种截然不同的赠礼形式。

中国将自己视为拥有更高地位的典型表现，就是举行赠礼仪式。它的特点是隆重的国宴和郑重其事的礼物，通常以展示中国传统工艺的礼物为基础，如丝绸、漆器和景泰蓝花瓶。与此形成鲜明对比的是，一些领导人见面送礼时表现出一种刻意的非正式风格，此时所赠送的礼物更具个人和情感色彩，体现了受赠者的形象或品位。[40] 私人性质的礼物需要投入更多的时间和精力来考量什么最能引起受赠者的共鸣，尽管从经济上看，这种礼物价值更低。

这些送礼策略并不新鲜，在我们的故事和外交历史中反复出现。礼物的选择突出自家技术上的成就和文化上的高深，这是一条共同的线索，也是一条将标志性礼物与特定政治事件联系起来的线索。例如，拜占庭的丝绸，或者萨克森领导人赠送的迈森瓷器（Meissen Porcelain）。后者的礼物凸显了该国成功地发现了"白金"制造秘诀。

我们的故事也表明，如果要将礼物作为展示本国风采的一种手段，那么就要符合以下两点：对方对它有所期望，赠送的礼物合乎礼仪。两国频繁接触，自然就对什么是合适的礼物有了共识，在符合共识的情况下，自然就可以使用礼物来展示赠礼国的文化和身份。以心怀感激的欧洲统治者为威灵顿公爵准备的一系列晚宴为例。大型晚宴试图展示赠礼国的文化和艺术，突出其与公爵的紧密关系。当时的欧洲统治者非常清楚，这种场合下，晚宴就是一种合适礼物。选择合适外交礼物时的紧张感，与为正式场合选择服装的感觉相似。这种感觉来自想要脱颖而出、被赞扬、被记住与想要融入、成为群体的一部分、想避免失礼之间的冲突。

在某些情况下，统治者想要透过礼物凸显的不是自身的文化，而是要体现经营有成的国际关系、辽阔的帝国疆域或某项重要的军事成就。这种炫耀的目的可以通过赠送不表现本国特质的礼物实现，可以转赠本身就具有历史渊源的礼物，或者如莫斯所说，代表统治者自身精神的礼物。马穆鲁克苏丹将中国瓷器作为礼物，展示他们与东方贸易的联系，就属于这一类。葡萄牙国王曼努埃尔一世（King Manuel I）送给利奥十世的大象同样提醒教皇葡萄牙最近在印度的征服。

有份毛骨悚然的礼物就是用来彰显送礼国在开疆辟土上的成就，那就是亡国之君的人头。1468 年，土库曼斯坦的统治者，被称为白羊的乌尊·哈桑（Uzun Hasan），向马穆鲁克苏丹凯特贝（Qaytbay），送去了他的对手、被称为黑羊的贾汗·沙阿（Jahan Shah）的头颅，以展示他的忠诚和军事禀赋。然而，赠送邻国统治者的头颅，可能有些过头了：当乌尊·哈桑在第二年向苏丹凯特贝送去帖木儿苏丹（Timurid Sultan）的头颅时，却被理解为威胁，而不是忠诚。[41]

有些礼物不在一般意义上代表整个国家，而仅仅代表特定的统治者。当礼物的目的是建立社会关系时，礼物的挑选可能会以与收礼国的统治者建立联系为前提。赠送本国统治者的肖像画就是一例。然而，向臣属国家赠送肖像可能不是为了强调两位统治者之间的个人联系，而是为了让收礼者一看到肖像就知道谁是老大。一份礼物也可能同时指涉送礼国和收礼国的统治者。例如，全套盔甲、武器和马匹暗示军事统治地位和成功。赠送外来动物，丰富皇家动物园的收藏，将有助于把外交礼物与两国之间的贸易区分开来，强调赠礼是王室的特权。

并不是每份外交礼物都与贸易商品在本质上有什么不同。事实上，在我们的故事中，从瓷器到雪茄，我们看到了一些用外交礼物刺激奢侈品出口的例子。外交礼物也可作为符号，以刺激商品贸易。[42]据报道，在2016年杭州二十国集团峰会期间的一次会议上，普京总统向中国国家主席习近平赠送了一盒俄罗斯冰淇淋后，俄罗斯冰淇淋在中国的销量飙升。[43]

然而，不能让渡的礼物具有提供社会关系的持久象征的优势。例如肖像画和大熊猫。这种物品，对受赠者来说，再次出售或转让的风险很大，也不容易被指控受贿。这就是18世纪晚期，印度将肖像画作为礼物的一个原因。在某些情况下，送礼者特别想送一件对收礼者来说既有个人价值又有物质价值的礼物。因此，奥斯曼的荣誉长袍，作为领导者权力的物质象征，脱离了赠礼场合，也就是一件长袍，可以毫无风险地出售。[44]

从我们讲述的外交礼物史中，可以看到一个共同的概念，那就是礼物一定要十分特别。如马穆鲁克送礼时秉持的观念，即礼物应该具有产生奇迹的能力。[45]虽然如上所述，外交礼物和其他物品并不总能区分开来，但这让人想起莫斯对密克罗尼西亚（Melanesia）地区的库拉（kula）赠礼的观察，他们互赠的物品非常特殊，与同一社会中用不同体系进行的交换物品大为不同。[46]

珍奇动物因其创造奇迹的能力，被认为是强有力的外交礼物。赠送收礼国未知的新材料、新技术也是如此。例如拜占庭皇帝赠送给丕平三世的风琴，英王詹姆斯一世赠送给前幕府将军德川家康的望远镜。此类礼物有双重目的，既能令人称奇，又能突出赠礼国的雄厚力量和技术。当然赠送这类礼物有丧失技术优势的风险。英国亨利八世赠送给蒂雷纳子爵（Turenne）的盔甲就是一个例子，受赠者先从这种先进技术中学习，然后改进，最后将其融入回礼中。赠送技术上先进的外交礼物，由于其能够令受赠者感到敬畏，惊奇于先进技术，这种礼物发挥了传播创新技术的作用。

创造一件特别精美、复杂或创新的外交礼物，以确保受赠者会因其精美而留下深刻印象，是技术变革的一种动力。在文艺复兴晚期的威尼斯，该共和国与奥斯曼帝国的贸易联系由向奥斯曼帝国赠送外交礼物支撑，包括大量的丝绸和其他布料，以及在关系紧张时刻，送出"非凡的礼物"以期能安抚对方统治者，从而达成某个具体目标，如为基督教奴隶获取自由。[47]这些非凡的礼物通常涉及来自奥斯曼宫廷的明确而富有挑战性的要求，如新的丝绸图案、复杂的玻璃器皿或精心设计的珠宝首饰盒。这些要求实质上变为了一种跨文化委托制造，成为了威尼斯手工行业创新的驱动力。[48]

与外交礼物相关的又一个重要特征，是礼物在跨文化交流中的作用。我们探讨了外交的目的，即在地理上分离的区域之间开展沟通。有时，这种地理距离确实非常遥远，正如我们在欧洲探险时代的故事所描述的那样。地理距离越大，文化差距也就越大。外交礼物就越有可能成为一种媒介，让人开始去理解或误解，一个超乎他们认知与想象力范围的世界。例如，一个礼物，一方认为是等级关系的体现，是贡品，而另一方认为是平等关系的标志，是单纯的礼物。正如我们所看到的，这种不同的理解是 1793 年乔治·马戛尔尼（George Macartney）在觐见乾隆时遇到困难的根本原因。

政体之间的首次接触，是赠送外交礼物中特别有挑战性的情况，因为对什么礼物是适当的缺乏认同。诺伊曼的论点是，在这种情况下，当一个政体寻求与另一个政体建立联系时，很有可能赠送高价值的礼物。[49] 但这在很大程度上取决于送礼的政体如何看待接受礼物的政体。欧洲列强在与亚洲帝国的首次接触中赠送了贵重礼物，但其赠予北美部落领袖的几乎是微不足道的礼物。初次接触时赠送的礼物旨在建立并维持一段社会关系，重点是信任感。给予者和接受者承担的风险都很高，错误的礼物甚至可能是致命的。

礼物的命运和灵魂

外交礼物装饰了很多与国际外交有关的建筑物。[50] 例如，140 多个会员国都至少捐赠了一件礼物来装饰联合国总部。[51]

不过，我们却不能明确地知道，那些装饰世界各地皇家宫殿的物品是否曾是他国送出的礼物。随着这些物件在历史上散佚，它们身上的礼物属性也消失了。留给我们的是珍贵的艺术作品，却失去了它们背后的故事，这些礼物已然商品化。

不过，外交礼物和它背后的精神也可以万古流芳。离开塞维利亚（Seville）的哥特教堂主体，游客将进入一条回廊，四周就是风景如画的奥兰治庭院。在这里，天花板上悬挂着三个意想不到的东西：一枚象牙、一枚马衔扣和一条引人注目的彩绘的木制鳄鱼。后者通常被称为"大教堂蜥蜴"。一般游客会被告知，这些物品让你想起埃及苏丹赠送的一份外交礼物：一头大象、一头长颈鹿抑或是斑马，和一条鳄鱼。象牙是那头大象现今仅存的东西。马衔扣曾被用来牵那头或是长颈鹿或是斑马的动物。鳄鱼死后被塞进大教堂的笼子里。在它的标本被摔成碎片后，一个木制的复制品取代了它的标本。

《阿方索十世编年史》（*The Chronicle of Alfonso X*）一书中记录了历史上被称为"智者"的卡斯蒂利亚莱昂（Castile Léon）国王的功绩。此书记录了埃及统治者阿尔万德艾弗（Alvandexáver）的特使们，造访过阿方索在塞维利亚的宫廷。[52] 他们带来了珍贵的布料、稀有的珠宝和各种各样的珍奇动物，包括大象、长颈鹿和斑马，但没有提到鳄鱼。我们还可以从编年史中推断出使团到达的时间应该是1260 年，这帮助我们确定了当时的统治者要么是那年年底被暗杀的马穆鲁克统治者库图兹苏丹（Sultan Qutuz），要么是他的继任者，大概也是死对头，巴伊巴尔斯苏丹（Sultan Baybars）。历史学家认为，"Alvandexáver"可能是对古突兹的尊称穆扎法尔（al-Muzaffar）[53]，也可能是对巴伊巴尔斯，本杜克达尔（al-Bunduqdārī）的误传。[54] 不过，在伊斯兰文化的资料中似乎没有关于这一使团的记录。[55]

大教堂里的物品可能会让人想起《阿方索十世编年史》中描述的外交使团，但在长久的岁月里，这些物品的故事有了新的版本。自信的导游可能会告诉游客，这些动物是试图获得西班牙公主帮助时赠送的礼物，虽然最终没有如愿。导游也可能会添油加醋讲些有趣的轶事，例如那头鳄鱼皈依了基督教。在这里，这些礼物非但没有被商品化，反而被赋予了新的精神。

在原始礼物的所有痕迹都消失后，外交礼物还能以相当具体的形式流传在世。在某些情况下，会导致人们怀疑最初这个礼物是否存在。为了说明这一点，我们将目光从鳄鱼的故事上移开，转而关注一只短吻鳄的故事，据说它是法国军官拉斐特侯爵（the marquis de Lafayette）送给美国总统约翰·昆西·亚当斯（John Quincy Adams）的礼物。据传，总统把这只短吻鳄作为宠物养在白宫东厅的浴室里，并喜欢在客人参观时用短吻鳄吓唬他们。[56] 这只短吻鳄是儿童插图读物《亚当斯总统的短吻鳄和其他白宫宠物》(*President Adams Alligator and Other White House Pets*) 中的明星 [57]，这本书细数了美国总统曾经拥有的宠物，小读者还被邀请找出隐藏在每幅插图中的短吻鳄。忠实粉丝甚至可以买一个约翰·昆西·亚当斯的鳄鱼毛绒玩具，这是总统宠物收藏系列的一部分。

然而，研究人员在验证这个故事的真实性时遇到了困难。一些历史学家得出结论，这条短吻鳄不是侯爵送给总统的礼物，而是拉斐特侯爵在 1824 年和 1825 年漫长的美国之旅中收到的众多礼物之一，在那次旅行中，他被誉为美国独立战争的英雄。1825 年，侯爵和亚当斯总统一起住在白宫，据推测，这条短吻鳄是暂时存放在东厅的礼物之一。1814 年英国人火烧华盛顿时，东厅遭到破坏，当时东厅仍在修复中。这些礼物随后与侯爵一起乘坐美国军舰"白兰地"号（USS Brandywine）回到法国。[58]

甚至这种关于鳄鱼在白宫逗留的描述似乎也没有得到明确的证实。关于短吻鳄的最早确凿书面记录比它所描述的事件晚了 60 多年。[59] 它出现在政治活动家哈丽雅特·泰勒·厄普顿（Harriet Taylor Upton）为儿童写的一篇文章中，他简要地提到，在拉斐特访问期间，白宫的东厅被分配给他使用，用于存放他收到的珍奇异货，包括"几条活的短吻鳄"。[60] 似乎礼物的精神并不总是需要一份实际的礼物在背后支撑。

团结与权威

我们的故事表明，外交馈赠的目的相当复杂。继莫斯的研究后，许多社会学研究都集中在礼物在建立和维持社会关系中的作用，[61] 我们的外交礼物故事提供了礼物在建立和巩固团结关系中的应用。然而，我们的故事也充分证明了建立社会关系远非外交赠礼背后的全部动机。

安特卫普大学（University of Antwerp）国际政治副教授乔格·库

斯特曼斯（Jorg Kustermans）在对阿契美尼德帝国（Achaemenid）、清朝和拜占庭帝国的研究中，认为外交送礼最好不要从团结他国的角度来定义，而是作为巩固国际权威的一种手段。[62] 我们已经探讨了拜占庭用外交礼物来宣布其统治者是上帝在世上的代表，将所有其他基督教统治者置于从属地位。库斯特曼斯认为，使用礼物来证明自己权威，也是拜占庭君主与哈里发交换礼物的原因，君主与哈里发之间没有尊卑关系。他认为，在这里，使用奢侈品进行礼物交换，产生了一种共享的特权文化，使得拜占庭皇帝和哈里发都可以对较弱的统治者和他们自己的臣民行使权力。[63]

外交礼物确实可以用来寻求建立和维持社会关系，但这并不是其全部目的。他们可以是赠予方政体展示自己权威或吸引力的工具。换句话说，作为硬实力和软实力的工具，外交礼物两者兼而有之。外交礼物可能来自统治方或被统治方。礼物可能是紧张筹备、计划或协商的产物，也可能是事后突然冒出的想法。礼物可以用来谄媚，也可以用来羞辱。礼物可能会被铭记数个世纪，也可能会被瞬间遗忘。自从有记录以来，礼物就一直是我们这个星球上所发生故事的一部分，也是居住在这个星球上的不同政治实体之间互动的一部分。

注释：

1. Mauss 1966, p. 45.
2. Carrier 1991, p. 121.
3. Korsch 2007/8, p. 100.
4. Krondl 2020, p. 167.
5. Korsch 2007/8, p. 87.
6. Ibid., p. 100.
7. Youde 2016.
8. Cowper-Coles 2012, pp. 280—281.
9. Neumann 2021.
10. Ibid., p 188.
11. Ibid., p. 191.
12. O'Regan 2020, p. 69.

13. Korsch 2007/8, pp. 93—95.

14. Mawdsley 2012, p. 263.

15. Ssorin-Chaikov 2006, p. 362.

16. Allan 1999.

17. Ibid.

18. Wightwick 2012.

19. Brummell 2021, p. 152.

20. Ibid.

21. Australian Government Department of the Prime Minister and Cabinet n.d.

22. Bercusson 2009, p. 217.

23. Taylor 2016.

24. Henley 2016.

25. 引自 Taylor 2016。

26. *Evening Standard* 2020.

27. Duddridge 2020.

28. Brummell 2021, pp. 146—147.

29. Office of the Chief of Protocol 2014.

30. Office of the Chief of Protocol 2011.

31. Office of the Chief of Protocol 2013.

32. Ceulemans 2021, p. 139.

33. Office of the Chief of Protocol 2015.

34. Office of the Chief of Protocol 2009.

35. Office of the Chief of Protocol 2015.

36. Office of the Chief of Protocol 2016.

37. Office of the Chief of Protocol 2004.

38. Office of the Chief of Protocol 2014.

39. Ceulemans 2021.

40. Ibid., pp. 136—140.

41. Behrens-Abouseif 2016, p. 79.

42. Tremml-Werner, Hellman and van Meersbergen 2020, p. 196.

43. Wishnick 2019.

44. Phillips 2015, pp. 124—128.

45. Behrens-Abouseif 2016, p. 17.

46. Mauss 1966, p. 20.

47. Molà 2019, p. 65.

48. Ibid., pp. 86—87.

49. Neumann 2021, p. 191.

50. Kustermans 2021 A, p. 107.

51. Sievers 2021, p. 117.

52. Thacker and Escobar 2002, p. 47.

53. Ibid., p. 48.

54. Buquet 2013, p. 381.
55. Ibid.
56. Dorre 2018.
57. Barnes and Barnes 2013.
58. Whitcomb and Whitcomb 2002, p. 52.
59. See Dorre 2018, Emery 2018.
60. Upton 1888, p. 368.
61. Kustermans 2021 B, p. 156.
62. Kustermans 2019, p. 395; 2021 B, p. 155.
63. Kustermans 2021 B, p. 162.

参考文献

Acheson, Katherine, 'The Picture of Nature: Seventeenth-Century English *Aesop's Fables*', *Journal for Early Modern Cultural Studies*, Fall/Winter 2009, Vol. 9, No. 2, pp. 25–50.

Adams, Steven, 'Sèvres Porcelain and the Articulation of Imperial Identity in Napoleonic France', *Journal of Design History*, Autumn 2007, Vol. 20, No. 3, pp. 183–204.

Adlakha, Hemant, 'Did China Join COVAX to Counter or Promote Vaccine Nationalism?', *The Diplomat*, 23 October 2020.

AFP, 'Australian PM Ribbed Over "Cringe-Worthy" Abe Photo', 10 July 2014.

—— 'The Man Who Carried a Mercedes up a Mountain', 10 April 2015.

Albala, Ken, *Food in Early Modern Europe* (Westport, CT: Greenwood Press, 2003).

—— *Beans: A History* (London: Bloomsbury, 2017).

Albert, Eleanor, 'China Gifts Pakistan 1.2 Million COVID-19 Vaccine Doses', *The Diplomat*, 4 February 2021.

Alexander, Caroline, *The War That Killed Achilles: The True Story of Homer's Iliad and the Trojan War* (New York: Viking Penguin, 2009).

Allan, Alex, 'The Tale of the Turkmen Stallion', Speech to the Australia–Britain Society, Melbourne, 26 October 1999, https://whitegum.com/~acsa/journal/turkmen.htm, accessed 7 August 2021.

Allin, Michael, *Zarafa: A Giraffe's True Story, from Deep in Africa to the Heart of Paris* (New York: Walker & Company, 1998).

AlSayyad, Nezar, *Cairo: Histories of a City* (Cambridge, MA: Harvard University Press, 2011).

American Philosophical Society, 'Treasures of the APS: A Miniature Portrait of King Louis XVI', 2006, https://www.amphilsoc.org/exhibits/treasures/louis.htm, accessed 22 September 2021.

Andrew, John, and Derek Styles, *Designer British Silver: From Studios Established 1930–1985* (Woodbridge, Suffolk: Antique Collectors' Club, 2014).

AP, 'Giscard Accused Anew on African Diamonds', 18 March 1981.

—— 'Grenada "Thanks" China by Playing Wrong Anthem', 3 February 2007.

Apel, Willi, 'Early History of the Organ', *Speculum*, April 1948, Vol. 23, No. 2, pp. 191–216.

Appadurai, Arjun, 'Introduction: Commodities and the Politics of Value', in *The Social Life of Things: Commodities in Cultural Perspective*, ed. Arjun Appadurai (Cambridge: Cambridge University Press, 1988), pp. 3–63.

—— 'The Thing Itself', *Public Culture*, 2006, Vol. 18, No. 1, pp. 15–21.

Arbel, Benjamin, 'The Last Decades of Venice's Trade with the Mamluks: Importations into Egypt and Syria', *Mamlūk Studies Review*, 2004, Vol. 8, No. 2, pp. 37–86.

Australian Government Department of the Prime Minister and Cabinet, 'Guidelines Relating to Official Gifts for Presentation by Ministers', n.d., https://www.pmc.gov.au/government/official-gifts/guidelines-relating-official-gifts-presentation-ministers, accessed 3 April 2021.

Avery, Charles, '*Samson Slaying a Philistine*, by Giambologna, 1560–2', Victoria and Albert Museum, 1978, http://www.vam.ac.uk/content/articles/s/giambolognas-samson-and-a-philistine, accessed 23 August 2020.

Baker, Noel, 'White House Furnace Shock for Shamrock', *The Irish Examiner*, 18 March 2010.

Ball, John W., 'Marshalling America', *The Washington Post*, 6 October 1999.

Barnes, Peter W., and Cheryl Shaw Barnes, *President Adams' Alligator: And Other White House Pets* (Washington: Little Patriot Press, 2013).

Battersby, Matilda, 'Ben Eine: Street Art is a Luxury Product', *The Independent*, 3 December 2014.

Bedini, Silvio A., 'The Papal Pachyderms', *Proceedings of the American Philosophical Society*, 30 April 1981, Vol. 125, No. 2, pp. 75–90.

—— *The Pope's Elephant* (Harmondsworth: Penguin, 2000).

Behrends, Jan C., 'Exporting the Leader: The Stalin Cult in Poland and East Germany (1944/5–1956)', in *The Leader Cult in Communist Dictatorships: Stalin and the Eastern Bloc*, eds. Balázs Apor et al. (Basingstoke: Palgrave Macmillan, 2004), pp. 161–78.

Behrens-Abouseif, Doris, 'The Mamluk City', in *The City in the Islamic World*, eds. Salma Khadra Jayyusi, Renata Holod, Atillio Petruccioli and André Raymond (Leiden: Brill, 2008), pp. 295–316.

—— *Practising Diplomacy in the Mamluk Sultanate: Gifts and Material Culture in the Medieval Islamic World* (London: I. B. Tauris, 2016).

Belozerskaya, Marina, *The Medici Giraffe: And Other Tales of Exotic Animals and Power* (New York: Little, Brown and Co., 2006).

Bentley, Esther Felt, 'The Madison Medal and Chief Keokuk', *The Princeton University Library Chronicle*, Spring and Summer 1958, Vol. 19, No. 3/4, pp. 153–8.

Bercusson, Sarah Jemima, 'Gift-Giving, Consumption and the Female Court in Sixteenth-Century Italy' (Unpublished PhD Thesis: Queen Mary, University of London, 2009).

Berenson, Edward, *The Statue of Liberty: A Transatlantic Story* (New Haven: Yale University Press, 2012).

Berg, Maxine, 'Britain, Industry and Perceptions of China: Matthew Boulton, "Useful Knowledge" and the Macartney Embassy to China 1792–94', *Journal of Global History*, 2006, Vol. 1, pp. 269–88.

Biedermann, Zoltán, Anne Gerritsen and Giorgio Riello, 'Introduction', in *Global Gifts: The Material Culture of Diplomacy in Early Modern Eurasia*, eds. Zoltán Biedermann, Anne Gerritsen and Giorgio Riello (Cambridge: Cambridge University Press, 2019), pp. 1–33.

Bingen, Hildegard von, *Hildegard von Bingen's Physica: The Complete English Translation of Her Classic Work on Health and Healing*, trans. Priscilla Throop (Rochester, VT: Healing Arts Press, 1998).

Binyon, T. J., *Pushkin: A Biography* (London: HarperCollins, 2003).

Bogdanor, Vernon, *Britain and Europe in a Troubled World* (New Haven, CT: Yale University Press, 2020).

Boime, Albert, 'Liberty: Inside Story of a Hollow Symbol', *In These Times*, 11–24 June 1986, Vol. 10, No. 27, pp. 12–13.

Bolland, Charlotte, 'Italian Material Culture at the Tudor Court' (Unpublished PhD Thesis: Department of History, Queen Mary, University of London, 2011).

Bonhams, 'The Frederiksen Auction, Lot 48: The Ex-Maharaja of Patiala 1933 Maybach DS-8 Zeppelin Cabriolet', Bonhams, 26 September 2015, https://www.bonhams.com/auctions/23234/lot/48, accessed 22 September 2021.

Boyce, Mary, *Zoroastrians: Their Religious Beliefs and Practices* (London: Routledge, 2001).

Brady, Enda, 'World Cup: Volgograd Will Offer Warm Welcome to England Fans', Sky News, 17 June 2018, https://news.sky.com/story/world-cup-volgograd-will-offer-warm-welcome-to-england-fans-11407409, accessed 22 September 2021.

Brautigam, Deborah, *The Dragon's Gift: The Real Story of China in Africa* (Oxford: Oxford University Press, 2009).

Brier, Bob, *Egyptomania: Our Three Thousand Year Obsession with the Land of the Pharaohs* (New York: Palgrave Macmillan, 2013).

——— 'The Secret Life of the Paris Obelisk', *Aegyptiaca: Journal of the History of Reception of Ancient Egypt*, 2018, No. 2, pp. 75–91.

Briggs, Caroline, 'A Painting for the President', BBC, 21 July 2010, https://www.bbc.co.uk/news/entertainment-arts-10712170, accessed 22 September 2021.

Brinkley, Alan, 'The Legacy of John F. Kennedy', *The Atlantic*, Fall 2013.

Brintlinger, Angela, 'The Persian Frontier: Griboedov as Orientalist and Literary Hero', *Canadian Slavonic Papers*, September–December 2003, Vol. 45, No. 3/4, pp. 371–93.

——— 'Introduction', in *Woe from Wit: A Verse Comedy in Four Acts*, by Alexander Griboedov, trans. Betsy Hulick (New York: Columbia University Press, 2020).

Broderick, Eugene, *John Hearne: Architect of the 1937 Constitution of Ireland* (Newbridge, Co. Kildare: Irish Academic Press, 2017).

Brooklyn Museum, '"Merci Train" Dolls Given to Brooklyn Museum', Press Release, 1 September 1949.

Brotton, Jerry, 'Buying the Renaissance: Prince Charles's Art Purchases in Madrid, 1623', in *The Spanish Match: Prince Charles's Journey to Madrid, 1623*, ed. Alexander Samson (Abingdon: Routledge, 2016), pp. 9–26.

Brubaker, Harold, 'How a Philly Shop Built a Bike – Quickly and at a Discount – for British Prime Minister Boris Johnson; The Buyer: Joe Biden', *The Philadelphia Inquirer*, 11 June 2021.

Brubaker, Leslie, 'The Elephant and the Ark: Cultural and Material Interchange across the Mediterranean in the Eighth and Ninth Centuries', *Dumbarton Oaks Papers*, 2004, Vol. 58, pp. 175–95.

Brummell, Paul, *Kazakhstan: The Bradt Travel Guide* (Chalfont St Peter: Bradt Travel Guides, 2018).

—— 'Gastrodiplomacy and the UK Diplomatic Network', in *Food and Power: Proceedings of the Oxford Symposium on Food and Cookery 2019*, ed. Mark McWilliams (London: Prospect, 2020), pp. 67–72.

—— 'A Gift for a President', *The Hague Journal of Diplomacy*, 2021, Vol. 16, Issue 1, pp. 145–54.

Bryant, Julius, *Apsley House: The Wellington Collection* (London: English Heritage, 2005).

Bryce, Trevor R., 'The Trojan War: Is There Truth behind the Legend?', *Near Eastern Archaeology*, September 2002, Vol. 65, No. 3, pp. 182–95.

Buckingham, Kathleen, Jonathan Neil William David and Paul Jepson, 'Diplomats and Refugees: Panda Diplomacy, Soft "Cuddly" Power, and the New Trajectory in Panda Conservation', *Environmental Practice*, January 2013, pp. 1–9.

Buncombe, Andrew, 'Nepal Puts Hitler's Mercedes Gift on Show', *The Independent*, 16 June 2008.

Buquet, Thierry, 'Nommer les animaux exotiques de Baybars, d'orient en occident', in *Les non-dits du nom: Onomastique et documents en terres d'islam; Mélanges offerts à Jacqueline Sublet* (Beirut: Presses de l'Ifpo, 2013), pp. 375–402.

Burnett, J. Alexander, *A Passion for Wildlife: The History of the Canadian Wildlife Service* (Vancouver: UBC Press, 2003).

Butler, John, *Essays on Unfamiliar Travel-Writing: Off the Beaten Track* (Newcastle upon Tyne: Cambridge Scholars Publishing, 2017).

Butt, John J., *Daily Life in the Age of Charlemagne* (Westport, CT: Greenwood Press, 2002).

Byron, Jim, 'Pat Nixon and Panda Diplomacy', Nixon Foundation, 1 February 2011, https://www.nixonfoundation.org/2011/02/pat-nixon-and-panda-diplomacy, accessed 22 September 2021.

Campbell Jr, Edward F., 'The Amarna Letters and the Amarna Period', *The Biblical Archaeologist*, February 1960, Vol. 23, No. 1, pp. 1–22.

Carey, Juliet, 'King Louis XVI (1754–1793)', Waddesdon Manor, 2008, https://waddesdon.org.uk/the-collection/item/?id=15772, accessed 22 September 2021.

Caron, Julie, 'François Hollande en fourrure et chapka: La photo qui inspire le web', *Grazia*, 7 December 2014, https://www.grazia.fr/news-et-societe/news/francoishollande-en-fourrure-et-chapka-la-photo-qui-inspire-le-web-716758, accessed 22 September 2021.

Carrier, James, 'Gifts, Commodities, and Social Relations: A Maussian View of Exchange', *Sociological Forum*, March 1991, Vol. 6, No. 1, pp. 119–36.

Cassidy-Geiger, Maureen, 'Porcelain and Prestige: Princely Gifts and "White Gold" from Meissen', in *Fragile Diplomacy: Meissen Porcelain for European Courts ca. 1710–63*, ed. Maureen Cassidy-Geiger (New Haven: Yale University Press, 2007), pp. 3–24.

Cavell, Janice, 'Who Discovered the Northwest Passage?', *Arctic*, September 2018, Vol. 71, No. 3, pp. 292–308.

Ceulemans, Eline, 'Ceremonial or Convivial Gifts: Two Forms of Gift-Giving in Contemporary Chinese Diplomacy', *The Hague Journal of Diplomacy*, 2021, Vol. 16, Issue 1, pp. 133–44.

Chau, Adam Yuet, 'Mao's Travelling Mangoes: Food as Relic in Revolutionary China', *Past and Present*, 2010, Vol. 206, Supplement 5, pp. 256–75.

Chavan, Akshay, 'Hitler's Gift to the Maharaja of Patiala', Live History India, 15 February 2019, https://www.livehistoryindia.com/story/living-history/hitlers-gift-to-the-maharaja-of-patiala, accessed 22 September 2021.

Choudhary, Renu, 'Made for Maharajas', The Diamond Talk, 7 February 2020, https://thediamondtalk.in/made-for-maharajas, accessed 22 September 2021.

Ciocîltan, Virgil, *The Mongols and the Black Sea Trade in the Thirteenth and Fourteenth Centuries*, trans. Samuel Willcocks (Leiden: Brill, 2012).

Clarke, Simon, *The Foundations of Structuralism: A Critique of Lévi-Strauss and the Structuralist Movement* (Brighton: The Harvester Press, 1981).

Clayton, T. R., 'The Duke of Newcastle, the Earl of Halifax, and the American Origins of the Seven Years' War', *The Historical Journal*, September 1981, Vol. 24, No. 3, pp. 571–603.

Cleaver, Emily, 'The Fascinating, Regal History behind Britain's Swans', *Smithsonian*, 31 July 2017, https://www.smithsonianmag.com/history/fascinating-history-british-thrones-swans-180964249, accessed 22 September 2021.

Clulow, Adam, 'From Global Entrepôt to Early Modern Domain: Hirado, 1609–1641', *Monumenta Nipponica*, Spring 2010, Vol. 65, No. 1, pp. 1–35.

—— 'Gifts for the Shogun: The Dutch East India Company, Global Networks and Tokugawa Japan', in *Global Gifts: The Material Culture of Diplomacy in Early Modern Eurasia*, eds. Zoltán Biedermann, Anne Gerritsen and Giorgio Riello (Cambridge: Cambridge University Press, 2019), pp. 198–216.

Collins, Stephen, 'A Short History of Taoisigh Visiting the White House on St Patrick's Day', *The Irish Times*, 11 March 2017.

Connelly, Dolly, 'The Wilderness Family That Helped Save the Swans', *Life*, 10 April 1970.

Cook, Robert, and Clive Webb, 'Unraveling the Special Relationship: British Responses to the Assassination of President John F. Kennedy', *The Sixties: A Journal of History, Politics and Culture*, 2015, Vol. 8, Issue 2, pp. 179–94.

Cosner, Charlotte, *The Golden Leaf: How Tobacco Shaped Cuba and the Atlantic World* (Nashville: Vanderbilt University Press, 2015).

Counihan, Patrick, 'Ireland's Diplomatic Service Forced to Shop for Bargain Basement Gifts', IrishCentral, 7 October 2012, https://www.irishcentral.com/news/irelands-diplomatic-service-forced-to-shop-for-bargain-basement-gifts-173020281-237532331, accessed 22 September 2021.

Cowper-Coles, Sherard, *Ever the Diplomat: Confessions of a Foreign Office Mandarin* (London: HarperPress, 2012).

Crosby, Kristin, 'Swan City: An Untold Tale of Lakeland's Iconic Birds', Lakelander, 30 August 2016, https://thelakelander.com/swan-city, accessed 29 September 2021.

Croxton, Derek, 'The Peace of Westphalia of 1648 and the Origins of Sovereignty', *The International History Review*, September 1999, Vol. 21, No. 3, pp. 569–91.

Curtin, Sean, 'The Return of Japan's Long Lost Telescope', *The Japan Society Review*, April 2014, Issue 50, Vol. 9, No. 2, pp. 7–8.

Cuttler, Charles D., 'Exotics in Post-Medieval European Art: Giraffes and Centaurs', *Artibus et historiae*, 1991, Vol. 12, No. 23, pp. 161–79.

Czajkowski, Michael J., 'Amber from the Baltic', *Mercian Geologist*, 2009, Vol. 17, No. 2, pp. 86–92.

D'Alton, Martina, *The New York Obelisk: Or How Cleopatra's Needle Came to New York and What Happened When It Got Here* (New York: Metropolitan Museum of Art, 1993).

Depkat, Volker, 'Peace Medal Diplomacy in Indian–White Relations in Nineteenth-Century North America', in *European History Yearbook: Material Culture in Modern Diplomacy from the 15th to the 20th Century*, eds. Harriet Rudolph and Gregor M. Metzig (Berlin: Walter de Gruyter GmbH, 2016), pp. 80–99.

Diaz, Johnny, 'A Florida City Is Selling Some of Its Beloved Swans', *The New York Times*, 15 October 2020.

Diffie, Bailey W., and George D. Winius, *Foundations of the Portuguese Empire, 1415–1580* (Minneapolis: University of Minnesota Press, 1977).

Dike, K. O., 'John Beecroft, 1790–1854: Her Britannic Majesty's Consul to the Bights of Benin and Biafra 1849–1854', *Journal of the Historical Society of Nigeria*, December 1956, Vol. 1, No. 1, pp. 5–14.

Dorre, Howard, 'John Quincy Adams's Pet Alligator Was a Crock', Plodding through the Presidents, 19 February 2018, https://www.ploddingthroughthepresidents.com/2018/02/john-quincy-adams-pet-alligator-is-crock.html, accessed 29 September 2021.

Douglas, Sean, 'Thousands Join in the Opening of the Windsor Park Stadium', 29 October 2007, https://www.thedominican.net/articles/stadiumthree.htm, accessed 29 September 2021.

Dowell, William, '*Le Monde* Raises Government Hackles with Diamond Scandal Questions', *The Christian Science Monitor*, 18 November 1980.

Driscoll, Amanda, 'History of the White House Shamrock St Patrick's Day Ceremony', IrishCentral, 16 March 2016, https://www.irishcentral.com/culture/entertainment/history-shamrocks-white-house-patricks-day, accessed 29 September 2021.

Drury, Melanie, 'Lost (and Found) Maltese Treasures: The Sword and Dagger of Grandmaster de la Valette', Guide Me Malta, 30 May 2019, https://www.guideme-malta.com/en/lost-found-maltese-treasures-the-sword-dagger-of-grandmaster-de-la-valette, accessed 29 September 2021.

Duchesne-Guillemin, J., 'Jesus' Trimorphism and the Differentiation of the Magi', in *Man and His Salvation: Studies in Memory of S. G. F. Brandon*, eds. Eric J. Sharpe and John R. Hinnells (Manchester: Manchester University Press, 1973), pp. 91–8.

Duddridge, James, 'Diplomatic "Ties" are Strong with Ethiopia …', Twitter @JamesDuddridge, https://mobile.twitter.com/jamesduddridge/status/1304143989801717760?lang=ar-x-fm, 10 September 2020, accessed 29 September 2021.

Dursteler, Eric R., '"A Continual Tavern in My House": Food and Diplomacy in Early Modern Constantinople', in *Renaissance Studies in Honor of Joseph Connors*, eds. Machtelt Israëls and Louis A. Waldman (Cambridge, MA: Harvard University Press, 2013), pp. 166–71.

Dwivedi, Sharada, *The Automobiles of the Maharajas* (Mumbai: Eminence Designs Pvt. Ltd., 2003).

Eaton, Natasha, 'Between Mimesis and Alterity: Art, Gift, and Diplomacy in Colonial India, 1770–1800', *Comparative Studies in Society and History*, October 2004, Vol. 46, No. 4, pp. 816–44.

—— 'Coercion and the Gift: Art, Jewels and the Body in British Diplomacy in Colonial India', in *Global Gifts: The Material Culture of Diplomacy in Early Modern Eurasia*, eds. Zoltán Biedermann, Anne Gerritsen and Giorgio Riello (Cambridge: Cambridge University Press, 2019), pp. 266–90.

Eban, Abba, *Interest and Conscience in Modern Diplomacy* (New York: Council on Religion and International Affairs, 1985).

Eggleston, Roland, 'Russia: German Firm Gives Millions to Restore Amber Room', Radio Free Europe/Radio Free Liberty, 9 August 1999, https://www.rferl. org/a/1091985.html, accessed 29 September 2021.

Emerick, Judson, 'Charlemagne: A New Constantine?', in *The Life and Legacy of Constantine: Traditions through the Ages*, ed. M. Shane Bjornlie (Abingdon: Routledge, 2017), pp. 133–61.

Emery, David, 'Were Alligators Ever Kept as White House Pets?', Snopes, 19 February 2018, https://www.snopes.com/fact-check/alligators-white-house-pets, accessed 29 September 2021.

Entwistle, George, 'From Consensus to Dissensus – History and Meaning in Flux at Sir Geoffrey Jellicoe's Kennedy Memorial Landscape', *Studies in the History of Gardens and Designed Landscapes*, 2019, Vol. 39, Issue 1, pp. 53–76.

Evans, D. M. Emrys, 'John F. Kennedy Memorial Act, 1964', *The Modern Law Review*, November 1965, Vol. 28, No. 6, pp. 703–6.

Evening Standard, 'SW1A', 9 September 2020.

Eyben, Rosalind, 'The Power of the Gift and the New Aid Modalities', *IDS Bulletin*, November 2006, Vol. 37, No. 6, pp. 88–98.

Farago, Jason, 'At the Met, Heavy Metal on a Continental Scale', *The New York Times*, 24 October 2019.

Farrar, Katie, 'The Pope's Elephant', Eyes of Rome, 28 May 2020, https://eyesofrome. com/blog/eyes-on-storytelling/the-pope-s-elephant, accessed 29 September 2021.

Feiman, Jesse, 'The Matrix and the Meaning in Dürer's *Rhinoceros*', *Art in Print*, November–December 2012, Vol. 2, No. 4, pp. 22–6.

Finglass, Patrick, 'Did the Trojan Horse Really Exist?', British Museum lecture, 1 February 2020.

Finnis, Alex, 'Great Arctic Explorer to Be Finally Honoured after Having Career Discredited for Telling Truth about British Voyagers' Cannibalism', *Daily Mail*, 27 September 2014, https://www.dailymail.co.uk/news/article-2772090/Great-Arctic-explorer-finally-honoured-having-career-discredited-reporting-British-voyagers-cannibalism.html, accessed 29 September 2021.

Firebrace, William, 'The Missing Planet', *AA Files*, 2013, No. 66, pp. 126–44.

—— *Star Theatre: The Story of the Planetarium* (London: Reaktion Books, 2017).

Fiske, Alan Page, *Structures of Social Life: The Four Elementary Forms of Human Relations* (New York: The Free Press, 1993).

Fleming, Thomas, 'Taking Paris by Storm: Benjamin Franklin, American Founding Father and First Ambassador to France', *Medicographia*, 2014, Issue 36, pp. 112–22.

Fletcher, Tom, *Naked Diplomacy: Power and Statecraft in the Digital Age* (London: William Collins, 2016).

Foderaro, Lisa W., 'For "Cleopatra's Needle", a Cleaning to Last 500 Years', *The New York Times*, 7 May 2014.

Forbes, Frederick E., *Dahomey and the Dahomans* (London: Longman, Brown, Green and Longmans, 1851).

Francis Jr, Peter, 'The Beads That Did *Not* Buy Manhattan Island', *New York History*, January 1986, Vol. 67, No. 1, pp. 4–22.

Franko, George Frederic, 'The Trojan Horse at the Close of the *Iliad*', *The Classical Journal*, December 2005–January 2006, Vol. 101, No. 2, pp. 121–3.

Frey, Linda S., and Marsha L. Frey, *Proven Patriots: The French Diplomatic Corps 1789–1799* (St Andrews: University of St Andrews, 2011).

Friis, Erik J., 'The Norwegian Government-in-Exile, 1940–45', in *Scandinavian Studies: Essays Presented to Dr Henry Goddard Leach on the Occasion of His Eighty-Fifth Birthday*, eds. Carl Frank Bayerschmidt and Erik J. Friis (Seattle: University of Washington Press, 1965), pp. 422–44.

Gallagher, Donat, and Carlos Villar Flor, *In the Picture: The Facts behind the Fiction in Evelyn Waugh's Sword of Honour* (Amsterdam: Rodopi, 2014).

Garstad, Benjamin, 'Barbarian Interest in *Excerpta Latina Barbari*', *Early Medieval Europe*, 2011, Vol. 19, No. 1, pp. 3–42.

General Services Administration, 'Revision to Foreign Gift Minimal Value', Federal Register, 17 March 2020.

Gershon, Livia, 'Shipwrecked Nazi Steamer May Hold Clues to the Amber Room's Fate', *Smithsonian*, 23 October 2020, https://www.smithsonianmag.com/smart-news/shipwrecked-nazi-steamer-found-180976119, accessed 29 September 2021.

Gil, Moshe, *A History of Palestine 634–1099* (Cambridge: Cambridge University Press, 1997).

Grimnes, Ole Kristian, 'The Two Norways, 1940–41', in *Northern European Overture to War, 1939–1941: From Memel to Barbarossa*, eds. Michael H. Clemmesen and Marcus S. Faulkner (Leiden: Brill, 2013), pp. 383–402.

Gordon, John Steele, *Washington's Monument: And the Fascinating History of the Obelisk* (New York: Bloomsbury, 2016).

Gramer, Robbie, 'Eight of the Weirdest Gifts Foreign Dignitaries Gave the President', *Foreign Policy*, 27 April 2017, https://foreignpolicy.com/2017/04/27/eight-of-the-weirdest-gifts-foreign-dignitaries-gave-the-president, accessed 29 September 2021.

Grancsay, Stephen V., 'Maximilian Armor', *The Metropolitan Museum of Art Bulletin*, April 1928, Vol. 23, No. 4, pp. 100–3.

Greer, Scott, 'Chacun pour soi: Africa and the French State 1958-1998', PAS Working Papers, No. 6 (Evanston: Northwestern University Program of African Studies, 2000).

Griswold, Gabrielle, 'Memories of the Friendship Train in France', The Friendship Train of 1947, 2011, http://www.thefriendshiptrain1947.org/friendship-train-history-france-memories.htm, accessed 29 September 2021.

Grundhauser, Eric, 'From Roosevelt to *Resolute*, the Secrets of All 6 Oval Office Desks', Atlas Obscura, 7 April 2016, https://www.atlasobscura.com/articles/from-roosevelt-to-resolute-the-secrets-of-all-6-oval-office-desks, accessed 29 September 2021.

Hackney Citizen, 'Ben Eine: The Art of the States', 3 August 2010, http://www.hackneycitizen.co.uk/2010/08/03/ben-eine-the-art-of-the-states, accessed 29 September 2021.

Hannah, Darrell D., 'The Star of the Magi and the Prophecy of Balaam in Earliest Christianity, with Special Attention to the Lost *Books of Balaam*', in *The Star of Bethlehem and the Magi*, eds. Peter Barthel and George van Kooten (Leiden: Brill, 2015), pp. 433–62.

Harden, Evelyn Jasiulko, 'Griboedov and the Willock Affair', *Slavic Review*, March 1971, Vol. 30, No. 1, pp. 74–92.

Harford, Tim, 'The Cold War Spy Technology Which We All Use', BBC, 21 August 2019, https://www.bbc.co.uk/news/business-48859331, accessed 6 September 2021.

Harrison, Carol E., 'Edouard Laboulaye, Liberal and Romantic Catholic', in *French History and Civilization, Vol. 4: Papers from the George Rudé Seminar*, eds. Briony Neilson and Robert Aldrich (Charleston: H-France, 2011), pp. 149–58.

Harrison, Henrietta, 'Chinese and British Diplomatic Gifts in the Macartney Embassy of 1793', *English Historical Review*, 2018, Vol. 133, No. 560, pp. 65–97.

Hassan, Fekri A., 'Imperialist Appropriations of Egyptian Obelisks', in *Views of Ancient Egypt since Napoleon Bonaparte: Imperialism, Colonialism and Modern Appropriations*, ed. David Jeffreys (London: Routledge, 2016), pp. 19–68.

HBC Heritage, 'The Rent Ceremony', n.d., https://www.hbcheritage.ca/history/fur-trade/the-rent-ceremony, accessed 8 December 2020.

Heath, Diana, 'Conservation of the Portuguese Centrepiece', *Victoria and Albert Museum Conservation Journal*, Autumn 1995, Issue 17.

Heber, Alex, 'Tony Abbott Gave Barack Obama This Ridiculous Surfboard', *Business Insider Australia*, 13 June 2014.

Hegedus, Tim, 'The Magi and the Star in the Gospel of Matthew and Early Christian Tradition', *Laval théologique et philosophique*, February 2003, Vol. 59, No. 1, pp. 81–95.

Henley, Jon, 'Ben Eine: The Street Artist Who's Made It to the White House', *The Guardian*, 21 July 2010.

—— 'Norway Considers Giving Mountain to Finland as 100th Birthday Present', *The Guardian*, 28 July 2016.

Hilsdale, Cecily J., 'The Imperial Image at the End of Exile: The Byzantine Embroidered Silk in Genoa and the Treaty of Nymphaion (1261)', *Dumbarton Oaks Papers*, 2010, Vol. 64, pp. 151–99.

Hilton, Geoff, 'Kenilworth Castle: The King, the Castle and the Canon', Agincourt 600, 23 January 2015, http://www.agincourt600.com/2015/01/23/kenilworth-castle-the-king-the-castle-and-the-canon, accessed 29 September 2021.

Hoffner, Harry A., *Letters from the Hittite Kingdom* (Atlanta: Society of Biblical Literature, 2009).

Hogan, Michael, 'From Camels to Tinned Fruit: The Strangest Diplomatic Gifts', *The Guardian*, 25 October 2015.

Hollier, Denis, 'Egypt in Paris', in *A New History of French Literature*, ed. Denis Hollier (Cambridge, MA: Harvard University Press, 1994), pp. 672–5.

Holmes, Y. Lynn, 'The Messengers of the Amarna Letters', *Journal of the American Oriental Society*, July–September 1975, Vol. 95, No. 3, pp. 376–81.

Hone, William, ed., *The Apocryphal Books of the New Testament* (Philadelphia: Gebbie and Co., 1890).

Hoskin, Dawn, 'The Rejected Divorce Gift and the Egyptian Pharaoh', V&A Blog, 1 April 2015, https://www.vam.ac.uk/blog/creating-new-europe-1600-1800-galleries/the-rejected-divorce-gift-the-egyptian-pharaoh, accessed 29 September 2021.

House of Commons, 'President Kennedy (National Monument)', Hansard, 5 December 1963, Vol. 685, cc. 1363–4.

—— 'Memorial to President Kennedy', Hansard, 25 March 1964, Vol. 692, cc. 471–4.

Houston, C. Stuart, 'Regina's Mute Swan Mystery', *Blue Jay*, December 2012, Vol. 70, No. 4, pp. 270–3.

Howard, Deborah, 'Cultural Transfer between Venice and the Ottomans in the Fifteenth and Sixteenth Centuries', in *Cultural Exchange in Early Modern Europe Volume IV: Forging European Identities, 1400–1700*, ed. Herman Roodenburg (Cambridge: Cambridge University Press, 2007 A), pp. 138–77.

—— 'Venice and the Mamluks', in *Venice and the Islamic World 828–1797*, Institut du Monde Arabe/Metropolitan Museum of Art (New Haven: Yale University Press, 2007 B), pp. 72–89.

Howorth, Claire, 'Obama and Cameron Exchange Gifts, an Ed Ruscha for a Ben Eine', The Daily Beast, 21 July 2010, https://www.thedailybeast.com/obama-and-cameron-exchange-gifts-an-ed-ruscha-for-a-ben-eine, accessed 29 September 2021.

Hoyle, Russ, 'A Campaign Catches Fire', *Time*, 30 March 1981.

Hurewitz, J. C., 'Ottoman Diplomacy and the European State System', *Middle East Journal*, Spring 1961, Vol. 15, No. 2, pp. 141–52.

Hyde, Walter Woodburn, 'The Recent Discovery of an Inscribed Water-Organ at Budapest', *Transactions and Proceedings of the American Philological Association*, 1938, Vol. 69, pp. 392–410.

Hysell, Jesse, 'The Politics of Pepper: Deciphering a Venetian–Mamluk Gift Exchange', AHA Today, 6 July 2016, https://www.historians.org/publications-and-directories/perspectives-on-history/summer-2016/the-politics-of-pepper-deciphering-a-venetian-mamluk-gift-exchange, accessed 29 September 2021.

Isaacson, Walter, *Benjamin Franklin: An American Life* (New York: Simon & Schuster, 2003).

Jackson, Brian, 'From the Archives: Anyone for Tennis?', Kenilworth History and Archaeology Society, 6 February 2016, https://www.khas.co.uk/from-the-archives-anyone-for-tennis, accessed 29 September 2021.

Johnson, Kendall, 'Peace, Friendship, and Financial Panic: Reading the Mark of Black Hawk in *Life of Ma-Ka-Tai-Me-She-Kia-Kiak*', *American Literary History*, Winter 2007, Vol. 19, No. 4, pp. 771–99.

Jolliffe, David, 'Kevin Rudd's Riding Boots', Museum of Australian Diplomacy, 14 November 2012, https://www.moadoph.gov.au/blog/kevin-rudd-s-riding-boots/#, accessed 29 September 2021.

Jones, Jonathan, 'Myrrh Mystery: How Did Balthasar, One of the Three Kings, Become Black?', *The Guardian*, 21 December 2020.

Jönsson, Christer, and Martin Hall, *Essence of Diplomacy* (Basingstoke: Palgrave Macmillan, 2005).

Joost-Gaugier, Christiane L., 'Lorenzo the Magnificent and the Giraffe as a Symbol of Power', *Artibus et historiae*, 1987, Vol. 8, No. 16, pp. 91–9.

Joseph, Rebecca M, with Brooke Rosenblatt and Carolyn Kinebrew, *The Black Statue of Liberty Rumor: An Inquiry into the History and Meaning of Bartholdi's Liberté éclairant le Monde* (Boston: National Park Service, 2000).

Keane, Kevin, 'Last Stavanger Christmas Tree to Shine in Aberdeen', BBC, 27 November 2014, https://www.bbc.co.uk/news/uk-scotland-north-east-orkney-shetland-30214800, accessed 29 September 2021.

Kelderman, Frank, *Authorized Agents: Publication and Diplomacy in the Era of Indian Removal* (Albany, NY: State University of New York Press, 2019).

Kelly, John, 'How Ireland Uses Shamrocks to Gain Access to the US President', Atlas Obscura, 17 March 2017, https://www.atlasobscura.com/articles/shamrock-cere-mony-st-patricks-day, accessed 29 September 2021.

—— 'In 1947, Friendship Train Crossed U.S. Gathering Food for Hungry Europe', *The Washington Post*, 18 May 2019.

Kendall, Paul, *Henry VIII in 100 Objects: The Tyrant King Who Had Six Wives* (Barnsley: Frontline Books, 2020).

Kennedy, John F., Inaugural Address, 20 January 1961.

—— American University Commencement Address, 10 June 1963.

Kennedy, Maev, 'The Restoration Game: Painting Revealed as Genuine Titian', *The Guardian*, 8 May 2015.

Kenyon, Paul, *Dictatorland: The Men Who Stole Africa* (London: Head of Zeus, 2018).

Kerr, Robert, *A General History and Collection of Voyages and Travels, Arranged in Systematic Order: Forming a Complete History of the Origin and Progress of Navigation, Discovery and Commerce, by Sea and Land, from the Earliest Ages to the Present Time, Vol. 8* (Edinburgh: William Blackwood, 1824).

Ketcham Wheaton, Barbara, *Savoring the Past: The French Kitchen and Table from 1300 to 1789* (New York: Touchstone, 1983).

Khadduri, Majid, *War and Peace in the Law of Islam* (Clark, NJ: The Lawbook Exchange, 2006).

Khan, Yasmin Sabina, *Enlightening the World: The Creation of the Statue of Liberty* (Ithaca, NY: Cornell University Press, 2010).

Kidambi, Prashant, 'How the British Forged the First Indian Cricket Team', BBC, 30 June 2019, https://www.bbc.co.uk/news/world-asia-india-48659324, accessed 29 September 2021.

King, James, *Cleopatra's Needle: A History of the London Obelisk, with an Exposition of the Hieroglyphics* (London: The Religious Tract Society, 1883).

King, Rachel, 'Whose Amber? Changing Notions of Amber's Geographical Origin', kunsttexte.de/ostblick, *Gemeine Artefakte*, 2014, No. 2, pp. 1–22.

Kivimäe, Jüri, 'Medieval Estonia, an Introduction', in *Quotidianum Estonicum: Aspects of Daily Life in Medieval Estonia*, eds. Jüri Kivimäe and Juhan Kreem (Krems: Medium Aevum Quotidianum, 1996).

Klein, Holger A., 'Eastern Objects and Western Desires: Relics and Reliquaries between Byzantium and the West', *Dumbarton Oaks Papers*, 2004, Vol. 58, pp. 283–314.

Kloc, Joe, 'The Case of the Missing Moon Rocks', *The Atavist*, February 2012, Issue 12.

Kłosowicz, Robert, 'The Problem of Bad Governance as a Determinant of State Dysfunctionality in Sub-Saharan Africa', *Politeja*, 2018, Vol. 5, No. 56, pp. 9–22.

Knight, Claire, 'Mrs Churchill Goes to Russia: The Wartime Gift Exchange between Britain and the Soviet Union', in *A People Passing Rude: British Responses to Russian Culture*, ed. Anthony Cross (Cambridge: Open Book Publishers, 2012), pp. 253–67.

Komter, Aafke, 'Gifts and Social Relations: The Mechanisms of Reciprocity', *International Sociology*, January 2007, Vol. 22, No. 1, pp. 93–107.

Konstantakos, Ioannis M., 'Alexander and Darius in a Contest of Wit (*Alexander Romance* 1.36–38): Sources, Formation, and Storytelling Traditions', *Annuali della Facoltà di Studi Umanistici dell'Università degli Studi di Milano*, 2015, Vol. 68, No. 1, pp. 129–56.

Kornbluh, Peter, and William M. LeoGrande, 'Cigar Diplomacy', *Cigar Aficionado*, November/December 2014.

Korsch, Evelyn, 'Diplomatic Gifts on Henri III's Visit to Venice in 1574', trans. Nicola Imrie, *Studies in the Decorative Arts*, Fall–Winter 2007–8, Vol. 15, pp. 83–113.

Koven, Ronald, 'Angry Ex-Emperor Bokassa Seeks to Thwart Giscard's Reelection', *The Washington Post*, 8 May 1981.

Kowalski, R., 'The Gift – Marcel Mauss and International Aid', *Journal of Comparative Social Welfare*, October 2011, Vol. 27, No. 3, pp. 189–205.

Kozmanová, Irena, 'Corruption as an External Threat? Anti-Corruption Legislation during the Dutch "Great Assembly" (1651)', in *The Representation of External Threats: From the Middle Ages to the Modern World*, eds. Eberhard Crailsheim and María Dolores Elizalde (Leiden: Brill, 2019), pp. 240–62.

Krondl, Michael, 'Sugar and Show: Power, Conspicuous Display, and Sweet Banquets during Henri III's 1574 Visit to Venice', in *Food and Power: Proceedings of the Oxford Symposium on Food and Cookery 2019*, ed. Mark McWilliams (London: Prospect, 2020), pp. 167–76.

Kropf, Schuyler, 'Former SC Lt. Gov. André Bauer Selling Cuban Cigars Gifted by Castro in 2004 Trade Visit', *The Post and Courier*, 6 May 2019.

Kupfer, Matthew, 'City Staff Recommend Saying So Long to Ottawa's Royal Swans', CBC, 11 June 2019, https://www.cbc.ca/news/canada/ottawa/royal-swan-ottawa-parc-safari-1.5171614, accessed 29 September 2021.

Kustermans, Jorg, 'Gift-Giving as a Source of International Authority', *The Chinese Journal of International Politics*, 2019, Vol. 12, No. 3, pp. 395–426.

—— 'Diplomatic Gifts: An Introduction to the Forum', *The Hague Journal of Diplomacy*, 2021 A, Vol. 16, Issue 1, pp. 105–9.

—— 'Gift-Giving in Byzantine Diplomacy', *The Hague Journal of Diplomacy*, 2021 B, Vol. 16, Issue 1, pp. 155–65.

Lagueux, Olivier, 'Geoffroy's Giraffe: The Hagiography of a Charismatic Mammal', *Journal of the History of Biology*, Summer 2003, Vol. 36, No. 2, pp. 225–47.

Laidlaw, Richard, 'New Boots, But Still the Same Old Walk', *The Bali Times*, 19 December 2008.

Landau, Brent, 'The *Revelation of the Magi*: A Summary and Introduction', in *New Testament Apocrypha: More Noncanonical Scriptures, Volume 1*, eds. Tony Burke and Brent Landau (Grand Rapids, MI: William B. Eerdmans, 2016), pp. 19–38.

Lane, Jeremy F., *Pierre Bourdieu: A Critical Introduction* (London: Pluto Press, 2000).

Lang, David M., 'Griboedov's Last Years in Persia', *The American Slavic and East European Review*, December 1948, Vol. 7, No. 4, pp. 317–39.

Larkin, T. Lawrence, 'A "Gift" Strategically Solicited and Magnanimously Conferred: The American Congress, the French Monarchy and the State Portraits of Louis XVI and Marie-Antoinette', *Winterthur Portfolio*, Spring 2010, Vol. 44, No. 1, pp. 31–76.

Larsen, Baard, 'Orkney Norway Friendship Marked with 2019 Christmas Tree Cutting in Bringsværd Forest', *The Orkney News*, 12 November 2019.

Latowsky, Anne, 'Foreign Embassies and Roman Universality in Einhard's *Life of Charlemagne*', *Florilegium*, 2005, Vol. 22, pp. 25–57.

Leira, Halvard, 'A Conceptual History of Diplomacy', in *The Sage Handbook of Diplomacy*, eds. Costas M. Constantinou, Pauline Kerr and Paul Sharp (London: Sage Publications, 2016), pp. 28–38.

LeoGrande, William M., and Peter Kornbluh, *Back Channel to Cuba: The Hidden History of Negotiations between Washington and Havana* (Chapel Hill, NC: The University of North Carolina Press, 2015).

Lester, Paul, 'Obama's "Special Gift" to Brown? 25 DVDs', *The Guardian*, 6 March 2009.

Leverett, Adelyn Peck, 'Review: Peter Williams, *The Organ in Western Culture, 750–1250*', *Speculum*, July 1996, Vol. 71, No. 3, pp. 776–8.

Lewis, Flora, 'Bokassa Order Sending Diamonds to Giscard Reported', *The New York Times*, 11 October 1979.

Lewis, Harrison F., 'Capture of Trumpeter Swans in British Columbia for H. M. Queen Elizabeth II', *Severn Wildfowl Trust Annual Report*, 1951–2, p. 71.

Liackhova, Lydia, 'In a Porcelain Mirror: Reflections of Russia from Peter I to Empress Elizabeth', in *Fragile Diplomacy: Meissen Porcelain for European Courts ca. 1710–63*, ed. Maureen Cassidy-Geiger (New Haven: Yale University Press, 2007), pp. 63–86.

Lindorff, Joyce, 'Burney, Macartney and the Qianlong Emperor: The Role of Music in the British Embassy to China, 1792–1794', *Early Music*, August 2012, Vol. 40, No. 3, pp. 441–53.

Lindsay, Ivan, *The History of Loot and Stolen Art: From Antiquity until the Present Day* (London: Unicorn Press, 2014).

Liudprand of Cremona, *The Works of Liudprand of Cremona*, trans. F. A. Wright (New York: E. P. Dutton and Co., 1930).

Lively, Penelope, 'A Maverick Historian', *The Atlantic*, February 2001.

Lynch, Connor, 'Norway Cancels 15-Year Christmas Gift to Grimsby Tradition Admitting "Our Trees are Not Good Enough for You"', *Grimsby Telegraph*, 16 March 2019, https://www.grimsbytelegraph.co.uk/news/grimsby-news/sortland-cancel-christmas-tree-tradition-2649891, accessed 29 September 2021.

MacCarthy, Fiona, 'Leslie Durbin', *The Guardian*, 1 March 2005.

Mackay, R. H., 'Trapping of the Queen's Trumpeter Swans in British Columbia', *Severn Wildfowl Trust Annual Report*, 1952–3, pp. 47–50.

Magra, Iliana, '"A Present from Norway and It's Dead": Christmas Tree Unites London in Dismay', *The New York Times*, 5 December 2019.

Majeska, George, 'Russian Pilgrims in Constantinople', *Dumbarton Oaks Papers*, 2002, Vol. 56, pp. 93–108.

Malinowski, Bronisław, *Argonauts of the Western Pacific: An Account of Native Enterprise and Adventure in the Archipelagoes of Melanesian New Guinea* (London: George Routledge and Sons, 1922).

Mänd, Anu, 'Horses, Stags and Beavers: Animals as Presents in Late-Medieval Livonia', *Acta Historica Tallinnensia*, 2016, Vol. 22, pp. 3–17.

Mann, James, 'The Exhibition of Greenwich Armour at the Tower of London', *The Burlington Magazine*, December 1951, Vol. 93, No. 585, pp. 378–83.

Marchand, Suzanne L., *Porcelain: A History from the Heart of Europe* (Princeton: Princeton University Press, 2020).

Markina, Ludmila, *Malta's Portrait of Catherine the Great* (Tsaritsyno State Museum Reserve, 2019).

Maskell, Jack, 'Gifts to the President of the United States', *Congressional Research Service*, 16 August 2012, pp. 1–6.

Matthews, P. G., 'Jakob Seisenegger's Portraits of Charles V, 1530–32', *The Burlington Magazine*, February 2001, Vol. 143, No. 1175, pp. 86–90.

Mattingly, Garrett, 'The First Resident Embassies: Medieval Italian Origins of Modern Diplomacy', *Speculum*, October 1937, Vol. 12, No. 4, pp. 423–39.

Mauss, Marcel, *The Gift: Forms and Functions of Exchange in Archaic Societies*, trans. Ian Cunnison (London: Cohen and West, 1966).

Mawdsley, Emma, 'The Changing Geographies of Foreign Aid and Development Cooperation: Contributions from Gift Theory', *Transactions of the Institute of British Geographers*, New Series, 2012, Vol. 37, No. 12, pp. 256–72.

McClanahan, Grant V., *Diplomatic Immunity: Principles, Practices, Problems* (London: Hurst, 1989).

McClellan, Ann, *Cherry Blossoms: The Official Book of the National Cherry Blossom Festival* (Washington, DC: National Geographic, 2012).

McCullough, David, *John Adams* (New York: Simon & Schuster, 2002).

McDuffee, Allen, 'This Diamond Gift to Benjamin Franklin Is the Reason Donald Trump Can't Profit from the Presidency', Timeline, 22 September 2017, https://timeline.com/benjamin-franklin-emoluments-constitution-40339b04c159, accessed 29 September 2021.

McNab, Jessie, 'The Legacy of a Fantastical Scot', *The Metropolitan Museum of Art Bulletin*, February 1961, pp. 172–80.

McNay, Michael, *Hidden Treasures of London: A Guide to the Capital's Best-Kept Secrets* (London: Random House, 2015).

McNeal, Robert H., *Stalin: Man and Ruler* (Basingstoke: Macmillan Press, 1988).

Medlam, Sarah, 'Callet's Portrait of Louis XVI: A Picture Frame as a Diplomatic Tool', *Furniture History*, 2007, Vol. 43, pp. 143–54.

Menchaca, Ron, 'Up Close with Castro', *The Post and Courier*, 12 January 2004.

Mercer, Malcolm, 'King's Armourers and the Growth of the Armourer's Craft in Early Fourteenth-Century London', in *Fourteenth Century England VIII*, ed. J. S. Hamilton (Woodbridge: The Boydell Press, 2014), pp. 1–20.

Mesotten, Laura, 'A Taste of Diplomacy: Food Gifts for the Muscovite Embassy in Venice (1582)', *Legatio*, 2017, No. 1, pp. 131–62.

Messenger, Ruth Ellis, 'Salve Festa Dies', *Transactions and Proceedings of the American Philological Association*, 1947, Vol. 78, pp. 208–22.

Meyer, Christopher, *DC Confidential* (London: Weidenfeld & Nicolson, 2005).

—— *Getting Our Way: 500 Years of Adventure and Intrigue; The Inside Story of British Diplomacy* (London: Weidenfeld & Nicolson, 2009).

Miller, Cary, 'Gifts as Treaties: The Political Use of Received Gifts in Anishinaabeg Communities, 1820–1832', *American Indian Quarterly*, Spring 2002, Vol. 26, No. 2, pp. 221–45.

Miller, Ian Jared, *The Nature of the Beasts: Empire and Exhibition at the Tokyo Imperial Zoo* (Berkeley: University of California Press, 2013).

Mobbs, Frank, 'The Meaning of the Visit of the Magi', *New Blackfriars*, November 2006, Vol. 87, No. 1012, pp. 593–604.

Molà, Luca, 'Material Diplomacy: Venetian Luxury Gifts for the Ottoman Empire in the Late Renaissance', in *Global Gifts: The Material Culture of Diplomacy in Early Modern Eurasia*, eds. Zoltán Biedermann, Anne Gerritsen and Giorgio Riello (Cambridge: Cambridge University Press, 2019), pp. 56–87.

Moorhouse, Roger, 'Death in the Baltic', *History Today*, 7 July 2013, Vol. 63, Issue 7.

Moote, A. Lloyd, and Dorothy C. Moote, *The Great Plague: The Story of London's Most Deadly Year* (Baltimore: The Johns Hopkins University Press, 2004).

Mosko, Mark S, 'Inalienable Ethnography: Keeping-While-Giving and the Trobriand Case', *Journal of the Royal Anthropological Institute*, New Series, September 2000, Vol. 6, No. 3, pp. 377–96.

Müderrisoğlu, Ayşen, 'Ottoman Gifts in the Eighteenth Century through the East–West Perspective', *Uluslararasi Sosyal Araştirmalar Dergisi*, 2014, Vol. 7, Issue 34, pp. 269–76.

Mukharji, Aroop, *Diplomas and Diplomacy: The History of the Marshall Scholarship* (New York: Palgrave Macmillan, 2016).

Murck, Alfreda, 'Golden Mangoes – The Life Cycle of a Cultural Revolution Symbol', *Archives of Asian Art*, 2007, Vol. 57, No. 1, pp. 1–21.

Murphy, Lauren, 'Horses, Ships and Earthquakes: The Trojan Horse in Myth and Art', *Journal of the Classical Association of Victoria,* 2017, New Series, Vol. 30, pp. 18-36.

Muthesius, Anna Maria, 'Silk, Power and Diplomacy in Byzantium', *Textile Society of America Symposium Proceedings*, 1992, pp. 99–110.

—— 'Silk, Culture and Being in Byzantium: How Far did Precious Cloth Enrich "Memory" and Shape "Culture" across the Empire (4th–15th Centuries)?', *Deltion Tes Christianikes Archaiologikes Hetaireias*, 2015, Vol. 36, pp. 345–62.

Myers, Walter Dean, *At Her Majesty's Request: An African Princess in Victorian England* (New York: Scholastic, 1999).

Nagy, Joseph Falaky, 'The Deceptive Gift in Greek Mythology', *Arethusa*, Fall 1981, Vol. 14, No. 2, pp. 191–204.

Nash, Stephen E., 'Were Peace Medals the Price of Loyalty?', Sapiens, 5 October 2017, https://www.sapiens.org/column/curiosities/peace-medals, accessed 29 September 2021.

Neis, Karen, *Abul-Abbas, the Elephant* (El Dorado Hills, CA: MacLaren-Cochrane Publishing, 2018).

Neumann, Iver B., 'Diplomatic Gifts as Ordering Devices', *The Hague Journal of Diplomacy*, 2021, Vol. 16, Issue 1, pp. 186–94.

Nicholls, Sean, and Emily Dunn, 'Politicians a Little Elastic', *The Sydney Morning Herald*, 28 September 2009.

Nickel, Helmut, '"A Harnes all Gilte": A Study of the Armor of Galiot de Genouilhac and the Iconography of Its Decoration', *Metropolitan Museum Journal*, 1972, Vol. 5, pp. 75–124.

Nicol, Donald M., *Byzantium and Venice: A Study in Diplomatic and Cultural Relations* (Cambridge: Cambridge University Press, 1992).

Nicolson, Harold, *Diplomacy* (London: Oxford University Press, 1942).

Nix, Elizabeth, 'Who was the First U.S. President to Travel Abroad while in Office?', Sky History, 22 August 2018, https://www.history.com/news/who-was-the-first-u-s-president-to-travel-abroad-while-in-office, accessed 29 September 2021.

Norfolk, Lawrence, *The Pope's Rhinoceros* (London: Vintage, 1998).

Numelin, Ragnar, *The Beginnings of Diplomacy: A Sociological Study of Intertribal and International Relations* (New York: The Philosophical Library, 1950).

Ocak, Derya, 'Gifts and Purpose: Diplomatic Gift Exchange between the Ottomans and Transylvania during the Reign of István Báthory (1571–1576)' (Unpublished MA Thesis: Central European University, Budapest, 2016).

Office of the Chief of Protocol, US State Department, 'Gifts to Federal Employees from Foreign Government Sources Reported to Employing Agencies in Calendar Year 2001', Federal Register, 22 July 2002.

—— 'Gifts to Federal Employees from Foreign Government Sources Reported to Employing Agencies in Calendar Year 2003', Federal Register, 2 August 2004.

—— 'Gifts to Federal Employees from Foreign Government Sources Reported to Employing Agencies in Calendar Year 2005', Federal Register, 9 August 2006.

—— 'Gifts to Federal Employees from Foreign Government Sources Reported to Employing Agencies in Calendar Year 2008', Federal Register, 25 June 2009.

—— 'Gifts to Federal Employees from Foreign Government Sources Reported to Employing Agencies in Calendar Year 2009', Federal Register, 18 January 2011.

—— 'Gifts to Federal Employees from Foreign Government Sources Reported to Employing Agencies in Calendar Year 2012', Federal Register, 30 August 2013.

—— 'Gifts to Federal Employees from Foreign Government Sources Reported to Employing Agencies in Calendar Year 2013', Federal Register, 12 November 2014.

—— 'Gifts to Federal Employees from Foreign Government Sources Reported to Employing Agencies in Calendar Year 2014', Federal Register, 25 November 2015.

—— 'Gifts to Federal Employees from Foreign Government Sources Reported to Employing Agencies in Calendar Year 2015', Federal Register, 12 October 2016.

—— 'Gifts to Federal Employees from Foreign Government Sources Reported to Employing Agencies in Calendar Year 2016', Federal Register, 11 January 2018.

—— 'Gifts to Federal Employees from Foreign Government Sources Reported to Employing Agencies in Calendar Year 2018', Federal Register, 25 February 2020.

Office of the Historian, US State Department, 'Benjamin Franklin: First American Diplomat, 1776–1785', n.d., https://history.state.gov/milestones/1776-1783/b-franklin, accessed 4 April 2020.

O'Regan, David J., *The Paradox of the Good Bribe: A Discussion Defining and Protecting the Public Interest* (Irvine: Universal Publishers, 2020).

Oren, Michael B., *Power, Faith, and Fantasy: America in the Middle East; 1776 to the Present* (New York: W. W. Norton and Company, 2008).

Osiander, Andreas, 'Sovereignty, International Relations, and the Westphalian Myth', *International Organization*, Spring 2001, Vol. 55, No. 2, pp. 251–87.

O'Toole, Thomas, '"Made in France": The Second Central African Republic', *Proceedings of the Meeting of the French Colonial Historical Society*, 1982, Vol. 6/7, pp. 136–46.

Parris, Matthew, and Andrew Bryson, *The Spanish Ambassador's Suitcase: Stories from the Diplomatic Bag* (London: Penguin Viking, 2012).

Parry, Jonathan, '*The Gift*, the Indian Gift and the "Indian Gift"', *Man*, September 1986, New Series, Vol. 21, No. 3, pp. 453–73.

Pearlman, Robert, 'Where Today are the Apollo 11 Lunar Sample Displays?', CollectSpace, n.d. (A), http://www.collectspace.com/resources/moonrocks_ apollo11.html, accessed 29 September 2021.

—— 'Where Today are the Apollo 17 Goodwill Moon Rocks?', CollectSpace, n.d. (B), http://www.collectspace.com/resources/moonrocks_goodwill.html, accessed 29 September 2021.

Perkins, Justin, and Theodore D. Woolsey, 'Notice of a Life of Alexander the Great', *Journal of the American Oriental Society*, 1854, Vol. 4, pp. 357–440.

Phillips, Amanda, 'Ottoman *Hil'at*: Between Commodity and Charisma', in *Frontiers of the Ottoman Imagination: Studies in Honour of Rhoads Murphey*, ed. Marios Hadjianastasis (Leiden: Brill, 2015), pp. 111–38.

Pimentel, Juan, *The Rhinoceros and the Megatherium: An Essay in Natural History* (Cambridge, MA: Harvard University Press, 2017).

Piper, Don, 'Tynianov's *Smert' Vazir-Mukhtara*', in *From Pushkin to Palisandriia: Essays in the Russian Novel in Honor of Richard Freeborn*, ed. Arnold McMillin (New York: Palgrave Macmillan, 1990), pp. 168–80.

Podany, Amanda H., *Brotherhood of Kings: How International Relations Shaped the Ancient Near East* (New York: Oxford University Press, 2010).

Polo, Marco, *The Book of Ser Marco Polo, the Venetian, concerning the Kingdoms and Marvels of the East, Volume 1*, ed. and trans. Col. Sir Henry Yule (London: John Murray, 1871).

Powell, James, 'Remember This? Ottawa's Royal Swans', Ottawa City News, 25 June 2018, https://ottawa.citynews.ca/remember-this/remember-this-ottawas-royal-swans-3912295, accessed 29 September 2021.

Pritchard, Earl H., 'The Kotow in the Macartney Embassy to China in 1793', *The Far Eastern Quarterly*, February 1943, Vol. 2. No. 2, pp. 163–203.

Prodger, Michael, 'Making Russia Great', *The Spectator*, 25 August 2012.

PTI, 'Hitler's Car Was Taken to India, Not in Palace: Report', 20 June 2008.

Pursell, Brendan C., 'The End of the Spanish Match', *The Historical Journal*, December 2002, Vol. 45, No. 4, pp. 699–726.

Qianhui, Zhan, 'A Short History of Panda Fever Worldwide', *China Daily/Asia News Network*, 4 November 2016.

Queiroz, C. M., and S. Agathopoulos, 'The Discovery of European Porcelain Technology', in *Understanding People through their Pottery*, eds. M. Isabel Prudêncio, M. Isabel Dias and J. C. Waerenborgh (Lisbon: Instituto Português de Arqueologia, 2005), pp. 211–15.

Radchenko, Sergey, '"Face" and Something "Delicious"', *Foreign Policy*, 27 March 2013, https://foreignpolicy.com/2013/03/27/face-and-something-delicious, accessed 29 September 2021.

Redworth, Glyn, *The Prince and the Infanta: The Cultural Politics of the Spanish Match* (New Haven, CT: Yale University Press, 2003).

Reeves, Nicholas, *Akhenaten: Egypt's False Prophet* (London: Thames & Hudson, 2019).

Renwick, Robin, *Fighting with Allies: America and Britain in Peace and War* (Hull: Biteback Publishing, 2016).

Reuters, 'France's President Says He Sold Bokassa Jewels', 11 March 1981.

——— 'Mali to Give France New Camel after First One Is Eaten', reuters.com, 9 April 2013.

Reynolds, Laura, 'Why Does Apsley House Have the Address Number 1 London?', *Londonist*, 7 December 2017.

Rice, John, 'Historic Arrival in Havana Harbour', *The Miami Herald*, 12 July 2003.

Richardson, Glenn, *The Field of Cloth of Gold* (New Haven: Yale University Press, 2013).

——— '"As Presence Did Present Them": Personal Gift-Giving at the Field of Cloth of Gold', in *Henry VIII and the Court: Art, Politics and Performance*, eds. Thomas Betteridge and Suzannah Lipscomb (Abingdon: Routledge, 2016), pp. 47–64.

Rienow, Robert, *Contemporary International Politics* (New York: Thomas Y. Crowell, 1961).

Ringmar, Erik, 'Audience for a Giraffe: European Expansionism and the Quest for the Exotic', *Journal of World History*, December 2006, Vol. 17, No. 4, pp. 375–97.

Roberts, Paul William, *Journey of the Magi: Travels in Search of the Birth of Jesus* (London: Tauris Parke, 2007).

Rochebrune, Marie-Laure de, 'Sèvres Porcelain Given as Diplomatic Gifts to the Chinese Emperor by Louis XV and Louis XVI', Haughton International Ceramics Seminar, Christie's, 28 June 2018, https://www.haughton.com/articles/2018/10/15/svres-porcelain-given-as-diplomatic-gifts-to-the-chinese-emperor-by-louis-xv-and-louis-xvi, accessed 29 September 2021.

Rosand, David, '*Ut Pictor Poeta*: Meaning in Titian's *Poesie*', *New Literary History*, Spring 1972, Vol. 3, No. 3, pp. 527–46.

Rouman, John C., and Warren H. Held, 'More Still on the Trojan Horse', *The Classical Journal*, April–May 1972, Vol. 67, No. 4, pp. 327–30.

Rowston, Guy, 'Scandinavia in Rotherhithe', *The Bridge*, December 2009–January 2010, p. 8.

Royal Armouries Collections, 'Armour (Domaru) – Domaru (1570)', n.d., https:// collections.royalarmouries.org/object/rac-object-30423.html, accessed 14 February 2021.

Runciman, Steven, 'Charlemagne and Palestine', *The English Historical Review*, October 1935, Vol. 50, No. 200, pp. 606–19.

Russell, Penny, 'Wife Stories: Narrating Marriage and Self in the Life of Jane Franklin', *Victorian Studies*, Autumn 2005, Vol. 48, No. 1, pp. 35–57.

Sadek, Noha, 'Rasulids', in *Medieval Islamic Civilization: An Encyclopedia; Volume 2, L–Z, Index*, ed. Josef W. Meri (New York: Routledge, 2006), pp. 668–9.

Salama, Samir, 'Antique Clock at Egypt's Citadel of Saladin to Tick Again', Gulf News, 26 June 2020, https://gulfnews.com/world/gulf/saudi/antique-clock-at-egypts-cita-del-of-saladin-to-tick-again-1.72265642, accessed 29 September 2021.

Salinger, Pierre, 'Great Moments: Kennedy, Cuba and Cigars', *Cigar Aficionado*, Autumn 1992.

Samson, Alexander, 'The Spanish Match', in *The Spanish Match: Prince Charles's Journey to Madrid, 1623*, ed. Alexander Samson (Abingdon: Routledge, 2016), pp. 1–8.

Sanders, Paula, 'Robes of Honor in Fatimid Egypt', in *Robes and Honor: The New Middle Ages*, ed. S. Gordon (New York: Palgrave Macmillan, 2001), pp. 225–39.

Sandler, Martin W., *Resolute: The Epic Search for the Northwest Passage and John Franklin, and the Discovery of the Queen's Ghost Ship* (New York: Sterling, 2006).

Saris, John, *The Voyage of Captain John Saris to Japan, 1613*, ed. Sir Ernest M. Satow (London: The Hakluyt Society, 1900).

Satow, Sir Ernest M., 'Introduction', in *The Voyage of Captain John Saris to Japan, 1613*, ed. Sir Ernest M. Satow (London: The Hakluyt Society, 1900), pp. i–lxxxvii.

Savill, Rosalind, 'Madame de Pompadour and the Porcelain Power of the Mistress', Haughton International Ceramics Seminar, Christie's, 28 June 2018, https://www.haughton.com/articles/2018/10/15/madame-de-pompadour-and-the-porcelain-power-of-the-mistress, accessed 29 September 2021.

Schaffer, Simon, 'Instruments as Cargo in the China Trade', *History of Science*, 2006, Vol. 44, pp. 217–46.

Scheele, Dorothy, 'The Friendship and Merci Trains Visit Western Pennsylvania', *Western Pennsylvania History*, Fall 2002, pp. 34–42.

Schroeder, Avery, 'Porcelain, Prestige and Power: Louis XV's Sèvres in Diplomacy', Paper Delivered to the QP Symposium at the Bard Graduate Centre, 24 May 2018.

Schwartz, Selma, 'A Family Affair: Maria Theresa's Green Ribbon Sèvres Porcelain Service', *Journal of the French Porcelain Society*, 2015, Vol. 5, pp. 84–96.

Sciberras, Amy, and Christopher Grech, 'Catherine the Great to Head from Valletta to Moscow and Then Back', *Times of Malta*, 18 August 2019.

Scott-Clark, Catherine, and Adrian Levy, *The Amber Room* (London: Atlantic Books, 2004).

Scoville, Priscila, 'The Ancient Near East in Contact: An Introduction to the Egypt–Mitanni Affairs in the Amarna Letters', *Estudos Internacionais*, 2018, Vol. 6, No. 2, pp. 65–78.

Screech, Timon, *The Shogun's Silver Telescope: God, Art, and Money in the English Quest for Japan, 1600–25* (Oxford: Oxford University Press, 2020).

Scully, Matthew, 'Building a Better State of the Union Address', *The New York Times*, 2 February 2005.

Serratore, Angela, 'The Americans Who Saw Lady Liberty as a False Idol of Broken Promises', *Smithsonian*, 28 May 2019, https://www.smithsonianmag.com/history/americans-who-saw-lady-liberty-false-idol-broken-promises-180972285, accessed 29 September 2021.

Setton, Kenneth M., *The Papacy and the Levant (1204–1571), Vol. III, The Sixteenth Century* (Philadelphia: The American Philosophical Society, 1984).

Shanken, Marvin R., 'A Conversation with Fidel', *Cigar Aficionado*, Summer 1994.

Sharkey, Heather J., '*La belle Africaine*: The Sudanese Giraffe Who Went to France', *Canadian Journal of African Studies*, 2015, Vol. 49, No. 1, pp. 39–65.

Sievers, Loraine, 'Purposes, Politicisation and Pitfalls of Diplomatic Gift-Giving to the United Nations', *The Hague Journal of Diplomacy*, 2021, Vol. 16, Issue 1, pp. 110–19.

Simms, Brendan, *Three Victories and a Defeat: The Rise and Fall of the First British Empire, 1714–1783* (London: Penguin, 2007).

Sobchack, Vivian, 'Chasing the Maltese Falcon: On the Fabrications of a Film Prop', *Journal of Visual Culture*, 2007, Vol. 6, No. 2, pp. 219–46.

Sortijas, Steve, 'Tanzania's New National Stadium and the Rhetoric of Development', *Ufahamu: A Journal of African Studies*, Winter and Spring 2007, Vol. 33, Issue 2–3, pp. 24–35.

Spiering, Charlie, 'President Obama's Biggest British Gaffes', *The Washington Examiner*, 27 July 2012.

Ssorin-Chaikov, Nikolai, 'On Heterochrony: Birthday Gifts to Stalin, 1949', *Journal of the Royal Anthropological Institute*, New Series, 2006, Vol. 12, pp. 355–75.

State Historical Society of North Dakota, 'French Gratitude Train', State Historical Society of North Dakota, 2007, https://www.history.nd.gov/fgt/index.html, accessed 29 September 2021.

Stanhope, Philip Henry, 5th Earl, *Notes of Conversations with the Duke of Wellington 1831–1851* (New York: Longmans, Green and Co, 1888).

Stirrat, R. L., and Heiko Henkel, 'The Development Gift: The Problem of Reciprocity in the NGO World', *The Annals of the American Academy of Political and Social Science*, November 1997, Vol. 554, pp. 66–80.

Stone, Daniel, 'How the Man Who Brought the Cherry Blossoms to Washington Narrowly Avoided a Diplomatic Crisis', *Time*, 20 March 2018, https://time.com/5207183/cherry-blossom-trees-history-fairchild, accessed 29 September 2021.

Stowe, Leland, *Crusoe of Lonesome Lake* (New York: Random House, 1957).

Subramaniam, Radhika, 'The Elephant's I: Looking for Abu'l Abbas', in *Animal Biography: Re-Framing Animal Lives,* eds. André Krebber and Mieke Roscher (Cham, Switzerland: Palgrave Macmillan, 2018), pp. 207–26.

Sweetland, Jane, *Boxcar Diplomacy: Two Trains That Crossed an Ocean* (Pennsauken, NJ: BookBaby, 2019).

Syndram, Dirk, and Charlotte Jutta von Bloh, 'Artistry and Chivalry: Diplomatic Gifts from the *Kunstkammer* and *Rüstkammer*', in *Fragile Diplomacy: Meissen Porcelain for European Courts ca. 1710–63*, ed. Maureen Cassidy-Geiger (New Haven: Yale University Press, 2007), pp. 43–62.

Talbot, Michael, 'A Treaty of Narratives: Friendship, Gifts, and Diplomatic History in the British Capitulations of 1641', *The Journal of Ottoman Studies*, 2016, Vol. 48, pp. 357–98.

Taylor, Adam, 'Norway's Prime Minister Says It Might Give Finland a Mountain', *The Washington Post*, 29 July 2016.

Taylor, Frank, 'The Chronicle of John Strecche for the Reign of Henry V (1414–1422)', *Bulletin of the John Rylands Library*, 1932, Vol. 16, Issue 1, pp. 137–87.

Teachout, Zephyr, *Corruption in America: From Benjamin Franklin's Snuff Box to Citizens United* (Cambridge, MA: Harvard University Press, 2014).

Terjanian, Pierre, 'The King and the Armourers of Flanders', in *Henry VIII: Arms and the Man*, eds. Graeme Rimer, Thom Richardson and J. P. D. Cooper (Leeds: Royal Armouries, 2009), pp. 155–9.

Thacker, Shelby, and José Escobar, trans., *Chronicle of Alfonso X* (Lexington: The University Press of Kentucky, 2002).

Thompson, Jason, *Wonderful Things: A History of Egyptology* (Cairo: The American University in Cairo Press, 2015).

Tikhomirov, Alexey, 'The Stalin Cult between Center and Periphery: The Structures of the Cult Community in the Empire of Socialism, 1949–1956; The Case of GDR', in *Der Führer im Europa des 20. Jahrhunderts*, eds. Benno Ennker and Heidi Hein-Kircher (Marburg: Herder-Institut, 2010), pp. 297–321.

Titley, Brian, *Dark Age: The Political Odyssey of Emperor Bokassa* (Montreal and Kingston: McGill-Queen's University Press, 1997).

Tobey, Elizabeth, 'The *Palio* Horse in Renaissance and Early Modern Italy', in *The Culture of the Horse: Status, Discipline and Identity in the Early Modern World*, eds. Karen Raber and Treva J. Tucker (New York: Palgrave Macmillan, 2005), pp. 63–90.

Tomlins, Harold Nuttall, *A Digest of the Criminal Statute Law of England, Part the Second* (London: Henry Butterworth, 1819).

Tonni, Andrea, 'The Renaissance Studs of the Gonzagas of Mantua', in *The Horse as Cultural Icon: The Real and the Symbolic Horse in the Early Modern World*, eds. Peter Edwards, Karl A. E. Enenkel and Elspeth Graham (Leiden: Brill, 2012), pp. 261–78.

Toth, Ida, 'The Narrative Fabric of the Genoese *Pallio* and the Silken Diplomacy of Michael VIII Palaiologos', in *Objects in Motion: The Circulation of Religion and Sacred Objects in the Late Antique and Byzantine World*, ed. Hallie G. Meredith (Oxford: Archaeopress, 2011), pp. 91–109.

Tremml-Werner, Birgit, Lisa Hellman and Guido van Meersbergen, 'Introduction: Gift and Tribute in Early Modern Diplomacy; Afro-Eurasian Perspectives', *Diplomatica*, December 2020, Vol. 2, Issue 2, pp. 185–200.

Turner, Tom, 'Geoffrey Jellicoe's Landscape Design Methods and Methodology', Landscape Institute, 19 January 2017, https://www.landscapeinstitute.org/blog/jellicoe-method-methodology, accessed 29 September 2021.

Turton, Andrew, 'Disappointing Gifts: Dialectics of Gift Exchange in Early Modern European–East Asian Diplomatic Practice', *Journal of the Siam Society*, 2016, Vol. 104, pp. 111–27.

Twain, Mark, *The Innocents Abroad, or the New Pilgrims' Progress* (Hartford, CT: American Publishing Company, 1869).

Ubaku, Kelechi Chika, Chikezie Anyalewachi Emeh and Kelechi Collins Okoro, 'Imperialism and Underdevelopment in Post-Independence Africa: Focus on Central African Republic', *International Journal of Humanities, Social Science and Education*, June 2015, Vol. 2, Issue 6, pp. 1–9.

Upton, Harriet Taylor, 'The Household of John Quincy Adams (Children of the White House)', in *Wide Awake: Volume AA* (Boston: D Lothrop Company, 1888), pp. 363–77.

USDA Foreign Agricultural Service, 'Flowering Cherry Trees: A Gift from Japan', GAIN Report No. JA0507, 30 March 2010.

US House of Representatives, *Executive Documents of the House of Representatives for the Second Session of the Forty-Eighth Congress, 1884–'85* (Washington, DC: Government Printing Office, 1885).

Vallet, Éric, 'Diplomatic Networks of Rasulid Yemen in Egypt (Seventh/Thirteenth to Early Ninth/Fifteenth Centuries)', in *Mamluk Cairo, a Crossroads for Embassies: Studies on Diplomacy and Diplomatics*, eds. Frédéric Bauden and Malika Dekkiche (Leiden: Brill, 2019), pp. 581–603.

Viano, Francesca Lidia, *Sentinel: The Unlikely Origins of the Statue of Liberty* (Cambridge, MA: Harvard University Press, 2018).

Vondracek, Hugh, 'China's Stadium Diplomacy and Its Determinants: A Typological Investigation of Soft Power', *Journal of China and International Relations*, 2019, Vol. 7, No. 1, pp. 62–86.

Wansbrough, John, 'A Mamluk Ambassador to Venice in 913/1507', *Bulletin of the School of Oriental and African Studies, University of London*, 1963, Vol. 26, No. 3, pp. 503–30.

Watt, Nicholas, 'Cameron Gives Obama Table Tennis Table and Gets Barbecue in Return', *The Guardian*, 14 March 2012.

Waugh, Evelyn, *Unconditional Surrender* (London: Penguin, 1964, Reprinted 2001).

Weiner, Annette B., 'Inalienable Wealth', *American Ethnologist*, May 1985, Vol. 12, No. 2, pp. 210–27.

——Weiner, Annette B., *Inalienable Possessions: The Paradox of Keeping-While-Giving* (Berkeley: University of California Press, 1992).

Westminster City Council, 'Trafalgar Square Christmas Tree: Virtual Lighting-Up Ceremony', YouTube, 3 December 2020, https://www.youtube.com/watch?v=jLTVSJoV87k, accessed 29 September 2021.

Whitcomb, John, and Claire Whitcomb, *Real Life at the White House: 200 Years of Daily Life at America's Most Famous Residence* (New York: Routledge, 2002).

Wightwick, Abbie, 'How John Major's Horse Was Given a New Home in Wales', Wales Online, 29 September 2012, https://www.walesonline.co.uk/news/local-news/how-john-majors-horse-given-2024854, accessed 29 September 2021.

Wilkinson, Toby A. H., *The Nile: Downriver through Egypt's Past and Present* (London: Bloomsbury, 2014).

Williams, Peter, *The Organ in Western Culture 750–1250* (Cambridge: Cambridge University Press, 2005).

Williams, R. M., 'R. M. Williams History', n.d., https://www.rmwilliams.com/uk/our-history/RMWhistory.html?lang=en_GB, accessed 3 April 2021.

Wills, Garry, *Why I Am a Catholic* (Boston: Mariner, 2003).

Wilson, Sarah, 'Obituary: André Fougeron', *The Independent*, 18 September 1998.

Windler, Christian, 'Diplomatic History as a Field for Cultural Analysis: Muslim–Christian Relations in Tunis, 1700–1840', *The Historical Journal*, March 2001, Vol. 44, No. 1, pp. 79–106.

Wishnick, Elizabeth, 'Putin and Xi: Ice Cream Buddies and Tandem Strongmen', PONARS Eurasia, 25 October 2019, https://www.ponarseurasia.org/putin-and-xi-ice-cream-buddies-and-tandem-strongmen, accessed 29 September 2021.

Wittwer, Samuel, 'Liaisons Fragiles: Exchanges of Gifts between Saxony and Prussia in the Early Eighteenth Century', in *Fragile Diplomacy: Meissen Porcelain for European Courts ca. 1710–63*, ed. Maureen Cassidy-Geiger (New Haven: Yale University Press, 2007), pp. 87–109.

Wolff, Robert Lee, 'Mortgage and Redemption of an Emperor's Son: Castile and the Latin Empire of Constantinople', *Speculum*, January 1954, Vol. 29, No. 1, pp. 45–84.

Wolfram, Herwig, *Conrad II, 990–1039: Emperor of Three Kingdoms*, trans. Denise A. Kaiser (University Park, PA: The Pennsylvania State University Press, 2006).

Wolohojian, Albert Mugrdich, *The Romance of Alexander the Great by Pseudo-Callisthenes* (New York: Columbia University Press, 1969).

Woodfin, Warren T., 'Presents Given and Presence Subverted: The Cunegunda Chormantel in Bamberg and the Ideology of Byzantine Textiles', *Gesta*, 2008, Vol. 47, No. 1, pp. 33–50.

Wright, F. A., 'Introduction', in *The Works of Liudprand of Cremona*, trans. F. A. Wright (New York: E. P. Dutton and Co., 1930), pp. 1–24.

Wright, Robin, 'Presidential Swag and the Gift Horse', *The New Yorker*, 20 May 2016.

Wright, Tony, 'Trying Not to Tread on Diplomatic Toes, PM Offers Boots', *The Sydney Morning Herald*, 1 October 2013.

Wright, Vincent, 'The Change in France', *Government and Opposition*, Autumn 1981, Vol. 16, No. 4, pp. 414–31.

Wunner, Bill, 'Presidential Shamrock Ceremony Had Inauspicious Beginning', CNN, 17 March 2010, http://edition.cnn.com/2010/POLITICS/03/17/shamrock.ceremony/index.html, accessed 29 September 2021.

Wycherley, Niamh, 'The Notre Dame Fire and the Cult of Relics', *History Ireland*, July/August 2019, Vol. 27, No. 4, pp. 48–50.

Xue, Charlie Q. L., Guanghui Ding, Wei Chang and Yan Wan, 'Architecture of "Stadium Diplomacy": China-Aid Sport Buildings in Africa', *Habitat International*, June 2019, Vol. 90, pp. 1–11.

Yagi, George, *The Struggle for North America, 1754–1758: Britannia's Tarnished Laurels* (London: Bloomsbury, 2017).

Youde, Kate, 'Watches as Diplomatic Gifts Find Their Time has Come Again', *The Financial Times*, 3 September 2016.

图书在版编目(CIP)数据

外交礼物：50件礼物中的历史 / （英）保罗·布鲁
梅尔（Paul Brummell）著；朱洪达译. -- 上海：上海
人民出版社，2024. --（公共外交译丛）. -- ISBN 978-
7-208-18954-6

Ⅰ. D8

中国国家版本馆 CIP 数据核字第 2024H0R471 号

责任编辑 王　冲
封面设计 人马艺术设计·储平

公共外交译丛

外交礼物：50 件礼物中的历史
［英］保罗·布鲁梅尔 著
朱洪达 译

出　　版　上海人民出版社
　　　　　（201101　上海市闵行区号景路 159 弄 C 座）
发　　行　上海人民出版社发行中心
印　　刷　苏州工业园区美柯乐制版印务有限责任公司
开　　本　720×1000　1/16
印　　张　26
插　　页　2
字　　数　327,000
版　　次　2024 年 8 月第 1 版
印　　次　2024 年 8 月第 1 次印刷
ISBN 978 - 7 - 208 - 18954 - 6/D·4334
定　　价　108.00 元

公共外交译丛